고마마 붓다

이 도서의 국립중앙도서관 출판시도서목록(CIP)은
e-CIP 홈페이지(http://www.nl.go.kr/cip.php)에서
이용하실 수 있습니다.(CIP제어번호:CIP2008000729)

역사와 설화

성 열 지음

도•서•출•판
문화문고

저자의 말

2천 5백여 년 전에 살았던 고따마 붓다의 전기傳記를 지금 쓴다는 것은 결코 쉬운 일이 아니다. 우리가 접할 수 있는 고따마 붓다에 대한 이야기들은 많은 경전들 여기저기에 부분적으로 흩어져 전해지는데다가 더욱이 역사적인 사실과 설화가 뒤섞여 있고, 후대의 전적典籍일수록 역사적 존재로서 붓다의 모습보다는 신화적인 모습들이 더욱 부각되었기 때문이다. 우리가 고따마 붓다의 전기를 읽을 때, 저자에 따라 붓다가 다양한 모습으로 비쳐지는 것은 어떤 자료를 어떤 시각에서 선택하느냐에 따른 결과라 하겠다.

필자가 20여 년 전에 『고따마 붓다의 생애』를 정리하였지만 그 이후 새로운 자료를 접하게 되면서 붓다의 생애를 새롭게 정리해 왔고, 이제 다시 『고따마 붓다』를 내놓게 되었는데, 이번에는 '역사歷史와 설화說話'라는 부제副題를 달았다. 고따마 붓다에 대한 역사적 사실과 설화를 구분하여 보다 더 사실적인 모습을 들여다보자는 뜻에서였다.

우리 주변에는 고따마 붓다를 역사적이고 인간적인 측면에서 이해하려는 노력을 신심信心이 부족한 것처럼 보려는 이들도 있다. 그러나 필자는 역사적 존재인 고따마 붓다를 인간적인 측면에서 사실적이면서도 생생하게 이해하는 것이야말로 올바른 신심을 정립하는 것이요, 바른 신행의 밑바탕이 된다고 생각한다. 고따마 붓다에 대하여 가장 인간적인 모습을 실증적實證的으로 접근한다고 해서 그분의 존재 의미가 떨어지는 것이 아니라 오히려 불교인으로서 믿음의 자세를 분명하고 명확하게 해줄 수 있기 때문이다.

사실 인간은 역사를 떠나 존재할 수 없고, 누구의 삶도 사회의 바깥에서 존재할 수 없다. 고따마 붓다의 삶도 그가 태어난 역사와 사회를 배경으로 펼쳐지고, 그의 삶을 반영하는 가르침 역시 그가 살았던 시대의 정치, 경제, 사회라는 구체적인 상황을 배경으로 한다. 따라서 고따마 붓다의 가르침을 바르게 알려면 그가 살았던 시대의 정치, 경제, 사회가 어떠한 변동기에 있었으며, 고따마 붓다와 교우交友했던 이들과 그들이 처한 환경은 어떠했는지를 살펴보는 것이 중요하다.

이제까지 이 땅의 대부분의 불자들이 가지고 있는 불교신행佛教信行은 역사적 존재로서 인간 고따마 붓다가 가르친 삶의 방식을 체험을 통해 자기화自己化하기보다는 신격화神格化되고 초인화超人化된 붓다를 믿고 의지하는 것이 보통이었다. 한마디로 불교학佛教學이라기보다 불교신학佛教神學의 성향이 짙다. 고따마 붓다에 대한 신학적 접근 방식은 신앙심信仰心에는 도움이 될지는 모르겠으나 불교佛教에 대한 정확한 이해理解에는 아무런 보탬이 되지 않을 뿐 아니라 오히려 불교에 대한 왜곡歪曲과 오해誤解를 불러왔다. 불교의 신학화神學化야말로 불교 타락의 극치라 하겠다.

한국불교의 위기는 불교를 믿는다면서 교주教主에 대한 이해가 부족한 데서 비롯되고 있다. 불교를 믿으면서 부처[佛]가 누구인가에 대한 명확한 개념 규정이 제대로 되어 있지 않다는 것이 문제이다. 따라서 이 책은 '고따마 붓다, 그는 진정 누구인가'라는 물음에 대한 대답으로 불교의 교주론教主論을 분명하게 하려는 데 그 목적이 있다.

불기 2552년 2월

강남포교원에서 성 열 합장

일러두기

1. 이 책에 등장하는 인물이나 지명 등은 빨리어로 통일하고자 했다. 부득이 산쓰끄리뜨로 표기할 때는 그 앞에 Ⓢ로 표시했다.
2. 고따마 붓다를 제자들이 부를 때는 '세존'이나 '부처님'이라 했고, 객관적으로 부를 때는 '붓다'라고 했다. 붓다가 타인 앞에서 자신을 호칭할 때는 '여래'라고 했다.
3. 이 책에 쓰인 약호는 다음과 같다.

A.N.=Anguttara Nikāya

B.B.S.=Buddhist Birth Story

Dhp.=Dhammapada

D.N.=Digha Nikāya

D.P.P.N.=Dictionary of Pāli Proper Names: 1974

Jt.=Jātaka:1981

M.N.=Majjhima Nikāya

P.E.D.=Pali English Dictionary: 1979

S.E.B.=Sacred Books of the East

S.E.D.=Sanskrit English Dictionary:1960

S.N.=Samyutta Nikāya

Sn.=Sutta Nipāta: trsl. V. Fausböll

Thag.=Theragāthā:1980

Thig.=Therīgāthā:1980

Ut.=Udāna Itivuttaka

Vp.= Vinaya Pitaka:1982

빨리어표기용례

a·ā	i·ī	u·ū	e	o	au	ai	
아	이	우	에	오	아우	아이	
g	gh	d	dh	b	bh	j	jh
ㄱ	ㄱ	ㄷ	ㄷ	ㅂ	ㅂ	ㅈ	ㅈ
c	ch	k	kh	t	th	p	ph
ㅉ	ㅊ	ㄲ	ㅋ	ㄸ	ㅌ	ㅃ	ㅍ
ṭ	ṭh	ḍ	ḍh	l·ḷ	r·ṛ	v	
ㄸ	ㅌ	ㄷ	ㄷ	ㄹ	ㄹ	ㅇ·ㅂ	
s	śa	ṣa	ya	m	ṅa	ṇa	ña
ㅅ	샤	샤	야	ㅁ	나	나	냐
ṁ·ṅ·ṃ·ṇ							
ㅇ·ㅁ·ㄴ							

㉠ ā · ī · ū는 장음을 뜻하지만 우리말에서는 '아 · 이 · 우'로 통일했다.

㉡ c · k · t · p는 센 소리 'ㅉ · ㄲ · ㄸ · ㅃ'로 하였고, ch · kh · th · ph는 'ㅊ · ㅋ · ㅌ · ㅍ'로 하였다.

㉢ b · bh, d · dh, g · gh, j · jh는 연음(連音) h와 관계없이 'ㅂ · ㄷ · ㄱ · ㅈ'로 하였다.

㉣ 모음 앞에 두 개의 자음이 겹쳐올 때는 앞의 자음은 앞음절의 받침으로 했다. 예를 들어 buddha는 '붇다', seṭṭhi는 '셑티'가 되겠지만 받침에서는 'ㅅ'으로 처리하여 '붓다', '셋티'로 하였다.

다만 bb · pp일 경우에는 받침을 'ㅂ'로 했다. nibbāna는 '닛바나'가 아닌 '닙바나', suppabuddha는 '숫빠붓다'가 아닌 '숩빠붓다'로 하였다.

㉤ r · l은 우리말로 구분하기 어려우므로 māra는 '마라'로, mala는 '말라'와 같이 구분하였다.

㉥ v는 vipassanā는 '위빳사나', veda는 '베다'와 같이 'ㅇ'나 'ㅂ'로 혼용하였다.

차 례

제1장 붓다가 태어난 인도

제2장 탄생과 전설

제3장 젊은 시절

제4장 출가와 수행

제5장 항마와 성도成道

제6장 최초의 설법

제7장 전도의 발자취

제8장 붓다의 만년

제9장 최후의 유행

제10장 붓다의 임종과 경전 결집

제11장 그 밖의 이야기들

제1장 붓다가 태어난 인도

1. 잠부디빠

옛날 인도사람들은 아주 큰 바다 가운데 높이가 8만 유순由旬이나[1] 되는 수미산(須彌山:Sumeru)이 솟았고, 수미산 중턱에 사왕천四王天이 있고,[2] 수미산 꼭대기에 도리천忉利天이 있는데,[3] 도리천은 중앙에 제석

1) 유순(由旬)은 요자나(Yojana)의 번역으로 빨리어사전(P.E.D. p.559)에는 '황소가 멍에를 걸고 하루에 가는 거리'라 하여 약 7mile(11.2km) 또는 4가우따(Gāvuta)라고 했고, 산쓰끄리뜨어사전(S.E.D. p.859)에는 4 끄로사(Krośa)로 대략 9마일(14.4km)이라고 했다.

2) 동쪽의 지국천(持國天:ⓈDhṛtarāṣṭra), 남쪽의 증장천(增長天:ⓈVirūḍhaka), 서쪽의 광목천(廣目天:ⓈVirūpāka) 북쪽의 다문천(多聞天:ⓈVaiśravaṇa)이며, 이들 천왕은 33천의 주인 제석천(帝釋天)을 섬기고, 팔부귀신(八部鬼神)을 지배하며, 불법에 귀의한 사람들을 보호한다고 한다. 사찰의 4천왕문(四天王門)은 이들을 모신 곳이다. 북방 다문천을 비사문천(毘沙門天) 또는 북방비사문천(北方毘沙門天)이라 한다.

3) 4왕천과 도리천까지는 수미산에 의지한 곳이고, 그 위에 차례로 야마천(夜摩天:ⓈYāma), 도솔천(兜率天:ⓈTuṣita), 화락천(化樂天:ⓈNirmāṇarati), 타화자재천(他化自在天:ⓈParanirmitavaśavartin)이 있는데, 4왕천에서부터 타화자재천까지의 6개의 하늘은 욕심의 지배를 받는 신들[六欲天]이므로 욕망의 세계[欲界]에 속한다. 이들 신들은 자신이 닦은 공덕에 따라 더 높은 하늘에 태어나므로 위로 갈수록 신들의 수명도 길다. 마(魔:Ⓢmāra)란 악마, 마왕을 뜻하며, 욕계를 지배하는 제6천인 타화자재천의 주(主) 빠삐야스(ⓈPāpiyas:波旬)를 말한다. 성도(成道)를 방해하는 모든 장애가 '마'이니, 번뇌를 의미한다. 욕계 위, 다시 말해 욕계를 초월하여 순수 물질적 세계[色界]가 있는데, 여기는 수행의 정도에 따라 초선천(初禪天), 2선천(二禪天), 3선천(三禪天), 4선천(四禪天)의 구분이 있고, 초선천에는 차례로 범중천(梵衆天), 범보천(梵輔天), 대범천(大梵天)이 있다. 불전에서 보통 범천(梵天)이라 하면 초선천의 주인인 범천왕(梵天王)을 가리키며, 제석천과 함께 석범(釋梵)이라 하고, 다시 4천왕(四天王)을 보태어 석범4왕(釋梵四王)이라 한다. 4천왕이나 제석천이나 대범천처럼 많은 신들을 거느리는 신[天]을 천왕(天王)이라 한다. 신들[天衆]이 머무는 궁전을 천궁(天宮)이나 천당(天堂)이라 한다.
2선천은 소광천(少光天), 무량광천(無量光天), 극광정천(極光淨天)이 있는데, 극

천(帝釋天:ⓈIndra)이 거주하는 선견성善見城이 있고,[4] 사방에 각각 여덟

광정천을 흔히 광음천(光音天)이라 한다. 3선천은 소정천(少淨天), 무량정천(無量淨天), 변정천(遍淨天)이 있고, 4선천에는 무운천(無雲天), 복생천(福生天), 광과천(廣果天), 무번천(無煩天), 무열천(無熱天), 선현천(善現天), 선견천(善見天), 색구경천(色究竟天)이 있다. 4선천의 무번천, 무열천, 선현천, 선견천, 색구경천 등 5천을 정거천(淨居天)이라 하고, 아나함과를 증득하면 정거천에 태어난다고 했다. 색계는 17천이고, 색계를 넘어선 곳에 순수 정신적 세계인 무색계(無色界)가 있는데, 여기에는 공무변처(空無邊處), 식무변처(識無邊處), 무소유처(無所有處), 비상비비상처(非想非非想處)가 있다. 이상이 3계(三界:Tiloka)이다. 색계와 무색계를 욕계보다 위에 있다고 하여 상계(上界)라 하고, 욕계를 하계(下界)라 한다. 때로는 욕계의 6욕천(六欲天)까지를 포함하여 천상계 전체를 상계라 하고, 이 경우에 인간세계를 하계라고 한다. 상계인 천상계에서 하계로 내려오는 것을 하생(下生)이라 한다. 중생을 욕계에 묶어놓는 5가지 번뇌를 5하분결(五下分結)이라 하며, 5가지는 욕탐(欲貪)·진에(瞋恚)·유신견(有身見)·계금취견(戒禁取見)·의결(疑結)을 말한다. 중생을 색계와 무색계에 묶어놓아 해탈하지 못하게 하는 5가지 번뇌를 5상분결(五上分結)이라 하며, 그것은 색탐(色貪)·무색탐(無色貪)·도거(掉擧)·만(慢)·무명(無明)이다. 5상분결을 끊으면 아라한이 된다. 3계는 인간이 사는 지계(地界)와 27개의 층으로 된 천상계(天上界)를 통틀어 말한다. 3계중에 욕계를 다시 중생 자신이 짓는 업에 의한 생존상태에 따라 6가지의 다른 세상으로 나누는데, 지옥도(地獄道:Ⓢnaraka-gati), 아귀도(餓鬼道:Ⓢpreta-gati), 축생도(畜生道:Ⓢtiryagyoni-gati), 수라도(修羅道:Ⓢasura-gati), 인간도(人間道:Ⓢmanuṣya-gati), 천도(天道:Ⓢdeva-gati)가 그것이다. 여기서 수라도를 빼고 5도(道)라고도 한다. 천도는 앞에서 말한 6욕천을 말한다. 지옥도, 인간도처럼 도(道)라 한 것은 '통로, 길'이란 뜻이며, 가띠(gati)를 '향하여 간다'는 뜻에서 취(趣)로 번역하여 6취(六趣)라고도 한다. 지옥, 아귀, 축생을 3악도(三惡道)나 3악취(三惡趣)라 한다. 3계6도(三界六道)는 중생이 윤회하는 미혹의 세계 전체를 의미하고, 고통이 충만한 세계라는 뜻에서 고해(苦海)라 한다. 불교에서는 이들 세계는 결국 인간의 마음이 만들어내는 것에 지나지 않는다고 보아 3계유심(三界唯心:Ⓢtribhava-citta-mātra)이라 한다.

4) 천(天)은 데와(deva)의 번역어로 4왕천, 도리천과 같은 경우에는 공간적으로 하늘을 의미하고, 제석천, 범천과 같은 경우에는 인격적 존재로서 신(神)을 의미한다. 신들은 대개 깨끗한 하늘에 살고 있다는 의미에서 천(天)이라 한역하고 있다. 신들 역시 자신이 쌓은 선행의 결과에 따라 머무는 공간이 다르다고 생각했다. 제석(帝釋)은 베다신화에 나오는 가장 강력한 신인 인드라(ⓈIndra)인데, 불교에서는 범천과 함께 불법의 수호자로 수용했다. 제석은 속어(俗語)로 사까(Sakka)이고

개의 성城이 있다고 생각했다. 그래서 도리천을 33천(三十三天:Tāvatiṃsa)이라 말하기도 한다.

또한 수미산의 동서남북 사방에 대륙이 하나씩 있는데[5] 그 중 남쪽에 있는 것을 잠부디빠Jambudīpa라고 했다. 수미산을 중심으로 한 네 개의 대륙과 해와 달을 포함한 것을 하나의 세계라 하였다.[6]

불교경전에서 말하는 잠부디빠, 즉 남섬부주南贍浮州는 지구 전체를 말하는 것도 아니고 지금의 인도만을 말하는 것도 아니다. 오늘의 인도를 포함하여 서쪽으로는 아프가니스탄과 파키스탄, 북쪽으로는 티베트, 네팔, 부탄, 동쪽으로는 방글라데시를 아우르는 광대한 지역에 해당된다.

2. 지리적 환경

동쪽은 벵갈만灣, 서쪽은 아라비아해海, 남쪽은 인도양洋으로 둘러 싸

'석'(釋)으로 한역되었다. 석제환인(釋帝桓因)은 'Śakro devānām indraḥ'의 음역으로 바로 제석을 말한다. 제석천의 궁전을 장엄하기 위해 하늘에 친 보배로 된 그물망을 인드라망(Indra-jāla) 또는 제망(帝網)이라 한다. 인드라망의 그물눈 코마다 보배로 된 구슬이 달려서 구슬이 서로 겹쳐서 반사되는 것을 제망중중(帝網重重)이라 하며, 이는 현상계의 사물 하나하나가 서로 장애되지 않고 서로 융합하는 것을 비유한다.

5) 동승신주(東勝身州:ⓈPūrva-videha), 남섬부주(南贍部州:ⓈJambudīpa), 서우화주(西牛貨州:ⓈApara-godāniya), 북구로주(北瞿盧州:ⓈUttara-kuru)라 한다. 구역(舊譯)은 동불바제(東弗婆提), 남염부제(南閻浮提), 서구야니(西瞿耶尼), 북울단월(北鬱單越)이다.

6) 하나의 세계를 천 개 합한 것이 소천세계(小千世界)이고, 소천세계를 다시 천 개 합한 것인 중천세계(中千世界)이며, 중천세계를 다시 천 개 합한 것이 대천세계(大千世界)이다. 소천세계, 중천세계, 대천세계를 모두 합쳐 삼천대천세계(三千大千世界) 또는 줄여서 삼천세계(三千世界)라 한다. 이것이 고대 인도인들의 세계관(世界觀)에 의한 전우주(全宇宙)이다.

여 있는 인도 아대륙亞大陸은 아시아 대륙에 연결되어 있다고는 하지만 대륙과 연결되어 있는 북쪽은 육지와 연결되어 있을 뿐이지 서북쪽은 힌두꾸시 산맥 · 힌두라즈 산맥 · 술라이만 산맥 등으로 막혀 있고, 북동쪽으로 카라코람 산맥 · 시왈리끄 산맥 · 히마다리 산맥 그리고 세계의 지붕이라고 말할 수 있는 히말라야산맥이 가로 놓여 있어 외부세계와 차단되어 있는 것이나 다름없다.

인도의 북쪽 경계를 이루고 있는 힌두꾸시 산맥과 히말라야 산맥, 이 두 산맥은 폭 240km, 길이 3,600km, 높이 7,500m나 된다고 하니, 이러한 자연적 여건은 인도와 대륙을 차단하는 하나의 대장벽大障壁이 되고 있다.

히말라야 산맥의 높고 험준함이 북쪽에서 들어오는 외부의 침입을 막아주었기 때문에 외부의 침략은 주로 서북부를 통해서 들어왔는데, 힌두꾸시 산맥의 하와크 고개와 술라이만 산맥의 카이베르Khyber 고개와 고말Gomal 고개를 통해 들어왔다.

고대인도 사람들이 고대의 서구문명西歐文明이나 중국문명中國文明과는 다른 인도 특유의 문명을 발전시킬 수 있었던 것은 이와 같은 지리적 환경에서 영향을 받은 탓이라 할 수 있다.

인도라는 광대한 아대륙은 지리적 조건에 의해 대부분이 열대 지역에 걸쳐있다. 힌두쿠시산맥과 히말라야산맥은 중앙아시아를 거쳐 시베리아에서 불어오는 차가운 북풍을 막아준다. 북부 인도의 기후는 일 년 내내 따뜻하며 평야에서는 겨울에도 추위가 그리 심하지 않다.

기후는 비가 오지 않는 건기乾期와 비가 많이 내리는 우기雨期로 나누어진다. 건기 때는 수분의 마지막 한 방울까지 짜내려는 듯 평균 섭씨 48℃라는 살인적 더위가 계속되고, 우기 때는 몬순monsoon이 몰고 온 폭우가 쏟아지기 때문에 맹위를 떨치는 홍수를 일으킨다.

이러한 지리적 환경은 사람들의 삶에 고통을 안겨주는 일차적인 요소들이다. 따라서 고대 인도인들의 철학이나 종교가 현실의 삶을 고통에 가득 찬 것이라고 이해한 것도 결코 우연만은 아니다. 삶을 옥죄는 환경 때문에 인도에서 발생한 모든 철학과 종교는 고통에 가득 찬 삶에서 해방할 수 있는 길을 찾는 것이 인생에 있어서 가장 중요한 문제라는 공통적 인식을 갖기에 이르렀다고 본다.

3. 아리야인

잠부디빠에서 발달한 고대문명을 인더스문명이라 한다. 서력 기원전 3천 년경부터 꽃피기 시작한 이 문명은 인더스 강으로 연결되어 있는 두 지점에서 특히 발달하였는데, 지금의 파키스탄 동부 뻰잡Punjab에 있는 하랍빠Harappa와 파키스탄 남부 신드Sindh에 있는 모헨조다로Mohenjodāro이다. 그런데 서력 기원전 1750년경 하랍빠와 모헨조다로가 갑자기 자취를 감추어버렸다. 그 원인에 대해서는 이민족의 침입, 대홍수, 지질학적 변화에 따른 사막화 현상 등 여러 가지 설이 있다.

여기에서 출토된 유물들에 새겨진 문자나 문양은 풀리지 않는 암호처럼 아직도 해독되지 않고 수수께끼로 남아 있지만 지금의 인도문화의 원형질原形質을 이루고 있다는 것은 분명하다. 예컨대, 하랍빠에서 출토된 한 인장印章에는 가부좌로 앉아 요가하는 자세를 취한 모습이 새겨져 있는데, 인도문화에 깊숙이 뿌리내리고 있는 명상수행이 아득한 옛날부터 있었던 인도인의 고유문화였다는 것을 말해준다.

인더스 문화를 이은 새로운 문화의 건설자는 외부세계에서 들어온 이

방인들이었다. 그 이방인은 아리야Āriya인인데, 이들 아리야인이 힌두쿠시 산맥을 넘어 인도 서북부에 나타나기 시작한 것은 서력 기원전 1500년경이다.[7] 아리야인들은 본래 코카서스Caucasus산맥의 북방 지역에 살았던 것으로 추정하고 있다. 그들은 원주민인 다사Dāsa족族이나 다시유Dasyu족을 정복해 나갔다.

아리야인과 원주민 사이의 싸움이 얼마나 치열했는가는 아리야인들의 성전인 베다에서 엿볼 수 있다. 베다에서 다사Dāsa라는 말은 악마·마귀·야만인·노예라는 뜻으로 사용하고, 다시유Dasyu는 신들의 적·신앙심이 없는 사람·인드라Indra나 아그니Agnī에 정복된 자들·야만인 등의 뜻으로 쓰고 있다. 다시유족을 정복한 아리야인 부족장을 뜨라사다시유(ⓢTrāsadasyu)라거나 다시유하띠야(ⓢDasyuhatyā)라 불렀는데, 뜨라사다시유는 '다시유의 공포'라는 뜻이고, 다시유하띠야는 '다시유의 학살자'란 뜻이다.

원주민들을 정복하는 과정에서 아리야인들 사이에서도 부족 간에 세력 다툼이 벌어져 바라따Bhārata·뜨리뜨슈Tṛtṣu·수다Sudā·디보다사Divodāsā·뿌루Pūru 등 다섯 부족(pañcajana)으로 분열되었다.[8]

바라따족은 수다족에게 패한 뿌루족과 연합하여 새로운 지배 부족인 꾸루Kuru족이 되어 처음에 강가Gaṅga[9]-야무나Yamuna 평원의 변두리 지대에 살았으나 차츰 델리Delhi 지역과 강가-야무나 두 강 사이 도압Doab 평원의 북부에 정착하면서 이 지역을 꾸루끄세뜨라(ⓢKurukṣetra)라고 불렀다. 꾸루끄세뜨라는 '꾸루족의 땅'이란 뜻이다.

---

7) 람 샤란 샤르마 지음/ 이광수 옮김. 『인도고대사』(김영사:1996) p.89.
8) A.K. Majumdar, 『Concise History of Ancient India』 vol. I. p.80 (1977).
9) 강가(Gaṅga)는 긍가(殑伽)·항가(恒伽)·강가(强伽)로 음역하고, 한역불전에서는 보통 항하(恒河)라 부른 강으로 영어로 갠지스(Ganges)강을 말한다.

꾸루족은 다시 도압평원의 중부 지역을 차지하고 있는 빤짤라Pañcāla 족과 연합함으로써 꾸루-빤짤라족은 델리와 이 평원의 중부・북부 지역에 통치권을 펼치게 되었다.

꾸루-빤짤라족의 빠우라와Paurava제국帝國은 지금의 미루뜨Meerut 지역에 있는 하스띠나뿌라Hastināpura에 수도를 세웠으나 서력 기원전 8세기쯤 하스띠나뿌라가 대홍수에 휩쓸리면서 빠우라와제국도 몰락의 길을 걸었다. 꾸루족의 잔존세력은 니짝슈스Nicakṣus왕때에 지금의 알라하바드Allahābād부근의 꼬삼비Koāmbī로 옮겼고, 빤짤라족은 지금의 바레일레이Bareilley・바다운Badaun・화루카바드Farukhabad 지역에 남게 되었다.

서력 기원전 6세기쯤에 접어들면서 이들 아리야인들은 꾸루족의 땅이라 불린 강가-야무나 평원에서 동쪽으로 웃따르 쁘라데쉬의 동부에 있는 꼬살라Kosala와 비하르Bihar 북부에 있는 위데하Videha 지역까지 펴져 나갔다.[10)]

이때가 바로 고따마 붓다가 태어나기 약 반세기전이고, 인도문화사印度文化史로 볼 때는 베다 시대의 말기인데,[11)] 당시 잠부디빠에는 앙가Aṅgā・마가다Māgadhā・까시Kāsī・꼬살라Kosalā・왓지Vajjī・말라Mallā・쩨띠Cetī・왐사Vaṃsā・빤짤라Pañcālā・꾸루Kurū・맛차Macchā・슈라세나Sūrasenā・앗사까Assakā・아완띠Avantī・간다라Gandhārā・깜보자Kambojā등 열여섯 개의 마하자나빠다Mahājanapada가 존재했다.[12)] 마하

---

10) 람 샤란 샤르마/이광수, 앞의 책, p.108.
11) 라다크리슈난은 B.C.1500~600까지를 베다 시대로 구분하고-<『Indian Philosophy』 vol.I. p.57>-있는데 비해, 람 샤란 샤르마는 『인도고대사』에서 B.C.1500~1000까지를 리그베다 시대, B.C.1000~600까지를 후기베다 시대로 구분하고 있다.
12) 지재경:<1-772중>, 사사니경:<1-34중>, A.N. I p.192. A.N. IV. p.172.

자나빠다는 국가國家를 뜻한다.

고대 인도인들은 잠부디빠 가운데서도 북쪽의 히말라야와 인도반도의 중부를 동서로 가로지르는 윈디야Vindhya 산맥 사이의 동쪽바다에서 서쪽 바다까지의 지역을 아리야와르따(ⓈĀryāvarta)라 하여 아리야의 땅, 즉 '신성한 땅'으로 보았고,[13] 그 밖은 믈렛차데샤(ⓈMlecchadeśa)라 하여 '야만인의 땅'이라 했다.[14]

아리야의 땅 가운데서도 꾸루・빤짤라・맛차・슈라세나는 바라문선인婆羅門仙人들이 있는 곳이며,[15] 히말라야와 윈디야산맥 사이 가운데서도 서쪽의 이미 사라져 버린 사라스와띠Sarasvatī강에서[16] 동쪽의 쁘라야가Prayāga 사이를[17] 맛지마데샤Majjhimadesa라 하여 바라문교婆羅門教의 중국中國으로 규정하고 있다.[18] 현재의 알라하바드・아그라・델리일대-[지도에서 Ⓕ, Ⓔ, Ⓐ]-를 힌두의 중국中國이라 한 것이다.

그러니까 강가강과 야무나강의 합류 지역에 있는 쁘라야가, 즉 오늘날의 알라하바드를 중심으로 서쪽 지역이 베다Veda의 권위를 신봉하는

---

13) Manu:II,22:<S.B.E. vol. XXV. p.33>.
14) Manu:II,23.
15) Manu:II,19.
16) 티벳의 히말라야에서 발원하여 인더스 강과 비슷한 거리를 여행하며 아라비아해로 흘렀던 이 강은 리그베다의 많은 찬송가에서 찬양되고 있었지만 지금은 물이 완전히 말라버려 타르(Thār) 사막에 묻힌 죽은 강이다. 이 강의 존재는 인공위성사진을 통해서 밝혀지고 있으며, 지질학자들은 현재의 갓가르(Ghagghar)강의 연장이었던 것으로 판정하였다. 현재의 야무나강도 원래는 사라스와띠 강의 주요 지류 중의 하나였는데 지금은 강가강으로 흐르고 있다.
<게오르그 포이 어스타인 외 지음/정광식 옮김.『최초의 문명은 고대 인도에서 시작되었다』 p.162 이하 참고>
17) 쁘라야가(Prayāga)는 강가강과 야무나 강의 합류 지역으로 현재의 알라하바드(Allahābād)를 말한다.
18) Manu:II,21.

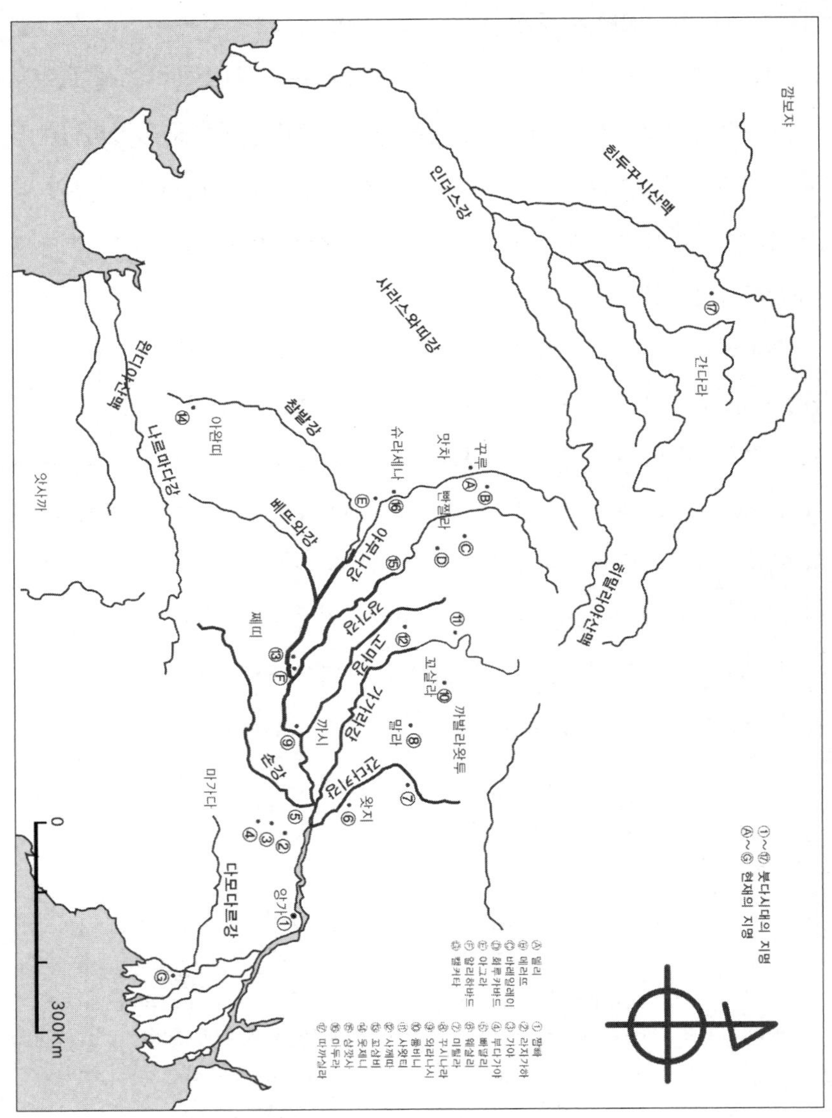

바라문교의 중심 지역이었다.

서력 기원전 8세기경에 하스띠나뿌르에 있었던 대홍수의 피해로 빠우라와제국이 몰락하면서 바라문중국婆羅門中國으로 불린 꾸루·빤짤라·맛차·슈라세나에서 꽃피웠던 바라문문화婆羅門文化도 더 이상의 발전이 멈추어지고 서력 기원전 6세기에 이르러서는 문화의 중심지가 강가강 중류 지역에 위치한 신흥국가로 바뀌게 된다. 그러니까 붓다 시대에 이르러서는 '아리야의 땅'이라 불렀던 곳 가운데서 바라문선인仙人들이 있는 곳이라고 했던 꾸루·맛차·빤짤라·슈라세나에서도 바라문 문명은 과거의 영광을 잃고 쇠퇴하고 있었다.

새 문화의 중심지로 떠오른 곳은 꼬삼비Kosāmbī를 수도로 정한 왐사, 사왓티(Sāvatthī:ⓈŚrāvastī:舍衛城)에 수도를 둔 꼬살라, 라자가하(Rajagaha:ⓈRajagṛha:王舍城)에 수도를 둔 마가다, 웨살리(Vesāli:ⓈVaiśali:廣嚴城)를 거점으로 한 왓지연맹국이다. 이들 지역에서도 바라문교의 영향을 받고는 있었지만 서쪽의 바라문중국, 즉 꾸루·맛차·빤짤라·슈라세나 등의 나라에서의 그것과는 사뭇 달라져 있었다.

붓다가 주로 활동한 지역은 꼬삼비·사왓티·라자가하·웨살리-[지도에서 ⑬, ⑪, ②, ⑥]-로 바라문교의 영향력이 비교적 덜 미치는 지역이었으며, 바라문들이 그들의 문화중심 지역을 바라문교중국이라고 부른데 비하여 불교에서는 마가다국을 중심으로 붓다의 행적이 미친 이들 지역을 불교의 맛지마데사, 즉 불교중국佛教中國으로 불렀고,[19] 붓다의 발길이 미치지 못한 지역은 사견邪見을 행하는 사람들이 태어나는 곳이라 하여 변방邊方이라 보았다.[20]

---

19) 사분율 제32:<22-787상> S.N. I. p.173, M.N. I. p.212, Vp. vol. IV. p.8.
20) 증일아함경 제36:<2-747상> 증일아함경 제44:<2-786상> 팔난경:<1- 613중> A.N. IV. p.152.

4. 정치적 환경

붓다 시대에 잠부디빠에 있었던 열여섯 개 마하자나빠다의 정치적 변동 상황을 살펴보자.

인도아대륙의 가장 동쪽에 위치했던 앙가는 짬빠Campā강을 경계로 서쪽에 있는 마가다국과 일진일퇴의 공방전을 벌여 한때는 마가다의 밧띠야Bhaṭṭiya를 물리치기도 했었다. 그러나 붓다가 출가하기 전 밧띠야의 아들 빔비사라Bimbisāra가 앙가의 브라흐마닷따Brahmadatta왕을 쳐서 정복했다. 빔비사라는 앙가를 정복함으로써 앙가-마가다왕으로 불리게 되었고,[21] 8만개의 촌락을 다스리는 마하라자(mahārāja:大王)가 되었으며,[22] 백기白旗는 하리양까Haryaṅka왕가의 표시였으니 '흰 깃발'은 바로 빔비사라의 상징이 되었다.[23] 빔비사라는 앙가를 정복하고 아들 아자따삿뚜Ajātasattu를 앙가의 수도였던 짬빠에 총독으로 파견하여 그곳을 다스리게 했다.

이제 마가다의 국경은 북쪽으로 강가강, 동쪽으로 짬빠강, 남쪽으로 윈디야산맥, 서쪽으로 손나Soṇa강이 경계가 되었다.[24] 마가다의 도시로 불전에 전해지는 것은 앙가의 짬빠 · 밧디야Bhaddiya · 앗사뿌라Assapura와 마가다의 수도 라자가하를 비롯하여 에까날라Ekanālā · 날라까Nālaka · 세나니Senāṇi · 카누마따Khānumata · 빠딸리뿟따Pāṭaliputta · 마뚤라Mātulā · 안다까윈다Andhakavindha · 마짤라Macala · 암발랏티까

21) Jt. vol. IV. p.281.
22) Vp. vol. IV. p.236.
23) Thag. p.65. footnote 3. 『불본행경 외』 p.282:<한글대장경 171>.
24) T.W. Rhys Davids, 『Buddhist India』 p.24.

Ambalaṭṭhikā・날란다Nālandā 등이다.

마가다국은 앙가국를 정복하고 나서 강가강 북쪽 띠르후뜨Tirhgut 지역에 위치한 왓지연맹국과 대치하게 되었는데, 왓지는 웨살리를 수도로 한 릿차위Licchāvi족, 미틸라Mithilā에 거점을 둔 위데하Videhā족, 라마를 거점으로 한 꼴리아족, 숭수마라기리Suṃsumāragiri를 거점으로 한 박기Bhaggi족, 알라깝빠Allakappa에 거점을 두고 있는 불리Buli족, 즈냐뜨리까(ⓈJñātṛka)족[25] 등 여덟 개의 부족으로 구성된 연맹국聯盟國으로 릿차위족이 가장 강력한 세력이었기 때문에 간혹 왓지와 릿차위는 같은 의미로 쓰인다.

왓지연맹국의 릿차위족은 이웃 꼬살라나 말라Malla와는 평화를 유지하고 있었으나 사방으로 영토 확장정책을 꾀하고 있던 마가다와는 적대관계에 놓여 있었다. 한때 마가다의 빔비사라에게 패배하여 쩨따까Ceṭa-ka왕의 딸 쩰라나Cellanā가 빔비사라의 부인이 되었다.

쩨따까에게는 쩰라나 이외에도 여섯 명의 딸이 있었는데, 수지에스타Sujyeṣṭhā는 출가하여 비구니가 되었고, 즈에스타Jyeṣṭhā는 자이나교주의 형제 난디와르다나Nandivardhana와 결혼했으며, 쁘라바와띠Prabhāvatī는 소위라Sauvīra왕, 빠드마와띠Padmāvatī는 앙가Aṅga왕, 므리가와띠Mṛgāva-tī는 왐사Vaṁsa왕, 시와Śivā는 아완띠Avanti왕과 결혼했다고 한다.[26]

릿차위족은 이러한 결혼관계를 통해 붓다생전에는 파멸을 면하고 유지될 수 있었지만 붓다 사후에 드디어 마가다의 아자따삿뚜에게 정복되고 만다.

---

25) A.K. Majumdar, 위의 책, p.111. 즈냐뜨리까족은 자이나교의 교주인 마하위라(Mahāvīra)가 속한 부족이다. 따라서 즈냐뜨리까족은 빨리어로 나따(Nāta)족이다.
26) A.K. Majumdar. 위의 책, p.111.

왓지연맹 지역의 도시 중에서 붓다가 자주 들렀던 곳은 수도 웨살리를 비롯하여 웃까쩰라Ukkācelā · 꼬띠Koṭi · 나디까Nādikā · 반다Bhanda · 보가Bhoga · 핫티Hatthi 등이다.

꼬살라는 사왓티가 수도였고, 당시 마가다국에 맞서 강력한 세력으로 등장한 나라로서 마가다국의 북서쪽으로 강가강을 건너 위치하였으며, 그 영역은 지금의 동부 웃따르 쁘라데쉬와 네팔 지역에 펼쳐져 있었다.

꼬살라국이 영토확장에 나선 것은 답바세나Dabbasena, 디가우Dīghāvu, 왕까Vaṅka, 깡사Kaṁsa 등인데, 붓다 시대 꼬살라왕이었던 빠세나디Pasenadi의 할아버지 깡사왕은 와라나시Vāraṇāsi에 수도를 두고 있던 까시를 정복하였다. 깡사왕을 와라나시가하Vāraṇāsigāha라고도 불렀는데, '와라나시의 강탈자'라는 뜻이다.[27] 와라나시는 붓다가 최초로 설법한 곳이다.

꼬살라국은 샤까족의 까삘라왓투와 깔라마족의 께사뿟따Kesaputta를 지배 아래에 두었고, 다시 까시를 정복함으로써 마가다국과 충돌할 수밖에 없었으나 빠세나디의 아버지 마하꼬살라Mahākosala가 웨데히Vedehī 공주를 빔비사라와 결혼시킴으로써 두 나라는 평화관계를 겨우 유지하고 있었다.

꼬살라의 도시 가운데 붓다가 자주 들렀던 곳은 수도 사왓티를 비롯하여 와라나시 · 세따비야Setavya · 사께따Sāketa · 맛치까상다Macchikasaṇḍa · 께사뿟따 · 오빠사다Opasāda · 잇차낭갈라Icchānaṅgala 등이다.

말라Malla는 꾸시나라Kusinārā에 수도를 둔 나라로 꼬살라와 왓지연맹 사이에 위치하였고, 꾸시나라를 중심으로 한 말라족은 꼬시나라까Kosinārakā로 불렀고, 빠와Pāvā를 거점으로 한 말라족은 빠웨이야까 말

---

27) Jt. vol. II. p.274.

라Pāveyyaka Malla로 불렸다.

붓다가 꾸시나라에서 열반에 들었을 때, 빠웨이야까 말라들이 군사를 동원하여 붓다의 사리를 분배해 줄 것을 요청했다는 것으로 보아 두 지역의 말라들은 이미 분리되었던 것 같다.

말라의 도시로 이름이 전해지는 곳은 붓다가 열반에 드신 꾸시나라를 비롯하여 빠와・아누삐야Anupiyā・우루웰라깝빠Uruvelakappa 등이다. 격투에 능한 부족이었던 말라[28] 역시 붓다 생전에는 독립을 유지했지만 후에 마가다에 합병되었다.

왐사는 꼬삼비에 수도를 둔 나라로 강가강 남쪽, 마가다국 서쪽에 위치하였고, 델리의 동북쪽 미루뜨Meerut 지역에 있던 하스띠나뿌라에 수도를 두었던 꾸루족의 일파가 강가강과 야무나강이 합류하는 지금의 알라하바드 옆으로 이동하여 꼬삼비를 거점으로 세력을 펼치고 있었다.

붓다 당시 왐사왕은 왐사라자Vaṃsarājā라 불린 빠란따빠Parantapa의 아들 우데나(Udena:ⓈUdayana:優塡)였다.[29] 우데나를 왓지跋耆왕으로 말하는 곳도 있지만[30] 이는 잘못된 것이다. 그는 왓지연맹의 일원으로 웨살리와 사왓티 사이에 거주했던 밧기Bhaggi족의 밧가Bhagga를 정복하고 그들의 거점인 숭수마라기리Suṃsumāragiri에 아들 보디Bodhi왕자를 총독으로 보냈다.[31] 우데나의 아들 보디왕자가 그곳의 총독으로 살았던 것으로 보아 붓다 시대에 이미 왐사에 정복되었던 것 같다. 붓다는 여덟

28) Jt. vol. II. p.65. note 2.
29) D.P.P.N. vol. II. p.798, 증일아함경 제25:오왕품:<2-681하>에 우전왕(優塡王)과 우타연왕(優陀延王)이 다른 인물인 것처럼 되어 있는데, 빨리어의 우데나(Udena)가 산쓰끄리뜨로 우다야나(Udyana)라는 것을 착각한 것이다.
30) 증일아함경 제28:<2-708상>我是跋耆國王名曰優塡.
31) Vp. vol. v. p.176, Cullavagga:v,21:<S.B.E. vol. XX. p.125>.

번째의 안거를 숭수마라기리의 베사깔라Bhesakalā에서 보냈다.

꾸루는 인다빳따(Indapatta: ⓢIndraprastha)에 수도를 두었던 나라로 지금의 서부 웃따르 쁘라데쉬가 그 영역이었으며 그들의 거주 지역을 꾸루랏타Kururaṭṭha라고 했다. 붓다 시대에 꾸루왕은 다난자야꼬라위야Dhanañjaya-koravya였는데, 도박을 얼마나 좋아했던지 빤짤라왕 · 슈라세나왕 · 맛차왕 · 맛다Madda왕 · 께까까Kekaka왕 등을 증인으로 세우고 내기 도박을 하는 이야기가 전해지고 있다.[32)]

붓다가 직접 꾸루 지역을 들렀지만 수도 인다빠다에 갔던 것이 아니라 깜마사담마Kammāsadamma에 들렀으며, 또한 붓다가 천상에서 어머니 마야부인을 교화하고 하강했다는 상깟사Saṅkassa는 꾸루의 인접 지역이 아니었나 생각된다.

빤짤라는 강가강 지류인 바기라티Bhagīrathi강을 경계로 깜삘라Kampilla에 수도를 둔 웃따라 빤짤라Uttara Pañcāla와 닷키나 빤짤라Dakkhiṇa Pañcāla로 나뉘었다.

꾸루와 빤짤라는 붓다가 등장하기 훨씬 이전의 시대에는 정치적으로 강력한 영향력을 미쳤지만 붓다 시대에 와서는 정치적 영향력을 더 이상 발휘하지 못하고 쇠퇴기에 들어갔다.[33)]

슈라세나는 마두라Madhurā에 수도를 두었던 나라로 델리와 아그라Agra 사이에 있었으며, 붓다가 마두라에 들렀을 때 걸식하기 어려웠다고 한다.[34)] 불교경전에서 아완띠 출신의 마두라왕이라고 말하는 것으로 볼 때, 붓다 시대 슈라세나는 이미 아완띠에 의해 정복된 것 같다.[35)]

---

32) Jt. vol. VI. p.137.
33) Jt. vol. II. p.149. S.N. II. p.64 note 1.
34) A.N. III. p.188.
35) M.N. II. p.273.

쩨띠는 처음 지금의 네팔의 히말라야산에 있을 때는[36] 솟티와띠Sotthivatī에 수도를 두었다가[37] 훗날 야무나강 근처로 거주지를 옮겼는데, 아완띠의 동쪽, 왐사의 남쪽 지역이다.

맛차는 꾸루의 남쪽 또는 남서쪽에 위치하였고, 수도는 위라따나가라Virāṭanagara 또는 와이라뜨Vairāṭ에 두었다지만 붓다 시대에 이미 쇠퇴했던 것 같다.

아완띠는 지금의 중부 말와Malwa 지역과 마디야 쁘라데쉬Madhya Pradesh의 인접 지역에 위치했고, 웃제니Ujjenī에 거점을 둔 북부 아완띠와 마힛사띠Māhissatī를 거점으로 한 남부 아완띠로 나뉘어 있었지만 점차 철광산업이 발달했던 북부 아완띠의 웃제니로 중심이 옮겨졌다. 웃제니는 서해안 항구도시 바루깟차Bharukaccha와 숩빠라까Suppāraka로 통하는 길이 있었다.[38]

붓다 시대의 아완띠왕은 빳조따Pajjota인데, 그를 짠다빳조따Caṇḍa-Pajjota로 불렀던 것으로 보아 성격이 무척 난폭했던 것 같다.[39] 빳조따는 이웃의 왐사를 정복하고 싶어 했으나 그의 기대처럼 정복되지 않았다. 결국 빳조따는 자신의 딸 와술라닷따Vāsuladdattā를 왐사왕 우데나의 아내가 되게 하여 양국은 친선관계를 유지할 수 있었다. 아완띠도 붓다 사후 마가다의 쉬슈나가(Śiśunāga:재위 B.C. 414~396) 왕에게 정복되었다.

아완띠 지역은 붓다가 직접 방문하지는 못했지만 논의제일論議第一의 제자 깟짜나(Kaccāna:迦旃延)가 웃제니에서 짠다빳조따왕에게 불법을 전했고, 아완띠의 맛까라까따Makkarakaṭa와[40] 꾸라라가라Kuraraghara에서

---

36) A.N. IV. p.155. note.1.
37) Jt. vol. III. p.272.
38) Jt. vol. IV. p.86.
39) 'caṇḍa'는 '흉포한', '사람의 행동이나 감정이 격렬한'이란 뜻이다.

도 전도했다.41)

깟짜나 이외에도 난다꾸마라뿟따Nanda Kumāraputta, 소나 꾸띠깐나 Soṇa Kuṭikaṇṇa, 담마빨라Dhammapāla, 아바야라자꾸마라Abhayarājakumāra, 이시닷따Isidatta, 이시다시Isidāsī 등이 아완띠 출신이거나 그 지역에 머물렀던 고승들이었다는 점에서 붓다 시대에 아완띠는 불교의 중심지였음을 알 수 있다. 빳조따는 붓다가 출현하였다는 소식을 듣고 국사의 아들 깟짜나와 함께 일곱 사람을 붓다에게 보내 붓다가 아완띠를 방문해 줄 것을 요청하였다고 한다.

앗사까는 뽀따나Potana나 뽀딸리Potali에 수도를 두었던 나라로 인도의 중남부에 흐르는 고다와리Godāvarī강 유역, 지금의 오랑가바드Aurangābād 남쪽의 빠이탄Paithan 부근 알라까Aḷaka 또는 물라까Muḷaka에 아주 근접한 지역에 위치했다.42) 『자따까』에 의하면, 뽀딸리의 앗사까왕은 단따뿌라의 깔링가왕이 전쟁을 걸어오자 적극적으로 맞서 그를 물리쳤다. 후에 앗사까왕은 깔링가왕의 딸과 결혼하여 양국은 우호적인 관계를 맺었다.43) 붓다 시대의 앗사까왕은 안다까라자Andhakarājā로 전해지지만 아완띠에 정복되고 나서는 언제나 아완띠와 같이 언급되었다.

간다라는 그리스인들이 탁실라Taxila라고 불렀던 땃까실라Takkasilā에 수도를 두었던 나라로 지금의 아프카니스탄의 쿠나르강과 파키스탄의 인더스강 사이의 북부 뻰잡에 있는 뻬샤와르Peshāwar와 라왈삔디 Rāwalpindi 지역에 위치하였다. 간다라의 수도 땃까실라는 불교이전 시대부터 인도와 서역간의 무역중심지이자 교육의 중심지로 와라나시뿐

40) S.N. IV. p.73.
41) A.N. V. p.31.
42) D.P.P.N. vol. I. p.222.
43) Jt. vol. III. p.2.

아니라 사왓띠 등 각국에서 사람들이 모여들었다.

꼬살라의 빠세나디 · 릿차위족의 마할리Mahāli · 말라의 왕자 반둘라Bandhula · 빔비사라와 붓다의 주치의였던 지와까Jīvaka · 희대의 살인자였던 앙굴리말라Aṅgulimāla · 아완띠의 담마빨라Dhammapāla · 깐하딘나Kaṇhadinna · 바라드와자Bhāradvāja · 야사닷따Yasadatta 등이 땃까실라대학 출신이었다고 한다.44)

붓다 시대의 간다라의 왕은 뿍꾸사띠Pukkusāti였고, 그는 마가다의 빔비사라와 친밀한 관계를 맺고 있었으며, 양국의 상인들의 왕래가 많았을 뿐 아니라 그들의 상품에 대한 관세를 부과하지 않았다고 한다.

깜보자는 간다라와 더불어 맛지마데사에 속하지 않았던 나라로 드와라까Dvāraka에 도읍을 두었는데,45) 그 위치는 간다라보다 훨씬 더 북서쪽, 지금의 아프가니스탄의 카이베르Khyber고개 넘어 카불Kābul강 지역이었다. '말들의 본고장'(assānaṃ āyatanaṃ)으로 언급되어왔던46) 이곳은 야만적이고 혐오스런 유목민의 관습을 가졌다고 한다.47)

또한 불전佛典에 까시-꼬살라, 왓지-말라, 쩨띠-왐사, 꾸루-빤짤라, 맛차-슈라세나로 언급되고 있는 것으로 보아48) 그들 나라들은 합병合併 또는 정복관계에 있었음을 의미한다.

『쭐라니데사』Cullanidesa에는 열여섯 개의 대국 가운데 간다라가 생략되고 깔링가Kaliṅga와 요나Yona가 첨부되었으며, 『마하와수뚜』Mahāvastu에는 간다라와 깜보자가 생략되고 시위Śivi와 다사르나Daśārṇa로 대치되

---

44) D.P.P.N. vol. I. p.982.
45) Buddhist India, p.28.
46) D.P,P.N. vol. I. p.526.
47) Jt. vol. VI. p.110.
48) D.N. II. p.237.

었던 것으로 보아[49] 당시 정치적 변동이 꽤나 심각하게 일어나고 있었음을 엿볼 수 있다.

서력 기원전 6세기 이후의 인도정치사는 이들 열여섯 개의 마하자나빠다의 패권을 건 투쟁의 역사였는데, 마가다・꼬살라・왐사・아완띠 등 네 나라가 세력을 펼치다가 점차 마가다 왕국이 가장 강력한 세력으로 등장하게 된다. 그것은 마가다의 영역인 남부 비하르가 중요 철광산지였으므로 철제무기의 사용이 용이하였기 때문이라 보여 진다. 마가다국과 계속적인 전쟁을 벌이다가 끝내 화해하였던 서쪽의 아완띠국도 수도 웃자이니가 철기산업이 발전하였던 곳이었다.

당시의 정치제도를 살펴보면 중앙집권적 군주제君主制와 원시공동체적 공화제共和制가 공존하고 있었는데, 마가다・꼬살라・왐사・아완띠와 같은 강대국은 군주제 국가로서 관료조직과 강력한 군대를 소유하고 있었지만 웨살리의 왓지연맹이나 말라는 공화정을 하고 있었다.

당시 부족국가의 형태를 벗어나지 못한 채 장로들이 모여 국사를 논의하는 공화정의 형태를 가지고 있었던 부족들을 살펴보면 다음과 같다.

까삘라왓투의 사까족・알라깝빠의 불리족・웨살리의 릿차위족・라마Rāma촌의 꼴리야족・꾸시나라의 말라족・빠와의 말라족・삡팔리와나Pipphalivana의 모리야Moriyā족・께사뿟따의 깔라마Kālāma족・숭수마라기리의 박기족・미틸라의 위데하족 등은 장로長老들이 모여 국사를 논의하는 공화정이 운영되었다.[50] 이들 가운데 말라는 열여섯 개의 마하자나빠다의 하나로 독립국가였고, 릿차위・위데하・꼴리야 등은 왓

49) A.K. Majumdar, 앞의 책, p.110.

50) 붓다가 열반에 들었을 때 붓다의 사리를 요구한 여덟 나라들을 살펴보면 마가다국의 아자따삿뚜와 정체(政體)를 정확히 알 수 없는 웨타디빠(Veṭhadipa)의 바라문을 제외하고는 모두가 공화정을 유지하고 있었던 부족이다.

지연맹국의 부족들이었으며, 샤까족은 왕국을 가지고 있었지만 꼬살라의 지배 아래에 있었다.

이 시기는 상가Saṅgha 또는 가나Gaṇa라 불리는 의회형태를 가진 공화제의 국가들이 강력한 중앙집권적 군주제 국가들에 의해 점차 정복되어 가는 정치적 격변기였다. 정치적 관점에서 볼 때, 불교는 부족국가가 점차 봉건적 군주국가로 통일되어 가는 조류 속에서 탄생되어 발전하였다.

붓다의 만년에 아자따삿뚜가 왓지연맹을 정복하고자 했을 때, 붓다가 왓지의 정치형태가 이상적이라는 것을 간접적으로 밝히고 전쟁을 막았다는 점에서 볼 때 붓다의 정치적 이상이 민주적 공화정에 있었다는 것을 알 수 있다.

여기서 당시 잠부디빠 밖의 세상에서는 정치적 상황이 어떻게 전개되었는가를 잠시 살펴보자. 다시 말해 고따마 붓다의 생애를 세계사적인 연관성에서 살펴보자는 것이다.

고따마 붓다가 태어날 즈음, 잠부디빠의 서역인 중동지방에서는 강력한 제국이었던 앗시리아가 서력 기원전 610년에 멸망하고, 제국의 영토가 메소포타미아는 신바빌로니아, 터키 남부는 리디아, 메소포타미아 북부는 수사이, 이란고원은 메디아, 파르티아, 박트리아 등으로 분할되어 통치되었다. 이 시기에 메디아의 페르시아에서 아케메네스가家의 키로스 2세(Cyrus:재위B.C.559~530)가 영웅으로 등장했다.

그는 서력 기원전 550년 메디아의 수도 에크바타나를 점령하고 새로이 페르시아제국을 세우는데 성공했다. 이 신흥국가에 맞서 카르디아·리디아·이집트가 동맹을 체결하고 대항하였으나 키로스는 서력 기원전 545년 먼저 리디아를 쳐서 함락시키고, 여세를 몰아 소아시아연안에 있는 이오니아 지방의 많은 그리스계系 식민도시들을 제국의 영토로 편입시켰다. 서력 기원전 538년에는 카르디아의 수도 바빌론을 점령했다. 바빌론을 점령하고 그 정복지를 계승하게 됨으로써 페르시아의 영토는 이집트까지 확장되었다. 이제까지 변경국가에 지나지 않던 페르시아는 일약 세계제국으로 발돋움하게 되었다. 키로스는 동방원정에 나섰으나 서력 기원전 530년 스키타이인人과의 전투에서 전사했다.

페르시아제국의 건설자 키로스는 제국내의 여러 민족이 가지고 있는 종교나 관습을 배척하지 않고 인정하는 종교유화정책을 펼쳤다. 그는 바빌론에 유폐되어 있던 이스라엘 사람들을 해방시켜 본국으로 돌려보내기도 했다.

키로스 2세를 이은 캄비세스 2세(Cambyses:재위B.C.530~522)가 서력 기원전 525년에 이집트 원정길에 나섰는데, 원정이 완료되기 전인 서력 기원전 522년에 이란에서 동생 바르디야가 반란을 일으키자 급거 귀국하여 반란을 진압하는 도중에 사망했다. 캄비세스 2세가 죽자 수사이·바빌로니아·메디아·사가르티아·마르기아나 등지에서 키로스 집안 출신이라고 주장하는 사람들을 중심으로 반란이 일어나 페르시아제국은 잠시 혼란에 빠졌다. 이때 파르티아의 총독(Satrap) 히스타스페스의 아들이자 캄비세스군의 장군인 다리우스 1세(Darius:재위기간 B.C.522~486)가 반란군을 차례로 평정하고 새 왕으로 등장했다.

다리우스 1세는 소아시아의 그리스 식민지도 평정하였으며, 서력 기원전 519년에 제국의 북쪽 지방을 침범하는 스키타이인人도 몰아내고, 서력 기원전 518년에는 이집트로 쳐들어가 자신에게 복종하지 않던 사뜨라쁘 아리안데스를 처형했다. 지금의 그리스 북쪽에 있었던 마케도니아를 정복하고 에게해에 있는 렘노스섬과 엠브로스섬을 제국의 영토로 편입시켰다. 이제 다리우스 1세는 흑해의 곡물무역에 대한 통제권을 확보함으로써 그리스 경제에 큰 영향력을 가지게 되었다.

페르시아의 아케메네스 왕조는 서력 기원전 6세기부터 인도 북부인 웃따라빠타를 지배하고 있었는데, 인더스강이 바다로 흘러들어가는 곳을 알고 싶었던 다리우스는 서력 기원전 518~510년에는 인도의 뻰잡지방을 정벌하고[51] 서력 기원전 515년에는 인더스강 하류지방을 지배하게 되었다. 이때가 붓다의 나이 48세에서 56세 때였다.

서력 기원전 500년경 아나톨리아해안의 이오니아계 도시국가들이 반란을 일으키자 다리우스 1세는 서력 기원전 492년까지 이들의 반란을 진압하느라 그리스 본토를 침공할 수 없었다. 서력기원전 492년 그리스 정복에 나섰으나 함대가 폭풍을 만나 파괴되었기 때문에 회군하였고, 서력 기원전 490년에 아테네의 마라톤평야에서 전쟁을 벌였으나 패했기 때문에 그리스 본토의 원정에 성공하지 못했다. 다리우스가 마라톤평야에서 전쟁하던 때가 붓다의 나이 76세였고, 마가다국에서는 아자따삿뚜가 부왕 빔비사라를 폐위시키고 실권자로 등장한지 5년째 되던 해이다.

다리우스 1세 때의 페르시아 영토는 이집트의 나일강에서 인도의 인더스강까지, 지중해 동부연안-흑해-카스피해-페르시아만으로 이어지는 대제국이었다. 잠부디빠에 존재했던 16개의 나라 가운데 깜보자나 간다라는 이미 페르시아제국의 영토에 편입되어 있었다.

다리우스는 전국토를 20주州의 행정구획으로 나누어 각 주마다 사뜨라쁘Satrap라는 총독을 두고, 징세徵稅와 병역兵役을 부과하였으며, 사뜨

---

51) 람 샤란 샤르마/이광수, 앞의 책, p.159. A.K. Majumdar, 앞의 책, p.126 이하. Vishwanath Prasad Varma, 『Early Buddhism and Its origins』(Munshiram Manoharlal Publishers Pvt. Ltd.1973) p.349.

라쁘의 행동을 감시하고 중앙과 연락을 담당하는 '왕의 눈'과 이를 보좌하는 '왕의 귀'를 두었다. 다리우스 1세가 지배하던 영토의 19번째 주가 간다라지방이었고,[52] 20번째 주가 뻔잡과 신드지방이었다.[53]

수도 수사와 소아시아의 사르디스 사이에는 2,400km의 왕도王道를 건설하고, 역전제驛傳制를 채용하여 각 역에는 역마驛馬를 상비하여 중앙정부의 명령을 신속하게 전달하도록 했다. 또한 화폐제도의 확립과 금화金貨의 주조로 상품유통을 원활하게 했다.

서력 기원전 7세기경 페르시아에서는 조로아스터Zoroaster가 가르침을 펴고 있었고, 다리우스 1세 자신이 조로아스터교에 대한 믿음이 깊었으니, 그가 서북인도를 침범하였을 때 그의 군대를 따라 조로아스터교가 들어왔을 것이다. 따라서 붓다도 조로아스터교에 대하여 어느 정도 알고 있었을 것이라 짐작된다.

붓다 자신이 오늘날 델리와 아그라 사이에 있었던 슈라세나의 마두라Madhura를 방문한 적이 있고, 깟짜나를 통해 웃제니Ujjeni의 사정을 들었을 것이며, 웨란자Verañjā 지역에서 안거하며 웃따라빠타Uttarāpatha를 거쳐 그곳에 들어와 있던 서역의 말장수들도 만났으니,[54] 붓다는 이들로부터 아라비아나 이집트, 지중해 및 에게해 동쪽 해안지방인 레반트(the Levant)의 사정에 대하여 충분히 알고 있었다고 할 수 있다.[55]

붓다가 출가하기 전 교육을 받을 때, 서역출신의 삽바밋따Sabbamitta를 스승으로 두었고,[56] 마가다국의 빔비사라는 간다라왕 뿟꾸사띠Pukku-

52) Etienne Lamotte, 『History of Indian Buddhism』 p.102 (Institut Orientaliste Louvain-La-Neuve:1988).
53) 람 샤란 샤르마/이광수, 앞의 책, p.159.
54) Vp. vol. I. p.11.
55) Mrs. Rhys Davids, 『Gotama The Man』(Luzac & Co. London:1928) p.16.
56) The Questions of King Milinda:IV,6,3:<S.B.E. vol. XXXVI. p.45>.

sāti와 외교관계를 맺고 있었으니 빔비사라와 친했던 붓다로서는 어떤 경로를 통해서라도 이미 페르시아의 사정이나 뻰잡 지역의 사정을 알고 있었을 것이 분명하다.

붓다가 당시 인도사회의 고질병적인 문제인 계급과 신분제도에 대하여 바라문 앗살라야나Assalāyana와 논쟁할 때, 요나Yona나 깜보자Kambo-jā 그리고 그 인접 지역의 사정을 언급하고 있는데,[57] 요나는 그리스문화의 영향력을 받고 있었던 박트리아나 이오니아 지역을 말하고, 깜보자는 지금의 아프가니스탄의 카이베르Khyber고개 넘어 카불Kābul강 지역을 말하는 것이므로 붓다는 이미 그 지역의 사정에 밝았다는 것을 알 수 있다.

붓다와 교분을 쌓았던 사람들로서 간다라의 땃까실라에 유학한 사람이 많았는데, 꼬살라국왕 빠세나디, 릿차위의 마할리왕자, 말라의 반둘라왕자, 붓다의 주치의主治醫 지와까 등은 재가자였다. 희대의 살인자였던 앙굴리말라, 아완띠Avantī출신의 담마빨라,[58] 라자가하의 바라문 바라드와자의 아들 깐하딘나,[59] 말라의 야사닷따[60] 등은 비구比丘로 붓다의 제자들이다. 땃까실라에서 유학하고 돌아온 사람들과의 교분을 통해서 이미 깜보자나 그리스의 영향력 아래에 놓여 있던 이오니아지방의 사회제도에 대해서도 적지 않은 영향을 받았을 것이라 생각된다.

---

57) 성열, 『부처님 말씀』(현암사:2002) p.240.
58) Thag. p.149.
59) Thag. p.136.
60) Thag. p.201 야사닷따의 시는 Theragatha 360~364 송이다.

5. 경제적 환경

붓다 시대에는 농촌의 작은 마을gāma이나 촌락을 중심으로 한 사회에서 점차 시장市場이 있고 공회당公會堂 등 집회장소가 있는 작은 도시nigāma가 생기고, 나가라nagara로 불리는 상업의 중심지 또는 행정기관이 있는 시市가 생겨 그곳이 바로 라자다니Rājādhānī 즉 왕성王城으로 발전해 갔다.[61] 도시는 전략적 요충지 · 교역의 중심지 · 문화의 중심지 · 농산물의 집산지가 되었다. 꼬살라를 사위국이라 하고, 왐사를 꼬삼비국이라 한 것처럼 성벽을 가지고 있는 대도시를 나라의 이름으로 쓰기도 했다.

강가강 중류 지역에서는 왕을 지주(地主:ⓈKṣitīśvara)라 했다.[62] 이런 경우의 왕은 통치자로서의 제왕帝王이기보다 왕족王族을 의미한다. 당시는 왕족이나 세나니(senāni:將軍)들이 촌장gāmaṇī의 역할을 수행하면서 비옥한 농토를 독점하여 5백 마리[63] 또는 1천 마리[64]의 소로 경작하는 대단위 농장을 소유하는 경우가 많았다. 대단위 농장을 가진 지주들이 등장하면서 농촌에서 잉여농산물剩餘農産物이 생겼고, 자연스럽게 곡물이 상품화되기에 이른다.

신흥도시에서는 수공업자手工業者와 상인商人들이 생기면서 상인들 중에는 수백, 수천 대의 수레를 이끌고 동과 서를 오가는 대상(隊商:sattha)이 등장하게 되었다. 대상의 리더satthavāha들은 대부호大富豪가 되어 대

---

61) A.N. I. p.142, A.N. II. p.37.
62) 마하승지율 제27:<22-443하>.
63) Sn. p.12. 잡아함경 제4:98경:<2-27상>.
64) 증일아함경 제20:성문품1:<2-647중>.

단위 농장주들과 함께 경제력을 바탕으로 점차 사회적 실력자로 발전해 갔다.65) 이전에는 태생 자체가 신분이었지만 점차 경제력이 바로 신분이요 계급으로 바뀌어 갔다.

당시의 주요 대상로隊商路를 살펴보면,66) 윈디야산맥 남쪽 앗사까국의 빠이탄에서 아완띠국의 마힛사띠・웃제니・위디사Vidisā・왐사국의 꼬삼비를 거쳐 꼬살라국의 사왓티로 통하는 닷키나빠타Dakkhiṇāpatha라 불린 남로南路가 있었고, 꼬살라국의 사왓티에서 슈라세나국의 마두라・웨란자Verañjā를 거쳐 간다라국의 땃까실라로 통하는 웃따라빠타Uttarāpatha라 불린 북로北路가 있었다. 특히 북로는 땃까실라에서 말들의 고향이라 불린 깜보자로 연결되기 때문에67) 서역지방의 말장수들이 중인도 지역으로 오갔던 길이다.68)

또한 꼬살라국의 사왓티에서 샤까족의 까삘라왓투, 말라족의 꾸시나라・빠와, 왓지연맹의 하띠가마・반다가마・웨살리를 거쳐 남쪽으로 강가강을 건너 마가다의 빠딸리뿟따・날란다를 지나 라자가하로 통하는 동북로東北路가 있었는데 이 길은 붓다가 자주 다녔던 곳이다.

앗사까국의 고다와리강변에 사는 바라문 바와리Bāvarī의 제자 16명이 붓다를 친견하고자 닷키나빠타[南路]를 타고 사왓티에 도착하여 다시 동북로東北路를 통해 마가다국의 라자가하에 도착했다는 것을 알 수 있다.69)

앞에서 말한 남로・북로・동북로 이외에도 마가다의 라자가하에서

65) D.N. II. p.364, Jt. vol. I. p.4, p.220, p.239.
66) T.W. Rhys Davids, 『Buddhist India』(Motilal Banarsidass:1971) p.103.
67) Etienne Lamotte, 『History of Indian Buddhism』 p.100.
68) Jt. vol. I. p.19.
69) 성열, 『부처님 말씀』(현암사:2002) p.10. Sn. 976.

서쪽으로 까시의 와라나시로 통하는 길이 있었을 것이며, 사왓티에서 사께따로 오가는 길 등이 있었을 것이다.

또한 강가강을 타고 동과 서로 연결하는 뱃길(jalapatha)이 있었다. 앙가의 짬빠와 왐사의 꼬삼비, 까시의 와라나시와 왐사의 꼬삼비, 왓지연맹의 웨살리와 쩨띠의 사하자띠Sahajātī를 오가는 뱃길을 말한다.[70] 물론 내륙지방의 상인들이 강가강 하류를 통해 지금의 미얀마나 인도의 서남해안 지역으로 나아갈 수 있었다. 이 뱃길을 타고 오고간 상인들을 해로상인海路商人이라 했다.[71]

상인들이 대상로를 따라 오가는 과정에서 강도나 맹수를 만나거나 식수나 식량부족으로 많은 어려움을 겪기도 했겠지만[72] 물건을 싣고 갈 때마다 두 배, 세 배의 값을 받고 물건을 팔 수 있었으니[73] 부를 꿈꾸는 상인들의 왕래가 잦았을 것이다.

붓다를 삿타와하satthavāha라 했는데,[74]이는 대상(隊商:sattha)의 선도자(先導者:vāha)란 뜻이다. 무상상주無上商主라거나[75] 무상상인주無上商人主로 부르기도 했다.[76] 붓다의 이런 호칭은 붓다가 상인들과 함께 여행하면서 가르침을 주는 일이 빈번했다는 것을 암시하고 있다. 따라서 내륙의 대상로들은 상인들의 무역로貿易路였을 뿐 아니라 출가자들의 전법로傳法路였으며 정복자들의 군대가 오가는 원정로遠征路이기도 했다.

앙가와 라자가하의 국경이나[77] 마가다와 꼬살라의 국경처럼[78] 국경

---

70) Vp. vol. V. p.419.
71) Jt. vol. I. p.19.
72) Jt. vol. I. p.5.
73) Jt. vol. I. p.8.
74) Ut. p.191.
75) 별역잡아함경 제12:228경:<2-457하>.
76) 청청경:<1-610하> S.N. I. p.243.
77) 근본설일체유부비나야잡사 제2:<24-213하>.

을 통과하는 지점에는 세관Suṅkaṭṭhāna이 있었는데,[79] 세금은 물품의 구매와 판매가격·운송거리·유통과정에서 들어가는 인건비·물품을 안전하게 운송하는 과정에서 들어가는 비용 등을 고려하여 징수해야 한다고 규정했다.[80] 그러니까 세금을 부과하는 원칙을 정하고 있었다. 세관에서의 세금은 상품의 가격을 잘 아는 자가 물건의 가격을 정하면 왕은 그 수입의 1/20을 세금으로 징수한다고 했다.[81] 하지만 꼬살라국의 세관을 통과한 북방의 상인들이 도적을 맞은 것 같다고 불평하는 것으로 보아[82] 때로는 세리稅吏들의 횡포가 심한 곳도 있었던 것 같다.

세관을 피해 다니거나 정해진 때가 아닐 때 물품을 매매하거나 상품의 수량을 속이는 자는 그가 속인 세금의 여덟 배를 벌금으로 부과한다고 하여 탈세의 여지를 막았다.[83] 그러나 세금을 낸다고 해서 어떤 물품이라도 거래할 수 있었던 것은 아니다. 예를 들어 코끼리나 카슈미르지방의 샤프론saffron처럼[84] 왕의 독점물이나 수출금지품을 밀반출密搬出할 경우에는 전재산全財産을 몰수했으므로 당시에도 금수품禁輸品이 있었음을 알 수 있다.[85]

이와 같은 상업의 발달로 인하여 교환의 매개체로서 화폐가 필요했는데, 당시 마가다국에서 통용되던 화폐는 금전金錢·은전銀錢·철전鐵錢·동전銅錢·백납전白鑞錢·연석전鉛錫錢·목전木錢·호교전胡膠錢 등

78) 근본설일체유부비나야 제4:<23-643상>.
79) 오분율 제28:<22-184상>십송율 제1:<23-6중> 선견율비파사 제8:<24-730상>.
80) Manu:VII,127.
81) Manu:VIII,398.
82) 근본설일체유부비나야 제4:<23-644중>.
83) Manu:VIII,400.
84) S.B.E. vol. XXV. p.323 note.
85) Manu:VIII,399.

여덟 종류[86] 또는 철전鐵錢·동전銅錢··백납전白鑞錢·연석전鉛錫錢·수교전樹膠錢·피전皮錢·목전木錢 등 일곱 가지 형태였다.[87] 화폐 단위는 까까니까kākaṇikā·마사까māsaka·빠다pāda·까하빠나kahāpaṇa로 구분되었는데, 5마사까가 1빠다, 4빠다가 1까하빠나였다.

직접 대상무역隊商貿易을 하는 상인들이 사회적 실력자로 등장하는 것은 물론이요, 대상들을 상대로 독과점獨寡占이나 매점매석買占賣惜하여 떼돈을 버는 경우도 있었고,[88] 대상들이 몰고 온 말이나 소의 먹이를 팔아 돈을 버는 일도 있었다.[89] 붓다가 농업은 '일이 많고 할 것이 많아 노력이 많이 드는 직업'인데 비하여 상업은 '일이 적고 할 일이 적어서 노력이 적게 드는 직업'이라고 말하는 것으로 보아 점차적으로 상인들이 사회적 실력자로 부상하는 시대였음을 알 수 있다.[90]

농민들에게 부과되는 세금의 징수율은 가축과 금의 경우는 1/50, 곡물의 경우는 1/6·1/8·1/12를 거둔다고 하였으며,[91] 향신료·채소류·육류·공산품 등은 생산물의 1/6을 징수한다고 했다.[92] 그 당시 직인·공예인·노동으로 사는 숫다(Suddā:ⓈŚudra)들은 세금 대신 매월 하루씩 부역을 해야 했다.[93] 가난한 하층민들에게는 부역을 통해서까지 세금을 징수하였다. 그러나 '왕이 굶어죽는 한이 있어도 바라문에게는 세금을 징수해서는 안 된다'고 하여[94] 바라문들에게는 면세의 특혜를 부여하고

86) 사분율 제8:<22-620상>.
87) 십송율 제7:<23-51중> 마하승지율 제10:<22-312중>.
88) 근본설일체유부비나야약사 제3:<24-10중>.
89) 성열, 『부처님 말씀』(현암사:2002) p.665.
90) M.N. II, p.387.
91) Manu:VII,p.130.
92) Manu:VII,pp.131~132.
93) Manu:VII,p.138.
94) Manu:VII,p.133.

있었으므로 납세의 의무는 농사나 목축 또는 수공업이나 상업에 종사하는 왯사(Vessā:ⓈVaiśya)계급에 속한 평민들만이 지고 있었다.

강가강 중류 지역은 기후조건과 토지의 비옥함으로 농산물의 생산량이 늘기는 하였지만 결국 토지를 다량으로 소유한 왕족이나 촌장들의 몫으로 돌아갈 뿐 일반 농민들은 가난을 벗어날 수 없었다. 더구나 당시 왕권의 신장은 바라문들이 집행하는 제사의식에 의해 강화되었기 때문에 왕들이 권력이양의식權力移讓儀式인 라자수야rājasūya제사나 왕권을 과시하는 아슈와메다aśvamedha제사[95] 또는 마차경주 뒤에 부족민들에게 음식을 하사하는 와자뻬야vājapeya제사를 지내거나 부호나 영주들이 공덕을 쌓기 위해 희생제犧牲祭를 올릴 때 대규모적인 동물의 살생을 가져왔는데,[96] 그 중에서 특히 소의 도살이 심해 농경생활에 절대적으로 필요한 소의 공급이 부족하게 되었다.

바라문들은 제사의식을 집행함으로써 권위도 신장되었을 뿐 아니라[97] 제사를 집행해준 보답으로 소나 말 또는 금이나 의복이 사례물dakṣinā로 주어져 부를 쌓을 수 있었기 때문에[98] 그들은 제사의식에 관한 지식과 기술을 더욱더 복잡하게 만들고 제사의 집행권을 독점함으로써 자신들의 물질적 이익을 확대할 수 있었다.[99] 바라문들은 많은 사례

95) 이재숙 옮김:『우파니샤드』 II,(한길사:1997) p.542.

96) 성열, 『부처님 말씀』(현암사:2002) p.36, 구라단두경:<장 제15:1-96하>에는 카누마따의 영주인 꾸따단따가 수소(特牛) 5백 마리・암소(牸牛) 5백 마리・숫송아지(特犢) 5백 마리・암송아지(牸犢) 5백 마리・암양(羖羊) 5백 마리・숫양(羯羊) 5백 마리를 잡아 제사를 지내는 이야기가 전한다.

97) Brihadāranyaka Upanishad:I.4.11:<S.E.B. vol. XV. p.89>.

98) Brihadāranyaka Upanishad:VI.2,7:<S.E.B. vol. XV. p.206>.

99) Manu:XII,113 한명의 바라문이라도 베다를 아는 자가 결정한 것은 지고(至高)의 법으로 알아야 한다. 베다를 알지 못하는 자들이 무수히 모여 결정해 보았자 그것은 법이 아니다.

물을 받았지만 면세대상이라 한 푼의 세금도 내지 않아 부를 누릴 수 있었다.

그 당시의 부富는 귀족인 왕족이나 사제司祭인 바라문・부농富農・거상巨商에게 집중되고 노예나 일반농민은 여전히 가난에 시달리는 부익부富益富・빈익빈貧益貧 현상이 두드러졌다. 하지만 바라문이라고 모두가 물질적 부를 누릴 수 있었던 것은 아니었다. 제사를 집행하는 전문가로 행사할 수 없었던 바라문들은 농사를 짓거나 가축을 기르거나 걸식하는 사람도 있게 되었고, 심지어는 경제적으로 성공한 숫다의 심부름꾼이 되거나 바라문으로서는 절대 할 수 없다고 보았던 도살자나 사냥꾼으로까지 전락하는 일이 생겨났다. 바라문이 천민인 짠달라Caṇḍala의 음식을 먹었다는 이유로 바라문 사회에서 추방되었다는 이야기가 있는 것으로 보아[100] 바라문들은 신분사회가 붕괴되는 것을 막고자 애썼다는 것을 엿볼 수 있다.

남에게 돈을 빌리는 경우, 계급과 신분에 따라 이자율마저 달라[101] 하층신분의 가난한 자들은 가난을 더욱 재촉할 수밖에 없었다. 『마누법전』에 월 5% 이상의 이자는 고리대금으로 규정하고 금지시켰던 것을 보아[102] 당시 고리대금이 사회적 문제로 부각되고 있었음을 알 수 있다.

계급간의 착취현상은 두 가지로 나타났는데 하나는 세금징수자인 왕과 평민사이의 문제였으며, 다른 하나는 사제인 바라문이 닥시나dakṣinā, 즉 사례물을 무리하게 요구하는 것이었다. 붓다는 사제직司祭職을 담당하고 있었던 바라문들에 대하여 올빼미를 덮치는 까치라거나 왕의 명령

100) Jt. vol. IV. p.242.
101) Manu:VIII,p.142.
102) Manu:VIII,p.152.

으로 세금을 거두는 벼슬아치와 같다고 비판했다.[103]

왕이 백성을 감금하고 폭행하며 재산을 몰수하고 세금을 징수하는 착취의 모습을 기계로 사탕수수의 즙을 짜는 것에 비유하고 있다. 남에 대한 동정심이라곤 눈곱만큼도 없는 이런 왕을 백성들은 눈에 들어온 먼지처럼 · 밥에 섞인 돌처럼 · 발뒤꿈치에 박힌 가시처럼 생각하게 된다고 꼬집었다.[104] 자기의 정당한 직업으로 번 재물을 권력에 부당하게 빼앗기지 않는 것을 세속인의 행복이라 할 정도였으니,[105] 당시 착취가 얼마나 심각했는지 알 수 있다.

6. 사회적 환경

서북인도로 침입해 들어온 아리야인들의 문화는 리그베다Ṛg Veda에 뿌리를 둔 베다문화인데, 리그베다는 신화 · 문학 · 종교 · 철학은 물론 이요 세속의 법전法典에 이르기까지 인도인들의 정신문화의 원천源泉이 되고 있다. 인도사회 특징의 하나는 흔히 카스트라 불리는 4성계급제도 四姓階級制度이며, 그 근원은 카스트체제의 마그나 카르타Magna Charta로 불린 리그베다의 '뿌루샤 수끄따'(ⓈPuruṣa Sūkta)에 두고 있다.

> 바라문Brāhmaṇa이 그의 입이었으며, 그의 두 팔은 캇띠아(Khattiyā:ⓈKṣatriya)가 되었고, 그의 두 넓적다리는 웻사(Vessā:ⓈVaiśya)가 되었으며, 그의 두 발에서는 숫다(Suddā:ⓈŚudra)가 생겨났도다.[106]

---

103) Jt. vol. VI, pp.109~112.
104) Jt. vol. II. p.166.
105) 잡아함경 제4: 91경: <2-23중>
106) Ṛgveda:X,90,12.

여기서 '그'는 뿌루샤(ⓢPuruṣa)를 말하며, 뿌루샤는 베다성전에서 '세계의 창조자'를 두고 한 말이다.107)

카스트Caste란 포루투칼 사람들이 부른 명칭이고 원래 이 제도의 뿌리는 백인인 아리야인들이 검은 피부를 가진 원주민을 정복하면서 생겨난 피부색에 의한 인종차별제도였으므로 완나(Vaṇṇa:ⓢVarṇa)라 한다. 완나는 색깔을 의미한다. 그러니까 바라문·캇띠아·웻사는 자유인으로 베다를 학습할 수 있는 재생족(再生族:ⓢdvija)과 베다의 학습이 금지된 검은 피부의 일생족(一生族:ⓢEkaja)인 숫다를 구분하는 것이었고,108) 숫다는 대개 원주민인 다사족이나 다시유족이었다.

『아리야의 법』을 정하고 있는 『가우따마법전』 12장에는 숫다들의 베다학습을 철저하게 금지하고 있다. 예를 들어 '만약 숫다가 베다를 읽는 것을 도청盜聽하면 그의 귀는 구리물이나 송진으로 막아야 한다'거나 '만약 숫다가 베다를 읽으면 그의 혀를 잘라버려야 한다'거나 '만약 숫다가 베다를 암송暗誦하면 그의 몸뚱이는 두 동강을 내야 한다'는 등의 규정을 두고 있다.109)

『마누법전』 1장에 '가장 찬란히 빛나는 지고의 존재는 이 세상을 보호하기 위하여 입·팔·넓적다리·발에서 태어난 자들의 의무를 정했다'고 하면서 다음과 같이 네 계급의 의무를 규정하고 있다.110)

베다를 배우고·가르치는 일, 자신을 위해서·남을 위해서 제사하는

107) 'sūkta'는 '좋다, 잘했다, 좋은' 등의 뜻인 접두사 수(su)에 '말하다'라는 제2류동사 어근(√vac)의 과거분사 우끄따(ukta)가 합성된 말로 '찬탄'이나 '찬가'의 뜻이다. 따라서 '뿌루샤 수끄따'(Puruṣa Sūkta)는 '세계창조신의 찬가'라는 뜻이다.

108) Manu:X,4에 '바라문·캇띠아·웻사는 재생족이요, 넷째 숫다는 일생족이며 다섯 번째 계급은 없다'고 했다.

109) Gautama:XII,4,5,6:<S.B.E. vol. II. p.239>.

110) Manu:I,87.

일, 보시품을 주고 · 받는 일이 바라문에게 정해진 일이다.<I,88>

백성을 보호하는 일 · 사례謝禮를 바치는 일 · 제사를 지내는 일 · 베다를 배우는 일 · 감각적 쾌락에서 자신을 보호하는 일이 캇띠아에게 정해진 일이다.<I,89>

가축을 키우는 일 · 사례를 바치는 일 · 제사를 지내는 일 · 베다를 배우는 일 · 장사하는 일 · 돈을 빌려주는 일 · 농사를 짓는 일이 웻사에게 정해진 일이다.<I,90>

숫다에게는 오직 하나의 의무만이 정해져 있으니, 다른 세 계급에게 온순하게 봉사하는 것이다.<I,91>[111)]

이처럼 각 계급에 따라 규정된 의무가 바로 법(法:Ⓢdharma), 즉 힌두다르마(ⓈHindudharma)이다.[112)] 불교에서 불법佛法이란 말을 사용하는 것은 이와 같은 힌두다르마와 구분하기 위한 것으로 붓다다르마(ⓈBuddha dhrma)란 각 계급의 의무를 규정한 힌두다르마와는 달리 고따마 붓다가 깨달은 보편적 법칙이란 의미이다.

바라문들은 기득권을 보장해주는 계급제도의 붕괴를 방지하기 위하여 혼인도 계급내혼율階級內婚律을 엄격히 지켜왔다. 이러한 혼인제도는 하위계급이 상위계급으로 진출하는 것을 차단하고 기존의 계급체제에 기초한 위계질서를 그대로 유지하는 데에 크게 기여했다.[113)] 바라문들은 인류 역사상 가장 폐쇄된 계급사회제도를 통해서 정치적 권력과 경제적 특권을 유지하고 재생산할 수 있었다.[114)]

---

111) Manu:I,88,89,90,91.

112) 다르마(dharma)는 '~라고 생각하다, 어떤 상태로 유지하다'라는 뜻을 가진 제1류동사 어근(√dhṛ)에서 온 남성명사로 '해야 할 의무, 법칙'이란 뜻이다.

113) 『마누법전』의 10장 5항에서부터 73항까지는 혼종(混種)과 그로 태어난 자들의 직업에 대하여 규정하고 있다.

그러나 붓다 시대에 이르러 정복전쟁에 따른 정치권의 변화와 경제계의 변동으로 이제까지 그들의 기득권을 보장해 주던 사회계급제도가 서서히 흔들리기 시작하였다. 예를 들어 마가다의 빔비사라나 꼬살라의 빠세나디처럼 정치적 실세였던 캇띠아들이 바라문의 권위를 회의하게 되고, 경제적으로 성공한 자산가들, 흔히 셋티seṭṭhi라 불렸던 사람들이 신분상승을 도모하게 되면서 계급제도를 고집하는 바라문들보다는 사문(沙門:samaṇa)이라 불렸던 진보적인 자유사상가들의 가르침에 관심을 나타내게 되자 종교의식의 집행권과 교육권을 독점하고 있는 바라문들은115) 신의 절대적 권능을 앞세워 계급의 절대성을 회의하며 자기들의 권위에 도전해 오는 하위계급들의 욕구에 족쇄足鎖를 채우려 하였다.

바라문들은 자기들의 권위에 회의하고 도전하려는 의도를 신의 이름으로 심판하고 징벌하고자 했다. 그들은 말하기를 '바라문은 무식하든 유식하든 위대한 신이다. 마치 불을 피우든 피우지 않든 아그니(Agnī:火神)가 위대한 신인 것과 마찬가지다'라든가116) '하늘에는 브라흐만이 신으로 있고, 인간 세계에는 세 계급으로부터 보시 받는 바라문이 인간의 신으로 있다'고 하거나 '바라문을 죽이는 자·술을 마시는 자·바라문의 재산을 훔치는 자·바라문의 아내와 간통하는 자, 이 모두는 대죄大罪를 지은 자'라고 하거나117) 그런 자들과 어울려 지낸 자들도 대죄인

114) 사성계급제도는 1949년 인도 헌법에 따라 폐지되기는 했지만 아직도 명맥을 유지하고 있다.

115) Manu:X,1 재생족인 세 계급은 자기의 의무를 지켜서 학습해야 하지만 가르치는 일은 오직 바라문에게 있고 두 신분, 즉 캇띠아와 웻사는 그렇게 할 수 없다.

116) Manu:IX, p.317.

117) Manu:IX,235 *Manu:XII,55에 '바라문을 죽인 자는 개·돼지·당나귀·낙타·소·염소·양·사슴·새·짠달라(Caṇḍala)·뿟꾸사(Pukkusa)의 자궁으로 들어간다'고 했다.

大罪人이라고 했다.118)

하지만 실질적으로 세력을 가진 캇띠아들의 반발이 심해졌는지 '캇띠아는 바라문이 없이 번창할 수 없고 바라문은 캇띠아가 없이 번창할 수 없다. 바라문과 캇띠아는 서로 협력하여 이 세상과 저 세상에서 번창한다'거나119) '캇띠아보다 높은 자는 없다. 그러므로 바라문이 캇띠아보다 낮은 위치에 서서 라자수야 제례를 행한다'고 말하기도 했고,120) '왕에게는 부정不淨이 없다'거나121) '왕은 인간의 모습을 가지고 있는 위대한 신'이라고 하여122) 캇띠아들과의 화해와 타협을 모색하고 있다.

캇띠아들과는 타협을 모색하면서도 최하층의 숫다계급들에 대해서는 더욱더 철저하게 배격할 것을 고집하고 있었다. '만약 숫다가 재생족再生族과 자리에 앉거나·눕거나·대화하거나·길을 갈 때 평등하다고 여기면 그는 처벌받아야 마땅하다'고 했고,123) '만약 숫다가 아리야인의 여자와 육체관계를 맺으면 그의 성기性器는 잘라야 하고 그의 재산은 몰수해야 한다'고 했다.124)

붓다는 바라문들의 이와 같은 주장을 자기들의 계급적 이익을 보장하려는 기만과 술수에 지나지 않는다고 세차게 비판하고 나섰다.125) 붓다는 신분차별과 계급제도를 영속화시키려는 바라문들에 맞서 한 사회의 계급은 본질적인 것이 아니라 사회적 조건이 만든다고 비판하고 나섰

118) Manu:XI, p.53.
119) Manu:IX, p.322.
120) Brihadāranyaka Upanishad:I.4.11:<S.E.B. vol. XV. p.89>.
121) Manu:V, p.93.
122) Manu:VII, p.8.
123) Gautama:XII,7:<S.B.E. vol. II. p.239>Āpastamba:II,10,27,15:<S.B.E. vol. II. p.167> Manu:VIII,281:<S.B.E. vol. XXV. p.303>.
124) Gautama:XII,2:<S.B.E. vol. II. p.239>.
125) 증일아함경 제43:<2-784중>.

다. 현재의 지배계급일지라도 그들을 지배계급으로 만들어 주는 사회적 여건이 바뀌면 반대로 노예의 신분으로 전락할 수 있다고 붓다는 가르쳤다.[126)]

사회적으로 볼 때, 불교는 전통적 계급사회에서 제2계급인 무사계급 캇띠아와 제3의 계급인 웻사들이 기존의 계급제도에 회의하고 신분상승을 도모하고자 하는 사회적 분위기에서 성장하였다. 불교는 최상층 계급에 있는 바라문들의 영향력으로부터 비교적 자유로울 수 있는 사회 환경 속에서 잉태되고 성장하였다.

또한 왕권의 상속이나 재산의 상속이 아들을 중심으로 이루어졌던 것처럼 부계사회父系社會로 남아선호男兒選好의 관념이 강했지만 '어머니는 세상의 종족의 근본이요 아내는 종족을 낳아 전한다'거나[127)] 사리뿟따 · 뿐나 만따니뿟따처럼 아버지가 아닌 어머니의 이름을 물려받는 경우가 있는 것으로 보아 모계사회母系社會의 관습이 아직 남아 있었으며, 빔비사라왕이나 빠세나디왕의 경우에서 볼 수 있는 것처럼 결혼풍습은 일부다처제도一夫多妻制度였던 것 같다.

7. 사상계의 변동

베다 시대에 인도사상계를 이끌어온 사람들은 주로 아리안족의 바라문들이다. 바라문들은 인생의 과정을 브라흐마짜린(ⓈBrahmacārin) · 그리하스타(ⓈGṛhastha) · 와나쁘라스타(Ⓢvānaprastha) · 상니야신(ⓈSaṃnyāsin)이라는 4단계의 과정(āśrama)을 거치는 것으로 생각했다.[128)] 이것은

126) 성열, 『부처님 말씀』(현암사:2002) p.240.
127) 잡아함경 제22:584경:<2-155중>.

아리야인들의 인생관人生觀이기 때문에 노예인 슛다들은 여기에 해당되지 않았다.

바라문[司祭]·캇띠아[王族]·왯사[平民]들은 소년시절을 여러 해 동안 바라문의 집에 머물면서 범행자梵行者로서 베다를 학습했다. 대략 7~8세부터 12년간의 수학 시대修學時代를 브라흐마짜린 또는 학습기學習期나 범행기梵行期라고 한다. 이때는 바라문스승의 집에 머물면서 베다를 비롯한 인생에 필요한 학문과 기술을 배우면서 엄격한 수련을 한다. 20세를 전후하여 학습기가 지나면 결혼을 하여 자손을 낳고, 불씨를 꺼뜨리지 않고 조상들에게 제사를 올리고 생업에 힘쓰며 탁발하는 이들에게 음식을 제공하는 등 가장家長으로서 의무를 성실히 이행하는데 이것을 그리하스타 또는 가주기家住期라 한다. 대략 50세를 전후하여 장남을 결혼시키는 등 가장으로서 의무를 마치면 가정을 떠나 숲으로 들어가 고통의 굴레에서 벗어나는 길을 모색하는데, 이를 와나쁘라스타 즉 임서기林棲期라 한다. 와나쁘라스타 기간을 통해 무엇인가 인생에 대하여 터득한 세계관世界觀이 있으면 그것을 가지고 전국을 떠돌면서 설득하고 전파하는 것을 산니야신 즉 유행기遊行期라 한다. 이때는 구름처럼 물처럼 세상을 떠돌면서 아무 것도 소유하지 않은 채 하루 한 끼를 얻어먹으면서 산다. 노예 신분이 아닌 한 누구라도 이러한 삶의 과정을 밟게 되므로 자기 집에 걸식하는 사람이 오면 먹을 것을 제공하는 것이 자연스럽게 내 부모를 공양하는 것처럼 받아들여지게 되었다.

슛다를 제외한 세 계급의 사람들이 일생을 통해서 추구해야 할 네 가지 목표가 있었는데, 다르마(Ⓢdharma)·아르타(Ⓢartha)·까마kāma·모끄샤(Ⓢ mokṣa)가 그것이다.

---

128) S.E.D. p.158b.

다르마는 인간의 도리로서 바라문·캇띠아·웻사·숫다가 각자의 계급에 따른 의무를 이행하는 것을 말하며, 이는 계급제도를 고착화시키는데 크게 기여하고 있다. 앞에서 말한 바와 같이 불교에서 법法, 즉 '다르마'를 '붓다다르마'[佛法]라고 말하는 것은 바라문들이 계급의 의무를 강조하던 '힌두다르마'와는 다르다는 것을 말해 준다.

아르타는 가치 있는 것들을 추구하는 것으로 재산이나 돈으로 계산될 수 있는 것뿐만 아니라 보람을 느끼거나 기쁨을 얻는 등 스스로 의미가 있다고 생각하는 것들 모두가 포함된다. 까마는 욕망의 추구를 말하는데, 가치 있고 보람 있는 것들을 추구하며 세상에 사는 한 물질적인 것에 욕심을 낼 수도 있고, 결혼한 이들이 성적욕망을 추구할 필요도 있다는 것을 말한다. 모끄샤는 인생의 마지막 목표로 고통의 굴레에서 해탈을 추구하는 것으로 네 단계의 아슈라마에서 와나쁘라스타 이후의 삶이 바로 모끄샤를 추구하는 구도자의 삶을 말한다.

인생의 과정에 와나쁘라스타[林棲期]와 산니야신[遊行期]이 있고, 추구해야 할 목표에 모끄샤를 두었던 것은 현실에서의 인간의 삶은 고(苦:Dukkha)라고 보았기 때문이다. 붓다가 태어날 즈음 인도사상계의 주요과제는 중생의 현실이 '고苦에 빠져 있다'는 것이며, 이 고苦의 문제를 어떻게 해석하고 해결할 것인가 하는 것이었다.

첫째로 대우주의 본체인 브라흐만(Brahman:梵)이 개체 존재의 본질인 아뜨만(Ātman:我)으로 분화分化하여 분리分離된 것이 인간고人間苦의 뿌리라 해석하는 신학적 입장이 있었고, 둘째는 고苦라는 것도 실재하는 하나의 요소라고 보는 유물론적 견해가 있었으며, 셋째는 중생이 현실에서 겪는 모든 고통은 이미 자신이 지은 업보業報라는 견해가 있었고, 넷째는 인생사 모든 것은 우연偶然에 지나지 않는다는 견해도 있었다.

고통은 자신이 지은 업보라는 견해에 있어서, 인간의 도덕적 행위가 결과[業報]를 불러오는 것이 필연적 법칙인가 그렇지 않으면 관습적 믿음인가의 논쟁이 있게 되고, 인간의 도덕적 행위가 결과를 불러온다면, 인간은 업의 속박에 갇혀 있다는 것인데 업의 속박을 어떻게 끊어버리는지가 쟁점이 될 수밖에 없었다. 또한 업의 속박은 윤회의 문제와 연결되는데, 윤회를 인정한다면 윤회의 주체가 실체로 존재 하는가 존재하지 않는가의 문제가 논쟁거리였다.

이러한 문제를 가지고 당시의 사상계는 62개의 견해[六十二見]로 갈라졌다. 그것을 설명한 것이 『브라마잘라숫따』Brahmajāla Sutta·『범망육십이견경』梵網六十二見經이다.

중생이 직면한 고苦의 문제를 신학적 입장에서 해석하고, 요가yoga수행을 통해 해탈할 수 있다고 가르치는 바라문(brāhmaṇa:婆羅門)이 있었고, 고苦라는 것은 원자와 같은 하나의 물질이라 하여 유물론적 입장에서 해석하고, 우리의 육체에서 그것을 도망가게 하려면 따빠스(Ⓢtapas), 즉 고행苦行을 해야 한다고 주장하는 사문沙門이 있었다.

따빠스는 '열熱로 부서뜨린다'는 의미를 가지고 있듯이 고통이라는 요소를 태워 없앤다는 뜻에서 육체에 고통을 가하는 것을 의미한다.[129] 후에는 고통의 요소인 죄를 물로 씻어낸다는 생각으로 발전하여 강가강에서 목욕하는 것을 성스러운 목욕[聖浴]이라 믿었고,[130] 인도인들이 죄

---

129) 'tapas'는 '열을 발산하다, 뜨겁게 만들다, 열로 부서뜨리다'라는 뜻의 제1류동사 어근(√tap)에서 온 중성명사로 '열, 고통, 종교적인 금욕, 육체적 금욕'을 말한다. 원래 열(熱)을 의미하는 고행은 뜨거운 태양 아래 앉아 사방에 모닥불을 피워 뜨거운 열로 육체에 고통을 가하여 고의 인자(因子)를 도망가게 한다는 취지였다. 고행 또한 육체와 정신을 별개의 문제[二元論]로 인식하고 육체에 고통을 가해 정신보다 약화시키려는 것인데, 육체가 약화되면 정신이 육체의 속박에서 벗어날 수 있다고 본 것이다.

를 씻는 정화의식淨化儀式이 되어 오늘날까지 전해진다. 영혼의 자유를 얻자면 타락하기 쉬운 육체의 속박에서 벗어나야 하는데, 그러기 위해서는 육체와 싸워야 한다고 보아 육체에 고통을 주는 방법으로 개처럼 살거나 소처럼 사는 방법도 있었다.

고대인도문화의 전통인 베다에서 볼 때, 요가를 수행하는 바라문들이 정통파라 할 수 있고, 바라문들을 비판하고 나선 사문들은 비정통파라고 하겠다.

1) 관념론

인도의 정통철학은 베다의 권위를 인정하는 관념론이다. 근본 사상은 만유萬有의 근본원리로 대우주의 실재를 브라흐만(Brahman:梵)이라 하고 개체의 실재는 아뜨만(Ātman:我)이라 하였는데, 아뜨만은 바로 브라흐만이 분화分化한 것이라 했다.

개체의 하나가 인간이고, 그 인간은 항상 고苦에 빠져 있는데 그것은 브라흐만과 아뜨만이 분리分離된 상태에 있기 때문이라 한다. 따라서 인간이 고苦에서 벗어나기 위해서는 '너는 바로 그것이다'(Ⓢtat tvam asi)라거나 '나는 브라흐만이다'(Ⓢahaṃ brahmāsmi)라는 것을 자각하고,[131] 수행을 통해 브라흐만과 아뜨만이 하나로 귀결되어야 한다고 가르쳤다. 그것이 바로 범아일여梵我一如사상이다. 그들의 수행방법이 요가yoga였

---

130) 성열, 『부처님 말씀』(현암사:2002) p.526.

131) tat는 '그것'이란 지시대명사 단수(tad)의 중성 주격이며, tvam은 2인칭 대명사 단수(tvad)의 주격이고, asi는 '이다'라는 동사 어근(√as)의 직설법 현재 단수 2인칭이다. aham은 1인칭 대명사 단수(mad)의 주격이며, asmi는 '이다'라는 동사 어근(√as)의 직설법 현재 단수 1인칭이다.

는데,132) 흔히 수정주의修定主義, 즉 명상제일주의冥想第一主義라 부른다.

그런데 요가를 통해 브라흐만과 아뜨만이 하나로 귀결되는 경지를 얻어 고苦로부터 해탈할 수 있는 것은 오직 바라문계급에 속해 있는 지식인들만이 가능한 것처럼 말했다. 그래서 바라문들은 자기들의 철학적 견해를 공개하지 않고 스승과 제자사이에 비공개적으로 전달하고 있었다. 그들이 비밀로 전달해 온 철학이 「우빠니샤드」Upaniṣad이다.

2) 유물론

그러나 계급제도로 인간을 묶어 놓고 있는 바라문들의 사상에 의심을 품은 진보적이고 자유주의적인 사상가들이 바라문들의 관념론 철학에 반기를 들고 나섰다. 붓다 역시 바라문들의 관념론 철학에 반대하였고, 브라흐만이 인간을 계급으로 차별시켰다는 사실을 증명할 수 없다고 반박하였다.133) 나아가 카스트제도는 바라문들의 계급적 이익을 영속화시키려는 음모라고 비판하였다.

관념론적 실재론實在論인 바라문들의 신학에 맞서 물질적 요소만이 세계의 본질이라고 주장한 반反베다적인 유물주의적 자유사상가들을 당시의 사람들은 사문(沙門:samaṇā)이라 불렀다. 바라문들은 자기들을 비판하는 사문들을 '발뒤꿈치(piṭṭhipāda)에서 태어났다'고 하여 무릎(jānu)에서 태어나는 슛다, 즉 노예들보다 낮게 평가하였고, 사문들을 돕는 사람들을 바라따까Bhāratakā라 하여 짐꾼으로 경멸하고 있었다.134) 바라문

---

132) 'yoga'라는 말은 '고정시킨다. 결합시킨다'는 의미를 가지고 있는 'yuj'에서 온 말이다.<S.E.D. p.856>

133) 증일아함경 제43: 선악품9: <2-784상>

134) 전재성역주 『쌍윳따니까야』 제6권 p.422 각주 287. S.N. IV. p.74.

들이 자기들을 비판하고 나선 사문들을 얼마나 못마땅하게 여겼는지 엿볼 수 있는 대목이다.

붓다 역시 사문의 한 사람이었지만 바라문들의 철학을 극단적으로 비판했던 사람들을 붓다는 외도(外道:parappavāda)라고 불렀다.[135] 바라문들에게 맞섰으면서도 붓다로부터 외도라고 불렸던 대표적인 사상가들을 살펴보자.

뿌라나 깟사빠Purāṇa Kassapa는 노예의 아들로 주인의 소 마구간에서 태어났다고 한다. 그는 도망치다가 주인에게 붙잡혀 옷을 빼앗겼기 때문에 평생을 발가벗고 살았다고 한다. 그는 살생이나 간음·음주·강도 등의 행위가 악업이 아니며 또 악업에 의한 과보도 존재하지 않는다고 했고, 제사祭祀를 지내거나 보시布施나 극기克己·감관感官의 억제 등도 선을 쌓는 것이 아니며 선의 과보가 없다고 주장했다.[136] 계급으로 신분을 고착화시키려는 바라문들의 윤회설에 반기를 든 대표적인 도덕부정론자道德否定論者이다.

빠꾸다 깟짜야나Pakudha Kaccayana는 인간의 감정이나 생명까지도 일곱 가지의 물질적 요소로 설명하였는데, 그 일곱 가지는 지地·수水·화火·풍風·고苦·락樂·영혼靈魂을 말하며, 이것은 파괴되지도 않고 상처받지도 않는 것이기 때문에 '예리한 칼로 사람의 머리를 베어도 그 사람의 생명을 빼앗는 것이 아니라 칼에 베인 자국은 단지 일곱 가지의 요소 사이에 생긴 것'이라고 주장하였다.[137] 그는 영혼을 인정하지만 그가 말하는 영혼이라는 것이 물질적이므로 대표적인 유물론자唯物論者라 하

135)'para'는 정도(程度)나 한계(限界) 또는 범위(範圍)를 '넘어섰다'는 뜻이고, 'pavāda'는 토론이나 말을 뜻한다.

136) M.N. I. p.516, S.N. IV. p.251, D.N. I. p.52.

137) D.N. I. p.74, M.N. II. p.196.

겠다.

아지따 께사깜발라Ajita Kesakambala는 육신은 사대(四大:Ⓢcaturmahā-bhūta)로 구성된 것뿐이므로 사람이 죽으면 사대四大가 흩어지고 감각기관도 허공으로 돌아가면 어리석은 자가 되었건 지혜로운 사람이 되었건 아무 것도 남는 것이 없다고 주장하였다. 예를 들어 영혼과 같은 것이 없으므로138) 오직 육신이 살아있는 동안 감각적 쾌락을 누리는 것이 최고선最高善이라 주장한 쾌락주의자快樂主義者이다. 그는 수행이라는 것도 무의미한 것이며 내세와 같은 것은 없으며 선행을 하건 악행을 하건 그에 대한 과보를 받는 일도 없다고 주장했다.

아지따의 무리들을 로까야따Lokāyata나 짜르와까Cārvaka라 했고 순세외도順世外道라고 번역했다. 사후세계를 부정한다는 점에서 허무주의자Ucchedavāda로 분류한다. 인도철학사에 있어서 유명한 유물론자이며 지(地:Ⓢpṛthivī-dhātu)·수(水:Ⓢabd-hātu)·화(火:Ⓢtejo-dhātu)·풍(風:Ⓢvāyu-dhātu) 사대四大만이 참된 실재라 주장하고 정신이나 영혼 같은 것은 부정했다. 사후의 영혼을 부정한 것은 이해되지만 생전의 정신적 기능까지 부정한 것은 납득할 수 없는 일이다. 그것은 도덕적 인과성을 부정하는 결과가 되었다. 그가 바로 무인론자無因論者이다.

맛칼리 고살라Makkhali Gosāla는 인간이 현실적으로 경험하게 되는 모든 고통은 주어진 운명이므로 이미 결정된 기간 동안 고통을 감내하고 윤회를 거듭해야만 고통에서 벗어날 수 있다고 주장한 운명론자運命論者이다. 그는 어리석은 사람이나 현명한 사람이나 실타래가 던져지면 실이 다 풀릴 때까지 구르듯이 840만 대겁大劫을 윤회해야 고통이 소멸될 수 있다고 주장했다.

138) M.N. II. p.194, 사문과경:<장 제17:1-108중>.

중생이 번뇌에 물들거나 청정해지는 데는 아무런 원인이나 조건이 작용하지 않고, 자신이 되었건 남이 되었건 인간의 어떤 의지나 노력도 개입되지 않는다. 인간이나 동물이나 영혼은 모두 힘도 기력도 없으며 그가 속한 부류의 운명을 따를 뿐이며 여섯 가지 부류 가운데 어디인가 속해 있으면서 고락을 감수하게 된다.[139]

맛칼리 고살라에 대하여 빠세나디의 언급이나[140] 아자따삿뚜가 언급하는 것으로 보아[141] 붓다 당시 사회적으로 상당한 지지를 얻고 있었음이 분명하다. 무인무연론無因無緣論이며 결정론決定論이다. 맛칼리 고살라의 신봉자들을 아지위까Ājīvika 또는 사명외도邪命外道라고 한다.

산자야 벨라티뿟따Sañjaya Belaṭṭhiputta는 '저 세상이 있는가를 물으면, 만약 내가 저 세상이 있다고 생각하면 그렇다고 말할 것이지만 그렇게 말하지 않는다. 나는 이렇게도 생각하지 않고 저렇게도 생각하지 않으며, 나는 남과 다르게 생각하지도 않고 그것을 부정하지도 않는다. 나는 다른 세상이 있다고도 생각하지 않고 없다고도 생각하지 않는다'는 식으로 대답하였기 때문에[142] 미끈거리는 뱀장어가 이리저리 빠져나가듯 한다는 뜻에서 아마라윅케삐까Amarāvikkhepika라고 했다.[143]

그는 인식의 객관적 타당성을 거부한 불가지론자不可知論者로 분류한다. 붓다 역시 형이상학적인 문제에 대해서는 판단중지의 입장을 고수

139) D.N. I. p.71.
140) S.N. I. p.94.
141) D.N. I. p.71.
142) D.N. I. p.75.
143) 'amarā'는 '물건이 미끈거리는, 미끄러워 붙잡기 힘들다'는 뜻으로 '잡기 힘들거나 파악할 수 없는 것'을 말한다. 'amarāvikkhepa'는 물고기가 팔딱팔딱 뛰는 것처럼 갈피를 못 잡는 것을 말한다. 'amarāvikkhepika'는 갈피를 못 잡게 하는 사람이란 뜻이다.

했지만 선악과 같은 사회적 가치판단마저 불가지의 입장을 취하지는 않았다. 붓다의 대표제자였던 사리뿟따와 목갈라나도 애초에는 산자야의 제자였으나 앗사지의 안내로 붓다의 제자가 되었다.

니간타 나따뿟따Nigantha Nātaputta는 자이나교의 창시자 와르다마나 Vardhamāna를 지칭한다. 니간타는 '속박에서 벗어났다'는 뜻이다. 니간타는 몸과 마음의 속박에서 벗어날 것을 목적으로 고행하고 있던 사람들의 교단으로 훨씬 이전부터 있었는데 와르다마나가 그 교단에 들어가 고행을 하고 깨달음을 얻어 지나Jina:勝者가 되었다. 그 후 이 교단을 지나의 가르침을 따르는 사람들이라 하여 자이나Jaina라고 불렀다. 자이나교 수행자들의 최고의 이상은 단식으로 굶어죽는 것이었다. 나따뿟따는 나따Nāta족 출신자들을 말한다.

와르다마나는 상업도시로 번창한 웨살리 북부의 한 촌락에서 왕족의 아들로 태어났으며, 30세 때 니간타파에 출가하여 고행을 닦아 깨달음을 얻은 뒤에 마하위라Mahāvīra라고 존칭되었으며, 72세에 세상을 떠났다. 마하위라는 '위대한 영웅'을 뜻하며 흔히 대웅大雄으로 한역된다.

마하위라는 사물은 여러 입장에서 고찰되어야 할 것이지 절대적이거나 일방적인 판단을 내려서는 안 된다고 했다. 만약 어떤 판단을 내리려고 한다면 '어떤 점에서 본다면'(Ⓢsyād)이라는 제한을 붙여서 말해야 한다고 하여 진리의 상대주의(Syādvāda)를 주장했다.

마하위라는 이러한 비판적 입장에서 베다성전의 권위를 부정하고 바라문들의 제사의식을 무의미하고 무가치한 것이라 보았으며 제사를 지내기 위해 짐승을 죽이는 것은 죄가 된다고 배척하였고, 계급제도에 대해서도 반대했다. 그는 현실을 고통으로 가득 찬 곳으로 보고, 여기서 벗어날 수 있는 길을 찾기 위해 형이상학적 고찰을 했다.

우주는 많은 요소들로 구성되어 있지만 크게 영혼(jīva)과 비영혼(ajīva)으로 나눌 수 있는데, 영혼은 지地·수水·화火·풍風·동물動物·식물植物로 구성되었기 때문에 여섯 종의 영혼이 있으나 그것은 물질의 내부에 상정되는 생명력을 실체적으로 생각한 것이며, 영혼은 머무는 신체에 따라 크기가 다르다고 했다.

비영혼은 운동의 조건(dharma)과 정지의 조건(adharma)과 허공(ākāśa)과 물질(pudgala)의 네 가지가 있으며, 영혼까지를 합하여 다섯 가지의 실재체(實在體:astikāya)가 있다고 했다.

3) 붓다의 중도中道

붓다도 이들 6명의 사상가들처럼 바라문들의 관념론 신학을 비판하고 나섰기 때문에 바라문들로부터 사문 고따마[沙門 瞿曇]라 불렸지만, 붓다는 이들 6명의 사상가들을 외도라고 비판하여 그들과 인식認識과 실천實踐의 입장을 달리하였다.

인도의 정통파 철학인 바라문교와 빠꾸다 깟짜야나·니간타는 영혼jiva의 실재를 인정하고 있다는 점에서 붓다와 입장이 달랐고, 아지따 께사깜발라는 육신에 대한 견해는 붓다와 같았지만 도덕적 인과율道德的因果律을 인정하지 않았다는 점에서 외도였고, 뿌라나깟사빠는 현실적으로 도덕질서를 파괴한다는 점에서 외도였다.

맛칼리 고사라는 인간의 자유의지에 의한 업을 부정했다는 점에서 붓다와 견해를 달리했다. 붓다는 맛칼리 고살라를 벌거벗은 자들이라 하여 아지위까Ājīvika라고 불렀다. 그는 단식과 고행으로 완벽한 자기억제를 얻었다고 신들의 칭찬을 받았지만[144] 붓다는 그를 사견邪見의 덫으로 사람들을 파멸의 길로 이끄는 사악한 사람으로 보았고,[145] 그가 업을 부정하고 업의 과보를 부정하며 인간의 의지적 노력인 정진精進마저 부정하고 있다는 점에서 가장 나쁘게 평가하고 있다.[146] 붓다는 맛칼리 고살라의 견해와 달리 자신은 '업을 말하는 사람'이요, '업보를 말하는 사람'이며, '정진을 말하는 사람'이라고 밝혔다.[147] 산자야는 선악의 판단마저도 불가지不可知로 회피하고 있다는 점에서 붓다와 견해를 달리하고 있었다.

붓다는 윤회를 받아들였지만 영혼이 윤회의 주체가 되지 않는다고 보았다. 니간타는 베다의 교육과 제례의식을 거부한 점에서 비정통파였지만 극단적 고행주의를 고집한다는 점에서 붓다와 거리가 멀었다.

붓다는 이와 같이 평가했다.

무인론자無因論者는 중생들이 윤회에 의해 청정하게 된다고 말하며, 신의 존재를 믿는 자들은 세상이 신에 의해 만들어졌다고 말하며, 숙명론자宿命論者는 중생들의 행복이나 불행이 전생의 업보라고 말하며, 단멸론자斷滅論者는 죽으면 그만이지 죽은 다음에 저 세상으로 가는 일은 없다고 말하며, 이기론자利己論者는 부모를 희생시켜서라도 자기의 이익을 꾀하면 그만이라고 말한다.[148]

고따마 붓다가 태어난 시대는 봉건적 세습 군주국가에 의해 공화정을 펼치던 부족국가가 정복되어가는 정치적 격변기였으며, 제2의 계급에 속했던 캇띠아들이 바라문들의 명목상의 권위에 의구심을 품기 시작한

144) S.N. I. p.90.
145) A.N. I. p.30.
146) A.N. I. p.265.
147) 성열, 『부처님 말씀』(현암사:2000), p.273, A.N. I. p.265.
148) Jt. vol. V. p.117.

시기였다. 또한 강가강 중류 지역에서 점차 농업과 상공업의 발달로 제3의 계급에 속했던 평민들 가운데 경제적 성공을 거둔 이들이 사회적 실력자로 부상하는 시대였으며, 고대인도의 사상계가 관념론觀念論과 유물론唯物論으로 갈라져 극한적 대립으로 치닫고 있는 혼돈의 시대였다.

고따마 붓다는 마치 혁명이라도 일어날듯 한 격변의 시대에 태어났다. 한 치 앞을 내다볼 수조차 없는 격변과 혼란의 한 복판에 태어난 고따마 붓다는 이미 극한대립을 조절하고 화해시켜야 할 역사적 사명을 떠안고 온 셈이다. 고따마 붓다가 말한 중도中道는 이런 역사적 배경을 안고 있다.

제2장 탄생과 전설

1. 탄생

세계의 지붕이라 일컬어지는 히말라야Himālaya산맥, 말 그대로 '희고 찬 눈'(hima)이 '녹지 않고 쌓여 있어'(ālaya) 옛날부터 설산雪山이라 불렸던 이곳에는 무려 8천 미터가 넘는 산봉우리가 열네 개나 있고, 그 가운데 일년내내 눈과 얼음으로 덮여 있어 '하얀 산'이란 뜻의 다울라기리Dhaulagiri가 일곱 번째로 높다. 백설白雪로 뒤 덮인 이 영봉靈峰을 멀리서 바라볼 수 있는 땅 룸비니Lumbinī가 있다.

현재 인도와 네팔의 국경부근에서 네팔 쪽에 위치한 따라이Tarāi지방의 한적한 농촌마을인 이곳에서 서력기원전 566년, 꽃들이 앞을 다투어 피어나는 화창한 봄날, 한 인간이 태어났다. 그 분이 바로 인류역사상 최초로 존재하는 것들을 있는 모습 그대로 깨달아 붓다Buddha라고 불렸던 고따마 싯닷타Gotama Siddhattha이다.

그의 아버지는 숫도다나Suddhodana로 샤까Sakyā족의 부족장이자, 까삘라왓투Kapilavatthu의 성주城主였으며, 어머니는 꼴리야Koliya족 출신의 마야Māyā이다.[1] 인도의 어떤 역사학자는 마야부인을 '당시 인도 동북부에서 최대 강국의 하나이던 꼬살라국의 공주였다'[2]고 하지만 맞지 않는다.

옛날 인도에는 아기를 친정親庭에서 낳는 풍습이 있었다. 마야부인은 아기를 낳을 때가 되어 친정인 데와다하Devadaha로 가다가 까삘라왓투에서 약 36㎞ 정도 떨어진 룸비니에 이르렀을 때 갑자기 출산하게 되었

1) D.N. II. p.40.
2) 람 샤란 샤르마 지음 이광수 옮김 , 『인도고대사』(김영사:1996) p.136.

다.[3)]

불교경전에 의하면, 룸비니에 이르렀을 때 마야부인은 갑자기 산기産氣의 고통스러움을 느끼고, 오른손으로 아쇼까Asoka나무의 가지를 잡았는데, 아무런 고통도 느끼지 않은 채 오른쪽 옆구리로 아기가 태어났다고 한다. 이것이 우협탄생설화右脇誕生說話이다. 마야부인이 싯닷타를 낳을 때 잡았던 아쇼까 나무는 고통을 주지 않는 나무라 하여 무우수無憂樹라 번역한다.[4)] 이때 청정한 마음을 가진 네 명의 대범천大梵天이 황금으로 된 그물을 가져와 아기를 그물에 받고서 어머니 앞에 서서 말하기를, "왕비여, 기뻐하소서. 위력을 가진 당신의 아들이 태어났습니다."라고 했다. 아기는 범천들의 손에서 사천왕四天王의 손으로 넘겨졌고, 다시 사람들의 손에 건네졌다.[5)]

사람들의 손에서 나온 아기는 사방으로 일곱 걸음을 걸으면서 사자가 포효咆哮하듯이 큰소리로 '탄생의 노래'[誕生偈]를 불렀다고 한다. 아기가 발을 들 때마다 땅에서 큰 연꽃이 솟아났고,[6)] 천지가 크게 진동하고 삼천대천세계三千大千世界가 밝게 빛났으며, 하늘나라의 신들이 모두 몰려와 사방을 둘러쌌고, 두 마리의 용龍이 따뜻한 물과 차가운 물을 뿌렸으며, 비가 쏟아지듯이 하늘에서 꽃이 쏟아졌다고 한다.[7)] 그런가하면 일

---

3) 꼴리아족의 수도 '데와다하'는 네팔의 디위다마르(Dividamar) 부근이라는 것이 근래 발굴에 의해 확인되었다. 『법현전』<51-861중>에 '까삘라왓투에서 동쪽으로 5십리에 룸비니가 있다'[城東五十里有王園 園名論民]고 했으니, 옛날에는 1리가 300보(步)요, 1보(步)는 242.4cm이니, 1리는 726.9m이고, 50리는 36.345km이다.

4) 아쇼까(asoka)의 쇼까(soka)는 '근심'이란 뜻이고, 아(a)는 부정을 뜻하는 접두사이므로 아쇼까나무를 무우수(無憂樹)라 번역한다. 꽃은 선명한 적색(赤色)으로 사람들의 눈길을 끌어 상서로움을 나타낸다.

5) B.B.S. p.66.

6) 불본행집경 제8:수하탄생품:<3-687중>.

7) 수행본기경 상:<3-463하>.

곱 걸음을 걸으니 발을 딛는 자리마다 발자국이 뚜렷하게 나타났는데 마치 북두칠성이 반짝이는 것과 같았다고 한다.8) 동서남북상하 6방方으로 일곱 걸음을 걸었고,9) 천제석범天帝釋梵과 아홉 마리의 용이 온갖 향수로 목욕을 시켰다고 말한 곳도 있다.10)

마야부인은 아기를 낳자 친정 데와다하로 가던 길을 돌려 까삘라왓투로 돌아왔다. 아기가 태어난 지 5일째 되던 날에 명명식(命名式:Nāmadheya)을 가졌는데,11) 이때 108명의 바라문들이 왕궁에 초대되었다. 108명의 바라문들 가운데 꼰단냐Koṇḍañña · 랏카나Lakkhana · 라마Rāma · 다자Dhaja · 만띠Mantī · 수야마Suyāma · 보자Bhoja · 수닷따Sudatta 등 여덟 사람의 이름이 전해지고 있다.12)

이때 지어진 이름이 싯닷타였는데, '목적을 성취한 사람'이란 뜻이다.13) 아기의 이름을 싯닷타라고 지은 것은 '캇띠아의 이름은 능력이나 힘을 연상되게 지으라'는 『마누법전』의 관습을 따른 것이라 하겠다.14)

가문의 성씨姓氏가 고따마Gotama였기 때문에 사람들은 고따마 싯닷타

---

8) 불소행찬 제1:<4-1중> Buddhacarita:I,33:<S.B.E. vol. XLIX. p.6>
불본행경 제1:<4-59상>.

9) 방광대장엄경 제3:<3-553상>.

10) 보요경 제2<3-494상>.

11) Edward J. Thomas 『The Life of Buddha as Legend and History』(Dover Publications, Inc. Mineola, New York) p.43, B.B.S. p.71.

12) B.B.S. p.72, The Questions of King Milinda:IV,6,3:<S.B.E. vol. XXXVI. p.44> D.P.P.N. Vol. I. p.789.

13) 싯닷타(Siddhattha)에서 'siddha'는 '성공하다, 완성하다'라는 의미를 가진 동사 'sijjhati'의 과거분사이고, 'attha'는 '목적, 과업' 등을 말한다. 따라서 'Siddhattha'는 '목적을 성취한 사람'이란 뜻이다. 산쓰끄리뜨는 '싯다르타'(Śiddhārtha)이다. 한역(漢譯)에서는 실달다(悉達多), 실달(悉達), 실다알타(悉多頞他) 등으로 음역(音譯)한다.

14) Manu:II,31:<S.B.E. vol. XXV. p.35>.

라고 불렀고,[15] 훗날 붓다가 된 뒤에는 고따마 붓다라고 불렀다. 샤까Sākya족 출신의 성자(聖者:muni)란 의미로 샤까무니Sākyamuni라 부르기도 했다. 한역漢譯에서는 샤까무니를 석가모니釋迦牟尼나 석존釋尊이라 했다.

숫도다나를 한역불전漢譯佛典에서는 정반왕淨飯王으로 번역하였는데, 어원적語源的으로 '흰(Suddha) 쌀밥(odana)'이란 뜻을 가지고 있다. 따라서 샤까족은 원래 까삘라왓투에서 농업을 중심으로 하고 있었음을 알 수 있다.

싯닷타가 룸비니에서 태어나는 그때, 장차 부인이 될 야소다라Yasodharā, 마부가 될 찬나Channa, 신하가 될 깔루다이Kāḷudāyi, 싯닷타가 탈 말 깐타까Kanthaka와 장차 깨달음의 장소가 될 보리수菩提樹가 태어났고, 보물이 담긴 네 개의 항아리가 나타났다고 한다.[16]

2. 아시따의 예언

나이 40세가 넘도록 아들을 두지 못하고 있던 숫도다나와 마야왕비가 드디어 싯닷타를 낳으니 까삘라왓투의 커다란 경사였다. 까삘라왓투에 왕자가 탄생하였다는 소식은 온 나라 안에 퍼져나갔고, 나라 안의 많은 사람들이 축하하러 까삘라왓투로 모여들었다.

히말라야산 기슭에 아시따Asita라는 선인(仙人:Isi)이 살고 있었는데,[17]

15) 고따마(Gotama)의 산쓰끄리뜨는 '가우따마'(Gautama)이다. 한역에서는 구담(瞿曇), 구답마(瞿答摩), 교답마(驕答摩) 등으로 음역했다.

16) B.B.S. p.68.

17) '아시따'의 이름이 여러 가지였던 것 같다. '시리깐하'(Siri Kaṇha), '깐하 데왈라'(Kaṇha Devala), '깐하시리'(Kaṇha siri)<D.P.P.N. vol.I. p.208> '깔라데왈

그는 싯닷타의 할아버지 시하하누Sīhahanu의 제사장祭司長, 즉 뿌로히따purohita였고, 숫도다나가 어릴 때는 스승이었다가 훗날 숫도다나의 뿌로히따가 된 사람이다.

어느 날 욕계의 네 번째 하늘인 도솔천兜率天의 신들이 기뻐서 어찌할 줄 모르는 것을 보고, 아시따가 그 까닭을 물었더니, 신들이 말했다.

"비교할 바 없는 위대한 보물인 보디삿따Bodhisatta가 중생의 안락과 이익을 위하여 샤까족 마을 룸비니 동산에 태어났습니다."[18]

아시따 선인은 신들이 찬탄하는 위대한 인물이 보고 싶었다. 그는 누이의 아들 날라까Nālaka와 함께 까삘라왓투에 도착하여 샤까족들에게 말했다.[19]

"왕자는 어디 있습니까? 나도 뵙고 싶습니다."

숫도다나는 아시따 선인이 왕자를 뵙고 싶어 한다는 소식을 전해 듣고, 그를 정중하게 맞아 들였다.

"큰 선인이시여, 어떻게 오셨습니까?"

"거룩한 아드님이 태어나셨다고 하기에 한번 뵐까하고 일부러 왔습니다."

"아들이 마침 잠이 들었으니 잠깐 기다려주십시오."

"그 아기는 오랫동안 잠을 자지 않습니다. 항상 깨어있을 것입니다."[20]

마야왕비가 아기를 안고 나왔다. 마야왕비는 아기의 머리를 굽혀 선

라'(Kāḷa devala)<Jt. vol. VI. p.246, B.B.S. p.69>.

18) Sn: 683.

19) 『Sutta-Nipata』에는 '날라까'(Nālaka)라 했으나 『방광대장엄경』<3-556중>에는 '나라닷따'(Naradatta)라 하였고, 『불본행집경』<3-693하>에는 '나라타(那羅陀)'라고 했다.

20) 방광대장엄경 제3:<3-556하>.

인의 발에 절을 시키려고 했으나 어찌된 일인지 아기의 몸이 저절로 돌아 발이 선인을 향했다. 다시 숫도다나가 몸소 아기를 안아 선인에게 절을 시키려 하였으나 이번에도 마찬가지였다. 세 번째도 마찬가지였다. 그때 아시따 선인이 말했다.

"왕이여, 애기의 머리를 저를 향하여 돌리려 하지 마십시오. 제가 오히려 그의 발에 절을 해야 합니다."[21]

아시따 선인이 자리에서 일어나 싯닷타에게 절을 하자, 옆에서 놀라운 눈으로 지켜보던 숫도다나 역시 자리에서 일어나 어린 싯닷타에게 절을 했다.[22]

아시따 선인은 싯닷타를 자세히 들여다보더니 눈물을 흘렸다. 숫도다나가 우는 까닭을 물으니, 싯닷타가 보통 사람과는 달리 32상相을 갖추고 있는데, 이런 모습을 가지고 있는 사람은 '두 가지의 가능성을 지니고 있다'는 전설이 있다고 했다. 그리고는 다음과 같이 말하였다.

> "만약 싯닷타 태자가 왕궁에 계속 있다면 장차 짯까왓띤Cakkavattin이 될 것입니다. 짯까왓띤은 온 천하를 정복하여 바른 법으로 다스리는 전륜성왕轉輪聖王입니다. 그러므로 나라는 반드시 태평속에 번영할 것이며, 모든 백성들도 은혜롭게 생각할 것입니다. 하지만 만약 태자가 출가하여 수행자가 된다면 정각正覺을 이루어 붓다Buddha가 될 것입니다."[23]

아시따 선인은 싯닷타가 출가하여 도道를 이루고 붓다가 되어 법을 설할 때, 자신은 이미 나이가 많아 붓다의 설법을 들을 수 없기 때문에

---

21) 불본행집경 제9:상사점간품:<3-694하>.
22) B.B.S. p.69.
23) 대본경<장 제1:1-4하>.

슬퍼서 운다고 했다. 숫도다나는 싯닷타가 장차 왕궁을 버리고 출가할 수도 있다는 말이 몹시 마음에 걸렸다. 하지만 온 천하를 다스리는 전륜성왕이 될 수도 있다는 말에 위안을 얻었다.

아시따는 숫도다나의 왕궁에서 나와 날라까에게 말했다.

"날라까야, 붓다가 세상에 출현하셨다. 너는 이다음에 그에게 출가하여 도를 배워라. 그러면 영원토록 큰 이익을 얻을 것이다."[24]

날라까는 훗날 붓다를 찾아가 출가자의 삶에 대하여 설법을 듣고 출가하였다. 그에 대한 이야기는 『날라까숫따』에 전한다.[25]

3. 마하빠자빠띠

마야왕비는 야외에서 갑자기 아기를 낳은 탓인지 불행하게도 아기를 낳은 지 7일 만에 세상을 떠났다.[26] 숫도다나는 마야왕비가 죽자 샤까족 장로들을 모아 놓고 말했다.

"그대들은 나의 권속이요, 이 나라의 친척이다. 이 어린애가 어미를 잃었으니 장차 젖을 먹여 키우는 일을 누구에게 부탁하겠는가? 누가 때를 맞추어 보살펴 줄 것이며, 누가 지극한 마음으로 잘 키울 것이며, 누가 이 애를 제가 낳은 자식처럼 사랑으로 보살펴 주겠는가?"

이때 5백 명의 샤까족 여인들이 싯닷타를 양육하겠다고 나섰다. 하지만 샤까족의 장로들은 그 여인들에게 말했다.

"너희들은 모두 나이 한창때라 성적인 욕망을 탐낼 것이니, 너희들은

---

24) 불본행집경 제10:상사점간편:<3-700중>.
25) Nālakasutta:<Sn. 679~723>.
26) 과거현재인과경 제1:<3-627하> 불본행집경 제11:<3-701상>.

때를 맞추어 태자를 양육할 수 없으며, 또 법답게 사랑하지도 못할 것이다. 그래도 마하빠자빠띠는 태자의 이모姨母이니 태자를 양육하는데 적임자일 것이며, 대왕을 받들어 섬기는데도 적합한 분이다."

숫도다나는 샤까족 여인들이 결코 자신의 아들처럼 양육하지 않을 것이라 판단하고 마야왕비의 동생이자 싯닷타의 이모인 마하빠자빠띠 Mahāpajāpatī를 새 왕비로 맞아들였고, 5백 명의 샤까족 여인들 가운데 32명을 선발하여 양육을 돕게 하였다.

여덟 명은 안아주는 일, 여덟 명은 목욕시키는 일, 여덟 명은 젖먹이는 일, 여덟 명에게는 재미있게 놀아주는 일을 맡겼다고 한다.[27]

숫도다나는 마하빠자빠띠를 후처로 맞아들여 둘째 아들 난다Nanda와 딸 순다리 난다Sundarī Nandā를 낳았다.[28]

4. 룸비니

가장 오래된 경전의 하나인 『숫따니빠따』에 '비교할 바 없는 위대한 보물인 보디삿따가 중생의 안락과 이익을 위하여 샤까족 마을 룸비니 동산에 태어났다'고 전해졌지만[29] 19세기 말까지도 룸비니의 위치가 구체적으로 확인되지 않았었다.

5세기 초에 인도를 여행했던 법현(法顯:399~413)의 여행기 『법현전』에는 "성(城)에서 동쪽으로 오십 리에 왕의 동산이 있는데 론민(論民:Lumbi-

27) 불본행집경 제11:이모양육품:<3-701하> 방광대장엄경 제3:<3-556중>.
28) D.P.P.N. vol. II. p.1201.
29) Sn. 683. 빨리어 보디삿따(Bodhisatta)는 보살(菩薩)로 한역(漢譯)되는데, 초기불교에서 보살이란 보리수 아래에서 정각하기 전의 붓다<S.N. II. p.113, S.N. III. p.27, S.N. IV. p.4> 또는 붓다의 전생을 말한다.<전존경:1-31중>.

nī)이라 한다."고 하였고,[30] 7세기 때 인도를 여행했던 현장(玄奘:629~645)의 『대당서역기』에는 "보살이 태어난 곳에 아쇼까나무[無憂華樹]가 있지만 이미 고목이 되었으며, 아쇼까왕[無憂王]이 세운 탑이 있고, 그 옆으로 멀지 않은 곳에 아쇼까왕이 세운 석주石柱가 있는데, 석주 위에는 말의 모양이 조각되어 있었지만 중간이 부러져 땅에 뉘어져 있었다"고 기록하고 있다.[31]

그러니까 '룸비니는 샤까족 마을'이고, '까삘라왓투에서 동쪽으로 50리쯤 되는 곳'이며, '아쇼까나무가 있고, 아쇼까왕이 세운 석주가 있는 곳'이 되겠지만, 그곳이 어디인지 구체적으로 확인되지 않았었다. 그래서 서양의 불교학자 가운데 세나르(Émile Senart:1847~1928)는 붓다의 전승傳承은 '태양신화의 한 유형'이라 보려 했고, 케른(Hendrik Kern:1833~1917)은 천문학적 사건들의 상징적 표현으로 해석하며 고따마 붓다의 역사적 실재성을 의심하기도 했다. 그들은 붓다를 문학적으로 의인화된 신화적 인물로 보려했다. 그러한 시각들은 유럽이 아닌 지역에 유럽에서 배출한 인물보다 더 위대한 인물이 존재하거나 그들의 종교전통보다 더 오래된 종교가 있었다는 것을 인정하지 않으려는 우월감 때문에 빚어진 결과였다고 하겠다.

1896년 12월 독일의 고고학자 퓌레르(A.A. Führer)가 현재 네팔의 따라이Tarāi 분지盆地 빠다리아Paḍaria 마을에 있는 룸민데이Rummindei라 불려온 사당祠堂을 조사하면서 비문碑文이 새겨진 하나의 석주를 발견하게 되었다.

훌쯔슈Hultzsch 박사에 의해 번역된 비문 내용은 다음과 같다.

---

30) 법현전:<51-861중>.
31) 대당서역기 제6:<51-902상~중>.

> 신들의 사랑을 받고 있는 삐야다시(Devānāmpiya Piyadasi)가 즉위 한 지 20년 후에 직접 이곳을 찾아 참배했다. 붓다 샤꺄무니가 이곳에서 태어났기 때문이다. 그래서 돌로 말의 모양을 만들고 석주를 세웠다. 이곳에서 위대한 분이 태어났음을 알리기 위해서다. 룸비니 마을은 토지의 세금을 면제하고 오직 생산물의 1/8만을 징수한다.32)

당시 농민들의 세금이 수확의 1/6이었는데, 1/8만을 징수한다고 했으니 룸비니 마을은 샤꺄무니 붓다의 탄생지라는 이유로 특전을 받았던 것이다. 퓌레르가 아쇼까왕의 비문이 새겨진 석주를 발견해 냄으로 고따마 붓다가 실존인물이었다는 것과 그가 태어난 곳을 증명하게 되었다.

현재 룸비니에는 마야당堂이 있고, 1230년 경 나가Naga 왕조의 말라Malla왕에 의해 조성되었다는 우협탄생右脇誕生을 상징하는 조각품이 안치되어 있다. 마야당 주위에 아쇼까나무와 아쇼까왕이 세운 석주가 있고, 그 옆으로 마야부인이 싯닷타를 출산하기 전에 목욕을 했다는 연못도 있다.

5. 샤꺄족의 영토와 까삘라왓투

샤꺄족의 영토는 동東으로는 지금 코하나강江으로 불리는 로히니강, 서西로는 수도 까삘라왓투의 서쪽, 남南으로는 지금 라쁘띠강으로 불리

---

32) Edward J. Thomas, 앞의 책, p.18. 中村 元著, 『ゴ-タマ・ブッダ』, (春秋社:昭和54年), p.44, H.W. Schumann 『The Historical Buddha』 p.8.
devānām은 deva(신)의 복수 속격이고, 의미는 소속・소유 '~의', 동작자 '~에 의해'이고, piya는 '사랑받는'이다. 삐야다시(Piyadasi)에 해당하는 산쓰끄리뜨는 쁘리야다르쉰(Priyadarśin)이고, 이것은 '아쇼까의 다른 이름'이다.

는 아노마강, 북北으로는 히말라야산맥 등으로 둘러싸인 남북으로 길고 가느다란 모양의 지역이었을 것으로 추정되고 있다.[33]

샤까족의 수도 까삘라왓투는 황갈색(kapila)의 땅(vatthu)을 의미하고,[34] 그 위치에 대해서 여러 가지 견해가 분분했으나 1898년 영국인 윌리엄 펩페가 바스띠Basti 지역의 삐쁘라와Piprahva 유적지에서 글이 새겨진 사리용기를 발견함으로 해서 그곳이 옛날 까삘라왓투의 가장 유력한 장소로 지목 받고 있다. 이곳은 인도와 네팔의 국경에서 1km 정도 인도 영내에 있다.

서기 399년부터 412년 사이에 인도를 여행했던 법현法顯은 까삘라왓투에 대하여 이렇게 쓰고 있다.

"성안에 왕과 백성이 없어 매우 황폐하였으며 오직 승려와 민호民戶 수십 가數十家가 있을 뿐이다."[35]

붓다의 고국 까삘라왓투는 이미 5세기 초에 폐허가 되어 있었다.

6. 샤까족의 뿌리

샤까Sakya, 삿까Sakka 또는 샤끼야Sākiyā라고도 하며 한역경전漢譯經典에서는 석가釋迦로 음역하고 있는 이 부족의 뿌리를 살펴보기로 하자.

『숫따니빠따』에 의하면, 싯닷타가 출가하여 당시 강대국이었던 마가

---

33) 中村 元/金知見譯, 『佛陀의 世界』(김영사:1984) p.172.

34) 고따마 붓다를 황면구담(黃面瞿曇)·황면노자(黃面老子)·황두대사(黃頭大士)라고도 하였는데, 그것은 고따마(瞿曇)의 몸이 금색으로 빛났기 때문이기도 하지만 그가 태어난 까삘라가 황색(黃色)이란 의미를 지니고 있기 때문이기도 하다. 노자(老子)란 고따마에 대한 경칭(敬稱)이다.

35) 고승법현전:<51-861상>.

다국의 수도 라자가하로 갔다. 그는 라자가하 근교의 빤다와Paṇḍava산에 머물면서 때가 되면 밥을 얻으러 성안으로 들어갔다.

빔비사라왕은 거리를 다니면서 탁발하는 한 젊은이의 당당하고 근엄한 모습을 보고, 그가 누구인지 알고 싶었다. 빔비사라왕은 신하들을 시켜 그가 머물고 있는 곳을 파악한 뒤 몸소 수행자를 찾아갔다.

"당신은 어디서 왔으며 누구입니까?"

"왕이시여, 저 히말라야 기슭에 재력을 구비한 한 부족이 살고 있는데 꼬살라 백성이지요. 그들의 가계家系는 아딧짜Ādicca요, 종족種族은 사꺄Sakyā입니다."[36]

또 다른 곳에서는 붓다를 '세상을 이끌 자, 옥까까Okkāka왕의 후예, 사꺄족의 아들, 세상의 빛'이라거나,[37] 아딧짜반두Ādiccabandhu, 즉 '태양의 후예'라고 하였다.[38] 옥까까를 선조로 하는 씨족은 인도신화에서 최초의 인간이라 말하는 마누Manu의 적손嫡孫이라 한다.[39] 빨리어의 아딧짜는 태양太陽을 말하고, 옥까까는 산쓰끄리뜨어로 이꾸슈와꾸Ikṣvāku로 감자왕甘蔗王이라 번역한다.[40]

학자들은 이꾸슈와꾸가家를 뿌루족 왕가로 추정하기도 하는데[41] 원래 인더스강 상류 혹은 강가강 상류의 왕가로서 힌두교성전에서는 태양의 자손이라 하여 많은 존경을 받았다고 한다. 뿌루족은 인도에 침입한

---

36) Sn: 422, *M.N. II. p.306에 꼬살라왕 빠세나디가 '나도 꼬살라사람이고, 붓다도 꼬살라사람'이라 말한다.
37) Sn: 991.
38) Sn: 53, Sn: 915, Sn: 1127.
39) Edward J. Thomas, 앞의 책 p.6, D.P.P.N. vol. I. p.462.
40) 'ikṣu'는 사전적으로 원산지가 인도인 '사탕수수'를 의미하는데, 한역경전에서는 '감자'(甘蔗)로 번역한다.<S.E.D. p.163>.
41) A.K. Majumdar, 『Concise History of Ancient India』 vol. I. p.100,(Munshiram Manoharlal Publisher Pvt. Ltd:1977). 中村 元, 앞의 책, p.13.

아리야인들의 다섯 부족중의 하나이다.

샤까족의 조상은 서북인도 지방에서 위데하Videha족·릿차위Licchavi족·말라Malla족 등과 함께 동쪽으로 이동해 온 것으로 추정되며, 이들 부족은 붓다 시대에 이르러 샤까족의 영토 동쪽에 정주했는데, 위데하족·릿차위족은 간다키Gandaki강 왼쪽유역에 정착했고, 말라족은 그 오른쪽 유역에 정착했다고 한다.[42]

그밖에도 샤까족을 표현하는 말로 가우따마(ⓢGautama)·슈리야왕샤(ⓢSūryavaṃśa)·샤까(ⓢŚākya)·샤끼(ⓢSākī) 등이 있다.

가우따마는 '소'와 관련이 있고,[43] 슈리야왕샤는 '태양'과 관련이 있으며,[44] 샤까는 '흰피부'와 관련이 있고,[45] 샤끼는 '떡갈나무'와 관련이 있다.[46]

한역불전漢譯佛典에서도 붓다를 일종성존日種姓尊,[47] 또는 일종존日種尊이라 하여[48] 태양족의 후예임을 전하고 있다. 감자일광주甘蔗日光胄라 하여 '감자왕은 태양의 후손'이라 하였다.[49]

이상을 종합해서 살펴보면, 샤까족은 검은 피부를 가진 원주민의 후예가 아니라 흰 피부를 가진 아리야인이었다는 것을 짐작할 수 있다.

---

42) 中村 元/金知見譯, 『佛陀의 世界』 p.171.
43) gotama의 'go'는 '황소'를 의미하고, gotama는 '가장 훌륭한 소', 또는 '소를 제일 소중히 여기는 자'라는 뜻이다. ⓢ gautama의 'gau'도 '소'를 뜻한다. tama는 최상급을 나타내는 접미사이다.
44) 산쓰끄리뜨의 Sūrya는 '태양'을 의미하고 vaṃśa는 종족(種族)을 뜻한다.
45) S.E.D. p.1045. Śākya란 말은 Śakas에서 유래되는데, 이 말은 '흰 피부를 가진 종족'(white-skinned tribe)을 말한다.
46) D.N. I. p.114. ⓟsāka ⓢśāka는 떡갈나무, 또는 티크를 의미한다.
47) 잡아함경 제10: 265경:<2-69상>.
48) 잡아함경 제36: 994경:<2-260상>.
49) 불소행찬제3:<4-22중>.

하지만 샤까족이 아리야인이 아니라고 보는 이도 있는데,[50] 영국의 인도학자 빈센트 스미스Vincent Smith는 몽고계일 가능성이 있다고 보고, 티베트·버마계일 가능성도 있다고 말한다.[51] 특히 조준호는 '초기불교경전에서 석가족은 검은 피부를 가진 사람들로 말하고 있으며, 비아리야인으로 볼 수 있는 여러 가지의 이유가 있다'고 하며, '샤까족이 아리야족이라는 주장은 옳지 않다'고 말했다.[52]

7. 샤까족의 품성

샤까족은 운동을 좋아했고, 특히 궁술에 뛰어났던 것 같다. 샤까족 가운데는 웨단냐Vedhañña, 즉 궁사弓師라는 이름을 가진 가문家門이 지도하는 궁술학교도 있었다고 한다.[53] 싯닷타가 결혼하기 전에 경쟁자들과 궁술시합을 했던 것으로 전한다.

꼬살라국왕 빠세나디가 아들 위두다바Viḍūḍabha의 나이 여덟 살이 되었을 때, 외가의 나라인 까삘라왓투로 보낸 것도 샤까족에게 궁술을 연마하기 위해서였다.[54]

또한 샤까족은 태양족의 후예라는 자부심이 강했던 터라 도가 지나칠 정도로 거만했다고 한다. 싯닷타가 보리수 아래에서 깨달음을 얻고 붓

50) 大野信三/박경준·이영근 옮김. 『불교사회경제학』(불교시대사:1992) p.24.

51) 朴京俊, 『原始佛教의 社會·經濟思想 研究』(東國大 大學院 博士學位論文, 1993) p.24, 와타나베 쇼코/법정 옮김, 『불타 석가모니』 (동쪽나라:2002), p.357.

52) 조준호, 『우파니샤드 철학과 불교』 종교 문화적·사상적 기원에 대한 비판적 검토, (경서원:2004), p.220 조준호는 다음 논문에서 '석가모니 붓다의 인종적 기원'을 밝히겠다고 하였다.

53) D.N. III. p.111.

54) 증일아함경 제26:<2-690중>琉璃太子年向八歲 王告之曰 汝今已大 可詣迦毘羅衛 學諸射術.

다가 되어 처음으로 고향을 방문했을 때, 샤까족들은 붓다의 나이가 적다는 이유로 그 앞에 존경을 표하기를 거부할 정도였다. 붓다는 이때 기적을 보여 샤까족의 자만심을 꺾었다.

숫도다나가 붓다의 주위를 둘러싸고 있는 사람들을 소개받고 '캇띠아 출신인 내 아들은 당연히 캇띠아 출신들이 둘러싸고 있어야 도리에 맞다'고 하며 샤까족 청년들을 출가하도록 한 것이나[55] 샤까족이 혈통의 순수성을 지키기 위해서 근친결혼을 했다는 것,[56] 꼬살라의 빠세나디가 샤까족 공주를 신붓감으로 보내라고 하였을 때, 샤까족들이 '우리들은 대성大姓인데, 무엇 때문에 비자婢子와 혼인을 맺겠는가'라고 하여, 샤까족들이 자신들은 '대성大姓'이라고 추켜세우면서 빠세나디는 비자婢子, 즉 '계집종이 낳은 자식'이라 말하는 것으로 보아[57] 샤까족의 자부심이 얼마나 강했는가를 엿볼 수 있다.

샤까족은 부족의 자부심을 지키려고 공주를 보내지 않고, 마하나마Mahānāma와 하녀 나가문다Nāgamuṇḍā사이에서 태어난 와사바캇띠아Vāsabhakhattiya를 보내게 되었고,[58] 결국 이 문제와 관련되어 샤까족은 와사바캇띠아의 아들 위두다바에게 몰살당하는 비참한 종말을 맞게 된다.

8. 샤까족의 정치형태

샤까족은 단일 씨족이 아니라 고따마·꼴리아·깐하야나Kaṇhāyana 등 여러 씨족으로 구성되었으며[59] 그들이 정착한 곳은 까삘라왓투를

55) 불본행집경 제53:<3-900중>, 증일아함경 제15:<2-623하>.
56) D.N. I. p.115, 아마주경:<장 제13: 1-83상>.
57) 증일아함경 제26:등견품 2:<2-690상>吾等大姓何緣當與婢子結親.
58) Jt. vol. IV. p.92.

비롯하여 데와다하 · 사마Sāma · 짜뚜마Cātumā · 코마둣사Khomadussa · 실라와띠Silāvatī · 나가라까Nagaraka · 삭카라Sakkhara · 메달룸빠Medalumpa · 울룸빠Uḷumpa 등이 있다.[60]

샤까족의 나라는 부족部族의 거주지를 의미하는 자나빠다Janapada였지 오늘날의 국가國家를 의미하는 마하자나빠다Mahājanapada가 아니었다. 초기불전에 열여섯 개의 마하자나빠다의 이름이 전해지고 있지만 샤까족의 나라는 거기에 속하지 못하고 있다.

싯닷타의 아버지 숫도다나를 정반왕淨飯王이라 했고, 한역경전에 왕王이나 대왕大王이라 했지만 사실은 마가다의 빔비사라나 꼬살라의 빠세나디처럼 세습군주국世襲君主國의 왕이 아니라 부족회의部族會議에서 선출된 부족의 대표자 정도였다. 예를 들어 웨살리성城에는 항상 7천 7백 7명의 왕들이 왕국을 다스렸다고 말하지만[61] 여기서 말하는 왕은 전제군주가 아니라 부족장이거나 왕족출신의 촌장村長으로 보아야 할 것이니, 숫도다나를 왕이나 대왕으로 부른 것은 아마도 붓다의 아버지를 미화한 호칭에 지나지 않았던 것 같다.

붓다 당시에는 라자가하를 중심으로 한 마가다의 하리양까Haryaṅka, 사왓티를 중심으로 한 꼬살라의 이꾸슈와꾸Ikṣvāku, 꼬삼비를 중심으로 한 왐사의 빠우라와Paurava, 웃제니를 중심으로 한 아완띠의 빳조따Pajjota 등 네 개의 왕조가 강력한 세력을 자랑하고 있었을 뿐[62] 샤까족을 비롯한 위데하족 · 릿차위족 · 말라족 등은 세습적 군주제가 아닌 부족회의에서 대표자를 선출하는 공화정을 실시하고 있었다.[63] 지역적으

59) D.N. I. p.115.
60) D.P.P.N. vol. II. p.969.
61) Jt. Vol. I. p.316.
62) R.C. Majumdar, 『Ancient India』(Motilal Banarsidass:1971) p.95.

로 볼 때 공화정을 하던 부족들은 아직 히말라야 산맥 앞 구릉지에 머물고 있었는데 비하여 군주국들은 강가강과 야무나강의 비옥한 분지에 자리잡고 있었다.

공화정을 하던 이들 부족들은 통치統治나 재판裁判에 관한 문제와 같은 중요한 사항은 산타가라Santhāgāra라는 공회당公會堂에 부족의 노소老少가 함께 참석하여 논의하였으며,[64] 중요한 안건에 대한 의결은 다수결에 의한 투표로 결정하였다.[65]

샤까족의 산타가라는 까삘라왓투에만 있었던 것이 아니라 샤까족의 거주지였던 짜뚜마에도 유사한 건물이 있었으며,[66] 까꿋타Kakuṭṭhā강을 중심으로 북쪽의 꼬시나라까라 불린 꾸시나라의 말라족이나[67] 빠웨이야까 말라라 불린 남쪽 빠와의 말라족[68] 그리고 웨살리의 릿차위족도 산타가라를 가지고 있었다.[69]

싯닷타가 출가하여 마가다의 빔비사라왕을 만났을 때, 자신을 '히말라야 기슭에 사는 꼬살라 백성'이라고 밝혔고,[70] 빠세나디가 꼬살라의 왕으로 등극하고 '샤까족 공주를 왕비로 보내지 않으면 무력으로 억압할 것'이라고 말하는 것으로 볼 때,[71] 샤까족은 정치적으로 자치권을 부여받고 있었지만 이웃 강대국인 꼬살라국의 속국으로 조공朝貢을 바쳤음이 분명하다. 사실 샤까족은 6~7개의 씨족으로 형성된 부족국가로

63) R.C. Majumdar, 앞의 책, p.157.
64) D.N. I. p.113.
65) 朴京俊, 앞의 논문, p.22.
66) M.N. II. p.128.
67) D.N. II. p.162, p.179.
68) D.N. III. p.201.
69) M.N. I. p.280.
70) Sn. 421. Kosalesu niketino.
71) 증일아함경 제26:<2-690상>, Jt. vol. IV. p.92.

당시 인구는 약 1백 만 정도였다고 한다.72)

붓다가 임종에 들었을 때 사리를 8등분했는데, 사리의 분배를 요구한 샤꺄족・불리Buli족・릿차위족・꼴리야족・말라족・모리야Moriyā족 등이 모두 강가강의 북쪽 지금의 바스띠Basti・고라크뿌르Gorakhpur・무잣화르뿌르Muzaffarpur 지역에 살던 부족들이었고, 아자따삿뚜가 왓사까라Vassakāra를 보내 왓지국 정벌에 대하여 물었을 때는 왓지국이 공화정을 잘 펼치고 있다는 것을 확인해 주며 정복전쟁을 막았다는 점을 생각하더라도73) 붓다의 정치적 이상이 어디에 있었는가를 짐작해 볼 수 있다.

당시 군주제를 채택했던 나라로서 붓다의 사리를 요구한 곳은 오직 마가다의 아자따삿뚜 뿐인데, 그는 붓다와 특별한 인연관계로 사리를 요구한 것 같고, 붓다가 가장 많이 머물렀던 꼬살라국과 자주 들렀던 왐사국에서는 사리의 분배를 요청하지 않았는데, 그것은 그들과 정치적으로 견해를 달리했기 때문이 아니었나 생각된다.

9. 샤꺄족의 결혼관계

한역漢譯 율장律藏에 샤꺄족의 가계에 대하여 다음과 같은 이야기가 전해진다.74)

옛날에 울마(鬱摩:Okkāka)왕에게 조목(照目:Okkāmukha)・총목(總目:Karaṇḍa)・조복상(調伏象:Hatthinika)・니루(尼樓:Sinipura)라는 네 명의 서자庶子가 있었다. 이들은 똑똑하고 총명하였다.

---

72) T.W. Rhys Davids, 『Buddhist India』 p.18.
73) 성열, 『부처님 말씀』(현암사:2002) p.129.
74) 오분율 제15:<22-101상>.

첫째부인에게 장생長生이란 아들이 있었는데 미련하고 어리석어 사람들의 천대를 받았다. 그 부인은 자기의 아들이 왕위를 계승하지 못하게 될 것을 걱정한 나머지 울마왕에게 간청하여 서자 네 명을 국외로 추방하였다. 이때 네 명의 서자와 그들 어머니와 동생들도 모두 따라나섰고, 역사力士 · 백공百工 · 바라문 · 장자들도 그들을 따라나섰다.

그들은 바기라티Bhagīrathī강을 건너[75] 북쪽 히말라야를 향해 가다가 사방이 탁 트인 넓은 평원에 과일나무와 짐승들이 많은 곳에 이르렀다. 네 명의 아들은 동행하던 사람들과 상의한 결과 그곳에 머물기로 하고, 마을을 만들었고, 몇 년이 되지 않아 많은 사람들이 모여들어 도시가 되었고, 점점 번성하더니 큰 나라를 이루었다. 여러 해가 지나 아버지 울마는 추방한 아들들 생각이 나서 신하들에게 물었다.

"나의 네 아들들은 지금 어디서 어떻게 살고 있는가?"

"북쪽 히말라야 기슭 사이림(舍夷林:sāka-saṇḍa)부근에 성을 쌓고 도읍都邑을 이루어 삽니다.[76] 백성들이 많고 토지는 비옥하며 의식이 풍족하답니다."

"역시 내 아들은 능력이 있구나."

이렇게 하여 '능력能力이 있는 자'라는 뜻에서 샤까족이라 불렀다.[77]

---

75) 히말라야에서 발원하여 웃따르까쉬(Uttar Kashi) 지역을 지나 데와쁘라야그(Devaprayāg) 근처에서 강가의 본류와 합류하는 한 지류이다.

76) D.N. I. p.115에는 사이(舍夷)를 sāka라 했는데, 사전에 Ⓟsāka나 Ⓢśāka는 떡깔나무, 또는 티크를 말한다. 그래서 앞에서 말했듯이 샤까족을 싸끼(Sākī)라고 했던 것이다. 아마주경:<1-82하>에는 직수림(直樹林)이라 했다. saṇḍa는 '작은 숲'을 말한다.

77) 아마주경<1-82하> · Ambaṭṭha Sutta<D.N. I. p.114> · 불본행집경<3-674하>에도 동일한 내용이 전한다. 다만 『아마주경』에는 울마를 성마(聲摩)라 하였고, 네 아들의 이름을 면광(面光) · 상식(象食) · 노지(路指) · 장엄(莊嚴)이라 했고, **『불본행집경』**에는 울마를 감자왕(甘蔗王)이라 했고, 첫째 왕비를 선현(善賢) 그

그런데 『암밧타숫따』Ambaṭṭha Sutta에서는 '네 명의 형제들이 자기들의 혈통의 순수성을 지키기 위하여 그들의 여형제들과 결혼하였다'고 하였고,[78] 『아마주경』阿摩晝經에는 '네 명의 어머니들이 각자 자기의 딸을 다른 어머니의 아들에게 주어 서로 짝을 지어 부부가 되게 하였다'고 했다.[79]

『불본행집경』佛本行集經에는 감자왕(甘蔗王:Ikṣvāku)이 네 명의 아들을 떠나보내면서 '장차 혼인이 있을 때에 다른 지역의 외족外族을 취하지 말고 자기의 성姓 안에서 취하여 감자종성甘蔗種姓이 끊어지지 않도록 하라'고 말했다고 한다.[80]

이는 샤까족이 근친결혼近親結婚을 하고 있었음을 말하는데, 샤까족의 특수한 관습으로 종형제자매교호혼從兄弟姉妹交互婚이 있었다고 한다.[81] 형 또는 동생의 자식과 상대방 부족에 시집간 누이 또는 여동생의 자식이 결혼하는 것을 말한다.

붓다의 할아버지 시하하누는 꼴리아족의 깟짜나Kaccānā와 결혼하였고, 붓다의 대고모大姑母인 야소다라Yasodharā는 꼴리아족의 안자나Añjana와 결혼하였다.

숫도다나는 안자나의 두 딸 마야와 마하빠자빠띠와 결혼하였고, 붓다의 고모, 즉 숫도다나의 누이 아미따Amitā는 안자나의 아들 숩빠붓다Suppabuddha와 결혼하였다. 싯닷타의 부인이 된 밧다깟짜나Bhaddakaccānā

아들을 장수(長壽), 서자(庶子)를 거면(炬面)·금색(金色)·상중(象衆)·별성(別成)이라고 했다. 한역경전에서 샤까를 능인(能仁), 능인(能忍) 또는 직림(直林)이라 한 것은 여기에 의거한다.

78) D.N. I. p.115.

79) 아마주경:<1-83상>.

80) 불본행집경 제5:<3-675중>.

81) 中村 元, 앞의 책 p.22.

는 바로 숩빠붓다의 딸이다.82) 그러니까 싯닷타는 고모의 딸과 결혼한 셈이다.

『오분율』에는 샤까족의 계보를 다음과 같이 전하고 있다.

울마鬱摩, 즉 옷까까Okkāka의 서자 가운데 네 째 아들인 니루(尼樓:Sīnipura)에게 아들 상두라象頭羅가 있었고, 상두라에게 아들 구두라(瞿頭羅:Jayasena)가 있었으며, 구두라에게 니휴라(尼休羅:Sīhahanu)란 아들이 있었고, 니휴라에게 네 명의 아들이 있었다.

첫째 아들이 숫도다나(Suddhodana:淨飯)이고, 둘째가 숫꼬다나(Sukkodana:白飯)이며, 셋째가 도또다나(Dhotodana:斛飯)이고, 넷째가 아미또다나(Amitodana:甘露飯)이다.

숫도다나에게 두 아들이 있었으니 싯닷타Siddhattha와 난다(Nanda:難陀)이고, 숫꼬다나에게 두 아들이 있었으니 아난다(Ānanda:阿難)와 데와닷따(Devadatta:調達)이며, 도또다나에게 두 아들이 있었으니 마하나마(Mahānāma:摩訶男)와 아누룻다(Anuruddha:阿那律)이고, 아미또다나에게 두 아들이 있으니 바구(Bhagu:婆婆)와 밧디야(Bhaddiya: ⓈBhadrika:跋提)이다. 그리고 싯닷타에게 아들이 있으니 라훌라(Rāhula)이다.83)

시하하누에게 숫도다나 · 도또다나 · 삿꼬다나Sakkodana · 숫꼬다나 · 아미또다나 등 다섯 명의 아들이 있었고, 아미따Amitā · 빠미따Pamitā란 두 명의 딸이 있었다고 하니,84) 숫도다나의 형제들이 5남 2녀가 있었던 셈이다.

티벳전승에는 시하하누에게 빠미따Pamitā · 숫다Śuddhā · 수끌라 Śuklā

82) 中村 元, 앞의 책 p.23.
83) 오분율 제15:<22-101상>.
84) D.P.P.N. vol. II. p.1200.

· 드로나Droṇā 등 네 명의 딸이 있었다고 말하기도 한다.85)

아미따는 샤까족 숩빠붓다와 결혼하여 딸 밧다깟짜나와 아들 데와닷따를 낳았다고 한다.86) 숫도다나의 누이의 이름은 아미따이고, 그의 아들은 띳사Tissa이다.87) 띳사는 출가하여 처음에는 붓다와 고종사촌이란 것을 앞세워 으스댔지만 붓다의 꾸지람을 듣고 겸손해졌고,88) 아라한이 되었다.89)

10. 꼴리아족

샤까족과 혼인관계를 맺고 있는 꼴리아족은 어떤 부족인가?

옥까까왕[鬱摩王]에게 삐야Piyā · 숩삐야Suppiyā · 아난다Ānandā · 위지따Vijitā · 위지따쎄나Vijitasenā 등 다섯 명의 딸이 있었는데, 맏이인 삐야Piyā는 나병환자였던 모양이다. 그녀가 숲에서 혼자 살고 있을 때 나병환자였던 와라나시의 왕 라마Rāma가 와서 서로 도우면서 살게 된 것이 꼴리아족의 기원이라 한다.90)

그들이 사는 곳은 호랑이가 많아 그 피해가 심했으므로 호랑이를 막기 위하여 꼴리아나무를 줄지어 심었다고 한다. 그런 이유로 그들이 사는 곳을 꼴리아 마을이라 하고, 그 종족을 꼴리아족이라 불렀다는 것이

85) Edward J. Thomas, 앞의 책, p.24.
86) D.P.P.N. vol. I. p.148, 북전(北典)에서는 데와닷따가 싯닷타와 사촌으로 전해지고 있으나 남전(南典)에서는 싯닷타와 데와닷따가 처남매부사이로 전해지고 있다.
87) 불본행집경제11:이모양육품:<3-701하>.
88) 성열, 『부처님 말씀』(현암사:2002) p.331.
89) S.N. III. p.90.
90) D.P.P.N. vol. II. p.970

다. 꼴리아족은 샤까족과 로히니Rohiṇī강을 사이에 두고 살았다. 로히니강은 지금의 코하나강이다.

샤까족이 근친결혼을 했고 꼴리아족의 조상이 나병환자였다는 사실은 샤까족 농민들과 꼴리아족 농민들이 로히니 강물을 놓고 싸움을 벌일 때 노골적으로 드러난다.91)

꼴리아족의 거점은 라마Rāma촌과 데와다하Devadaha였고, 붓다가 열반에 들었을 때 라마촌의 꼴리아족은 사리분배를 요구하게 된다. 라마촌은 까삘라왓투에서 동쪽으로 약 64km 정도 떨어져 있으며, 꼴리아족은 릿차위족을 중심으로 여덟 개의 부족이 연합한 왓지연맹聯盟의 일원이었다.92)

11. 탄생에 관한 전설

고따마 붓다는 너무나 위대한 인물이었던 탓에 그에 대한 전설傳說이나 설화說話도 많다. 이러한 전설이나 설화는 고따마 붓다가 살았을 때, 그 분을 직접 만나서 인격적 감화를 받았던 사람들이 붓다의 위대함을 다른 사람에게 전하면서 생겼을 것이요, 후대에 내려가면서 붓다에 대한 이야기는 더욱 더 초인적超人的인 존재로 각색脚色되는 일이 자연스럽게 일어났을 것이라 본다.

그러한 설화 가운데 마야부인이 아쇼까 나무의 가지를 오른손으로 잡았을 때 아무런 고통도 느끼지 않은 채 오른쪽 옆구리로 아기를 낳았다는 우협탄생右脇誕生이 여러 경전에서 전하고 있는 탄생의 노래이다.

---

91) 성열, 『부처님 말씀』(현암사:2002) p.591.
92) A.N. IV.p.187: note 3.

『수행본기경』에 의하면, 싯닷타는 태어나자마자 사방으로 일곱 걸음을 걸으면서 오른 손으로 하늘을 가리키고 왼손으로 땅을 가리키면서 '하늘 위에서나 하늘 아래에서 오직 내가 존엄하다. 온 세상에 가득한 모든 고통을 내 마땅히 편안하게 하리라'[天上天下唯我爲尊 三界皆苦吾當安之]고 사자처럼 외쳤다고 한다.[93]

여러 경전에 탄생게가 기록되어 있지만『대본경』·『선견율비바사』·『수행본기경』·『태자서응본기경』에서는 '천상천하유아위존'天上天下唯我爲尊이라 했고,『유부비나야잡사』와 현장의『대당서역기』는 '천상천하유아독존'天上天下唯我獨尊이라 했다.

고따마 붓다의 탄생을 놓고 최고의 찬사를 보낸 기록 가운데 가장 오래된 불전은『숫따니빠따』인데, 경에 '모든 생명들 가운데 가장 훌륭한 분이요, 가장 뛰어난 분이며, 모든 생명체 가운데 가장 높은 분'이라고 한 데서 이 탄생게가 비롯된 것이 아닌가 생각된다.[94]

12. 탄생설화의 의미

고따마 싯닷타가 마야부인의 오른쪽 옆구리에서 태어났고, 태어나자마자 사방으로 일곱 걸음을 걸으면서 "하늘에서나 지상에서나 오직 나 홀로 존엄하다. 온 세상에 가득한 모든 고통을 내 마땅히 편안하게 하리

93) 수행본기경 권상:<3-463하> 선견율비바사 제4:<24-699중>에는 '天上天下唯我爲尊'이라 할뿐 후게(後偈)는 생략되었다. 또한 주(註)에 천상천하유아위존에 해당하는 빨리어를 'Agg'ham asmi lokassa, jeṭṭho'ham asmi lokassa, seṭṭho'ham asmi lokassa'로 표시하고 있다.

94) Sn. 684. He, the most excellent of all beings, the preeminent man, the bull of man, the most excellent of all creatures…

라.[天上天下唯我爲尊 三界皆苦吾當安之]"고 외쳤다고 전하는 설화說話를 어떻게 이해해야 할 것인가? 바로 이 점에 대하여 해석학적 이견이 많이 있지만 몇 가지를 말해두고자 한다.

어느 누가 되었던 한 인간의 탄생은 현실 사회 속에 던져지는 것이다. 그러나 그가 어떠한 삶을 살았느냐에 따라 역사는 그 탄생의 의미를 새롭게 조명한다. 다시 말해서 한 인간의 태어남은 개체적·실존적 사건이지만 삶의 내용에 따라 사회적·역사적 성격을 띠게 된다.

개체적·실존적 삶으로서의 태어남은 이 세상의 모든 생명에게 동일한 사건이다. 그렇지만 그 삶의 내용이 사회적으로나 역사적으로 어떠한 성격을 가지게 되느냐에 따라 그 삶에 대한 역사의 평가는 전혀 달라지고, 그에 대한 숭배의 감정이 크면 클수록 그의 삶에 대한 이야기는 드라마처럼 각색되게 마련이다.

바로 싯닷타의 탄생도 숫도다나와 마야왕비의 아들로 태어났다는 점에서 여타의 탄생과 다를 바가 없다. 그러나 그가 깨달음을 얻고 붓다가 된 다음의 역사·사회적 삶이 어느 삶과도 달랐기 때문에 그의 삶은 아름다운 이야기로 각색되었고, 나아가 붓다의 전 생애全生涯가 주는 삶의 이야기는 인류에게 풍부한 교훈을 줄 수 있다.

모든 종교가 성전聖典을 가지고 있다. 불교에 '대장경大藏經'이 있고, 기독교에 '바이블Bible'이 있으며, 이슬람교에는 '코란Koran'이 있다. 그러나 다른 종교에서는 볼 수 없는 불교 특유의 경전으로서 『자따까』(Jātaka)가 있다.

『자따까』는 본생담本生譚, 본생경本生經, 본연경本緣經이라 번역되는데, 이 경전은 붓다가 숫도다나의 아들로 인간의 역사 안에 오시기 전에 어떠한 삶을 살았느냐를 신화적으로 말해주고 있다. 다른 종교에서는 교주가 이 세상에 오시기 전에 어디서 무엇을 했느냐를 전혀 말해주고 있지 않은데 비하여 불교만이 그것을 말해주고 있다는 점에서 불교 특유의 성전인 것이다.

『자따까』의 이야기는 윤회전생輪廻轉生이라는 인도적 생사관印度的 生死觀을 전제로 한다. 즉 삶은 일회적인 것이 아니라 그 외형적 모습을 달리하면서 거듭되는데, 붓다는 아득한 옛날부터 거듭되는 삶에서 분명한 목적의식을 가지고 살다가 마지막으로 목적을 완성하기 위하여 이 세상에 태어났다는 것이다.

그러니까 붓다가 숫도다나의 아들로 이 세상에 온 것은 역사의 우연한 사건이 아니라 이미 선택된 과정이요, 붓다로서 필연적인 과정이었음을 의미한다. 그래서 붓다의 탄생은 이 세상 그 어떤 태어남과도 다를 수밖에 없다는 것이다.

그것은 윤회의 삶을 거듭하면서 세웠던 삶의 목표가 '일체 중생을 제도濟度하는 것'이요, 바로 '모든 중생들을 붓다의 경지로 이끌어 들이는 것'이라고 말한다.[95] 이와 같은 이야기들은 붓다의 탄생이 단순한 업력業力에 의한 태어남이 아니라, 원력願力에 의해 이 세상에 왔음을 의미한다. 그러니까 붓다의 탄생은 업보業報에 밀려 타의적으로 이 세상에 태어나는 것이 아니라 분명한 목적의식을 가지고 자신의 삶을 자발적으로 선택하였다는 것이다. 붓다의 삶이 목적의식을 앞세운 원력소생願力所生의 삶이었다는 것을 말해주는 것이 바로 붓다의 전생담前生譚이다.

『자따까』에 의하면, 붓다가 이 세상에 태어나 성불成佛 하였다는 사실

---

95) 현우경<4-352상>에서는 '나의 본래 서원(誓願)은 당연히 일체중생을 제도하는 것'[我本誓願 當度一切]이라 했고, 법화경<9-8중>에서는 '내가 본래 세운 서원은 일체중생들을 나와 다름없게 하는 것'[我本立誓願 欲令一切衆 如我等無異]이라 했다.

만으로 거룩한 삶이 되는 것이 아니다. 인간의 역사 안에 오기 전에 '때로는 천상天上에서', '때로는 지옥地獄에서까지' 중생이 있는 곳이면 그곳이 어느 곳이든지 스스로 찾아가 보살행菩薩行을 하였다는 것이다. 보살행은 자기를 위한 이기적인 삶이 아니라, 타인의 행복을 위해 자기를 바치는 이타적利他的 삶을 말한다.

이타적 삶은 남의 고통을 자신의 몸으로 대신 받는 대수고代受苦의 모습으로 나타나는데, 보살행으로서 대수고적 삶은 반드시 사람의 모습으로서만이 아니고 생명이 갖출 수 있는 갖가지의 모습으로 나타났다. 그래서 고따마 붓다는 이 세상에 인간으로 태어나기 전에 이미 삼계三界를 돌고 사생四生을 거쳤다고 말한다.

삼계는 윤회하는 생명들이 존재하는 세 가지 세계를 말하는데, 탐욕적 존재의 세계[欲界], 물질적 존재의 세계[色界], 그리고 비물질적 순수정신의 세계[無色界]를 뜻한다. 그리고 사생四生은 생명이 태어나는 네 가지 방식으로 모태로 태어남[胎生], 알로 태어남[卵生], 습기에서 태어남[濕生], 그리고 변화하여 태어남[化生]을 말한다.

따라서 붓다는 인간의 모습으로만 생을 받았던 것이 아니라 사자 · 원숭이 · 비둘기 · 거위 등 가지가지의 축생畜生의 몸으로 나타났다. 이렇게 다양한 몸으로 삶을 살았지만 그 모든 삶에서 추구하는 목적은 언제나 하나였다. 그 삶의 궁극적 목표는 깨달음을 얻으려는 것이요, 중생계衆生界 전체의 자유를 이루려는 것이었으며, 모든 생명의 평등함을 실현하려는 것이었고, 모든 생명들이 투쟁 없이 평화로운 삶을 성취하게 하려는 것이었다. 오직 그것을 위해 자기를 바치고 봉사하는 삶의 전 과정全過程이 『자따까』에서 보여주는 보살의 삶이다.

붓다는 이와 같은 삶을 무려 547번이나 거듭하였다고 말하는데, 그처럼 길고 긴 윤회의 삶을 거치면서 하나의 놀라운 발견을 하게 된다. 그 발견이란 '인간이란 참으로 잔혹殘酷하고 간계姦計에 능한 동물'이라는 것이다.96)

이와 같은 선언은 중생계 전체의 자유와 평화를 위협하고 파괴하는 것은 결국 인간 자신이었음을 말한다. 따라서 모든 생명들 가운데 인간이 깨달음으로 나아가지 못하고서는 결코 중생계 전체의 자유와 평화는 이루어질 수 없다는 것이다. 그러니까 붓다 전생의 삶으로서의 보살이 그토록 자기를 바치면서 추구해 왔던 하나의 목표, 즉 중생계 전체의 행복은 인간의 깨달음과 동참이 있을 때만이 가능하다는 발견이다. 그래서 붓다는 보살행의 완성단계로 인간의 삶을 선택하지 않을 수 없었던 것이다. 따라서 숫도다나의 아들로 이 세상에 오게 된 붓다는 '이 태어남을 마지막으로 윤회를 마치고 깨달은 부처가 될 것이요, 이번의 삶 동안에 마땅히 모든 중생을 제도하리라'고 밝혔던 것이다.

물론 합리적 사고로 볼 때 이러한 전생담은 한낱 신화에 지나지 않는다. 그러나 종교언어宗敎言語는 역사적 사실歷史的 事實만이 아니라 상징적 의미象徵的 意味를 지닌다는 점에서 볼 때, 이 경전의 내용이 역사적 사실이냐 아니냐의 문제가 중요한 것이 아니라 그것이 상징하는 종교적 의미가 대단히 중요한 것이다. 이 선언이 가지는 상징적 의미는 중생들이 부처가 되기 위해서 어떠한 자세로 살아야 할 것인가를 가르치고 있는데, 우리는 그것을 다음의 몇 가지로 생각해 볼 수 있을 것이다.

첫째로 중생계 전체의 이상을 성취하기 위해서는 반드시 인간 자신의 깨달음이 열려야 한다는 것이고, 둘째로 인간은 중생계의 유일한 주인이 아니라 뭇 생명 가운데 하나일 뿐이라는 것이며, 셋째로 모든 생명

96) Jt. vol. V. p.189.

가운데 이성적으로 높은 단계에 있는 인간이 짊어져야 할 세계사적 책임이 무엇인가를 철저히 깨달아야 할 것이며, 넷째로 붓다는 오직 인간세상에서만이 나올 수밖에 없으므로 지금 인간으로 존재하는 인류는 붓다가 되겠다는 원력으로 살아야할 것이라는 점을 밝히고 있다. 그래서 『방광대장엄경』에 다음과 같이 말했던 것이다.

> 모든 붓다는 인간 세상에 출현하는 것이지 천상세계에서 깨달음을 얻어 법을 전하는 것이 아니다. 붓다는 오직 인간세상에서만 붓다가 되는 것이다.
> 만약 천상에서 깨달음을 이룬다면, 사람들은 그것은 천상에서의 일이거늘 인간인 내가 어떻게 그것을 감내하겠느냐고 스스로 포기할 것이기 때문이다.97)

결국 『자따까』를 통한 붓다의 가르침은 붓다가 숫도다나의 아들로 이 세상에 태어난 것은 우연한 역사적 사건이 아니라 성불成佛이 예비 된 자가 필연적으로 거쳐야 할 과정이었다는 것을 말해준다. 즉 붓다는 업력에 의해 이 세상에 던져지듯 태어난 것이 아니고 중생구제衆生救濟라는 우주적宇宙的이고 세계사적인 사명使命을 안고 인간의 역사 안으로 찾아 왔음을 의미하는 것이다.

실존주의 철학자 싸르뜨르는 '실존은 본질에 앞선다'고 하였지만 『자따까』의 이야기를 보면 적어도 붓다의 경우에 있어서는 실존이 먼저가 아니라 목적의식이 선행하였음을 알 수 있다. 그것이 붓다 탄생의 거룩함이다. 중생의 역사 속에서 붓다의 실존은 다른 어떤 실존과도 다른 것이었다. 그 뜻을 분명히 밝혀주는 것이 '하늘에서나 지상에서 나 홀로 존엄하다. 온 누리 중생의 고통을 내 모두 구원하리라'는 탄생의 노래이다.

---

97) 방광대장엄경 제3:탄생품:<3-553하>.

'하늘에서나 지상에서나 오직 나 홀로 존엄하다'는 말은 개체적·실존적 존재로서 붓다가 자기발견自己發見을 하였음을 의미하고, '온 누리 중생의 고통을 내 모두 구원하리라'는 말은 역사적·사회적 존재로서 붓다가 짊어져야 할 책임과 사명을 의미한다.

사실 이와 같은 이야기는 역사적 환경을 반영하고 있는데, 붓다의 자기발견은 바라문들의 철학적 허구哲學的 虛構의 굴레에서 자유로워졌다는 것과 바라문들이 자신들의 계급적 이익을 보장하기 위하여 만들어낸 카스트라는 계급제도의 억압에서 해방되었음을 밝힌다. 신화를 앞세운 바라문들의 철학적 허구는 천상天上의 일이요, 바라문들의 이익을 보장하기 위한 계급제도는 지상[天下]의 일이다. 이는 인간이 자신을 냉철히 관조觀照함으로써만이 열리는 깨달음이며, 신화의 어두운 굴레에서 벗어나 밝은 이성理性이 승리를 거두었음을 뜻한다.

사회적·역사적 존재로서 깨달은 자[Buddha]의 사명은 중생들에게 고통을 안겨주는 사회구조적 모순社會構造的 矛盾과 불합리不合理를 척결하는 일에 자기를 바치는 것이요, 그것은 중생의 고통을 대신 받는 대수고적代受苦的 자세로 중생 속에 뛰어들어 자비를 실천하는 것임을 밝힌다. 그것은 당시의 상황에서 인간을 계급의 사슬로 묶어놓고 있던 카스트제도에 대한 거부로 나타났다.

그리고 사방으로 일곱 걸음을 걸었다는 것은 붓다가 육도윤회六道輪廻에서 벗어났다는 것을 말해주고 있다. 고통으로 얽혀있는 육도 세계를 벗어난다는 것이니 대자유의 해탈인解脫人이 되었음을 의미한다.

이와 같은 이야기들은 붓다는 보살행의 완성단계로 이 세상에 왔으며, 그것은 자유의지自由意志에 의한 자유의 삶이었음을 의미한다. 비록 설화說話의 형식을 빌리고 있지만 그 이야기들을 단순히 신화神話로만 이해해서는 안 된다. 인류의 성자로 발돋움하게 되는 한 인간이 종교적으로 어떠한 삶을 살아야 할 것이냐를 일깨우고 있기 때문이다. 『자따까』는 고따마 싯닷타로 인간 세상에 태어난 한 인간이 붓다Buddha, 즉 깨달음을 성취한 성자聖者가 될 수밖에 없는 역사적 당위성歷史的 當爲性을 말해주고 있다.

13. 탄생연대와 탄생일

고따마 붓다의 연대年代에 대하여 불전佛典이 전하는 공통적인 견해는 그가 80세를 살았다는 것뿐이고 탄생誕生·출가出家·성도成道·열반涅槃에 대해서는 이견이 많다. 당시는 문자로 기록을 남기던 시대가 아니었기 때문에 현재 우리로서는 붓다의 탄생연대에 관한 정확한 정보를 가지고 있지 못한 것이 사실이다.

남방 아시아 불교국, 즉 인도·스리랑카·미얀마·태국·라오스·캄보디아 등의 나라에서는 붓다가 서력 기원전 624년에 태어나 서력기원전 544년에 돌아가신 것으로 잡고 있다.[98] 이를 근거로 하여 1956년 네팔의 카투만두Kathmandu에서 열린 제4차 세계불교도대회에서 그 동안 분분하던 불멸연대佛滅年代를 통일하기로 하고, 1956년을 불멸 2500년으로 정하여 기념식을 거행하였다. 현재 불교권의 나라에서 공통적으로 사용하고 있는 불기佛紀는 여기에 근거하고 있다. 그러나 이 연대는 인도나 서양의 역사가들로부터 인정받지 못하고 있다.

---

98) 고따마 붓다가 아쇼까왕의 대관식보다 298년 전에 태어났고, 그 대관식은 B.C.326년에 있었다는 『디빠왐사』(Dīpavaṃsa)와 『마하왐사』(Mahāvaṃsa)의 견해에 따른 것이다.

붓다의 탄생연대를 고찰해 볼 수 있는 방법은 붓다와 교분이 두터웠던 왕들의 재위기간在位期間을 비교하는 것이다. 붓다의 적극적인 후원자였던 마가다국의 빔비사라왕의 재위기간을 B.C. 545~494년으로 보는데,[99] B.C. 494년은 빔비사라의 아들 아자따삿뚜가 부왕父王을 폐위시키고 왕권을 찬탈한 해요, 그것은 붓다가 열반에 들기 8년 전의 일이었다고 한다.[100] 그러니까 붓다의 72세 때에 일어났던 사건이었으므로 붓다의 탄생은 B.C. 566년이요, 붓다의 입멸은 B.C. 486년이 되는 셈이다.

또 다른 산출근거는 아쇼까왕(재위기간:B.C.268~232)의 즉위연대인데, 학자들은 아쇼까왕이 남긴 비명碑銘에 등장하는 그리스왕들과의 관계를 비교하여 아쇼까왕이 즉위한 연대를 대개 B.C. 268년으로 추정하고 있다. 그가 즉위한 것은 붓다가 열반에 들고 218년이 되는 해였다고 하므로[101] 붓다는 B.C. 486에 열반에 든 것이 되고, 탄생은 B.C. 566년이 되는 셈이다.

붓다가 열반에 들고 제일결집第一結集에 참석했던 우빨리 존자가 안거安居를 마치고 율장에 점을 찍기 시작한 이래 상가바드라Saṅghabhadra에게까지 전해졌는데, 그가 서기 489년에 중국 광동廣東에서 975번째의 점을 찍었다고 한다. 이것을 중성점기衆聖點記라고 하는데, 이에 의하면 붓다가 열반에 든 것은 B.C. 486년이 된다.[102]

---

99) 조길태 지음 『인도사』(민음사:1994) p.78.
Etienne Lamotte는 『History of Indian Buddhism』 p.12에서 빔비사라의 재위기간을 B.C.546~494년으로 보았고, 람 샤란 샤르마 지음/이광수 옮김, 『인도고대사』 p.152에는 빔비사라의 재위기간을 B.C.544~492년으로 추정한다.

100) 선견율비바사 제2:<24-687상> R.C. Majumdar, 앞의 책, p.103.

101) A.K. Majumdar, 앞의 책, p.124.
아쇼까가 즉위한 것은 불멸후 100년이라는 설도 있다.

102) R.C. Majumdar, 앞의 책, p.103.

위의 세 가지를 근거로 이 책에서는 붓다의 생몰연대를 B.C. 566~486년으로 하였다.[103)]

붓다의 탄생일에 대하여 북방에서는 음력 4월 8일로 잡고 있다.[104)] 그러나 남방 불교에서는 붓다의 탄생誕生·출가出家·성도成道·입멸入滅을 모두 웨사크제(Wesak festival)라 하여 웨사카Vesākha월 보름으로 경축하고 있다. 서기 629년 8월부터 645년 2월까지 무려 17년간에 걸쳐 당시 인도의 여러 나라들을 여행한 현장玄奘은 『대당서역기』에 이렇게 기록하고 있다.

> 폐사거월 후반팔일吠舍佉月後半八日, 당나라의 3월 8일에 해당하는 날에 태어나셨다. 그러나 상좌부上座部에서는 폐사거월 후반십오일吠舍佉月後半十五日, 즉 당나라의 3월 15일에 해당한다고 말한다.[105)]

월력비교표를 통해 알 수 있듯이, 폐사거월은 인도력의 두 번째 달인 웨사카월이고, 기간은 음력으로 4월 16일부터 5월 15일까지이다.

후진後秦 홍시년(弘始年:399~415)에 불타야사佛陀耶舍와 축불념竺佛念이 번역한 『유행경』에 의하면,[106)] 붓다의 탄생·출가·성도·입멸을 2월 8일로 전하고 있다. 인도력의 제2월 웨사카월은 음력 4월 16일부터 5월 15일에 해당되고, 현장의 『대당서역기』에 의하면, 이 기간이 중국의 2월 16일부터 3월 15일에 해당된다. 그런가 하면 『반니원경』에는 붓다의

---

103) 고따마 붓다의 생존기간을 B.C.563~483년으로 추정하는가 하면,<Hermann Ku- lke and Dietmar Rothermund, 『A history of India』(Rupa & Co, Calcutta:1991) p.54. Edward J. Thomas, 앞의 책, p.XII> 中村 元과 宇井伯壽는 B.C.463~383년으로 추정하기도 한다.<中村 元著. 앞의 책, p.49>.

104) 불소행찬 제1:<4-1상>태자서응본기경 권상:<3-473하>.

105) 대당서역기 제6:<51-902중>.

106) 유행경:<장 제4: 1-30상>.

탄생 · 출가 · 성도 · 입멸을 모두 4월 8일로 전하기도 한다.107)

탄생일은 웨사카월 보름 · 2월 8일 · 4월 8일 등 셋으로 나뉘는데, 웨사카월 보름이나 2월 8일은 인도의 역법曆法으로 춘분春分과 관계가 있고, 중국의 고력古曆으로도 춘분에 해당되는 것으로 보아 고대인도인들이 춘분점을 가장 상서로운 것으로 생각하여 붓다의 탄생과 결부시킨 것으로 추정하고 있다.108) 한역 경전에서 탄생일이 2월 8일과 4월 8일로 두 달의 차이가 생기는 것은 인도력과 중국력의 차이에서 비롯된 것으로 보인다.

월력비교표

	산쓰끄리뜨	빨 리	한문(西域記)	인도력(음)	중국력(음)
제1월	Caitra	Citta	制呾羅月	3.16~4.15	1.16~2.15
제2월	Vaiśākha	Vesākha	吠舍佉月	4.16~5.15	2.16~3.15
제3월	Jyeṣṭha	Jeṭṭha	逝瑟吒月	5.16~6.15	3.16~4.15
제4월	Āṣāḍha	Āsāḷha	頞沙荼月	6.16~7.15	4.16~5.15
제5월	Śrāvaṇa	Sāvana	室羅伐拏月	7.16~8.15	5.16~6.15
제6월	Bhādrapada	Poṭṭhapāda	婆羅鉢陀月	8.16~9.15	6.16~7.15
제7월	Aśvayuja	Assayuja	頞濕縛庾闍月	9.16~10.15	7.16~8.15
제8월	Kārttika	Kattika	迦剌底迦月	10.16~11.15	8.16~9.15
제9월	Mārgaśirṣa	Magasira	末伽始羅月	11.16~12.15	9.16~10.15
제10월	Pauṣa	Phussa	報沙月	12.16~1.15	10.16~11.15
제11월	Māgha	Māgha	磨祛月	1.16~2.15	11.16~12.15
제12월	Phālguna	Phagguṇa	頗勒窶拏月	2.16~3.15	12.16~1.15

107) 반니원경 권하:<1-190하>.
108) 中村 元/金知見譯, 앞의 책, p.182.

제3장 젊은 시절

1. 유아시절

싯닷타가 유아시절을 어떻게 보냈는지 알려주는 기록은 없다. 숫도다나가 새 왕비를 선택할 때, 싯닷타를 자기가 낳은 자식처럼 정성과 사랑으로 키워줄 사람을 선택의 기준으로 하였으니 마하빠자빠띠도 온갖 정성을 쏟았을 것이라 본다.

'마하빠자빠띠가 싯닷타를 무릎 위에 편안하게 앉히고 갖가지로 장엄한 가마에 올라 동산으로 나갔다'거나 '숫도다나는 싯닷타를 위해 많은 숫양을 궁 안에 모아놓고 순금으로 안장을 만들어 사촌들과 마음대로 타고 놀게 하였다'는 기록으로 보아[1] 아버지 숫도다나의 극진한 사랑과 계모繼母 마하빠자빠띠의 보살핌으로 부족함이 없이 자랐을 것이라 상상해 볼뿐이다.

2. 교육

당시의 일반적 관례는 자식을 스승 바라문의 집에서 숙식하면서 공부시키거나 부유한 귀족의 집안에서는 멀리 간다라의 땃까실라로 보내 유학시키는 것이 보통이었다. 그러나 숫도다나는 싯닷타가 일곱 살이 되었을 때, 공부에 필요한 모든 시설을 갖춘 학당學堂을 세우고 싯닷타와 함께 공부할 5백 명의 샤까족 자제들을 선발하고 대신들에게 싯닷타의 스승을 추천하도록 하였다.[2] 싯닷타가 공부하기 시작한 나이를 여덟 살

1) 불본행집경 제11:이모양육품:<3-702하~703상>.
2) 과거현재인과경<3-627하>, 방광대장엄경<3-559상>.

이라고 한 곳도 있다.[3]

이때 5백 명의 제자를 거느린 발타라니跋陀羅尼라는 바라문이 추천되었고,[4] 베다와 우빠니샤드에 정통한 박사博士 위슈와미뜨로Viśvāmitro가 추천되었으며,[5] 병법과 무예를 가르칠 스승으로는 끄산띠데와Kṣantideva가 추천되었고,[6] 특별히 수학數學을 가르칠 스승으로 아르쥬나Arjuna가 추천되었다.[7]

그 밖에도 숫도다나는 서북지방의 귀족출신으로 언어학자이자 문법학자이며 베다와 베다의 여섯 개 보조학補助學에 능통한 바라문 삽바밋따Sabbamitta를 초청했다고 한다.[8]

싯닷타는 위슈와미뜨로에게 64종의 문자Lipi를 배우고,[9] 끄산띠데와에게 29종의 군사학軍事學을 배웠다고 한다.[10] 싯닷타는 위슈와미뜨로와 끄산띠데와에게 4년에 걸쳐 모든 문자와 일체의 논[一切論]과 군사학 및 잡술雜術을 두루 섭렵涉獵했다고 전한다.[11]

하지만 당시 바라문・캇띠아・벳사 계급의 소년들이 스승의 집에 입문(Upanayana)하여 베다를 학습하는 기간은 보통 10년에서 12년이 걸렸고, 그 이외에 철학・논리학・언어학・시詩・법전法典 등을 공부하는 기간이 보통 4년에서 6년이 걸렸으므로[12] 싯닷타의 교육이 4년으로 끝났

---

3) 불본행집경:<3-703중>.
4) 과거현재인과경 제1:<3-628상>.
5) 불본행집경 제11<3-703중> 방광대장엄경 제4:시서품:<3-559상>.
6) 불본행집경 제11:<3-704하> 끄산띠데와를 '인천'(忍天)이라 번역했다.
7) 방광대장엄경 제4:<3-562하> 보요경에 '염광'(炎光)이라 번역했다.<3-501중>
8) The Questions of King Milinda:IV,6,3:<S.B.E. vol. XXXVI. p.45>.
9) 방광대장엄경 제4:<3-559하> 불본행집경 제11:<3-703하>보요경 제3:<3-498중>.
10) 불본행집경 제11:<3-704하>.
11) 불본행집경 제12:유희관촉품:<3-705중>.
12) Dr.Suraj Narain Sharma, 『Buddhist Social and Moral Education』(Delhi:1994)

다고 생각되지 않는다. 아마도 일곱 살에 취학하여 열아홉 살에 결혼할 때까지 12년 간 교육을 받은 것으로 보는 것이 옳을 것 같다.

그렇다면 싯닷타가 12년에 걸쳐 공부한 것들은 과연 어떤 것이었을까? 이 점에 대하여 훗날 붓다가 되어 자신이 태자시절에 공부했던 것을 제자들에게 자세히 밝혔는데, 그 내용을 살펴보면 다음과 같다.

위슈와미뜨로나 삽바밋따가 당시 베다Veda의 대가였으니, 리그Ṛg베다・삼마Sāma베다・야주르Yajur베다는 물론이요, 베다를 더 잘 이해하기 위한 부속학문(Vedāṅga)인 음운학音韻學・제례학祭禮學・문법학文法學・어원학語源學・발성학發聲學・천문학天文學을 배웠을 것이 틀림없다. 베다는 슈루띠(Ⓢśruti)라 하여 신의 계시啓示로 보았고, 음운학 등 부속학문은 스므리띠(Ⓢsmṛti)라 하여 인간의 기억에 의해 전승傳承되는 것이므로 베다의 보조학문이 된다.

베다와 여섯 가지 부속학문은 당시 땃까실라대학에서 가르쳤던 것들이며,[13] 바라문들이 필수적으로 공부했던 것들이다.[14] 장아함부에 『삼명경』三明經이 있는데, 삼명은 원래 앞에서 말한 세 가지 베다를 통달 한 것을 말한다. 붓다는 삼명을 숙명명宿命明, 천안명天眼明, 누진명漏盡明으로 재해석하였고, 삼명바라문을 비판하는 것으로 보아 붓다가 세 가지 베다에 정통하였다는 것을 알 수 있다.[15]

자이나교(Nigantha)・와이쉐시까(Vaiśeṣika:勝論)・수론(數論:Sāṃkhya)・

---

p.40.

13) Jt. vol. I. p.203, Jt. vol. II. p.60.

14) Sn. p.97, Chāndogya Upaniṣad:7.1.2:<S.E.B. vol. I. p.109>.

15) 불교에서 말하는 육신통은 삼명에 신족통(神足通), 천이통(天耳通), 타심통(他心通)을 더한 것이다. 세 가지 베다 외에 '아타르바베다'(Atharvaveda)가 있는데, 이는 주술집이기 때문에 붓다는 베다로 인정하지 않았다.

요가(Yoga)와 같은 외도들의 가르침도 공부했고, 수학數學·신화神話·서사시敍事詩·경제학[實利論]·정치학[王論]·수사학[聲明論]·논리학·동물학·조류학도 배웠으며, 승마·창술·궁술·격투기·수영 등도 배웠으며, 심지어는 마술魔術·관상觀相·도박賭博·해학諧謔·가무歌舞·주술呪術·방중술(房中術:Vaiśika) 등 온갖 잡예雜藝까지도 공부했다고 한다.16)

싯닷타는 특히 수학이나 언변言辯에 뛰어났었다고 한다.17) 또한 싯닷타의 조부 시하하누가 썼던 활은 아무도 사용할 수 없었는데, 싯닷타가 그 활을 가지고 궁술시합에 나갔다고 한다.18) 따라서 궁술에 있어서는 싯닷타가 타의 추종을 불허했던 것 같다. '온갖 학문과 기예를 배우고 익힘에 한번 들으면 스승을 능가했다'고 하지만, '아버지는 아들이 총명하여 사물의 이치에 통달함을 보고 도리어 출가해 버릴까 걱정하였다'고 전하는 것으로 보아19) 싯닷타의 영특함이 숫도다나에겐 마냥 기쁜 일만은 아니었던 모양이다.

『마누법전』에 '왕은 세 가지 베다를 배우고, 통치에 관한 기본적인 학문·논리학·아뜨만Ātman에 대한 학문·교역과 직업에 대한 이치를 배워야 한다'고 했으며,20) 훗날 붓다의 가르침 가운데 브라흐만이나 아뜨만에 대한 비판이나 열반涅槃·해탈解脫·업業·윤회輪廻 등의 교설은 우빠니샤드의 내용을 내포하고 있는 것으로 보아 적어도 B.C 600년 이전에 성립되었다고 보는 초기 우빠니샤드들-[이사Iśa·께나Kena·까타

16) 방광대장엄경 제4:示書品:<3-559> 방광대장엄경 제4:現藝品:<3-564하> 불본행집경 제11:習學技藝品:<3-703하> 보요경 제3:現書品:<3-498중>.
17) 방광대장엄경 제4:<3-563상> 보요경 제3:<3-501중>.
18) 보요경 제3:<3-502상>.
19) 불소행찬 제1:<4-4중>修學諸術藝 一聞超師匠 父王見聰達 深慮踰世表.
20) Manu:VII,43.

Kaṭha · 쁘라스나Praśna · 문다까Muṇḍaka · 만두끼야 Māṇḍukya · 아이따레야Aitareya · 따잇띠리야Taittirīya · 찬도기야Chāndogya · 브리하드란야까Bṛhadṛaṇyaka · 슈웨따슈와따라Śvetāśvatara]-은[21] 싯닷타가 공부했을 것이 분명한데도 우빠니샤드 시대 최대철학자로 알려지고 있는 웃달라까Uddālaka나 야쟈왈끼야Yājñavalkya에 대하여 불전에 전혀 언급이 없는 것은 이상하다고 하겠다.[22]

더구나 야자왈끼야와 브라흐만과 아뜨만에 대하여 많은 대화를 나누었던 위데하Videha의 왕 자나까Janaka에 대하여[23] '마하자나까'Mahājanaka, 즉 '위대한 자나까'라고 불렀으면서도 말이다.[24]

3. 결혼

싯닷타가 열아홉 살이 되었을 때, 숫도다나는 샤까족의 장로회의를 열어 싯닷타의 결혼문제를 논의하였다. 싯닷타의 비妃가 될 자격을 거론하였을 때, 5백 명의 대신들이 자기의 딸을 추천하자 숫도다나는 그 결

---

21) Lee, Jae Sook. 『Philosophy of Yājñavalkya in the Bṛhadṛaṇyaka Upaniṣad』 p.13 <Delhi University: 1994>.
라다크리슈난은 아이따레야(Aitareya) · 까우시따끼(Kauṣītaki) · 따잇띠리야(Taittirīya) · 찬도기야(Chāndogya) · 브리하드란야까(Bṛhadṛaṇyaka) 우빠니샤드와 께나(Kena)우빠니샤드의 일부가 초기에 속한다고 보았고, 께나 우빠니샤드의 1~13절과 브리하드란야까 우빠니샤드의 Ⅳ, 8~21은 후대의 가필일 수도 있다고 보았다.<Radhakrishinan, 앞의 책, p.142>.
22) 『Uddālaka Jātaka』에 땃까실라에서 공부하고 돌아와 와라나시(Vārāṇasī)왕과 토론하는 바라문 고행자로 웃달라까(Uddālaka)의 이야기가 있다. 그러나 야즈냐왈끼아(Yajñāvalkya)는 어디에도 언급된 일이 없다.<Jt. vol. Ⅳ. p.188>.
23) Brihadāranyaka Upanishad:Ⅳ.1.1~Ⅳ,4,25:<S.E.B. vol. XV. p.152~181>.
24) Jt. vol. Ⅵ. p.19.

정권을 싯닷타에게 맡겼다. 싯닷타는 7일 후에 그 답을 주겠다고 하고, 7일이 지난 다음 이렇게 말했다.

"젊고 건강하며 아름다우면서도 교만하지 않고, 삿된 생각을 하지 않고, 시부모를 자기부모처럼 섬기고, 주위사람 돌보기를 자기 몸처럼 하고, 부지런해야 합니다."

싯닷타가 자신의 비妃가 될 여인의 조건을 말하니, 숫도다나는 신분을 가리지 말고 그런 조건에 맞는 여인을 찾도록 하였다.

이때 단다빠니Daṇḍapāṇi의 딸 야소다라Yasodharā가 거명되었다.[25] 야소다라는 외모가 단정하고 엄숙하며 예쁘고 아름다웠으며, 키가 크지도 않고 작지도 않았으며, 몸뚱이가 뚱뚱하지도 않고 야위지도 않았으며, 피부가 희지도 검지도 않았다고 한다.[26]

그러나 숫도다나는 마음에 들지 않았던지 자신이 싯닷타의 비가 될 자격이 있다고 생각하는 처녀들을 궁으로 불러들였고, 싯닷타가 어떤 처녀에게 관심을 보이는지 나인內人들에게 보고하도록 하였다. 그때 싯닷타가 자신의 가락지를 넘겨준 여인이 바로 야소다라였다.

숫도다나는 뿌로히따를 보내 단다빠니에게 통보하니, 그는 이렇게 말했다.

"우리 집안은 옛날부터 문무文武가 뛰어난 사람을 사위로 삼아왔습니다. 궁궐에서만 살아 온 태자가 어떤지 모르겠으니 많은 샤꺄족 청년들과 시합을 하여 이겨야 합니다."

숫도다나가 7일 뒤에 시합이 열릴 것을 알리니, 데와닷따・난다 등을 비롯한 5백 명의 청년들이 시합에 나섰고, 심판관으로 위슈와미뜨로가

---

25) 보요경 제3<3-500하>에는 샤꺄족의 딸 구이(俱夷), 즉 고빠(Gopā)라고 하였다.
26) 방광대장엄경 제4:현예품:<3-561하>.

정해졌고, 아르쥬나가 수학시험관이 되었다.[27]

특히 활쏘기를 겨룰 때, 싯닷타는 할아버지 시하하누가 쓰던 활을 사용하였는데, 그 활은 너무 무거워서 할아버지가 쓰신 이후 아무도 사용하지 못하고 사당祠堂에 보관되어 있었던 것이다.

싯닷타가 쏜 화살이 얼마나 세게 날아갔는지 그 소리에 까삘라왓투 사람들이 모두 놀랐고, 화살은 쇠북(鐵鼓)을 뚫고 지나갔으며, 그 화살이 땅에 떨어진 곳에는 우물이 생겼다고 한다. 그곳을 사라꾸빠sarakūpa라고 불렀다. 사라꾸빠란 '화살이 떨어진 자리에 패인 웅덩이', 즉 화살우물[箭井]이란 뜻이다. 싯닷타는 모든 경쟁에서 최후의 승자가 되어 야소다라와 결혼하였다.

현장의 『대당서역기』에는 이 사라꾸빠에 대하여 이렇게 적고 있다.

> 성의 동남쪽 30여 리 되는 곳에 작은 탑이 있다. 그 옆에 샘이 있는데, 샘물이 거울처럼 맑다. 이곳이 바로 태자가 샤까족 청년들과 활을 쏘아 능력을 겨룬 곳이다. 화살은 시위를 떠나 북을 뚫고 땅속까지 깃을 떨구니 맑은 물이 솟구쳤다. 그 고장에 전해오는 말로는 '화살의 샘'[箭泉]이라 한다. 병이 있는 이가 마시거나 목욕하면 낫는 일이 많고, 먼 지방 사람들은 진흙을 가지고 와서 아픈 곳에 바르면 신령스럽게도 낫는 일이 많다는 것이다.[28]

싯닷타의 아내가 된 야소다라가 누구의 딸인가에 대하여 다른 견해들도 있다.

샤까족 숩빠붓다의 딸로 열여섯 살이었다고 하고,[29] 꼴리아족 숩빠붓

---

27) 방광대장엄경 제4:현예품:<3-562하>.
28) 대당서역기 제6:<51-902상>.
29) B.R. 암베드카르 지음/박희준 · 김기은 옮김 『붓다와 다르마』(민족사:1991) p.23.

다왕과 빠미따Pamitā의 외동딸이라고 하는가 하면[30] 샤까족 대신 마하나마의 딸이라고도 한다.[31]

라훌라의 어머니를 빔바데위Bimbādevī,[32] 또는 밧다깟짜Bhaddakaccā, 밧다깟짜나Bhaddakaccānā, 수밧다까Subhaddakā, 빔바Bimbā라고도 한다.[33] 남방불전에서는 이름보다는 '라훌라마따'Rāhulamātā 즉, '라훌라의 어머니'로 보통 전해지고 있다.

싯닷타의 아내는 야소다라 말고도 더 있었던 것 같다. 숫도다나가 세 채의 궁궐을 지었는데, 제1궁에 야소다라가 머물고, 제2궁에는 마노다라摩奴陀羅가 머물렀으며, 제3궁에는 구다미瞿多彌가 머물렀다고 한다.[34] 그런가하면 구이瞿夷가 싯닷타의 첫째부인이고, 둘째 부인이 야소다라이고, 녹야鹿野가 셋째 부인이라 한 곳도 있다.[35]

구비야劬毘耶와 야소다라가 있었는데, 야소다라는 라훌라의 어머니요, 구비야는 임신하지 못했다는 기록도 있다.[36]

야소다라 · 므리가자Mṛgaja · 고삐까Gopika 등 세 명의 부인이 있었는데, 야소다라가 정비正妃라는 기록도 있다.[37] 싯닷타에게 몇 명의 아내가 있었지만 자식을 낳은 것은 오직 야소다라 뿐이었던 것 같다.

싯닷타가 몇 살에 결혼했는가에 대해서도 그 설이 분분하다. 16세에 결혼했다거나,[38] 17세에 결혼했다고도 한다.[39] 그런가 하면 19세에 결

---

30) 피야닷시 지음/한경수 옮김 『붓다의 옛길』(시공사:1996) p.12.
31) 불본행집경 제12:<3-707하> 과거현재인과경 제2:<3-629중>.
32) Jt. vol. II. p.267, Jt. vol. II. p.295.
33) D.P.P.N. II. p.741.
34) 불본행집경 제14:<3-715중>.
35) 십이유경:<4-146하>.
36) 대지도론 제17:<25-182중>.
37) 근본설일체유부비나야파승사 제3:<24-114중>.
38) Bechert and R. Combrich 『The world of Buddhism』 p.41.

혼했다고도 하고,[40] 20세에 결혼했다는 등[41] 전하는 경마다 다르다. 싯닷타의 교육과정을 통해서 볼 때, 19세에 결혼했다고 보는 것이 타당할 것 같다.

4. 젊은 시절의 생활

숫도다나는 싯닷타를 위해 우기雨期에 머무는 곳, 여름철에 머무는 곳, 그리고 겨울철에 머무는 곳 등 세 채의 궁궐을 지어주었다. 기후에 따라 쾌적한 삶을 살 수 있도록 배려한 것이라 볼 수 있는데 흔히 삼시전三時殿이라 한다.[42]

삼시전의 이름은 람마Ramma · 수람마Suramma · 수바Subha이고, 이 건물들은 높이가 9층, 7층 그리고 5층이었다고 한다.[43] 숫도다나는 32상相을 가진 싯닷타가 출가할 수도 있다는 아시따의 예언을 다스릴 수 있다는 기대감으로 삼시전을 지었다고 한다.[44] 어찌되었든 계절에 따라 살기에 알맞은 집을 여러 채 짓는다는 것은 경제력이 풍부한 부유층이 아니면 어려운 일이다. 그가 왕족이었기 때문에 가능한 일이었다.

숫도다나는 싯닷타가 사랑에 빠져 출가의 뜻을 품지 못하도록 하기 위해 전국에서 젊고 건강한 미녀들을 모집하여 싯닷타의 거처에 함께

H.W. Schumann 『The Historical Buddha』 p.23.
39) 과거현재인과경:<3-629중>, 태자서응본기경:<3-475상>.
40) 불본행집경:<3-707상>.
41) 이출보살본기경:<3-619상>.
42) A.N. I. p.128. M.N. II. p.184. 과거현재인과경 제1:<3-627하>.
43) B.B.S. p.75.
44) 보요경 제2:<3-496중>王深知其能相 爲起宮室 作三時殿.
*能相의 能은 '다스린다'(治)는 뜻의 '태'이다.

머물게 했고, 싯닷타가 사는 집의 담장을 높고 튼튼하게 쌓고 문을 여닫는 소리는 40리 밖까지 들리도록 했다고 한다.[45] 사치스럽고 쾌락적인 삶은 당시의 왕족이나 부호들 대부분이 누리는 삶이었지만 싯닷타가 출가하는 것을 막기 위해 숫도다나는 더욱 세심하게 배려했던 것 같다. 붓다가 태자시절 얼마나 호화스런 삶을 살았는가를 제자들 앞에서 이렇게 회상하였다.

> 내가 출가하기 전 부왕은 봄궁전[春殿]·여름궁전[夏殿]·겨울궁전[冬殿]을 지었으니 그것은 나를 편하게 살도록 하기 위해서였다.
>
> 궁전에서 멀지 않은 곳에 연못이 있었는데, 그곳에는 푸른 연꽃·붉은 연꽃·빨간 연꽃·흰 연꽃을 심었다. 그곳에는 수비병을 두어 사람들이 마음대로 통행하지 못하게 하였으니. 그것도 나를 편하게 쉬도록 하기 위함이었다.
>
> 네 사람을 시켜 나를 목욕시키고는 붉은 전단향을 내 몸에 바르고 항상 새 비단옷을 입도록 하였다. 그리고는 밤낮으로 일산日傘을 받치게 하였으니, 밤에는 이슬을 맞지 않게 하기 위함이요, 낮에는 햇볕에 그을리지 않게 하기 위함이었다.
>
> 다른 집에서는 밀기울이나 보리밥을 먹었지만 우리 집에서는 가장 낮은 하인들도 쌀밥과 기름진 반찬을 먹었다. 들에는 짐승들을 길렀는데 그것을 잡아서 나를 위해 요리를 만들려는 것이었다.
>
> 여름 넉 달은 정전正殿에 올랐는데, 그곳에는 남자들은 없고 오직 기생들만 있어서 항상 춤추고 놀았다. 그리고 내가 동산으로 나

45) 보요경 제2:<3-496중>.

갈 때는 30명의 훌륭한 기병騎兵을 선발하여 앞뒤로 호위하여 나를 인도하게 하였다.46)

싯닷타가 쾌락적인 삶을 누릴 수 있었던 것은 숫도다나가 아들을 출가하지 않도록 하기 위한 배려에서 나온 조치였다고 생각된다.

5. 젊은 시절의 고민

숫도다나는 봄이 되면 파종에 앞서 농경제(農耕祭:vappamangala)를 올렸다. 그것은 농경사회의 부족장이 해야 할 임무 가운데 하나이다. 싯닷타도 장차 부족장이 되면 해야 될 일이기에 어느 해인가 숫도다나는 싯닷타를 데리고 농경제에 참석하게 되었다. 그러나 싯닷타는 이때 초췌한 모습으로 일하는 농부와 새들이 날아들어 벌레를 쪼아 먹는 모습을 보고 깊은 충격을 받았다고 한다. 경전은 이렇게 전하고 있다.

그때 들판의 농부들은 벌거숭이였고, 소에 쟁기를 매어 밭을 가는 모습이 너무 초췌해 보였다. 소가 밭을 가는 것이 늦으면 때때로 고삐를 후려쳤다. 해는 길고 날은 뜨거워 농부도 소도 모두 헐떡거리고 땀을 흘리는 것이 무척이나 고달파 보였다. 소가 쟁기를 끌고 지나갈 때, 흙이 뒤집히는 곳에 벌레들이 나오는 족족 새들이 달려들어 사정없이 쪼아 먹었다.

싯닷타는 쟁기를 끄는 소가 지쳤는데도 여전히 채찍을 얻어맞아 살이 터졌고, 멍에를 맨 목이 졸려서 피가 흘러내리는 모습을 보았으며, 농부 또한 햇볕에 등이 새까맣게 탄데다 얼굴은 진흙투성이인 것을 보았다.

---

46) A.N. I.p.128, M.N. II. p.184, 유연경<1-607하>.

> 싯닷타는 이런 모습을 보고 마치 자기 친족들이 고통을 당하는 것을 본 것처럼 가슴아파했다.[47)]

싯닷타가 이런 모습을 보고 농부에게 물었다.

"왜 그토록 힘들게 일합니까?"

"곡식을 심어 국왕에게 세를 바쳐야 하기 때문입니다."

싯닷타는 이 말을 듣고 이렇게 탄식하였다.

"한 사람 때문에 백성들을 근심과 두려움에 떨게 하다니, 관청의 채찍과 벌이 무서워 백성들이 몹시 불안해하는구나."[48)]

또는 '중생이란 참으로 불쌍하구나! 서로 서로가 잡아먹고 먹히니 말이다'라고 탄식하였다고도 한다.[49)]

싯닷타가 농경제에 참석하여 충격적으로 받아들인 것은 누구는 초췌한 모습으로 뼈 빠지게 일하고 누구는 일하지 않는다는 모순적 사회구조와 강자가 약자를 무자비하게 살상하는 약육강식의 비정한 현실이었다. 그것은 카스트제도가 안고 있는 불평등과 강자의 착취라는 엄연한 현실을 직시하게 되었음을 의미한다. 그 당시는 농경중심의 노예경제사회였는데, 생산노동에서 해방된 지배계급은 사치와 방탕의 호화스런 삶을 누릴 수 있었지만 하층계급에 속한 숫다Sudda들은 일생동안 헐벗고 굶주린 채 노동에 시달릴 수밖에 없었다.

또한 마가다국이나 꼬살라국과 같은 강력한 군주국가들이 공화정을 펼치던 약소 부족국가들을 정복하고 있던 시대였다. 약소부족국가의 태자였던 싯닷타는 강대국들이 군사력을 앞세워 약소부족국가들을 무참

---

47) 불본행집경 제12:유희관촉품:<3-705하>.

48) 보요경 제3:좌수하관리품:<3-499상>種穀用稅國王…以一夫 令民憂擾 畏官鞭杖 加罰之厄 心懷恐懼 怱怱不安.

49) 과거현재인과경 제2:<3-629상>衆生可愍 互相呑食.

하게 정복하는 약육강식의 정치현실을 누구보다도 잘 알고 있었다.

6. 잠부나무의 이상한 징조

싯닷타는 몰래 행사장 자리를 빠져나와 조용한 곳에 있는 잠부Jambu 나무 아래로 가 가부좌跏趺坐를 틀고 앉아 사색에 깊이 빠졌다고 한다. 그것을 흔히 잠부나무 아래의 정관靜觀이라고 말한다.[50] 싯닷타는 이때 욕망의 굴레를 넘어 색계 초선色界 初禪의 삼매에 들었다고 한다.[51]

숫도다나는 싯닷타가 행사장에서 보이지 않자 대신들을 시켜 싯닷타를 찾도록 했다. 대신들은 싯닷타가 잠부나무 아래에 앉아 있는 것을 보고 놀랐다. 다른 나무의 그늘은 해를 따라 옮겨갔는데 유독 싯닷타가 앉아 있는 잠부나무만은 그늘이 옮겨가지 않고 여전히 싯닷타를 가리고 있었기 때문이다.[52]

숫도다나는 대신들의 말을 듣고 싯닷타가 앉아 있는 잠부나무로 갔다. 잠부나무 그늘 아래에서 가부좌를 틀고 앉아 있는 싯닷타의 모습이 얼마나 밝고 근엄한지 숫도다나는 자신도 모르게 싯닷타의 발에 정례頂禮하고 찬탄했다.

“좋고 좋구나! 우리 태자에게 이렇게 큰 위엄과 덕망이 있을 줄이야!”[53]

숫도다나는 싯닷타가 앉아 있는 잠부나무 아래에 그림자가 멈추어 있는 불가사의한 모습을 보고, “사랑하는 내 아들아! 내가 다시 너에게 절

50) 방광대장엄경 제4:<3-560중>.
51) B.B.S. p.75.
52) 방광대장엄경 제4:<3-561상> 근본설일체유부비나야파승사 제3:<22-114상>.
53) 불본행집경 제12: 유희관촉품:<3-707상>善哉善哉 我此太子大有威德.

을 하게 되는구나"라고 했다고 한다.54)

7. 사문유관과 실존인식

싯닷타의 출가동기로 잘 알려진 사문유관四門遊觀이란 사건이 있다. 그 이야기는 다음과 같다.

어느 날 동문 밖으로 산책을 나갔다. 길가에서 한 늙은 노인을 만났는데, 머리는 백발이고 이빨은 빠진데다 허리마저 구부러져서 지팡이를 짚었지만 걸음을 제대로 걷지 못하는 것이었다. 이때 싯닷타는 시자侍者에게 물었다.

"저 사람은 어떤 사람이냐?"

"늙은 노인이라 합니다."

"무엇을 늙음이라 말하는가?"

"나이가 많아서 얼마나 더 살지 모르는 것을 노인이라 말합니다."

"나 또한 저렇게 되어 늙음의 고통을 피할 수가 없다는 것이냐?"

"그렇습니다. 태어남에는 반드시 늙음이 있습니다. 늙는다는 데에는 귀한 사람과 천한 사람의 구별이 없습니다."

싯닷타는 늙음을 피할 수 없다는 것을 알고 실의에 빠져 산책길을 멈추고 왕궁으로 돌아 왔다.55) 숫도다나는 싯닷타가 실의에 빠졌다는 소식을 듣고, 싯닷타의 마음을 달래고자 궁궐을 새롭게 단장하고 전국에서 아름다운 미녀들을 선발하여 싯닷타의 궁에 머물며 즐겁게 지내도록 했다.56)

---

54) B.B.S. p.75.

55) 방광대장엄경 제5:<3-570상> 불본행집경 제14:출봉노인품:<3-720상>.

어느 날 싯닷타는 남문 밖으로 산책을 나갔다. 이번에는 병든 환자를 만났는데, 지금은 건강하지만 언젠가 자기도 저렇게 병들어 고통당할 수 있다는 것을 알고 수심에 쌓인 채 궁궐로 돌아왔다.

어느 날 서문 밖으로 산책을 나갔다. 이번에는 장례행렬을 보게 되었는데, 상여의 뒤를 따르는 가족들이 대성통곡하며 슬퍼하는 모습을 보고 죽음의 슬픔을 알게 되었다. 싯닷타는 늙음도 피할 수 없고, 병드는 것도 피할 수 없으며, 죽음도 피할 수 없다는 것을 알고 깊은 번민에 빠져들었다. 늙음도 병듦도 죽는 것도 피하고 싶지만 무엇 하나 벗어날 수 없다는 사실에 괴로워했다.

그러던 어느 날 북문 밖으로 산책을 나가게 되었다. 이번에는 법복을 입고 손에 바루를 들고 땅만 내려다보고 걷고 있는 한 사문(沙門:samaṇa)을 만났다. 싯닷타는 시자에게 물었다.

"저 사람은 어떤 사람이냐?"

"사문沙門이라고 합니다."

"사문이란 무엇을 하는 사람이냐?"

"사랑과 애착을 버리고 집을 떠나 진리를 추구하는 사람인데, 보고 듣는 대상에 좌우되지 않도록 자신을 잘 다스립니다. 세상 욕심에 물들지 않고 자비스런 마음으로 모든 목숨을 해치지 않으며, 고통을 만나도 근심하지 않고, 기쁜 일을 만나도 들뜨지 않습니다. 자기를 억제하는 마음이 태산 같이 무거운 사람입니다."

"좋은 일이로다. 수행이야말로 온갖 번민을 끊어버리는 길이로구나."

싯닷타는 수행하는 사문의 곁으로 다가갔다. 그리고 사문에게 물었다.

"가정을 떠나 머리를 깎고 무엇을 찾고 있습니까?"

---

56) 과거현재인과경 제2:<3-629하>.

"출가라는 것은 마음을 다스려 영원히 번뇌를 버리고자 하는 것입니다. 자비로 모든 중생을 사랑하여 괴롭히지 않습니다. 마음을 비워 오직 법대로 살기만을 힘씁니다."57)

싯닷타는 사문의 말을 듣고 기쁜 마음으로 궁궐에 돌아왔다. 싯닷타는 참으로 오랜만에 기쁜 마음을 가질 수가 있었다. 싯닷타가 기쁨에 젖은 미소를 띤 모습을 보고 한 여인이 사모하는 마음으로 노래하였다.

"저런 아들을 둔 어머니와 그 아버지는 얼마나 즐겁고 기쁠까. 저렇게 잘 생긴 남자를 남편으로 맞이하는 여인은 얼마나 행복할까."58)

싯닷타는 즐거운 마음으로 궁궐로 돌아와 숫도다나에게 출가하겠다고 정중하게 간청하였다. 숫도다나는 싯닷타의 말을 듣고 걱정이 태산 같았다. 숫도다나는 출가를 만류挽留하려고 이렇게 말했다.

"네가 나라를 다스리도록 하라. 내가 차라리 출가를 하자. 아비를 버리는 것도 불효인데, 종사宗祠를 끊으면서까지 출가하는 것은 옳은 일이 아니지 않느냐?"

싯닷타는 공손한 태도로 아버지 숫도다나에게 말씀드렸다.

"아버지시여, 제가 늙지 않고 병들지 않으며 죽지 않는 길만 알려주신다면 아버지의 말씀대로 출가를 포기하겠습니다."

"태자야, 그런 말은 하지 마라. 이 세상에 그런 길이란 있지 않다. 행여 네가 그런 말을 했다는 것을 누가 들으면 모두 웃는다."

"아버지시여, 그런 길이 없다면 저는 출가를 해야겠습니다."59)

『마하삿짜까숫따』에는 출가의 허락을 받지 못하고 있던 싯닷타의 심

---

57) 오분율 제15:<22-101> 대본경<장 제1:1-7상>.

58) 오분율 제15:<22-102상> *B.B.S. p.79에는 '야소다라가 라훌라를 낳았다는 소식을 듣고 성으로 돌아올 때,' 'Kisā Gotamī'라는 여인이 이 노래를 불렀다고 했다.

59) 불소행찬 제1:출성품:<4-9중>.

정을 이렇게 전한다.

"가족에게 얽매여 산다는 것은 답답하고, 하찮은 것이란 생각이 들었다. 출가는 구속이 없는 자유로운 삶이다. 집에 머물면서는 청정함이 충만한 삶을 살기란 어렵다. 머리와 수염을 깎고 가사를 입고 출가의 길을 떠나야하지 않을까?"

숫도다나는 싯닷타가 출가의 뜻을 포기하지 않고 있었으므로 무조건 출가를 막을 수만은 없어서 싯닷타에게 하나의 조건을 내걸었다.

"애야, 네가 남과 다른 모습으로 태어났을 때, 이미 아시따선인의 이야기를 들어 네가 세속의 삶을 버릴 것이라는 것은 짐작했다. 그러나 종묘사직을 잇는 것도 중요하지 않느냐. 그러니 왕통을 이을 자식이라도 낳도록 하라. 그러면 더 이상 만류하지 않겠다."[60]

---

60) 과거현재인과경 제2:<3-632중>.

제4장 출가와 수행

1. 출가

숫도다나는 태자비 야소다라가 애기를 낳았다는 보고를 받고, 왕궁 안의 연못가를 거닐고 있는 싯닷타에게 경사스러운 소식을 전하기 위해 사자를 보냈다. 부인 야소다라가 아들을 낳았다는 전갈을 받은 싯닷타는 하늘을 쳐다보며 말했다.

"라훌라자또 반다낭 자땅!"[Rāhulajāto, bandhanaṃ jātaṃ!]

빨리어인 이 말은 '라훌라가 태어났어, 속박을 낳았구나!'로 번역할 수 있다.[1)]

숫도다나는 싯닷타에게 소식을 전한 사자가 돌아오자, 아들을 낳았다는 전갈을 받은 싯닷타가 무엇이라 하더냐고 물었다. 하늘을 쳐다보며 '라훌라자또'Rāhulajāto라고 말했다는 보고를 듣고, 손자의 이름을 라훌라Rāhula라고 지었다.

만면에 희색을 띠고 부왕의 처소로 돌아오는 싯닷타의 늠름한 모습을 본 샤까족 처녀 끼사 고따미Kisā Gotamī가 '저분의 아내는 얼마나 행복할까' 운운하는 노래를 불렀고, 싯닷타는 목에 걸고 있던 진주목걸이를 벗어 그녀에게 선물로 주었다. 싯닷타의 선물을 받은 끼사 고따미는 '싯닷타 태자가 자기를 사랑하기 때문에 선물을 주었다'고 생각하며 기뻐했다고 한다.[2)]

숫도다나는 왕통을 이을 손자를 낳아야 한다는 조건으로 싯닷타의 출

---

1) Pali Text society『Jātaka』vol. I p.60.
*'Rāhulo jāto'를 '장애가 생겼다'(An impediment has come into being)고 번역한 이가 있는데 'Rāhula'에 장애나 방해라는 의미는 없다.

2) B.B.S. pp.79~80.

가를 막고 있었으나 이제 아들을 낳았으니 언젠가 출가할지 모른다는 불안감에서 성곽의 경비를 더욱 삼엄하게 하였다.[3)]

출가를 해야 되겠다고 결심을 굳힌 얼마 후, 아직 젊고 머리카락은 검고 한창 혈기왕성할 때, 나는 눈물을 흘리는 부모님의 뜻을 거역하고 머리와 수염을 자르고 가사를 입고 출가의 길에 나섰다.[4)]

라훌라가 태어난 지 7일째 되던 날 새벽, '오늘이 바로 왕국을 버리고 출가해야 할 날'이라 생각한[5)] 싯닷타는 마부馬夫 찬나Channa만을 데리고 왕궁을 빠져나왔다.

이때 싯닷타의 나이 29세였고,[6)] 서력 기원전 537년의 일이다. 싯닷타의 출가를 마하비닛카마나Mahābhinikkhamaṇa라 하는데,[7)] 위대한 포기(The great renunciation)라는 뜻이다. 출가는 이제까지 부족장의 아들로 누렸던 일체의 특권을 포기하는 것이면서 태어난 신분에 따라 지정받은 카스트제도의 의무로부터 해방되는 것을 의미한다.

오늘날에는 29세 출가를 정설로 하고 있으나 19세에 출가했다고 전하는 경전들도 있다.[8)] 19세에 출가하여 12년 수행하고, 49년 설법하고 80세에 돌아가셨다는 설은 여기에 근거한다. 싯닷타가 출가한 날짜도 이견이 있다. 우리나라는 음력 2월 8일을 출가재일로 기념하고 있으나 웨사카Vesākha월 후반 8일[吠舍佉月後半八日] 또는 웨사카월 후반 15일이라

---

3) 방광대장엄경 제6:출가품:<3-572하>.
4) M.N. I. p.207.
5) Jt. vol. IV. p.301.
6) 유행경<1-25중>,대반열반경<1-204상>,잡아함경<2-254중>, 라마경<1-776중>, D.N II. p.167.
7) 'mahā-abhinikkhamaṇa'이고, 'abhinikkhamaṇa'는 다시 'abhi-nikkhamaṇa'이고, 'nikkhamaṇa'가 '떠남'이다.
8) 과거현재인과경<3-632상>,수행본기경<3-467하>,태자서응본기경<3-475중>.

하기도 하고,[9] 아살하Āsāḷha월 보름이라 한 곳도 있다.[10] 아살하월 보름은 음력 7월 보름을 말한다.

붓다의 전기는 대개 싯닷타가 아무도 모르게 성을 빠져나온 것으로 기록했다. 그런데 『방광대장엄경』만은 '만약 부왕에게 알리지 않고 사사로이 출가하는 것은 불법의 가르침에 위배되고, 세속의 도리에도 어긋난다'고 하여 부왕에게 출가를 요청한 것으로 되어 있다.[11] 싯닷타가 출가하는 것을 아무도 모르게 하기 위해 신들이 온 성안 사람들을 깊은 잠에 빠지게 했고, 성문이 소리 없이 열리도록 했으며, 말발굽을 받쳐주어 소리가 나지 않도록 했다고 아주 극적으로 기술한 경전도 있다.

싯닷타는 궁궐을 떠날 때 다음과 같이 굳은 결심을 하였다.

> "내가 만약 생・노・병・사의 근심걱정을 해결하지 못하면 다시 고향에 돌아오지 않으리라.
> 만약 깨달음을 얻어 전파하지 못한다면 끝내 나를 키워주신 마하빠자빠띠와 아내 야소다라를 만나지 않으리라."[12]

싯닷타는 까삘라왓투를 떠나 동남쪽에 있는 아노마Anoṃā강 언덕에 이르렀을 때, 애마愛馬 깐타까Kanthaka를 쓰다듬으면서 마부 찬나에게 말했다.

"이제 너희들이 할 일은 다했다.

찬나야, 너는 항상 내 곁에서 시중을 드느라 수고가 많았다. 나는 이제 왕궁을 버리고 고행림에 들어왔으니, 너는 깐타까와 함께 궁으로 되돌아가거라!"

---

9) 대당서역기 제6:<51-903상>.
10) B.B.S. p.84, Edward J. Thomas는 앞의 책 p.55.
11) 방광대장엄경 제6:<3-572중>.
12) 과거현재인과경 제2:<3-633상>.

"저는 임금님의 명령을 거역한 사람이 되었으니 왕궁에 돌아가 무슨 말씀을 전해드릴 수 있겠습니까? 무서운 짐승이 우글거리고 길도 험한 이곳에 태자를 버리고 어떻게 왕궁으로 돌아갈 수가 있겠습니까?"

"찬나야, 인생이란 홀로 태어나 홀로 죽는 것 어찌 동반이 있겠느냐. 생로병사의 모진 고통이 있는 한, 내 어찌 너와 함께 할 수가 있단 말이냐? 나는 지금 그런 고통을 끊고자 여기에 왔노라. 내가 생로병사의 괴로움을 끊고 나서 일체 중생들의 반려자가 될 것이니라."

'인생이란 홀로 태어나 홀로 죽는 것 어찌 동반이 있겠는가'[世間之法 獨生獨死 豈復有伴]라는 싯닷타의 이 말 한마디 속에 그의 실존적 자각과 고독감이 배어난다. 그의 출가동기가 여러 가지겠지만 결국은 고독감을 떨쳐버릴 수 없는 실존적 자각이 그를 출가로 이끌었다고 해야 할 것이다.

싯닷타는 자신의 머리칼을 잘랐다. 그리고 찬나에게 상투 속에 있던 구슬을 건네주면서 부왕에게 전하라고 하였다.

"나는 지금 천상에 태어나는 즐거움을 얻기 위함도 아니요. 부모님을 모시고 효도하기 싫어서도 아니며, 그 어떤 불만이 있어서도 아니다. 다만 생로병사가 두려워 그것을 끊어버리기 위해서이다."

싯닷타는 다시 몸에 지녔던 장신구를 풀어 부인 야소다라에게 전하라고 찬나에게 넘겨주었다.

"사람이 세상에 태어나면 사랑하는 사람과 헤어지는 고통이 있는 법이다. 나는 그러한 괴로움을 끊기 위하여 여기에 왔으니 나 때문에 근심걱정하지 말라."

그러나 찬나는 아직도 싯닷타가 궁궐로 되돌아 갈 것을 간청하였다.

"태자시여, 그 뜻을 거두고 부왕과 이모와 부인과 아들 친척들에게 슬픔을 안겨주지 않도록 하소서. 만약 끝내 그 뜻을 거두지 못하시겠다면 차라리 이곳에서 저를 버리지 마소서. 내 이제 태자에게 귀의하여 멀리 떨어지지 않으리다. 설사 제가 왕궁에 돌아간다 해도 임금께서 저를 벌하실 것이 분명합니다. 그런데 제가 어찌 태자를 버리고 혼자 돌아가 무슨 말씀을 전할 수가 있겠습니까?"

"그런 소리하지 마라. 세상에는 항상 헤어짐이 있기 마련이거늘 어찌 항상 같이 있을 수가 있단 말이냐. 내가 세상에 태어난 지 이레 만에 나를 낳아주신 어머니께서도 죽음으로 헤어짐이 있었거늘 하물며 어찌 다른 사람들과 헤어짐이 없을 수 있단 말이냐. 너는 더 이상 부질없는 연민심을 갖지 말고, 깐타까와 함께 왕궁으로 돌아가거라."[13]

싯닷타는 찬나의 간곡한 청에도 불구하고 출가의 뜻을 꺾지 않았다. 찬나와 이별을 한 싯닷타는 사냥꾼의 노란 옷과 자기의 비단옷을 바꾸어 입고, 나무 아래에서 삭발을 한 다음 아누삐아Anupiya의 망고 숲에서 출가의 기쁨을 누리면서 7일을 보낸다.[14] 이때 싯닷타는 사문沙門들과 함께 지낸 것 같다.

아누삐아는 말라족의 도시였으니, 싯닷타는 샤까족의 까삘라왓투에서 출발하여 꼴리아족의 나라를 지나 말라족의 나라에 왔던 것이다.

싯닷타가 왕궁에서 나와 샤까족 · 꼴리아족 · 말라족 등 세 개의 왕국을 지나 30요자나 떨어진 아노마강에 도착했다거나[15] 6요자나 떨어진 마이네아Maineya에 도착했다거나[16] 12요자나 떨어진 라마촌으로 갔다

---

13) 과거현재인과경 제2:<3-633~634>, Jt. vol. V. p.133에는 '내 어머니는 내가 어렸을 때 돌아가셨다고 들었다. 그 분 없이 살기 어려웠다. 내 인생의 모든 기쁨은 사라져버렸다'고 말한 것으로 되어 있다.

14) B.B.S. p.87.

15) Edward, J. Thomas, 앞의 책, p.55, B.B.S. p.85.

고도 한다.[17] 이 라마촌은 까삘라왓투에서 동쪽으로 약 40마일 떨어진 곳에 있는 꼴리아족의 수도라고 했다.[18] 480리 떨어진 아노마국阿奴摩國에 새벽녘에 도착했다고 말하기도 한다.[19]

여기서 잠깐 고따마 싯닷타의 출가에 대하여 생각해 보자.

싯닷타가 출가하게 된 동기를 사문유관四門遊觀에서 찾는 것이 보통이었다. 싯닷타가 누구보다 감수성이 예민하고 지적으로 자기성찰이 냉철하였기 때문에 젊은 나이였지만 실존의 문제에 심각했다는 것은 분명하다. 하지만 필자는 그밖에도 다른 이유들이 있었다고 생각한다. 샤까족이 처해 있는 정치적 상황도 싯닷타가 출가하는 중요한 동기의 하나였다고 본다.

『숫따니빠따』에 '캇띠아출신이 재력은 적으면서 욕심만 커서 제국帝國의 꿈을 갖는다면 파멸의 길'이라 말한 것이[20] 좋은 예다. 샤까족이 싯닷타에게 거는 제국건설의 꿈이 너무 무거운 짐이 되지는 않았을까? 태자시절 농경제에 나갔을 때, 흙에서 나온 작은 벌레들을 새들이 달려들어 사정없이 쪼아 먹는 것을 보고 싯닷타가 마치 내 친족들이 고통을 당하는 것을 보는 것처럼 가슴아파했다고 했는데,[21] 이것을 싯닷타의 연약한 마음에서 나오는 동정심의 표현이라고만 보아야할까? 장차 샤까족이 직면해야 할 정치적 비운을 암시하는 것으로 보아도 좋지 않을까? 이미 붓다가 되어 고향을 방문했을 때에도 샤까족들은 수천 명씩이나 떼로 몰려와 샤까족의 장래를 위해서 지금이라도 천하를 지배하는

16) 방광대장엄경 제6:출가품:<3-576상>.
17) 불본행집경 제17:사궁출가품:<3-733중>.
18) A.N. IV. p.187 note 3.
19) 수행본기경 권하:<3-468상>.
20) Sn.113.
21) 불본행집경 제12:유희관촉품:<3-706상>.

전륜성왕이 되어달라고 했다는 것은 무엇을 의미하는 것일까?[22)]

2. 밧가와와 만남

싯닷타가 출가하여 처음으로 찾아간 사람은 고행주의자 밧가와Bhaggavā였다.[23)] 밧가와를 찾은 것은 아누삐아에서 7일 동안 머물 때였던 것 같다. 그곳에 모인 사람들은 정령精靈을 숭배하는 이들로서 풀이나 나무껍질을 입고, 하루 한 끼 또는 이틀이나 사흘에 한 끼를 먹고 있었다. 그러면서 물이나 불을 섬기거나 해나 달을 숭배하고 있었다. 한쪽 발로 서거나 진흙땅에 눕거나 가시덤불 위에 눕는 등 극도의 고행을 닦고 있었다. 싯닷타는 그들의 극심한 고행의 모습을 보고 물었다.

"당신들의 고행하는 모습은 대단히 기특합니다. 그러나 그러한 고행으로 무엇을 얻고자 하는 것입니까?"

"태자여, 이러한 고행을 하여 천상에 태어날 것을 바라고 있소."

"비록 천상에 즐거움이 있다하지만 천상에서 누리는 복을 다하면 다시 생사의 윤회를 계속하여야 될 것이니, 결국은 고통의 연속이 아니겠습니까? 당신들은 고통스럽게 수행하여 결국 고통스런 결과를 구하는 것이 아닌가요?"

천상에 태어나기 위해 극심한 고행을 하는 그들을 보고 싯닷타는 혼자서 탄식하였다.

---

22) 증일아함경 제14:<2-617상>.

23) 방광대장엄경<3-576하>에는 '발거선인'(跋渠仙人)이라 했고, 불본행집경<3-745상>에는 '발가파'(跋伽婆)라 했으며, 과거현재인과경<3-634중>에는 발가선인(跋伽仙人)이라 했고, 근본설일체유부비나야파승사<24-118중>엔 바가바(婆伽婆)선인이라 했다.

"장사하는 사람이 보물을 구하려고 깊은 바닷물에 들어가고, 왕이 나라를 위하여 군사를 일으켜 서로 싸우는데, 여기의 수행자들은 천상에 나고자 이런 고행을 닦는구나."

싯닷타가 더 이상 말없이 침묵을 지키자 밧가와가 물었다.

"태자여, 어찌하여 실망한 모습으로 침묵만 지키고 있소. 우리들의 수행이 잘못되었다는 것입니까?"

"당신들의 수행이 지극히 고통스럽지 않다는 것은 아닙니다만, 그러한 수행을 가지고 구하는 결과는 끝내 괴로움을 벗어날 수가 없기 때문이지요."

싯닷타는 밧가와와 토론으로 온 종일 보내고 그들과 하룻밤을 보냈다. 아침에 일어난 싯닷타는 그들의 고행은 자신이 바라고 있었던 수행의 길이 아니라는 것을 알고 그들과 헤어져 마가다국의 라자가하로 향했다.[24)]

싯닷타는 그들이 하늘나라에 태어나기 위하여 그토록 심한 고행을 닦아야 한다는 말에 찬성할 수가 없었다. 더구나 하늘나라에 태어난다는 것은 지금의 이 몸이 죽지 않고서는 불가능한 일이다. 그것은 지금 당장에 먹고 마시는 현실적 삶을 부정하는 것이며, 그 삶 속에 있는 괴로움의 문제에 대한 해결방안이 전혀 아니었을 뿐만 아니라 오히려 더욱 고통스런 삶을 찾아 나서야 한다는 것이기 때문에 싯닷타는 납득할 수가 없었다.

---

24) 과거현재인과경 제2:<3-634중>.

3. 찬나의 귀성

한편 찬나는 싯닷타의 장신구를 가지고 깐타까와 함께 까삘라왓투에 되돌아왔다. 싯닷타가 타고 다니던 말 깐타까가 빈 몸으로 돌아오자, 그것을 본 구이裘夷가 전각殿閣아래로 뛰어내려 깐타까의 목을 부둥켜안고 울었고, 며느리가 슬퍼하는 모습을 본 숫도다나는 오장육부가 모두 끊어지는 것과 같았다고 했다.[25]

숫도다나는 찬나를 통하여 싯닷타의 굳은 결심을 알게 되었지만 그대로 포기할 수는 없었다. 숫도다나는 싯닷타를 설득하라고 왕사王師와 대신들을 보냈다. 싯닷타는 라자가하로 가다가 부왕 숫도다나가 보낸 왕사와 그 일행을 만났다.

"대왕께서도 태자가 오래 전부터 출가의 뜻을 가졌다는 것을 이미 알고 있습니다. 저희 역시 그 마음을 돌리기가 쉽지 않다는 것도 알고 있습니다. 하지만 아버지가 자식을 사랑하는 마음을 어찌 하겠습니까. 부왕께서 지금 근심과 걱정으로 세월을 보내고 있으니 부디 왕궁으로 돌아가시어 아버지의 마음을 편안하게 해주시지요. 왕궁으로 돌아간다고 해서 진리를 구하고자 하는 마음을 모두 포기하라는 것은 아닙니다. 진리를 구하는 일이 반드시 깊은 산 속이라야만 되는 것은 아니지 않습니까?"

싯닷타는 숫도다나가 보낸 사신들에게 침착하게 대답하였다.

"내 어찌 부왕의 은혜를 모르고, 아버지의 정이 깊음을 알지 못하겠

---

25) 수행본기경 권하:<3-468상>.

소. 다만 생로병사의 괴로움이 두려워 생로병사의 두려움을 끊고자 출가했을 뿐입니다. 은혜와 사랑을 영원히 같이 할 수 있고, 생로병사의 고통마저 없다면 내가 무엇 때문에 여기에 와 있겠습니까? 지금 아버지의 뜻을 어기면서까지 수행하고자 하는 것은 장차 다시 만나고자 하는 것입니다."

"태자의 말뜻은 알겠습니다. 하지만 이미 수행하고 있는 사람들의 말도 제 각각이 아닙니까? 어떤 사람은 미래의 과보가 있다고 말하고, 어떤 사람은 그런 것은 결코 없다고 말하기도 합니다.

이미 오랫동안 수행한 선인仙人들도 미래에 반드시 과보가 있는지 없는지를 알지 못하고 있는데, 태자는 어찌하여 현세의 부귀영화를 버리고 확실하지도 않은 미래의 과보를 찾고자 합니까?

생사生死의 과보도 반드시 있는지 없는지를 알 수가 없다고 말하는데 어찌하여 해탈의 과보를 구하고자 합니까? 그러니 이제 왕궁으로 돌아가는 것이 좋겠습니다."

싯닷타는 사신들의 말을 듣고 이렇게 말했다.

"선인들이 미래의 과보를 말할 때, 어떤 사람은 있다고 말하고, 어떤 사람은 없다고도 말합니다. 그들 모두가 아직도 의심하고 있는 것뿐이지 결정적으로 있다거나 없다고 잘라 말하는 것은 아니지 않습니까?

나는 지금 그들의 가르침을 따르려는 것이 아닙니다. 제발 그 사람들의 말만을 앞세워 나에게 따지고 물으려 하지 마시오. 나는 지금 생사의 과보를 바라고 여기에 온 것이 아닙니다. 우리가 일상생활 속에서 맞이하는 생로병사의 굴레에서 해탈을 찾아 지금의 고통을 벗어나려고 하는 것입니다. 당신들도 머지않아 내가 도를 이루어 내 뜻을 성취하는 것을 보게 될 것이니, 내가 그때까지 돌아가지 않겠다는 뜻을 부왕께 잘 전해

주시오."[26]

싯닷타는 더 이상 지체하지 않고 남쪽으로 가버렸다. 싯닷타를 설득하러 왔던 왕사와 대신들은 자기들이 할 일을 제대로 다 하지 못한 것을 몹시 걱정했다.

그때 그들을 따라왔던 사람가운데, 도나왓투Doṇavatthu 출신으로 싯닷타의 명명식에 참가했던 8명의 바라문의 한 사람이었던 꼰단냐Koṇḍañ-ña, 까삘라왓투의 바라문 와셋타Vāseṭṭha의 아들 왑빠Vappa, 바라문 깔리고다Kāḷigodhā의 아들 밧디야Bhaddiya, 마하나마Mahānāma, 앗사지Assaji 등 다섯 사람은 싯닷타와 함께 수행하겠다고 남고 다른 사람들은 왕궁으로 되돌아갔다.[27]

숫도다나는 싯닷타가 출가한 것을 알고 바로 이들 대신들의 아들 다섯 사람을 싯닷타에게 보내면서, 만약 중도에서 되돌아오면 오족五族을 멸할 것이라고 엄명하였다고 한다.[28] 그런가하면 싯닷타가 웃다까 라마뿟따에게 공부할 때, 이들 다섯 사람을 보냈다는 곳도 있고,[29] 웃다까 라마뿟따와 헤어져 고행에 들어가기 직전에 다섯 사람을 만났다고 하는 곳도 있다.[30]

4. 빔비사라왕과의 만남

싯닷타는 밧가와와 헤어져 마가다국의 수도 라자가하에 도착했다. 싯

26) 과거현재인과경 제3:<3-636하> 불소행찬 제2:추구 태자품:<4-16중>.
27) 과거현재인과경 제3:<3-637상>.
28) 보요경<3-509중>과 방광대장엄경<3-578중>, 태자서응본기경<3-476상>, 이출보살본기경<3-619하>.
29) 중허마하제경<3-948하>.
30) B.B.S. p.90.

닷타는 빤다와Paṇḍava산 동쪽 기슭에 머물면서 성안으로 걸식을 다녔다.

그 당시 마가다국왕은 싯닷타보다 다섯 살이 적은 빔비사라였는데, 그는 서력기원전 545년에 16세의 나이로 아버지 밧띠야Bhaṭṭiya의 뒤를 이어 즉위한 이래 강력한 군사력을 앞세워 영토 확장에 나섰다. 빔비사라는 영토 확장정책을 전개하기에 앞서 수도를 다섯 개의 산에 둘러싸인 기립바자Giribbaja로 옮기고, 평지平地에다 신도시 라자가하를 세웠다.

'산으로 둘러싸인 성곽'을 의미하는 기립바자는 옛날 레누Reṇu왕 때 마하고윈다Mahāgovinda가 축조한 성이라 한다. 라자가하는 빤다와Paṇḍava · 깃자꾸따Gijjhakūṭa · 이시길리Isigili · 웨바라Vebhāra · 웨뿔라Vepulla 등 다섯 개의 산으로 둘러싸인 난공불락의 군사적 요충지이다.

빔비사라는 난공불락의 군사적 요충지로 수도를 옮기고, 지금의 바갈뿌르Bhāgalpur 지역에 있는 앙가Aṅgā국을 정벌하는 등 제국의 영토 확장에 심혈을 기울였다. 또 한편으로는 군대를 각 지방으로 파견하여 국경을 감시케 하고, 어떤 정보가 있으면 즉시 보고 하도록 했는데, 북쪽 국경으로 순찰을 나갔던 병사들이 돌아와 보고했다.

"대왕이여, 북방의 히말라야 기슭에 사는 샤까족에게 한 아들이 태어났는데, 32가지 위인의 특징을 가졌다고 합니다. 그런 사람은 세계를 통치하는 짯까왓띤Cakkavattin이 되거나 출가하면 붓다Buddha가 된다고 했습니다. 대왕께서 어떤 방법을 써서라도 지금 그를 없애버려야만 합니다. 그렇지 않으면 왕에게 해가 될 것이요, 나라를 빼앗기는 일이 생길지도 모릅니다."

빔비사라왕은 국경 순찰대의 보고를 받고 이렇게 말했다.

"어떻게 그를 없애버릴 수 있겠는가? 그가 짯까왓띤이 된다면 내가 그의 신하가 될 것이요, 그가 붓다가 된다면 나는 그의 제자가 될 것이다."[31)]

북방 히말라야 기슭에 살고 있는 샤까족에게 전도유망前途有望한 태자가 태어났다는 소식은 60요자나, 다시 말해 676km가량 떨어진 라자가하까지 널리 퍼져있었던 것이다.

싯닷타가 빤다와산 동쪽 기슭에 머물면서 성안으로 걸식을 다녔는데, 어느 날 빔비사라왕은 누각 위에서 걸식 나온 싯닷타의 늠름한 모습을 보고, 그가 보통 사람이 아니라는 것을 직감하고 신하들을 시켜 그가 어디에 머물고 있는가를 알아오게 하였다. 그때까지만 해도 빔비사라왕은 싯닷타에 대하여 자세히 알고 있지 못했던 것 같다.

빔비사라왕은 싯닷타가 빤다와산에 머물고 있다는 것을 보고 받고, 몸소 싯닷타를 찾아 나섰다. 빔비사라왕은 수레가 갈 수 있는 곳까지 가서 수레에서 내렸다. 그리고 싯닷타가 있는 곳까지 걸어가 간단히 인사를 나누고 싯닷타에게 물었다.

"그대는 아직 나이도 젊은데 품위가 있군 그래. 그대의 건장함을 보아하니 왕족 태생인 것 같소. 내가 코끼리로 무장된 군사와 영화를 주고자 하는데, 그대는 누구시오?"

"대왕이여, 저 히말라야 기슭에 풍부한 재력과 기술을 갖추고 있는 꼬살라의 백성이 있습니다. 가문은 태양족의 후예요, 샤까족 출생입니다. 욕망에는 근심이 있다는 것을 알기에 세상을 버리고 행복을 찾고 있습니다."[32)]

이때 빔비사라왕은 싯닷타에게 출가자의 길을 버리고 정치를 하라고 권했다.

---

31) 사분율 제31:수계건도:<22-779하>.
32) Sn: 420~423, 사분율 제31:<22-780상>.

"샤까족의 왕자여, 만약 당신 부왕께서 생존하시기 때문에 지금 왕위를 누리지 못하여 출가하였다면, 내 나라의 반을 주어 다스리게 하겠소.[33] 만약 그것이 작아서 싫다면 내 나라의 전부를 당신에게 주고 나는 당신의 재상이 되어 당신을 받들겠소. 내 나라가 싫다면 우리의 군사를 동원하여 다른 나라를 쳐서라도 주려는데, 어떻게 생각하시오?"

"정말로 대왕님의 말씀은 고맙습니다. 그러나 나는 이미 왕의 자리를 버리고 출가하였거늘 무엇 때문에 다시 나라를 다스리려 하겠습니까? 대왕께서 순수한 마음으로 나에게 나라를 준다 해도 싫거늘 어찌 군사를 일으켜 다른 나라를 빼앗겠습니까?

제가 부모를 버리고 머리를 깎고 출가자가 된 것은 생로병사에서 오는 고통을 끊기 위함이지 세간의 쾌락을 찾으려는 것이 아닙니다. 제가 지금 여기에 온 것은 알라라 깔라마라는 선인이 해탈의 길을 가르친다고 하기에 그를 찾아가는 길이오니, 대왕님의 청을 거절한다고 섭섭하게 생각하지 마십시오.

임금으로서 나라의 백성을 다스리되 오직 바른 법으로 하고 백성들을 괴롭히지 않기만을 바랄 뿐입니다."

빔비사라왕은 싯닷타의 마음을 알고 더 이상 정치를 권하지 않았다. 이다음에 깨달음을 얻거든 가장 먼저 라자가하로 와서 자신을 만나달라고 부탁하고 자리에서 일어났다.[34] 이때가 붓다는 29세, 빔비사라는 24세 때인 B.C. 537년이었다.

---

33) 과거현재인과경 제3:<3-637중>.

34) 사분율 제31:<22-780상>, 오분율 제15:<22-102하>,방광대장엄경 제7:<3-579하>, 과거현재인과경 제3:<3-637중>, 불소행찬 제3:병사왕예태자품:<4-19하>, S.B.E. vol. XIX. pp.117~119.

5. 빔비사라의 정치적 제안

강대국의 왕이 한낱 부족장의 아들인 싯닷타의 신하가 되겠다고 말했다는 것은 과장임에 틀림없다. 하지만 빔비사라가 싯닷타에게 정치적 제안을 한 것만은 당시 국제 정치적 상황에서 충분히 있을 수 있었던 일이었다. 그와 같은 사정을 살펴보기로 하자.

마가다국의 빔비사라가 앙가를 정복한 뒤에 빔비사라는 앙가-마가다왕으로 불렸고, 앙가가 마가다국에 정복된 뒤에 앙가-마가다로 썼다.[35] 마찬가지로 앗사까-아완띠로 적은 것으로 보아[36] 앗사까가 아완띠에 정복되었음이 분명하고, '아완띠출신의 마두라왕'이라고 한 것으로 보아[37] 마두라에 수도를 두었던 슈라세나는 이미 아완띠에 정복된 것 같다. 왐사국의 보디왕자는 밧기족의 거점인 숭수마라기리에 총독으로 와 있었으니,[38] 왓지연맹의 일부가 왐사국에 편입되었음도 분명하다.

경전에 까시-꼬살라, 왓지-말라, 쩨띠-왐사, 꾸루-빤짤라, 맛차-슈라세나와 같이 두 나라를 하나로 묶어서 표시한 것으로 볼 때, 붓다 시대에 그들 나라들은 이미 합병이나 정복관계에 있었다는 것을 알 수 있다.[39]

까시의 수도 와라나시Vārāṇasī가 브라흐마왓다나Brahmavaddhana로 불렸을 때, 까시의 마노자Manoja왕이 꼬살라국에 쳐들어가 항복을 받고,

35) Jt. vol. IV. p.281.
36) Jt. vol. V. p.168.
37) M.N. II. p.273.
38) Vp. vol. v. p.176, Cullavagga:v,21:<S.B.E. vol. XX. p.125>.
39) D.N. II. p.237.

다시 앙가국을 정복하고, 뒤이어 마가다국을 정벌하는데 7년 7개월 7일이 걸렸다는 이야기가 있는 것으로 보아[40] 한때 강력한 세력을 가지고 있었던 까시국이 꼬살라국의 깡사왕때에 와서는 꼬살라국에 합병되었다. 이때부터 꼬살라국의 깡사왕을 와라나시가하Vārāṇasigāha라고 불렀는데, '와라나시의 강탈자'라는 뜻이다.[41] 깡사왕은 붓다와 동시대인이었던 빠세나디의 할아버지이니, 당시 꼬살라의 국력이 어떠했는가를 알 수 있게 한다. 붓다 시대에 이르러 빔비사라가 앙가국을 정복하여 제국의 영토를 확장하였다지만 아직 국토면적으로는 꼬살라의 1/6정도에 지나지 않았다고 한다.

붓다가 태어나기 반세기 전만해도 잠부디빠에 열여섯 개의 나라가 있었지만 붓다 당시는 바라문문화의 중심지였던 꾸루·맛차·빤짤라·슈라세나는 이미 정치적으로나 문화적으로 쇠퇴기를 맞았고, 마가다·꼬살라·왐사·아완띠 등 네 개의 나라가 새롭게 패권을 다투던 정치적 격변기였다.

특히 붓다의 주 활동무대였던 중동부 지역은 강가강 남쪽의 마가다국과 북서쪽의 꼬살라국이 국경을 맞대고 있으면서 제국의 영토확장을 놓고 팽팽한 긴장관계에 놓였는데, 정략적 결혼정책으로 간신히 평화를 유지하고 있는 상황이었다. 빔비사라의 첫째 왕비는 마하꼬살라의 딸 웨데히(Vedehī:韋提希)인데, 그녀는 빠세나디의 누이이고, 꼬살라의 태자 빠세나디의 아내는 빔비사라의 누이였다.[42] 빠세나디의 부인으로는 말리까Mallikā·웁비리Ubbirī·소마Somā·사꿀라Sakulā·와사바캇띠아

---

40) Jt. vol. V. pp.164~167.
41) Jt. vol. II. p.274, Jt. vol. V. p.61.
42) D.P.P.N. vol. II. p.288.

Vāsabhakhattiyā · 와르쉬까Varṣikā 등이 이름이 전해질 뿐 빔비사라의 누이의 이름이 어디에도 거명되지 않고 있다. 그것은 정략적인 결혼이었던 탓에 빠세나디의 사랑을 받지 못했기 때문인 것 같다.

마가다의 빔비사라는 이웃 강대국 꼬살라국과는 정략적 결혼으로 평화를 유지하면서 한편으로는 서쪽의 강대국인 아완띠국의 짠다빳조따왕과 여러 차례 전쟁을 벌이다가 끝내 친선관계를 맺었고, 멀리 간다라왕 뿟까사띠Pukkasāti와도 친선관계를 맺고 있었다.

한때 꼬살라의 태자이자 빔비사라의 처남인 빠세나디가 꼬살라국에 억만장자가 없으니 마가다국의 억만장자 조띠야Jotiya · 자띨라 Jaṭila · 멘다까Meṇḍaka · 까까왈리야Kākavaliya · 뿐나까Puṇṇaka 등 다섯 사람 가운데 한 사람만이라도 달라고 했다. 빔비사라는 빠세나디의 요청을 받아들여 멘다까의 아들 다난자야Dhanañjaya를 꼬살라국의 사께따에 가서 살게 하였다.[43] 아무리 처남매부간이지만 자국의 억만장자를 남의 나라에 보내야만 했다는 것은 거부할 수 없는 어떤 사정이 있었을 것이라 짐작된다.

『증일아함경』에 '여래如來가 도를 이룬지 얼마 되지 않아 세상 사람들이 여래를 위대한 사문沙門이라고 칭찬했다. 이때 빠세나디가 새로 왕위를 이었다'고 한 것으로 보아,[44] 싯닷타와 빔비사라가 처음 만날 때 이웃 강대국인 꼬살라는 빠세나디의 아버지 마하꼬살라가 왕으로 있었음이 분명하다.

싯닷타가 성불하고 얼마 되지 않아 마하꼬살라의 뒤를 이어 빠세나

---

43) D.P.P.N. vol. II. p.288.
44) 증일아함경 제26:<2-690상>如來成道未久 世人稱之爲大沙門 爾時波斯匿王新紹王位.

디가 왕위에 오르는데, 그는 샤까족의 공주를 자기의 아내로 보낼 것을 요청하였다. 빠세나디는 '자신의 뜻을 따르면 다행이지만 그렇지 않으면 군사력을 동원하여 핍박할 것'이라고 위협했다.[45]

마가다국이 제국의 영토를 확장하기 위해서는 북쪽의 왓지연맹이나 북서쪽의 꼬살라국과 필연적으로 부딪칠 수 밖에 없었고, 샤까족의 까삘라왓투는 꼬살라의 동북방에 있으면서 실제로 꼬살라의 속국에 지나지 않았으며[46] 공주마저 볼모로 잡혀야 되는 입장이었으니, 샤까족들이 꼬살라국에 불만을 품고 있었을 것이 분명하다. 따라서 빔비사라가 꼬살라국을 견제하는 방법으로 샤까족의 태자에게 군사적·경제적 지원을 제의하는 것은 충분히 있을 수 있는 일이라 판단된다. 꼬살라의 속국인 까삘라왓투를 군사적으로 지원함으로써 꼬살라를 남과 북으로 협공하거나 견제할 수 있으리란 전략적 계산에서 정치적 제안을 했다고 볼 수 있다.

싯닷타가 빔비사라의 제안을 거절한 것은 이미 출가자로서의 도리도 아니었겠지만 한편으로는 현실을 직시하고 있었던 싯닷타로서 불가피한 선택이었다고 할 수도 있다. 꼬살라국에 조공을 바치는 입장이면서 서로 견제하는 관계에 있는 마가다국과 정치적 동맹관계를 맺는 것은 자칫 꼬살라국의 분노를 사게 되어 재앙을 초래할 수도 있었기 때문이다. '힘이 작으면서 큰 욕망을 가진 사람이 캇띠아 가문에 태어나 이 세상에 왕국을 희구하는 것은 파멸에 이르는 길'이라고 한 말은 이런 사정을 반증하는 것이 아닐까.[47]

---

45) 증일아함경 제26:<2-690상> 吾欲取釋種之女 設與吾者是其大幸 若不與者當以力相逼.
46) D.N. Ⅲ. p.80.
47) Sn: 113.

6. 알라라 깔라마

싯닷타는 빔비사라왕의 정치적 제의를 거절하고 강가강 북쪽의 신흥 상업도시인 웨살리Vesāli로 갔다. 웨살리는 릿차위・위데하・즈냐뜨리까 등 8~9개의 부족으로 구성된 왓지연맹국의 수도이자 릿차위족의 거점도시이며[48] 와르다마나의 가르침을 따르는 니간타Nigantha들의 포교 중심지였다.

싯닷타가 웨살리로 간 것은 유명한 요가수행자 알라라 깔라마Ālāra-Kālāma를 만나기 위한 것이었다. 그는 웨살리 근처에서 3백 명의 제자들을 거느리고 그 무엇에도 집착하지 않는 무일물無一物 상태에서 체험하는 삼매[無所有處定]를 가르치고 있었다.[49] 무소유처정(無所有處定)은 순수 정신적 세계[無色界]에서 얻는 네 단계의 선정 가운데 세 번째 선정禪定이다.

알라라 깔라마에서 알라라는 이름이고, 깔라마는 꼬살라국 께사뿟따 지방의 깔라마족 출신임을 말한다. 그러니까 깔라마족 출신의 알라라란 뜻이다. 깔라마족은 캇띠야계급이었다고 한다.

싯닷타가 알라라 깔라마에게 말했다.

"저에게 노・병・사를 끊는 법을 말씀해 주십시오."

"생사의 근본을 끊고자 하면 먼저 출가하여 계행을 지키고 인욕하면서 조용한 곳을 찾아 선정을 닦아야 한다. 선정을 통하여 아무것도 없는

---

48) A.K.Majumdar, 위의 책, p.111 즈냐뜨리까족은 자이나교의 교주인 마하위라(Mahāvīra), 즉 와르다마나(Vardhamāna)가 속한 부족이다.

49) 방광대장엄경 제7:빈비사라왕권수속리품:<3-578하>.

경지[無所有處定]에 들어가게 된다."

싯닷타는 그의 말을 듣고 열심히 수행하여 그가 말한 경지를 얻었다. 하지만 그가 말한 경지는 현실적인 삶을 버리고 오직 명상에 깊이 빠져 있는 동안에만 즐거움이 있을 뿐이지 명상을 벗어나 일상적인 생활로 돌아가면 전과 다름없이 고통을 벗어날 수가 없는 것이었다.

붓다는 이때의 일을 회상하고 제자들에게 말씀하였다. 붓다의 회상을 『라마경』을 통해 살펴보자.

> 내가 옛날 깨달음을 얻기 전, 29세의 한창 젊은 나이에 부모님의 만류를 뿌리치고, 늙고 병들어 죽지 않는 열반의 경지를 얻고자 알라라 깔라마를 찾아간 일이 있었다.
>
> 알라라 깔라마가 믿음이 있듯이 나도 믿음이 있고, 알라라 깔라마가 정진하듯이 나도 정진할 수 있으며, 알라라 깔라마가 지혜를 가졌듯이 나도 지혜를 가졌는데, 알라라 깔라마만 무소유처정을 얻을 수 있겠는가라고 생각하고 나 역시 열심히 정진하여 알라라 깔라마와 같이 식무변처識無邊處를 지나 무소유처정無所有處定의 경지를 얻게 되었다.
>
> 그는 내가 자기와 같은 경지를 얻었음을 알고, 그것이 최상의 공경이요, 최상의 공양이며 최상의 기쁨이라고 말하면서 자기와 함께 대중을 지도하자고 제의하였었다.
>
> 그러나, 나는 그와 같은 경지로는 지혜로 나아갈 수도 없고, 깨달음을 얻을 수도 없으며, 열반으로 나아갈 수도 없다는 것을 알고, 그들을 버리고 열반을 얻고자 라마의 아들 웃다까를 찾아갔었다.[50]

---

50) 라마경<1-776상이하> M.N. I. pp.207~209.

'제자인 나에게 최상의 존경을 표했다'고까지 말하면서[51] 싯닷타가 알라라 깔라마를 버리고 떠날 수밖에 없었던 것은, 그가 최고의 경지라고 말한 무소유처정은 '아무 것도 없다'고 생각하는 것이었으므로 결국은 허무주의에 치우치는 것이라 보았기 때문이 아닌가 생각된다. 당시의 수행자들은 오직 걸식에만 의존하였기 때문에 물질적으로 아무것도 소유하지 않는다는 것은 이해될 수 있었지만 수행이 허무주의로 전락한다는 것은 싯닷타로서 동의할 수 없었던 것이다.

더구나 당시 알라라 깔라마의 나이는 120살이었다고 한다. 16세에 출가하여 104년이나 삼매를 닦았다는 그 경지에 싯닷타는 만족할 수가 없었다. 싯닷타는 속으로 생각하기를 '출가한 지 104년이란 오랜 세월을 수행하고 얻은 것이 이것뿐이란 말인가. 그렇다면 다른 사람은 100년을 다 살지도 못하는데 어찌 이런 수행을 할 수 있다는 말인가?'라는 의심 끝에 떠나지 않으면 안 되었다.[52] 그들의 수행방법은 현실적인 삶을 떠나야 가능한 것이고, 현실의 삶을 누리면서는 불가능한 일이라 생각되었다.

그런데, 한 경전에서는 알라라 깔라마를 만나기 전에 비류鞞留라는 바라문족 출신의 고행하는 여인, 파두마(波頭摩:Padmā)라는 바라문족 출신의 고행하는 여인, 청정행(梵行)을 닦는 리바타(利婆陀:Raivata)라는 선인仙人, 광명光明과 조복調伏이라는 두 선인仙人을 차례로 방문하여 공양을 받았다고 한다.[53]

51) M.N. I. p.209.
52) 과거현재인과경 제3:<3-638중>.
53) 방광대장엄경 제7:<3-578하>.

7. 웃다까 라마뿟다

알라라 깔라마와 헤어진 싯닷타는 웃다까 라마뿟따Uddaka Rāmaputta를 찾아 다시 라자가하로 돌아왔다. 웃다까 라마뿟따는 라마Rāma의 아들(putta) 웃다까Uddaka라는 뜻이다. 그는 당시 유명한 선인仙人이자 철학자로서 7백 명의 제자를 거느리고 있었다. 웃다까는 선정을 통하여 '생각이 있는 것도 아니고 없는 것도 아닌 경지'[非想非非想處]를 해탈이라고 가르치고 있었다. 싯닷타는 열심히 수행하여 웃다까가 말한 경지를 체험하였으나 아직도 의문이 남아 있었다. 싯닷타가 스승 웃다까에게 물었다.

"생각도 아니고 생각 아닌 것도 아닌 경지에는 '나'라는 존재가 있는 것입니까? 그렇지 않으면 내가 없는 것입니까?

만약 내가 없다고 말할 것 같으면 생각이 없는 것도 생각이 있는 것도 아니라고 말할 수가 없을 것이고, 만약 내가 있다고 말한다면 나는 아직도 분별함이 있는 것일 것입니다. 그렇다고 분별함이 전혀 없다고 말한다면 그 사람은 목석木石과 같다는 말이 될 것입니다. 만약 분별함이 있다면 아직도 번뇌에 물들고 매달림이 있다는 것이니 해탈이라고 할 수가 없지 않습니까?

당신은 거친 번뇌는 끊었지만 아직 미세한 번뇌가 남아 있다는 것을 알지 못하고 궁극적인 문제를 해결했다고 생각하고 있습니다. 만약 미세한 번뇌가 자라면 다시 하생下生을 받게 됩니다. 그렇기 때문에 피안으로 건너간 것이 아니라는 것을 알 수 있습니다.

'나'나 '나라는 관념'을 조금도 남김없이 모두 없애버려야만 진정한 해탈이라 할 수 있습니다."[54]

싯닷타가 웃다까의 수행에 모순이 있다는 것을 신랄하게 지적하고 나서자 웃다까는 더 이상의 대답을 하지 못하고 침묵만을 지키면서 싯닷타의 높은 경지를 속으로 경탄하게 되었다. 물론 생각이 없는 것도 아니요 생각이 있는 것도 아니라는 말은 알라라 깔라마의 무소유처정이 가지게 되는 허무주의적인 함정을 극복하고자 한 표현이었지만 생각이 있는 것도 아니고 생각이 없는 것도 아니라는 말은 그 자체가 모순이었던 것이다.

알라라 깔라마와 라마의 아들 웃다까는 당시로서 가장 존경받고 있는 유명한 철인哲人이요 선인仙人이었으나 싯닷타는 결코 그들의 가르침에 만족할 수가 없어 그들과 헤어지게 되었다. 알라라 깔라마나 웃다까는 싯닷타와 헤어질 때, 싯닷타가 먼저 해탈을 얻으면 자기들을 우선 해탈케 하여 줄 것을 부탁하였다.[55]

싯닷타는 당시로는 유명한 수행자들을 모두 찾아 배움을 청하였으나 그 누구에게도 만족할 수 없었기 때문에 그들의 곁을 떠나게 되었다. 싯닷타는 이제 더 이상 누구를 찾아서 진리를 구하려고 할 것이 아니라 스스로 그 길을 찾아야 되겠다는 결심을 하게 되었다.

8. 고행에 도전

싯닷타는 자기 스스로 올바른 수행의 길을 가야 되겠다는 결심으로 당시 많은 수행자들이 모여 고행하고 있는 가야Gayā지방의 네란자라강

---

54) 과거현재인과경 제3:<3-638상>.
55) 과거현재인과경 제3:<3-638중>.

근처의 고행자들이 머무는 숲으로 발길을 옮겼다.[56] 그곳이 바로 우루웰라Uruvelā 근처 세나니Senānī마을이다.

고행림苦行林에 도착한 싯닷타는 벌써부터 자기를 따르던 꼰단냐 등 다섯 사람의 동료들과 이루 말할 수 없을 정도의 피나는 고행을 했다. 고행림에는 니간타라 불린 자이나교도와 사명외도邪命外道라 불린 아지위까Ājīvika들이 모여 고행을 닦고 있었다. 고행에는 가시 위에 눕거나 손을 머리 위로 올리거나 사방에 불을 지피고 그 가운데 앉아 있거나 한 발로 서거나 진흙에 눕거나 해나 달을 쳐다보거나 단식斷食하거나 묵언默言하는 등 여러 가지 방식이 있다.[57]

싯닷타는 이때 나무 씨 한 알로 하루를 지냈고, 어느 날은 쌀 한 톨만 먹고, 물 한 그릇으로 목숨을 유지하면서 피나는 정진을 했다고 한다.

경전에서는 이때 싯닷타의 모습을 이렇게 전한다.

> 엉덩이는 낙타의 발처럼 말랐고, 손으로 배를 만지면 등뼈가 잡혔으며, 등을 어루만지면 뱃가죽이 잡혔다. 대소변이 보고 싶어 일어서면 이내 넘어져 스스로 일어설 수가 없을 정도였다.[58]
>
> 몸이 수척하고 숨길이 약해져서 8~90이나 된 늙은이처럼 전혀 기력이 없고, 손발이 마음대로 움직여지지 않았다. 피부는 온통 주름살뿐이었고, 두 눈은 깊이 쑥 들어가 마치 우물처럼 움푹 패

---

56) 네란자라(Nerañjarā)의 산쓰끄리뜨는 나이란자나(Nairañjanā)이고, 한역불전(漢譯佛典)에서는 니련선하(尼連禪河)라 하였다. 지금은 닐라자나(Nīlājanā)강으로 불리며, 우기(雨期)가 아니면 강물이 말라버린다. 이 강은 남쪽 하자리바그(Hāzārībāg)고원지대에서 발원하여 북쪽으로 흘러 성도지 보드가야(Bodhgaya)에서 약 1km를 지나 모하나(Mohanā)강과 합류하여 팔구(Phalgu)강이 되어 가야(Gaya)를 지나 강가(Gaṅgā)강으로 흘러 들어간다.

57) 과거현재인과경 제2:<3-634중>.

58) 증일아함경 제23:<2-670하~671상> M.N. I. p.107, M.N. I. p.300.

었으며, 양쪽 늑골이 서로 멀리 떨어져 오직 껍질이 싸고 있을 뿐 이다.[59]

몸뚱이 살이 소진消盡되어 오직 살가죽과 뼈만 남아 배와 등골이 드러난 것이 마치 공후箜篌와 같았다.[60]

피골이 상접하고 핏줄이 통째로 드러나 마치 빨라사(波羅奢:ⓢ palāśa) 꽃과 같았다.[61]

황금빛으로 빛났던 몸뚱이가 검게 변하고, 위대한 인물이 될 징조인 32가지 모습도 사라졌다.[62]

나는 시체들이 널려 있는 들판에서 뼈다귀들을 주어모아 잠자리를 만들었다. 어린 목동들이 다가와 나에게 침을 뱉고, 오줌을 싸고, 오물을 던지고, 나뭇가지로 귀를 찌르기도 했다.[63]

이러한 모습을 리얼하게 조각한 고행상苦行像이 라호르Lahore 박물관에 소장되어 있다.

이때 싯닷타의 모습을 지켜본 어떤 사람이 까삘라국의 숫도다나와 양모 마하빠자빠띠, 그리고 부인인 야소다라에게 알렸다. 숫도다나는 싯닷타가 저러다가 혹시 죽어버리지나 않을까 걱정이 되어 찬나를 시켜 많은 음식과 의복을 보냈다. 그러나 싯닷타는 숫도다나가 보낸 음식과 의복을 거절하면서 말했다.

"내가 부모의 뜻을 어기고 멀리 이곳까지 와서 수행하는 것은 오직 지극한 도를 얻고자 함인데 어찌하여 그런 호화로운 공양을 받을 수가

---

59) 불본행집경 제24:<3-767하>.
60) 보요경 제5:<3-511하>.
61) 과거현재인과경 제3:<3-639상>.
62) B.B.S. p.90.
63) M.N. I. p.106.

있겠는가?"[64]

싯닷타는 찬나를 물리치고 계속하여 단식斷食과 고행苦行으로 일관하였다. 싯닷타는 야윌 대로 야윈 몸에 호흡은 마치 8~90이나 먹은 노인과 같았으며 제대로 걸을 수조차 없었다. 두 눈은 움푹 들어갔으나 눈빛만은 더욱 반짝였다.

싯닷타가 극심한 고행을 하다가 거의 죽게 되었다는 소문이 다시 숫도다나의 귀에 전해지자 까삘라왓투의 모든 사람들이 싯닷타의 목숨만은 구해야 된다고 야단이었다. 하지만 싯닷타에게 가서 설득하겠다고 나서는 사람은 아무도 없었다. 까삘라왓투의 사람들은 싯닷타가 누구의 설득에도 물러서지 않을 굳은 결심을 하고 있다는 것을 잘 알고 있었기 때문이다.

이때 까삘라왓투의 뿌로히따인 우타야나優陀耶那의 아들 깔루다이Kāḷudāyī가 싯닷타를 설득하겠다고 나섰다.[65] 숫도다나는 깔루다이에게 '네가 만약 싯닷타를 데려오지 못한다면 두 번 다시 나를 볼 생각을 말라'고 엄명을 내려서 보냈다.

우루웰라의 고행림에 도착한 깔루다이는 싯닷타를 만나기 전에 꼰단냐 등 다섯 사람을 만났다. 그 중에서 항상 싯닷타의 곁에서 시봉을 하고 있던 앗사지에게 싯닷타를 만나러 왔다고 말했다. 그러나 앗사지의 대답은 전혀 뜻밖이었다.

"나는 감히 당신이 왕궁에서 태자를 만나러 왔다는 말을 전할 수가 없습니다. 태자가 출가하여 고행한 지 거의 6년이 지나도록 고향 땅인

---

64) 과거현재인과경 제3:<3-639상>.

65) 깔루다이(Kāḷudāyī)는 우다이(Udāyī), 랄루다이(Lāḷudāyī), 사꿀루다이(Sakuludāyī) 등으로 전한다.

까삘라왓투 쪽을 향하여 앉지도 않고 있습니다."

이 말을 들은 깔루다이는 할 수 없이 직접 싯닷타의 곁으로 다가갔다. 싯닷타는 지쳐 땅에 쓰러져 있었는데 머리끝에서부터 발끝까지 흙투성이고, 옛날에 빛났던 모습은 사라지고 몸은 흙빛이었다. 몸이 수척하여 뼈만 앙상하게 걸려있으며, 눈이 움푹 들어가 마치 우물이 패인 듯하였다. 당장이라도 일어나서 걸음을 걸으면 뼈마디마다 산산이 부서질 것만 같아 보였다. 이러한 싯닷타의 모습을 본 깔루다이는 차마 볼 수가 없어 울음을 터뜨리고 말았다. 그의 울음소리를 듣게 된 싯닷타는 물었다.

"너는 누구이기에 그렇게 슬피 울고 있느냐?"

"태자시여, 저는 태자의 고향인 까삘라왓투에서 온 깔루다이 입니다. 숫도다나께서 태자를 모셔오도록 저에게 명령하셨습니다."

"너 깔루다이야, 나를 번민케 하는 사신은 필요하지가 않다. 나는 오직 나를 열반으로 인도해 줄 사신만이 필요할 뿐이다."

"태자시여, 당신의 서원은 어찌 이다지도 굳세기만 합니까?"

"내 몸이 여기서 부서져 마치 새똥처럼 되고, 백골이 먼지가 되더라도, 깨달아 자리이타自利利他를 얻지 못하는 한은 정진하는 마음을 버리고 게으름을 피울 수 없다. 이것이 나의 유일한 서원이다."

"태자시여, 저는 어떤 일이 있더라도 태자를 모시고 왕궁으로 돌아오겠다고 대왕님께 말씀을 드렸습니다. 태자의 서원이 그러하오니, 이제 당신의 서원이 이루어지기도 전에 목숨을 잃어버린다면 저는 어떻게 왕궁으로 돌아가겠습니까?"

"너 깔루다이야, 내가 만약 여기에서 서원을 이루지 못하고 중도에서 목숨을 마치거든 나의 시체를 가지고 가서 말이나 전해다오. 이 사람은 자신이 말한 것을 지키기 위하여 끝내 목숨을 버린 사람이라고 말이다.

깔루다이야, 우리 아버지 숫도다나에게도 왕자는 이미 한번 세운 서원을 이루기 위하여 노력하다가 죽은 것이지 결코 게으름을 피우다가 죽은 것이 아니오니, 자기가 말한 것을 지키려고 노력하다가 죽은 사람은 목숨은 비록 끝났으나 그것은 결코 헛된 죽음이 아니라고 말이나 해다오."

깔루다이도 싯닷타의 굳은 결심을 어떻게 돌릴 수가 없다는 것을 알았다. 그때 싯닷타는 오히려 깔루다이를 달래며 타일렀다.

"너 깔루다이야, 이제 집으로 돌아가라. 나는 너와 더불어 친구가 될 수 없구나."

깔루다이는 혼자 숲을 나와 까삘라왓투로 돌아가 숫도다나에게 보고했다.

"대왕이시여, 싯닷타 태자는 건강하고 무사합니다. 아직 씩씩하게 살아 있습니다."

깔루다이의 말을 듣고 숫도다나가 기뻐하며 말했다.

"내 아들 태자가 죽지 않고 건강하다는데, 내가 왜 근심하고 걱정하겠는가."66)

깔루다이는 자기가 목격한 싯닷타의 모습을 그대로 말할 수가 없었던 것이다.

9. 고행의 포기

싯닷타는 출가한 후 거의 6년 동안 극도의 고행을 하였는데도 해탈은 커녕 오히려 육신만 지칠 뿐 아무 것도 얻어지는 것이 없었다. 싯닷타는

66) 불본행집경 제25:정진고행품:<3-768~769>.

고행은 바른 수행이 되지 못한다는 것을 알고 이제까지 고집했던 고행 위주의 수행을 버릴 것을 결심하였다.

"내가 하루에 삼 씨 한 알을 먹거나 쌀 한 톨을 먹기도 했다. 심지어는 7일에 한 번씩 먹어 몸이 고목처럼 되면서까지 거의 6년이나 고행했다. 그렇지만 나는 아직 해탈을 얻지 못했다. 이제 이런 고행은 바른 수행법이 아님을 알겠다.

옛날 내가 농경제에 나갔다가 잠부나무 아래에서 명상에 잠겨 삼매에 들었을 때, 욕심을 떠나 마음이 고요하고 평안했었으니 그것이 오히려 올바른 것이었다."[67]

붓다가 훗날 고행을 버리게 된 동기를 다음과 같이 술회했다.

"내가 생각해보니, 과거의 어떤 사문이나 바라문이 겪은 모진 고통도 내가 겪은 것보다 못했고, 미래의 어떤 사문이나 바라문이 경험할 모진 고통도 내가 겪은 것보다는 못할 것이다. 지금 어떤 사문이나 바라문이 호되고 모진 고통을 겪는다 해도 내가 겪은 것 이상의 것은 없다.[68]

과거 · 현재 · 미래의 모든 사문 · 바라문이 고행을 닦을 때 몸을 핍박하여 고통을 받는 것은 다만 자기 몸만 괴롭힐 뿐 도대체 이익이라고는 없다.

내가 생각해 보니, 나 또한 그 누구보다도 심한 고행을 했지만 지혜를 성취하지 못했다. 그러므로 고행이란 깨달음의 원인이 아니라는 것을 알게 되었다. 또한 고통으로 고통을 끊고 열반을 이루어 도를 닦는 것이 아님을 알았다. 고행이 아닌 다른 수행으로 생로병사의 고통을 끊는 길이 반드시 있을 것이다."[69]

---

67) 과거현재인과경 제3:<3-639상>.
68) M.N. I. p.301.

싯닷타는 출가하기 전 농경제Vappamaṅgala에 나갔다가 잠부나무 아래에서 법열法悅을 얻었을 때를 회상하고 '이것이 깨달음에 이르는 길은 아닐까?'라고 생각하고 수행의 새로운 길을 찾기 시작하였다. 이제까지 고행을 해보았지만 진정한 깨달음의 길이 되지 못한다는 것을 알게 된 싯닷타는 다시 몸의 건강을 회복하여 고행이 아닌 길을 걷고자 하였다.

당시의 고행주의자들은 오로지 목숨만 유지할 정도로 음식을 절제했다. 거기다가 목욕도 하지 않고 잠자리를 편하게 하는 것도 금지했다. 자기의 몸을 깨끗이 씻는 것은 신성한 고행을 포기하는 것이며 모독하는 것이라고 생각하였다.

하지만 고행을 포기하기로 결심한 싯닷타는 이제까지의 고행을 말끔히 버리려는 뜻에서 네란자라강의 샛강 숩빠띳티따Suppatiṭṭhita에 들어가 온 몸의 때를 씻었다. 싯닷타는 지금까지의 극심한 고행으로 기력을 잃어버렸기 때문에 냇물에서 나올 힘조차 없었다. 싯닷타는 간신히 강가의 나뭇가지를 잡고서 올라올 수 있었다.

싯닷타는 숩빠띳티따에서 목욕을 하고 나와 공양을 받기로 하였다. 이때 싯닷타에게 공양을 올린 사람이 장군(將軍:Senānī)의 딸 수자따Sujātā이다.[70] 이때 싯닷타에게 공양한 여인을 목장집 딸 난타바라難陀波羅라거나[71] 촌장의 딸 수자따[72] 또는 우루웰라 촌장 사라발저斯那鉢底의 막내딸 수자따라고 하는 등 경전에 따라 다르다.[73]

그러나 싯닷타의 이러한 파격적인 행동을 보게 된 꼰단냐 등 다섯 명

---

69) 방광대장엄경 제7: 왕니련하품:<3-583상>.
70) B.B.S. p.91.
71) 과거현재인과경 제3:<3-639중>.
72) 불본행집경 제25:향보리수품:<3-771중>.
73) 방광대장엄경 제7:왕니련하품:<3-583상>.

의 동료들은 크게 실망한 나머지 싯닷타를 비난하고 곁을 떠나 버렸다.

"사문 고따마가 이렇게 고행을 하고도 무상無上의 지혜를 얻지 못하더니, 이제는 좋은 음식을 탐내게 되었다. 이제 그는 선정禪定을 버렸다. 그는 이제 게으른 사람으로 타락하고 말았다."

이제까지 싯닷타와 함께 고행하던 그들은 비난을 퍼붓고 와라나시Vārāṇasī의 이시빠따나Isipatana로 떠나 버렸다.74) 싯닷타의 출가가 숫도다나를 비롯한 샤꺄족들에게 안겨준 충격이라면 고행의 포기는 당시의 수행자들에게 안겨준 충격이었다. 이처럼 싯닷타는 관습과 전통이라도 그것이 깨달음을 열어주는 지혜롭지 못한 것이라면 언제라도 버릴 줄 아는 자유인이었다.

싯닷타는 그들이 떠난 뒤, 수자따의 공양을 받아 몸의 건강을 회복하고서 마지막 수행에 들어갔다. 32상도 본래대로 다시 나타났고 몸뚱이는 황금색이 되었다고 한다.75)

홀로 남게 된 싯닷타는 삡팔라Pipphala나무 밑에서 굳은 결심을 하게 된다.

"저 나무 아래에 앉아 도를 이루지 못한다면 결코 일어나지 않으리라."

싯닷타는 솟티야Sotthiya로부터 여덟 다발의 풀을 얻어다가 자리를 깔았다. 그리고 마지막 정진에 들어갔다. 이때 깔고 앉은 풀을 길상초吉祥草76) 또는 유연초柔軟草라고 한다.77) 또 다른 경전에는 '길 오른 편에 길상吉祥이라는 사람이 있었는데, 그가 푸르고 싱싱한 풀을 베었다. 그 풀

74) 방광대장엄경 제7:<3-583상>불본행집경 제25:<3-771상>.
75) B.B.S. p.91.
76) 과거현재인과경 제3:<3-639중>.
77) 불소행찬 제3:<4-25상>.

이 부드럽고 윤이 났으며 가지런하고 헝클어지지 않아 천녀天女들이 입는 옷처럼 좋아서 그것을 얻어다가 깔았다'고 한다.78)

수자따가 싯닷타에게 우유죽을 올렸을 때, 그것을 빨미라Palmyra 야자나무씨앗만한 크기로 49개의 경단瓊團을 만들어 가지고 물도 없이 하루 한 알씩을 먹었다고 한다.79) 그러니까 부처가 되어 두 상인으로부터 공양을 받을 때까지 이때 만든 경단을 먹고 지냈던 것이다.

그때 싯닷타가 그늘 삼아 앉은 나무는 삡팔라란 나무였다. 싯닷타가 그 나무 아래에서 정각正覺을 이루었다고 하여 보리수(Bodhirukka)라 불리게 되었다. 현장玄奘은 이 보리수에 대하여 다음과 같이 적고 있다.

> 줄기는 황백색이고 가지와 잎은 푸른데, 겨울이나 여름이나 잎이 떨어지지도 않고 잎의 색깔이 변하지도 않고 윤이 난다. 매년 붓다의 열반일이 되면 잎이 모두 떨어졌다가 조금 지나면 다시 잎이 피어난다. 그리고 이날에는 여러 나라의 왕들이나 각 지방의 승려와 속인들이 수 없이 많이 모여들어 향수나 향유香乳를 붓는다.80)

대부분의 사람들은 싯닷타가 고행을 통해서 깨달음을 얻은 것으로 잘못 알고 있다. 고행은 사람들에게 존경의 대상은 될 수 있을지언정 깨달음이나 해탈을 보증하지 못한다. 싯닷타가 고행을 포기하였을 때, 이제까지 함께 수행해왔던 동료들까지도 비난하고 떠났듯이, 당시 고행제일주의를 지향하였던 니간타들 역시 붓다와 그 제자들이 고행을 멀리하자 타락한 집단이라고 비난했다.

---

78) 보요경 제5:<3-514하>.
79) B.B.S. p.94.
80) 대당서역기 제8:마갈타국상:<51-915하>.

그러나 고행제일주의에 대한 붓다의 생각을 살펴보자.

자신이 가지고 있는 의혹을 완전히 해결하지 못하면 생선이나 고기를 먹지 않는 것, 단식하는 것, 옷을 입지 않는 것, 머리를 빡빡 깎는 것, 머리를 헝클어뜨리는 것, 먼지를 뒤집어쓰는 것, 피부를 거칠게 하는 것, 불을 섬기는 것, 불사不死를 얻기 위한 갖가지 행, 찬송하는 것, 기부행위, 신에 대한 제사, 세시 풍습을 지키는 것 등 어떤 행위도 그 자신을 정화淨化하지는 못한다.[81]

81) Sn: 248.

제5장 항마와 성도成道

1. 악마와 투쟁

싯닷타는 수자따가 공양하는 우유죽을 먹고 잃었던 건강을 다시 회복하게 되었다. 싯닷타는 네란자라강 기슭의 삡팔라 나무 아래에 길상초를 깔고 앉으며 굳은 결심을 했다.

"내가 여기서 깨달음을 얻지 못한다면 차라리 죽는 한이 있더라도 결코 자리에서 일어나지 않을 것이다."1)

다른 경전에 의하면, '내가 이 자리에 앉아 일체 모든 번뇌를 끊고 해탈하지 못한다면 결코 자리에서 일어나지 않을 것'이라고 결심하였다고 한다.2)

싯닷타는 죽음을 각오하고라도 반드시 깨달음을 얻고야말겠다는 비장한 결심으로 마지막 정진精進에 들어갔다. 이때 악마(Māra)들이 싯닷타의 깨달음을 방해하고 나섰다.

"당신은 바싹 마른데다 얼굴마저 일그러진 것을 보니 죽을 때가 다 되었군요. 당신이 죽지 않고 살 가능성은 참으로 희박합니다. 그렇지만 당신은 살아야 합니다. 목숨이 있어야 좋은 일도 할 수 있지 않습니까?

당신이 베다를 공부하고 불(Aggi)에 제사를 드리면 많은 선업善業이 쌓일 텐데 구태여 정진精進을 해서 무엇을 얻으려 합니까? 정진의 길은 참으로 힘들고 통달하기도 어렵습니다."

이때 싯닷타는 다음과 같이 말했다고 한다.

"그대, 게으른 자의 친구여, 사악한 자여, 그대는 무엇 하러 여기 왔는

---

1) 방광대장엄경 제8:예보리장품:<3-588상>.
2) 불본행집경 제 27:향보리수품:<3-778중>.

가? 나에겐 세상의 선업善業을 구해야 할 까닭이 조금도 없다. 악마는 선업을 찾는 자에게나 가서 말하라.

나에겐 확신이 있고, 노력이 있고, 지혜가 있다. 이처럼 최선을 다하는 나에게 어찌 감히 죽고 사는 것을 말하는가? 최선을 다하는 열정의 바람은 흐르는 강물도 말려 버릴 것이다. 오직 최선을 다하는데 어찌 내 몸의 피라고 마르지 않겠는가?

피가 마르면 쓸개도 가래도 마를 것이다. 살이 빠지면 내 마음은 더욱 더 맑아지리라. 나의 집념과 지혜와 마음의 집중은 더욱 굳어지리라. 나는 이렇게 편히 머물러 극심한 고통을 받아들이므로 내 마음엔 어떤 욕망도 찾을 수 없다. 보라, 내 몸과 마음의 깨끗함을!

너의 첫째 군대는 욕망慾望이요, 둘째는 혐오嫌惡이며, 셋째는 기갈飢渴이요, 넷째는 갈애渴愛이며, 다섯째는 나태懶怠요, 여섯째는 공포恐怖요, 일곱째는 의혹疑惑이며, 여덟째는 위선僞善과 고집固執이다.

너의 이득利得과 명성名聲과 존경尊敬과 명예名譽는 거짓으로 얻은 것이며, 오만傲慢하여 남을 경멸輕蔑하는 것이 바로 너의 군대요, 검은 악마의 공격군攻擊軍이다.

악마여! 용기 있는 자가 아니면 너를 쳐부수고 이길 수 없겠지만 용기 있는 자는 이겨서 기쁨을 얻는다. 내가 뭉자Muñja풀을 입에 물어 항복을 표할 것 같은가?[3] 나는 이 세상에 있어서의 삶을 달갑게 여기지 않는다. 나는 패배하여 비굴하게 사는 것보다 차라리 용기 있게 싸우다 죽는 것을 택하리라."[4]

---

3) 'Muñja'는 『불소행찬』에서는 문사초(文闍草), 『사분율』에서는 문약초(文若草)라 한역된 풀로 부드러워서 솜 대신으로 사용되기도 하는 풀이라 한다. Sn. 28에도 '뭉자풀로 만든 밧줄'이란 말이 있다.

4) Sn:425~439.

위의 이야기는 초기경전의 이야기다. 후대의 불전은 악마와의 투쟁을 더욱 극적으로 표현하고 있다.

싯닷타가 보리수 아래에 앉아 선정禪定에 들어가니 하늘의 신들도 하나같이 기뻐하였다. 그러나 악마(Māra) 빠삐요pāpīyo만은 큰 걱정이 되었다.

"사문 고따마가 보리수 아래서 오욕五欲을 버리고 정각正覺을 이루려 한다. 그가 깨달음을 성취하면 일체 중생을 제도濟度할 것이다. 그의 깨달음의 경지는 나의 능력을 뛰어넘는 것이다. 그러므로 그가 깨달음을 얻기 전에 그것을 방해해야만 한다."

악마가 근심하고 있을 때, 악마의 아들 살타(ⓢSadā)가 그 까닭을 물었다.[5]

"무슨 걱정이 있어서 그러십니까?"

"사문 고따마가 지금 보리수 아래에서 도를 이루려 하는데, 그것을 어떻게 방해할까 걱정하고 있다."

"아버지시여, 그는 이미 마음이 청정하여 삼계三界를 벗어났고, 그는 신통지혜로 알지 못하는 것이 없다고 합니다. 벌써 천룡팔부天龍八部[6]가

---

5) 수행본기경<3-470하>에는 마왕의 아들 수마제(須摩提)라 했다.

6) 천(天:ⓢdeva)·용(龍)·야차(夜叉)·건달바(乾闥婆)·아수라(阿修羅)·가루라(迦樓羅)·긴나라(緊那羅)·마후라가(摩睺羅迦)를 말한다. 용(ⓢnāga)은 큰 힘을 가지고 있다고 생각하여 부처나 아라한을 비유한다. 야차(ⓢyakṣa)는 사람을 먹는다는 포악한 귀신이다. 건달바(gandhabba ⓢgandharva)는 향만을 먹는다는 신이자 육체의 사후 다른 육신을 받아서 나기 전의 영혼신의 이칭(異稱)으로 그 사이 향을 찾아다니며 향을 먹는다고 한다. 아수라(ⓢasura)는 수라(修羅)라고도 하며, 선신(善神) 제석천과 싸우는 투쟁적인 악신(惡神)이다. 가루라(ⓢgaruḍa)는 금시조(禁翅鳥)라 하고, 독수리와 같은 맹조로 용을 잡아먹는다는 조류의 왕이고, 긴나라(ⓢkiṃnara)는 미묘한 음성과 아름다운 춤을 추는 괴물, 머리는 사람, 몸은 새, 또는 말머리에 사람 몸을 하는 등 일정하지 않다. 마후라가

모두 우러러 찬탄하고 있어서 아버지의 힘으로는 그를 굴복시킬 수가 없을 것입니다. 공연히 죄를 지어 화를 스스로 불러들이지 마십시오."[7]

아들 살타가 아버지를 만류하였지만 세 명의 딸이 아버지의 뜻을 따라 싯닷타의 성불을 방해하겠다고 나섰다.[8] 악마의 세 딸은 아름다운 자태로 많은 사람들을 유혹하는 능력이 있었다. 악마의 세 딸을 딴하Taṇhā · 아라띠Aratī · 라가Ragā라 했는데,[9] 딴하는 목이 타서 물을 찾듯이 오욕을 탐하여 집착하는 것을 의미하고, 아라띠는 마음이 우울하여 기쁘지 않은 상태를 뜻하고, 라가는 이성에 대한 욕정을 말한다. 그러니까 악마의 세 딸이란 마음속에서 일어나는 인간적 갈등을 의인화擬人化한 것에 지나지 않는다.

한역불전에서는 악마의 세 딸을 극애極愛 · 열피悅彼 · 적의適意라 하기도 하고,[10] 염욕染慾 · 능열인能悅人 · 가애락可愛樂이라거나[11] 은애恩愛 · 상락常樂 · 대락大樂이라 한 곳도 있고,[12] 욕비慾妃 · 열피悅彼 · 쾌관快觀이라거나[13] 열피悅彼 · 희심喜心 · 다미多媚라 한 곳도 있다.[14] 경전과 번역자에 따라 달리 표현하고 있지만 내용적으로는 크게 다를 것이 없다고 하겠다.

악마는 세 명의 딸과 함께 싯닷타를 활로 겨누면서 말하였다.

(ⓢmahoraga)는 몸은 사람 같고 머리는 뱀인 사신(蛇神)이다.

7) 과거현재인과경 제3:<3-639하>.

8) 보요경 제6:<3-519상>에는 파순이 욕비(欲妃) · 열피(悅彼) · 쾌관(快觀) · 견종(見從) 등 네 딸에게 말했다고 한다.

9) S.N. I. p.156.

10) 별역잡아함경:<2-383중>.

11) 과거현재인과경:<3-640상>.

12) 수행본기경:<3-470하>.

13) 태자서응본기경:<3-477상>.

14) 관불삼매해경:<15-652상>.

"너 캇띠아놈아, 죽음이 두렵지 않느냐? 빨리 자리에서 일어나라. 너는 돌아가 전륜성왕의 업이나 닦고, 재가자로서 보시행을 쌓아 천상에 태어나 즐거움을 누리도록 하라. 그것이 제일이다.

너는 캇띠아놈이니 전륜성왕이나 될 것이지, 왜 비구가 되어 그렇게 고생하느냐? 이제 일어나지 않고 앉아서 깨닫기만 고집한다면 이 화살을 너에게 쏘아버릴 것이다. 나의 이 화살소리만 들으면 너보다 더한 고행선인들도 모두 놀라서 정신을 잃어버렸거늘 네가 어찌 이 화살의 독을 견디겠다는 것이냐? 빨리 일어나라."

싯닷타는 그녀들의 위협에 놀라기는커녕 오히려 태연하였다. 마침내 악마가 다섯 개의 화살을 당겼으나 싯닷타는 날아오는 화살조차 쳐다보지 않았다. 악마가 쏜 화살은 땅에 떨어지면서 연꽃으로 변했다. 악마의 세 딸은 이러한 모습을 보고 싯닷타를 향하여 말했다.

"거룩하신 태자님이여, 모든 사람들이 우러러 바라보는 당신을 우리가 모시고자 합니다. 저희들은 젊고 아름다워 이 세상에서 가장 예쁜 처녀들인데, 하늘나라에서 태자를 잘 모시라고 저희들을 보내셨으니 항상 곁에 있게 하소서."

"너희들이 선행을 조금 쌓아 천사天使의 몸을 받았으나 어찌 무상함을 알지 못하고 요염만 떨고 있느냐? 몸은 비록 아름다우나 마음은 아직 정숙하지 못하구나. 악행을 쌓으면 죽어서 축생의 몸을 받아 고통을 벗어나지 못할 것이로다.

너희들이 지금 나의 마음을 어지럽히려고 하니 그 뜻이 순수하지 못하다. 이제 물러가거라. 나는 너희들의 시중이 필요하지 않다."

싯닷타의 이 말이 떨어지자마자 악마의 딸들은 노파老婆로 변해버렸다. 악마는 이 광경을 보더니, 다른 방법으로 싯닷타의 수행을 방해하고

자 하였다. 악마는 부드러운 목소리로 싯닷타를 설득하려고 했다.

"네가 만약 인간으로서 누리는 즐거움이 싫다면 바로 천상으로 올라가거라. 나의 이익과 욕망의 즐거움을 너에게 주리라."

"너 악마는 전생에 쌓은 보시의 인연으로 자재천왕自在天王이 되었지만[15] 그 복은 한계가 있어서 언제인가 다시 삼악도三惡道에 떨어져 벗어나기 어려울 것이다."

"내가 과거에 보시하여 쌓은 과보가 있다는 것은 지금 네가 말하였다. 그렇다면 네가 지은 과보는 누가 알고 있느냐?"

"나의 과보는 이 땅이 알고 있다."

싯닷타의 말이 떨어지자마자 대지가 여섯 번 흔들리고 지신地神이 칠보七寶로 된 병에 연꽃을 담아 솟아오르면서 악마에게 타이르듯 말하였다.

"태자가 전생에 목숨을 보시할 때 흐르는 피가 땅을 적셨다. 재물을 가지고 보시한 것은 이루 말할 수조차 없다. 이제 그러한 과보로 더 없이 높은 참되고 바른 도를 얻고자 하는 것이다. 너희들이 감히 싯닷타를 괴롭힐 수는 없을 것이다."

지신은 싯닷타의 발아래 절하고 연꽃으로 공양을 올리고 사라졌다.[16] 그러나 악마는 모든 군사를 동원하여 일시에 협박해야 되겠다고 마음먹었다. 험상궂은 모습을 한 마군(Mārasenā)들이[17] 싯닷타를 겹겹이 둘러

15) 자재천은 욕계 제육천인 타화자재천을 의미한다. 그러나 인도의 바라문교에서는 세계창조의 신인 마헤스와라(ⓢMaheśvara)를 말하는데, 불교에서는 마혜수라(摩醯首羅)라고 음역한다. 보통 3개의 눈에 8개의 팔을 가졌고, 하얀 불자(拂子)를 들고, 흰 소를 타고 있다.

16) 현재 사찰의 대웅전에 모셔진 석가모니불상의 수인(手印)인 항마촉지인(降魔觸地印)은 바로 이 장면을 상징하고 있다.

17) 'senā'는 군대(軍隊)라는 뜻이다.

싸고 위협하고 공격했다. 그러나 싯닷타는 얼굴색조차 변하지 않고 요지부동이었다.[18] 싯닷타는 놀라거나 두려워하기는커녕 오히려 얼굴빛이 더욱더 밝아졌다. 도리어 마군들이 물러나 다시 접근할 수 없었다.[19]

『니다나까타』Nidānakathā에는 이렇게 말한다.

> 마라Māra가 싯닷타를 날려버리겠다고 회오리바람을 일으켰지만 싯닷타의 옷자락 끝도 흔들리게 하지 못했고, 물에 떠내려 보내겠다고 폭우를 퍼부었지만 싯닷타가 입은 옷을 이슬방울만큼도 적실 수 없었으며, 바위덩이를 퍼부었지만 싯닷타 앞에서 꽃이 되었으며, 예리한 창이나 칼 등 치명적인 무기를 퍼부었지만 싯닷타 앞에서 꽃으로 변했고, 뜨거운 불덩이를 퍼부었지만 싯닷타 앞에서 꽃으로 바뀌었고, 불씨가 살아 있는 재를 퍼부었으나 싯닷타 앞에서 전단향 가루가 되었고, 모래를 퍼붓고, 진흙을 퍼부었으며, 암흑을 불러왔지만 모래는 꽃이 되고, 진흙은 향이 되었고, 암흑은 밝은 태양빛에 어둠이 사라지듯 사라져버렸다.[20]

이 모두가 열 가지 바라밀波羅蜜을 닦은 공덕이라는 것이다.

이때 싯닷타는 다시 굳은 결심을 했다.

"내 차라리 지혜를 지키다가 죽을지언정 어리석게 살지는 않겠다. 마치 의리를 지키는 용감한 사람처럼 승리를 위하여 싸우다가 깨끗이 죽을지언정 겁쟁이로서 삶을 구걸하여 남의 압제를 받지는 않겠다."[21]

싯닷타는 이러한 결심으로 많은 악마의 유혹을 물리치고 깊은 선정(禪定:samādhi)에 들어간다.[22]

---

18) 과거현재인과경 제3:<3-640하>.
19) 태자수행본기경 상:<3-477중> 보요경 제6:<3-521중>.
20) B.B.S. pp.98~99.
21) 방광대장엄경 제7:왕니련하품:<3-582하>.

2. 싯닷타의 성도成道

싯닷타가 35세 되던 해, 12월 7일 초저녁에는 선정禪定을 얻어 사람이 과거에 지은 선과 악의 업으로 어디에 태어나는가를 알되, 어떤 업을 지으면 누가 부모가 되고, 그의 일가친척이 되며, 빈부귀천과 수명의 길고 짧음까지도 거울을 들여다보듯이 훤히 알게 되었다. 싯닷타는 이러한 중생세계를 보면서 일체 모든 중생들을 제도하여 주는 사람이 없으면 생사윤회에서 벗어날 길이 없음을 통찰하고 깊은 자비심을 내게 되었다.

그 무엇 하나도 실답지 않아 영원할 것이 없는 세상에서 공연한 집착심으로 여섯 가지 윤회의 세계를 헤매고 있음을 알 수가 있었다. 이렇게 살펴보는 동안 초저녁이 흘러가고 한밤중(中夜)이 되니, 이미 천안天眼을 얻고 있었다.

천안으로 세상을 바라보는 것은 맑은 거울에 비친 자기의 얼굴을 들여다보는 것과 같아 모든 중생들이 업력으로 괴로움과 즐거움의 과보를 받는 중생계의 모습을 낱낱이 알게 되었다.

어리석은 중생들이 악업을 지으면서 그것을 즐거움으로 착각하여 훗날 큰 고통을 받게 되지만 만약 자기 자신이 짓고 있는 악업의 결과가 어떤 것인지를 알면 다시는 악행을 일삼지는 않게 될 것이다.

이렇게 생각한 싯닷타는 더욱 정진하여 밤이 깊어지게 되자 멸진정滅

---

22) 선(禪)이란 말은 산쓰끄리뜨의 디야나(dhyāna), 빨리어의 자나(jhāna)를 선나(禪那)라 음역(音譯)하여 줄인 말이다. 정(定)은 좌선(坐禪)을 통해서 정신을 집중하고 골똘히 생각하여 마음이 무념무상(無念無想)의 상태에 이른 것을 말한다. 이런 마음의 상태를 빨리어로 사마디(samādhi)라 하고, 삼매(三昧)로 한역한다.

盡定을 통해 과거사를 꿰뚫어 아는 초인적 지혜인 숙명통宿命通을 얻었고 중생의 많은 지난날의 삶을 알게 되었다.

어느덧 새벽이 다가왔다. 중생의 성품이 어떠한 인연으로 생사(⑫生死:jarāmaraṇa)가 있게 되는가를 살폈다. 즉 늙고 죽는다는 것은 태어남(⑪生:jati)이 근본이 되고 있으므로, 만약 태어남이 없다면 늙고 죽는다는 것도 없다는 것을 알게 되었다. 또한 태어남이라는 것은 하늘의 뜻에 따라 태어나는 것도 아니며, 아무런 까닭[緣]도 없이 태어나는 것도 아니라 인연因緣을 따라 태어나서 삼계三界의 업을 짓고 있음을 알 수 있게 되었다.

삼계(三界:Tiloka)를 돌고 돌아 윤회(輪廻:Saṃsāra)하는 생존(⑩有:Bhava)의 업(業:Kamma)은 네 가지 집착(⑨取:Upādāna)에 의하여 생기고,[23] 네 가지 집착은 욕망(⑧愛:taṇhā)에서 생기며, 욕망은 감각(⑦受:Vedanā)에서 생기며, 감각은 내가 객관대상을 만남(⑥觸:phassa)에 의하여 생기며, 이 만남은 여섯 가지 감각기관이 세상을 받아들임(⑤六入:saḷāyatana)에 의하여 생기며, 여섯 가지 감각기관은 관념과 실체(④名色:Nāmarūpa)에 의하여 생기며, 관념과 실체는 분별하는 인식(③識:viññāṇa)을 따라 생기며, 분별하는 인식작용은 의욕(②行:sankhārā)을 따라 생기며, 의욕은 객관세계를 사실대로 알지 못하는 어리석음(①無明:avijjā)에서 비롯되는 것임을 알 수 있었다.

그러므로 어리석음을 없애면 의욕이 없어지게 된다. 이렇게 하여 삼

---

23) 취(取:upādāna)는 외계의 대상에 집착하는 것을 말하는데, 네 가지 집착은 외계의 대상인 색(色)・성(聲)・향(香)・미(味)・촉(觸) 등 다섯 가지 대상에 집착하는 애욕(欲取:kāma). 오온의 법에 대하여 아견(我見)・변견(邊見) 등을 망집하는 나쁜 견해(見取:dṛṣṭi). 잘못된 계를 수행하는 계금취(戒禁取:śila-varta). 아견(我見)이나 아만(我慢)에 집착하는 아어취(我語取:ātma-vāda)를 말한다.

계를 윤회하는 생존의 업을 없애고 태어남과 늙고 죽음까지도 벗어날 수가 있게 되는 것이다. 이와 같이 원인과 조건의 관계를 거꾸로 살피고, 바로 살펴 새벽에 이르러 중생의 근본적인 고통의 원인이 어리석음에 있음을 밝힐 수가 있었다.[24)]

이렇게 하여 8일 아침이 밝아올 때 비로소 싯닷타 태자는 출가하여 6년이라는 피나는 역경을 지나 지혜광명을 얻어 중생의 번뇌를 끊어버리고 일체 모든 것의 구체적인 모습을 꿰뚫어 아는 지혜[一切種智]를 성취하게 된다.

'샛별이 뜰 때 확연대오하여 더 할 바 없이 바르고 참된 도道를 얻어 최정각最正覺이 되었다'[明星出時 廓然大悟 得無上正眞之道 爲最正覺]고 경전에 전한다.[25)] 그런데 대혜종고(大慧宗杲:1088~1163)가 '석가모니가 처음 정각산 앞에 있을 때, 고개를 들어 샛별이 출현하는 것을 보고 순식간에 도를 깨달았다'거나[26)] '붓다가 도를 이루고 10일 뒤에 말하기를, 정각산 앞에서 선정에서 일어나 샛별을 봄으로 말미암아 갑자기 도를 깨달았다'고 하여[27)] 마치 샛별을 봄으로써 깨달은 것처럼 오해하게 만들었다. 싯닷타가 태어날 때도 샛별이 뜰 때라 했고,[28)] 싯닷타가 출가할 때도 샛별이 뜰 때라 했으며,[29)] 도나가 붓다의 사리분배를 마쳤을 때도 샛별이

---

24) 과거현재인과경 제3:<3-642상> 방광대장엄경 제9<3-595중>.
대본경<1-7하> 불소행찬 제3:사유삼보리품:<4-27하>.

25) 태자서응본기경 권하:<3-478중>, 보요경 제6:<3-522중>,
대광대장엄경 제9:<3-595하>,불본행집경 제31:<3-796하>.

26) 대혜보각선사어록 제16:<47-878중>
釋迦老子 初在正覺山前 擧頭見明星出現 忽然悟道.

27) 대혜보각선사어록 제18:<47-887하>
佛成道十日後說 於正覺山前 從定而起 因見明星忽然悟道.

28) 수행본기경:<3-463하>, 태자서응본기경:<3-473하>.

29) 수행본기경:<3-467하>.

뜰 때라고 했듯이,30) 싯닷타가 깨달음을 얻은 순간이 '샛별이 뜰 때', 다시 말해 '이른 아침 동틀 무렵'이었을 뿐이다.

싯닷타가 삡팔라 나무 아래에서 악마들의 유혹을 물리치고 일체종지를 성취한 사건을 성불成佛·성도成道 또는 수하항마樹下降魔라 한다.

훗날 붓다는 제자들에게 이렇게 말했다.

> 갈망과 증오와 정욕, 이들 세 명의 마녀는 눈부실 만큼 매혹적인 아름다움으로 다가왔다. 그러나 나는 그들을 바람 앞의 깃털처럼 날려버렸다. 마녀들의 요염함을 바라보았다면 비참한 죽음을 맞았을 것이요 지금의 영광을 보고 살지 못했을 것이다.31)

싯닷타가 그늘 삼아 앉은 나무는 삡팔라란 나무였다. 그곳에서 깨달음을 이루었다고 하여 보리수(菩提樹:Bodhirukka)라 하여 신성한 나무[聖樹]로 취급되고 있다. 현재의 나무는 1876년 폭풍으로 쓰러진 고목의 뿌리에서 나온 싹이 자란 것이라 한다. 원래의 보리수는 12세기에 말라죽었고, 지금의 보리수는 1884년 스리랑카에서 가지를 가져다가 새로 심은 것이라고도 한다. 또한 길상초吉祥草는 꾸사Kusa라는 풀을 말한다.32)

훗날 인도를 통일한 아쇼까왕은 당시의 고승이었던 우빠굽따Upagupta를 대동하여 붓다의 인연지因緣地를 참배하였는데, 보리수에 10만 금을 공양하고 탑을 세웠다.33)

붓다가 깨달음을 얻은 보리수 아래를 보디만다bodhimaṇḍa, 즉 보리좌(菩提座)라고 한다. 금강좌(金剛座:vajrāsana) 또는 도량道場이라고 한다.

성불이란 고따마 싯닷타가 고따마 붓다Gotama Buddha가 되었음을 의

---

30) 유행경:<1-29하>.
31) Jt. vol. I. pp.288~289.
32) 꾸사(Kusa)를 띠리야(Tiriyā)라 한 곳도 있다.<A.N. III. p.176>
33) 잡아함경 제23:604경:<2-167중> 아육왕경 제2:<50-137하>

미하고, 성도란 '깨달음'을 이루었다는 뜻이다. 이때 싯닷타의 나이 35세였으니,[34] 서력 기원전 531년의 일이다. 싯닷타의 성도는 불교의 시작을 의미한다. 서력 기원전 566년 싯닷타의 탄생에서 불교가 시작되는 것이 아니라 서력 기원전 531년 싯닷타가 깨달음을 얻어 붓다가 되면서부터 불교의 역사가 시작된다. 한마디로 붓다의 일생 가운데 가장 중요한 사건이 바로 보리수 아래에서의 성도이다.

고따마 싯닷타는 마가다국 가야Gayā지방의 네란자라Nerañjarā강변의 한 마을에서 깨달음을 얻었으며, 그 마을을 부다가야Buddhagayā라 불렀다. 지금은 보드가야Bodhgayā라 부르며, 비하르Bihar주州 가야Gayā시市 남쪽 약 10km되는 지점이다.

현재 부다가야에 있는 마하보디대탑은 아쇼까가 세웠던 작은 쩨띠야Cetiya를 5~6세기경에 큰 규모의 성전으로 바꾼 것인데 12세기 말에 회교도들에게 약탈당한 뒤 미얀마불교도들이 여러 차례 재건하며 형태도 바뀌게 되었다. 지금과 같은 복원은 1884년 인도정부의 주선으로 이루어진 것이다.

쩨띠야(cetiya:Ⓢcaitya)는 지제支提로 번역되고, 묘지에 쌓아놓은 돌무더기나 그 위에 심어 놓은 나무[神樹] 또는 비를 가릴 수 있도록 지붕만 덮여 있는 빈집을 의미한다. 우리나라의 사당祠堂과 같은 곳이라 하겠다. 성자의 유골이나 유품 위에 단을 만들면서 쩨띠야는 탑과 같은 뜻으

34) 십이유경:<4-146하>佛以二十九出家 以三十五得道, 근본설일체유부비나야잡사:<24-299상>二十九年捨王城去 六年苦行當成正覺라고 하였으나 불반니원경<1-171중> 得佛說經 四十九歲, <1-171하>開化導引四十九年 <1-172상>世尊說經 四十九載라 하였으니 31세에 정각한 셈이고, 반니원경<1-187하>에 昔我出家十有二年 道成得佛 開說經法 經五十載라 하여 19살에 출가하여 31살에 정각한 것으로 전한다.

로 이해하였다. 불교이전에는 신령神靈이 머무는 곳이라 믿었다.

3. 악마란 무엇인가

싯닷타의 성불을 방해한 악마들의 이야기는 많은 경전에 전하고 있다. 여기서 말한 악마는 무엇을 뜻하는가?

경전마다 각기 다른 견해를 보이고 있는데, 『방광대장엄경』에는 탐욕[貪欲軍]·근심걱정[憂愁軍]·굶주림[飢渴軍]·애정[愛染軍]·졸리움[惛睡軍]·공포심[恐怖軍]·의혹과 후회[疑悔軍]·분노[忿覆軍]·슬픔이나 남을 헐뜯음[悲惱軍 及自讚毁他邪稱供養等] 등 아홉 무리의 군대로 표현하고 있다.[35] 군대를 뜻하는 산쓰끄리뜨어 세나senā의 어근(√si)에는 '묶는다. 포박하다. 구속하다'는 뜻을 가지고 있듯이, 악마를 군대軍隊에 비유한 것은 사람을 구속하는 힘을 가졌다는 뜻이다. 탐욕이 나를 구속하면 그것이 탐욕이란 군대이고, 근심걱정이 나를 구속하면 그것이 바로 근심걱정이란 군대이다.

앞에서 보았듯이 『숫따니빠따』에서는 여덟 무리의 군대로 비유하였는데, 『방광대장엄경』에는 아홉 무리의 군대로 말하고 있으니 하나가 더 늘었을 뿐이다.

그런가 하면 『잡아함경』에서는 육신이나 감정 등에 집착하는 것을 악마라고 하였고,[36] 눈·귀·코 등 감각기관이 그 대상에 집착하는 것을 악마의 갈고리라 했다.[37]

---

35) 방광대장엄경 제7:<3-582하>.
36) 잡아함경 제6:131경:<2-41중> S.N. III. p.160.
37) 잡아함경 제9:244경:<2-58하> S.N. IV.p.56.

『유가사지론』에서는 온마(蘊魔:khandhamāra)・번뇌마(煩惱魔:kilesamāra)・사마(死魔:maraṇamāra)・천마(天魔:devaputtamāra) 등 네 가지로 나누었는데, 자기라는 집착을 낳는 육신(色)・감각(受)・지각(想)・의욕(行)・의식(識)이란 다섯 가지 쌓임(蘊)에 집착하는 것이 온마이고, 삼계三界의 모든 번뇌가 번뇌마이며, 죽음에 대한 공포가 사마이고, 이다음에 좋은 세상에 태어나고자 하는 집착이 천마라고 하였다.[38]

『사분율』에는 보다 현실적인 이야기가 있다. 가야시사Gayāsīsa의 아랫마을에 우루웰라 장군將軍이 살았는데, 그에게 발라Bālā・웁빨라Uppalā・순다라Sundarā・꿈바까라Kumbhakārā라는 네 명의 딸이 있었다. 이들 네 명의 여인은 싯닷타가 출가하여 도를 배우면 제자가 되고, 출가하지 않고 세속에 살면 싯닷타의 처첩妻妾이 되겠다고 마음먹었다는 것이다.[39] 그러니까 이들 네 명의 처녀들도 싯닷타를 좋아한 나머지 수행을 방해했던 것은 아닐지 모르겠다.

불교에서 말하는 악마란 우리의 의식 밖에 존재하는 객관대상이 아니라 인간내심人間內心의 감정과 욕망의 변화였음을 알 수 있다. 사실상 수행이란 몸과 마음을 잘 조절하여 객관대상에 좌우되지 않는 주체적이고 안정된 마음을 확보하는 것이라고 볼 때 모든 악마는 잘못된 인식과 빗나간 심리상태에 지나지 않는다. 간단히 말해 망상妄想이 바로 악마이다.

마라Māra나 빠삐요pāpiyo의 뜻은 무엇인가?

마라Māra의 사전적 의미는 '죽음', '파괴', '살해'를 뜻한다. 보통 마라魔羅로 음역하고, 악마惡魔로 번역하는데 흔히 줄여서 마魔라 한다. 진군하는 것을 군대(senā)가 가로막듯이 마라는 수행하는 것을 방해하는 한다

---

38) 유가사지론 제29:<30-447하>.
39) 사분율 제31:<22-780하>.

고 하여 마라세나Mārasenā, 즉 마군魔軍이라 한다. 빠삐요pāpiyo에 해당하는 산쓰끄리뜨는 흔히 파순波旬이라 음역되는 빠삐야스pāpīyas이고, '악귀'나 '악惡'을 말하며, 마라 빠삐야스Māra pāpīyas는 '사악한 유혹자'라는 뜻이다.

앞에서 보았듯이 훗날 불전결집자들은 붓다의 성불을 항마降魔라고 하여 악마를 군사로 표현하였고, 성불은 악마의 군대와 싸우는 투쟁에서의 승리로 보았다. 그것은 유혹을 이겨내기 위한 자기와의 투쟁이었음을 의미한다. 그래서 붓다를 유혹을 이긴 자, 즉 승자(勝者:Jina)라고 부르기도 하였다. 그런데도 악마를 여성들의 모습으로 등장시키고 있는 것은 불전결집자들이 보다 사실적인 의미를 전달하려는 뜻에서였다고 생각된다.

붓다의 삶에는 보리수 아래에서 깨달음을 얻는 것을 방해하는 악마만 있었던 것이 아니라 깨달음을 얻은 뒤에도 악마가 속삭였다는 이야기가 자주 등장한다. 붓다가 되어 네란자라 강가의 아자빨라 나무아래에서 쉬고 있을 때, 악마가 나타나서 '청정한 삶에서 벗어난 이들이 부정한 것을 청정하다고 여긴다'고 속삭였다고 하며,[40] 이 악마는 싯닷타가 출가한 이래 7년이나 뒤를 따라다니면서 기회를 엿보았으나 기회를 얻지 못하다가 깨달음을 얻고 휴식을 취할 때 비로소 속삭이게 되었다고 한다.[41] 이런 악마는 고행을 포기한 것에 대한 비난을 염려하는 것이나 정각을 얻기 전의 긴장감이 풀려 자칫 나태해질 수 있음을 경계한 것이라 이해할 수 있다.

붓다가 정각을 얻은 지 얼마 되지 않았을 때 악마가 나타나 열반에

---

40) S.N. I. p.128. 잡아함경 제39: 1094경:<2-287하>.
41) S.N. I. p.153.

들 것을 종용慫慂했다고 한다.[42] 이때 나타난 악마에 대하여 훗날 대승경전에서도 언급하고 있다. 즉 '악마파순이 옛날 나에게 열반에 들라고 청했는데, 악마파순은 진정한 열반이 무엇인지를 알지 못하고 중생을 교화하지 않고 침묵하고 있는 것을 열반이라 생각하는 것 같다'고 한 『대반열반경』의 이야기가 그것이다.[43] 아마도 이 악마는 그렇게 힘들게 깨달음을 얻고 나서 설법을 해야 할까, 그렇지 않으면 그만 침묵하고 말까하는 붓다 자신의 갈등을 표현한 것이라 이해된다.

마가다국의 빤짜살라Pañca-sālā라는 바라문마을에 걸식을 나갔다가 밥을 얻지 못하고 마을에서 나올 때, 악마가 나타나 '다시 마을에 들어가면 밥을 얻을 수 있을 것'이라고 속삭였다고 한다.[44] 이는 붓다가 자신이 정한 규율을 어기고 다시 밥을 얻으러 마을에 들어가면 어떨까하는 심리적 갈등이었을 것이다. 붓다와 비구들은 정오이전에 식사를 마치고 오후에는 금식을 하는데, 다시 마을에 들어가 밥을 얻는다는 것은 이미 정오를 넘어서 걸식하는 것을 의미하기 때문이다.

꼬살라의 에까살라Ekasālā 마을이나[45] 샤까족 마을에서는 설법을 방해하는 악마로 등장했는가 하면[46] 악마가 나타나 통치자의 길을 가면 히말라야산도 황금으로 바꿀 수 있다고 속삭였다.[47] 이 속삭임은 그 당시 샤까족이 처한 정치적 상황을 염려하는 마음에서 일어나는 심리적 갈등이라 볼 수 있다. 사실 샤까족은 강대국인 꼬살라국에게 조공을 바쳐야 했고, 샤까족의 공주를 꼬살라국왕의 후궁으로 보내야 했는데, 이

---

42) D.N. II. p.120.
43) 대반열반경 제23:<12-757하>.
44) 성열, 『부처님 말씀』(현암사:2002), p.398.
45) S.N. I. p.139.
46) 잡아함경 제39:1097경:<2-288중>.
47) 잡아함경 제39:1098경:<2-288하> S.N. I. p.145.

는 정치적으로 볼모로 잡히는 것에 지나지 않았다. 샤까족은 결국 이러한 사건에 연루되어 꼬살라국에 정복되고 말았다.

심지어 붓다의 열반을 악마의 유혹으로 표현하기도 했다.[48] 붓다는 얼마든지 더 살 수 있었지만 악마의 권고로 열반에 들기로 했다는 것이다. 악마는 때로는 머리털이 치솟을 정도의 공포감으로 오는가 하면[49] 때로는 마음을 설레게 하는 젊음이나 아름다움으로 오기도 한다.[50] 죽음의 두려움으로 오는가 하면 배고픔의 갈등으로 오기도 하고, 피곤과 졸림으로 오기도 한다.[51]

깨달음을 성취한 붓다 역시 언제 어디서나 만날 수 있는 것이 악마의 속삭임이기 때문에 붓다의 일생은 악마와의 기나긴 투쟁의 과정이었다. 보리수 아래에서의 정각은 악마와의 싸움의 끝이 아니라 조금이라도 긴장감을 늦추게 되면 여지없이 속삭이며 다가오는 것이 악마이므로 정신적 성숙과 청정함을 유지하기 위한 투쟁의 시작이라 하겠다. 마치 오염된 물을 정화하는 것으로 끝나는 것이 아니라 깨끗하게 정화된 물을 유지하는 것이 필요한 것과 같다고 하겠다.

대승불교에서는 붓다가 된 다음에는 악마의 유혹을 전혀 받지 않는 초월자로 말해지고 있지만 초기 불전은 그렇지 않았다. 초기불교 시대의 붓다는 인간이면 누구나 직면하게 되는 욕망과 불안, 공포나 고뇌 등과 맞서 싸워 이긴 의지와 신념에 충만한 인간이요, 남을 이긴 사람이 아니라 바로 자기를 이긴 성자이다. 그는 성자였으면서도 언제든지 악마의 유혹을 받았지만 그때마다 그 유혹에 넘어가지 않는 보통의 사람

48) 유행경<1-17상>,D.N. II. p.112.
49) 잡아함경 제39:1088경, 1089경:<2-285중>, 잡아함경 제39:1101경:<2-289하>.
50) 잡아함경 제39:1086경:<2-284하>.
51) 잡아함경 제39:1090경:<2-295하>.

보다 지성의 면에서나 용기의 면에서 훨씬 뛰어난 성자중의 성자였다.

4. 싯닷타의 선정禪定

싯닷타는 수행하는 과정에서 고행주의자 밧가와를 만났고, 당시 유명했던 요가수행자 알라라 깔라마나 웃다까를 만나 가르침을 받았다. 그렇지만 결국 그들의 곁을 떠나고 말았다.

특히 알라라 깔라마는 무소유無所有의 경지에 이르는 삼매를 가르쳤고, 웃다까는 비상비비상非想非非想의 경지에 이르는 삼매를 가르쳤다. 싯닷타가 이들의 가르침에 만족하지 못하고 떠났다는 것은 싯닷타의 수행은 그들과는 다르다는 것이고, 그들의 수행단계를 넘어섰다는 것을 의미한다.

그렇다면 싯닷타를 깨달음에 이를 수 있게 한 선정禪定은 어떤 것인가?

서력 기원전 6세기 인도에는 유명한 요가수행자들이 많았다. 그들은 자기들이 연마한 요가수행의 단계를 체계화하였는데 불교경전에서는 그것을 사선四禪과 사무색정四無色定이라 말한다. 싯닷타가 알라라 깔라마나 웃다까의 지도를 받았지만 끝내는 그 곁을 떠났다는 것은 결국 싯닷타는 사선四禪과 사무색정四無色定을 연마하였지만 그것으로 만족할 수 없었음을 의미한다. 싯닷타의 깨달음은 사선四禪과 사무색정四無色定보다 한 차원 더 높은 단계에서 이루어졌음을 의미하는데, 그와 같은 단계를 불교경전에서는 9차제정九次第定이라 한다. 아홉 가지 단계적인 선정이란 뜻이다.

초기경전을 통해서 9차제정에 대한 설명을 살펴보면 다음과 같다.52)

먼저 첫 번째 단계의 선정[初禪定]은 반드시 감각적 욕망(kāma)과 도덕적 악(akusala)으로부터 벗어나야만 가능하다. 초선初禪에서는 욕망에서 벗어나는 기쁨(pīti)과 즐거움(sukha)을 느낄 수 있게 된다.

두 번째 단계의 선정[第二禪定]은 초선에서 느꼈던 기쁨과 즐거움을 인식하는 마음이 가라앉고 내면으로 더욱 편안해 지면서 마음을 한 군데로 집중하게 되어 잔잔한 기쁨으로 충만하게 되는 것을 말한다.

세 번째 단계의 선정[第三禪定]은 제2선정에서 느꼈던 내면의 잔잔한 기쁨마저 느끼지 않게 되는 것을 말한다. 여기에서는 의식만이 맑고 또렷해지며 몸은 가벼워지는 듯하다고 하였다.

네 번째 단계의 선정[第四禪定]은 괴롭다거나 즐겁다는 느낌마저 완전히 벗어나고 편안하다거나 몸이 가볍다는 생각에서도 벗어나는 것을 말한다. 이때 마음은 단지 평정平靜할 뿐 행·불행 등에 무관심해진다고 했다.

대상에 대한 감각적 인식에서 완전히 넘어서고, 대상에 대하여 반사적 인식도 소멸되고, 대상에 대한 다양한 인식에 개의치 않으므로 무한한 공간이란 의식으로 몰입하게 된다. 이것이 다섯 번째 단계로서 공간은 무한하다는 경지(Ākāsānañca āyatana)의 삼매[空無邊處定]이다.

공간은 무한하다는 의식마저도 넘어서고 오직 그것을 자각하는 텅 빈 의식으로만 몰입하게 된다. 이것이 의식은 무한하다는 경지(viññāṇāna-ñc'āyatana)의 삼매[識無邊處定]로서 여섯 번째 단계이다.

의식은 무한하다는 의식마저 넘어서 더 이상 아무 것도 남아있지 않는 상태에 몰입하게 된다. 이것이 손에 잡힐 그 무엇도 없다는 경지(Āki-ñcaññāyatana)로서 일곱 번째 단계의 삼매[無所有處定]이며, 알라라 깔라마

---

52) 주도수경<1-422상> S.N. V. p.272, S.N. II. p.143, S.N. V. p.282.

에게 배운 수행이었다. 무소유처의 삼매는 높은 경지의 하나로서 실체는 없다는 것, 즉 모든 것은 환상일 뿐이라는 것을 통찰하는 것이다.[53)]

아무 것도 없다는 의식마저 벗어나지만 그렇다고 지각이 있다고 할 수도 없고[非想] 그렇다고 지각이 완전히 없어졌다고 말할 수도 없는[非非想] 단계에 도달한다. 이것이 여덟 번째의 단계로 웃다까가 닙바나(nibbāna:ⓢnirvāṇa), 즉 열반이라고 말한 비상비비상이란 경지(nevasaññān'āsaññāyatana)의 삼매[非想非非想處定]이다.

생각이 있거나 생각이 없거나 모두 괴롭다. 양쪽의 괴로움을 피하라. 모든 번뇌로부터 벗어난 청정한 즐거움은 선정의 법열에서만 얻어진다.[54)]

싯닷타가 웃다까의 가르침을 받을 때, 그가 비상비비상을 닙바나의 경지라고 하자 '당신은 거친 번뇌는 끊었지만 미세한 번뇌가 아직 남아 있다는 것을 자신이 알지 못하면서 궁극적인 문제를 해결했다고 생각하고 있다'고 신랄하게 비판하고 그의 곁을 떠났다.[55)] 따라서 싯닷타는 여덟 번째의 삼매인 비상비비상처의 삼매를 넘어 한 차원 더 높은 아홉 번째 단계에서 깨달음을 얻었다.

싯닷타가 얻은 삼매를 니로다사마빳띠(nirodha-samāpatti)라고 하는데, 한역에서는 멸진정滅盡定이라 한다.

멸진정을 상수멸정(想受滅定:saṃjñāvedita-nirodha-samāpatti)이나 멸수상정滅受想定 등으로 번역하고 있다. 멸진정이란 아무 것도 남기지 않고 모두 다 없애버린 삼매란 뜻이요, 상수멸정이나 멸수상정이란 오온五蘊에

---

53) Jt. vol. I. p.241.

54) Jt. vol. I. p.291.

55) 과거현재인과경 제3:<3-638중>汝以盡於麤結而不自知細結猶存 以是之故 謂爲究竟.

서 말하는 수受와 상想을 없앤 삼매라는 뜻이다.

여기서 말하는 수受는 웨다나vedanā를 말하며, 이는 외부대상에 대한 감각적感覺的 반응反應을 의미하고, 상想은 산냐(saññā: Ⓢsaṃjñā)로서 감각적 반응을 자료로 하여 어떤 이미지를 형성하는 지각작용知覺作用을 말한다.

멸진정은 감각受과 지각想이 완전히 정지되고 오직 남은 것은 심장의 박동과 체온 그리고 호흡작용만이 남게 된 경지를 말한다. 멸진정은 심장의 박동과 호흡과 체온이 남아 있다는 점에서 죽음과 다르다.[56]

싯닷타가 여덟 번째 단계까지의 선정을 부정한 것은 제4의 선정까지는 미세하지만 아직 육신에 대한 느낌이 남아 있기 때문이고, 4무색정無色定의 단계에 들어가면 자기 자신의 존재에 대한 자의식自意識을 어느 정도 느끼느냐의 차이만 있다고 보았기 때문이다. 싯닷타는 그 자의식마저도 전혀 느끼지 않는 무념무상無念無想의 경지에 도달하였던 것이다.

공무변처空無邊處의 삼매 이상의 단계에서 다른 점이 있다면 심리적 평정과 무심의 상태가 더욱 심화되고 있음을 볼 수 있는데, 그것은 바다가 깊어질수록 수면水面에서 일어나는 파도의 영향이 줄어들고 마침내는 물의 움직임은 전혀 없고 맑고 투명한 고요만이 남는 것과 같다고 하겠다.

그런데 경전에 따라서는 공무변처 등의 네 가지 무색정無色定을 언급하지 않고 제4선정의 단계를 넘어서 번뇌를 모두 없애버린 아라한(arhan:阿羅漢)이 되어 결국은 닙바나로 들어가게 된다고 말하기도 한다.[57]

---

56) 법락비구니경<1-789상> 대구치라경<1-791하> M.N. I. p.356.
57) 주도수경:<1-422중> S.N. V. p.272.

5. 깨달음의 뜻

고따마 싯닷타가 깨달았다는 의미는 무엇인가? 깨달았다는 말 자체가 무엇인가 없었던 것을 있도록 했다는 것이 아니라 이제까지 있었지만 모르고 있었던 것을 비로소 알게 되었다는 것이요, 그것은 '있는 사실 그대로 알게 되었다'는 뜻이다.

흔히 붓다의 깨달음을 빨리어로 '야타부탕 자나띠'yathābhūtaṃ jānāti라거나 '야타부탕 빳사띠'yathābhūtaṃ passati 또는 '야타부탕 빠자나띠'yathābhūtaṃ pajānāti라고 한다. '야타부탕'은 '야타부타'yathābhūta의 대격對格이고, 야타부타yathābhūta는 '눈앞에 펼쳐지는 사실 그대로'[如實]라는 뜻이다. 자나띠는 '알다'[知]는 뜻이고, 빳사띠는 '보다'[見]이며, 빠자나띠는 자나띠와 빳사띠의 복합개념으로 '이론이 아닌 체험적으로 알다'는 뜻이다. 여실지견如實知見이 바로 붓다의 깨달음을 번역한 말이다. 그 '알고 보는' 깨달음이 보편성과 타당성을 가졌기에 등정각(等正覺)이라 하고, 정변지正遍知라 했다.

붓다가 말하기를, '붓다가 세상에 나오거나 나오지 않거나 이 법은 상주常住하는 현상계가 존속하는 이치[法住]이며, 현상계의 근원적인 원리[法界]로서 붓다인 내가 스스로 깨닫고 알아서 보편타당한 깨달음[等正覺]을 이루었다'고 했던 것이다.[58] '눈앞에 펼쳐지는 사실 그대로'가 현상계現象界요, 현상계는 고정되어 있는 어떤 모습이 아니라 인연을 따라 수시로 바뀌고 변하는 역동적인 모습이기 때문에 어떻게 한마디로 표현할 수가 없어서 '그렇다'[如:tathā]고 했다.[59]

---

58) 성열, 『부처님 말씀』(현암사:2002), p.162.

붓다가 깨달음을 얻을 때의 마음상태를 멸진정滅盡定이라 했는데, 그것은 몸뚱이의 상태에 따라 이렇게 저렇게 느끼는 감각적 느낌[受:vedanā]이나 그 감각적 느낌을 가지고 지각하는 것[想:saññā, Ⓢsaṃjñā]을 모두 떨쳐 없애 버린 무념무상無念無想의 상태를 말한다. 한마디로 무심無心이다.

그러니까 붓다가 깨달았다는 것은 무심으로 보고 무심으로 알았다는 것인데, 여기서 '본다'는 것은 물질적 현상[色]을 말하고, '안다'는 것은 사고思考가 만들어내는 이름과 문자의 세계[名]를 말한다. 그러니까 고따마 붓다가 깨달음에 이르기까지의 수행의 과정은 결국 5온에서 말하는 수受와 상想에서 벗어나는 과정이었음을 의미한다.

다시 말하면, 고따마 붓다가 깨달았다는 것은 그 어떤 선입견도 없이 내 목전에 펼쳐지는 사실을 사실그대로 직관直觀했다는 뜻이다. 그것은 아직 깨달음에 이르지 못한 사람들은 자기가 가지고 있는 선입견을 통해 세상을 보거나 안다는 뜻이기도 하다. 붓다는 그 선입견을 '욕망에 가득 찬 기대감'이라 했다. 사람들은 자기가 보고 싶은 것을 보고, 듣고 싶은 것을 듣는다는 말이다.

붓다는 어떤 분인가?

---

59) 'tathā'는 지시대명사 'tad'의 어간 'ta'에 상태를 나타내는 접미사 'thā'가 붙여진 말로 '사물의 있는 상태 그대로의 모습'이란 뜻이다. 우리가 경험할 수 있는 세계는 그 무엇 하나도 고정불변하지 않고 끊임없이 생성하고 소멸한다. 그렇게 생성하고 소멸하는 변화를 거듭할 뿐이지 영원히 아주 없어져 버리지도 않고 어떤 한 모습으로 영원히 존재하지도 않는다. 그것은 마치 바닷물이 출렁거리면서 늘 거기에 그렇게 있는 것과 같다. 이러한 입체적이고 역동적인 현상을 한마디로 표현할 때 '그렇다'[如]라고 말할 수밖에 없다. 그런 것이 바로 존재의 실상[諸法實相]이요 '사실 그대로 진실한 모습'[如實相]이다. 초기경전에 법이(法爾)라거나 법여(法如)라고 한 말은 '존재는 그렇다'는 뜻이며, 흔히 대승불교경전에서 말하는 진여실상(眞如實相)이란 말도 이것을 의미한다.

이제 인도인들이 그토록 고대했던 붓다라는 이가 어떤 분인지를 고따마 붓다의 입을 통해 알아보자.

한 바라문이 도대체 어떤 사람이 붓다냐고 물었을 때, 이렇게 대답했다.

"붓다는 지나간 역사를 알고
앞으로 다가올 미래를 예견한다.
모든 존재[諸行]는 파괴되고 소멸하는 것임을
현재의 삶 속에서 폭넓게 꿰뚫어 안다.
마음에서 그려내는 모든 문제들[諸法]을 깊이 통찰하여
긍정하고 받아들일 것은 긍정하여 받아들이고
부정하고 배척할 것은 부정하여 배척한다.
그래서 나를 붓다라고 부른다.
보편적 현상[總相]과 개별적 현상[別相]을
구별하여 이해하고 사실과 같이 알기 때문에
이 세상의 모든 것들을 빠짐없이 알고 봄으로
나를 붓다라고 부른다.
바라문아,
중생의 길고 긴 역사를 관찰해 보니
이 세상 모든 존재들이 직면하는 고뇌는
태어난 자는 반드시 죽음을 맞아야 한다는 것이다.
나는 객관 대상에 대한 집착에서 벗어나고
내면적으로 망상에 매달리는 것에서 벗어나
독화살과 같은 번뇌를 없애버렸으니
생과 사의 문제에서 초래되는 갈등에서 자유를 얻었다.

그래서 나를 붓다라고 말한다."[60]

붓다란 어떤 존재인가를 붓다 자신의 말을 통해 분명하게 이해할 수 있어야 할 것이다. 붓다는 분명 역사내적 존재이지 초월적 존재가 아니었다. 고따마 붓다를 초월적 존재로 보려는 것은 신앙심의 발로이겠지만 그러한 마음만으로는 붓다를 제대로 읽을 수 없다는 것을 알아야 한다.

6. 성도일

붓다가 도를 성취한 날[成道日]에 대한 견해가 남방과 북방이 다르다. 인도·스리랑카·태국·미얀마 등 남방불교권에서는 『마하왕사』Mahā-vaṃsa에 의거하여 붓다의 탄생·성도·입멸을 웨사카(Vesākha:ⓈVaiśā-kha)월月의 만월일滿月日로 보고 있다. 웨사카월 만월일은 5월 보름이다. 스리랑카에서는 이 날을 웨사크제(Wesak festival)라 하여 최대의 축제일로 행사하고 있다.

중국, 한국, 일본 등 북방불교권에서는 성도일을 음력 12월 8일로 하는데, 그것은 주周나라의 역법曆法이 음력 11월을 첫째 달로 하였기 때문에 인도역의 두 번째 달인 웨사카를 음력 12월로 환산한 것이라 하겠다.[61] 한역불전漢譯佛典 중에도 『유행경』은 2월 8일에 '깨달음을 이루었다'[成菩提]고 했고,[62] 『반니원경』에는 4월 8일에 '불도를 이루었다'[得佛

---

60) 성열, 『부처님 말씀』(현암사:2002), p.9

佛知過去世 未來世亦然 現在普悉知 諸行壞滅相
明達了諸法 應修者悉修 應斷盡斷除 以是故名佛
總相及別相 分別解了知 一切悉知見 是故名爲佛
婆羅門當知 無量劫觀察 諸行之苦惱 受生必終沒
遠塵離垢習 拔毒箭煩惱 得盡生死際 以是故名佛.

61) 中村 元, 앞의 책, p.164.

道]고 했다.63)

『대당서역기』에는 인도의 웨사카월 후반 8일에 등정각等正覺을 이루었다고 하는데, 이는 당의 3월 8일에 해당하고, 또 상좌부上座部에서는 웨사카월 후반 15일에 등정각을 이루었다고 한다. 이는 당의 3월 15일에 해당한다고 하였다.64)

---

62) 유행경:<1-30상>.
63) 반니원경 권하:<1-190하>.
64) 대당서역기 제8:<51-916중>.

제6장 최초의 설법

1. 정각 후의 명상

붓다는 네란자라강변 우루웰라의 보리수 아래에서 정각正覺을 얻은 뒤에 도량 이곳저곳 일곱 군데의 나무 아래에서 7일씩을 보냈다.[1] 그러니까 49일간의 휴식을 취한 셈이다. 아마도 이제까지의 수행의 긴 여정에서 쌓였던 피로도 풀 겸 해탈의 기쁨을 즐기면서 자신이 깨달은 진리의 내용을 다시 점검하고, 그것을 중생들이 알기 쉽게 조직하고 체계를 세우느라 시간이 필요했을 것이라 본다.

붓다가 아자빨라Ajapāla나무 아래에서 가부좌하고 법락法樂을 누리고 있을 때, 신분을 자랑이나 하듯이 거만하게 콧노래를 부르면서 한 바라문이 붓다에게 다가와 말했다.

"고따마여, 무엇이 바라문이 되게 하고, 바라문이 된 사람의 특징은 무엇이라 보는가?"

붓다가 그에게 말했다.

"스스로 악을 멀리하고, 신분을 뽐내는 콧노래를 부르지 않으며, 번뇌에서 벗어나 자기를 억제할 줄 아는 사람이 바라문이다. 청정한 삶을 살며 베다를 깊이 공부한 사람이 바라문이다. 그런 사람이라야 바라문이라 할 수 있고 세상 어디에 가도 비난받지 않는다."[2]

---

1) 『사분율』에 의하면 처음 보리수 아래에서 2・7일, 가리륵(呵梨勒)나무 아래에서 7일, 리파나(梨婆那)나무아래서 2・7일, 문린(文驎)나무아래서 7일, 아유파라니구율(阿踰波羅尼拘律) 나무아래에서 7일을 보냈다고 한다. 『Mahavagga』에는 보리수(Bodhitree), 아자빨라 반얀나무(Ajapāla banyan), 무짤린다나무(Mucalinda), 라자야따나나무(Rājāyatana), 다시 아자빨라 반얀나무(Ajapāla banyan)의 순으로 나와 있다.

2) Vp. vol. IV. p.4, Mahāvagga:I,2:<S.B.E. vol. XIII. p.79>.

바라문은 희생犧牲과 공물供物을 바치며 신에게 제사를 지내고, 그 제사의 힘으로 신들의 은총을 받는다고 믿어왔다. 이러한 사고방식에 대한 붓다의 비판이다. 자신의 의지와 관계없는 태어남에 의해 신분이 결정되는 것이 아니라 자신의 노력으로 번뇌를 벗어나야 바라문이 될 수 있다는 것이다.

바라문들은 보와딘Bhovādin이라 말하는데, 남들을 보Bho라 부르는 사람이란 뜻이다. '보'Bho라는 말의 뜻은 '군'君 정도의 뜻이니 상대방을 아랫사람으로 취급하는 어투라 하겠다. 붓다는 바라문의 이런 우월의식 또한 비판하고 있다.

붓다는 바라문답지 못한 바라문을 약장사같은 바라문, 심부름꾼같은 바라문, 세리稅吏같은 바라문, 채탄부採炭夫같은 바라문, 떠돌이행상같은 바라문, 품팔이꾼같은 바라문, 백정같은 바라문, 도둑놈같은 바라문, 사냥꾼같은 바라문, 아첨꾼같은 바라문이라 언급한 바가 있다.[3] 범천(Brahma)같은 바라문, 신(deva)같은 바라문, 분수를 아는 바라문, 분수를 넘은 바라문, 바라문사회에서 추방된 바라문으로 나누기도 했다.[4]

2. 마왕의 유혹

보리수 아래에서 정각을 얻은 후 네 번째 7일에 마왕魔王이 나타나서 붓다에게 말했다. 마왕은 욕계欲界의 제일 높은 하늘[第六天]인 타화자재천他化自在天의 우두머리를 말한다.

"세존이시여, 길고 긴 세월에 걸쳐 애써 고행하여 이제 붓다가 되셨으

3) Jt. vol. IV. pp.228~230.
4) A.N. III. p.164.

니 이제 대열반에 드소서. 지금이 바로 그때이오니, 원컨대 붓다께서 대열반에 드소서. 원하오니 붓다께서 대열반에 드소서."

이때 붓다께서 "빠삐야스야, 일체 중생이 아직 나의 법안에서 이익을 얻지 못했거늘 어찌하여 나에게 속히 대열반에 들라고 하느냐?"고 하자, 마왕은 지팡이로 땅을 그으면서 '이 욕계欲界는 이제 더 이상 내 마음대로 되지 않는다'고 하면서 괴로워했다.[5)]

싯닷타가 성불成佛하는 것을 방해하다가 결국 실패한 마왕이 '이제는 뜻을 이루었으니 더 이상 세상에 머물지 말고 떠나라'고 말하는 것이다. 이때 있었던 마왕의 유혹에 대하여 훗날 『대반열반경』에 이렇게 적고 있다.

"빠삐야스가 옛날 나에게 대열반에 들어가라고 청했었다. 빠삐야스는 중생을 교화하지 않고 침묵하고 있는 것을 열반이라 생각한 모양이다. 아무 것도 하지 않고 있는 사람을 죽은 사람과 같다고 하듯이 내가 중생을 교화하지 않고 침묵하는 것을 대열반에 드는 것이라고 생각한 모양이다."[6)]

3. 용왕의 보호

붓다가 다시 무짤린다 나무 아래에 앉아 법락法樂을 누리고 있을 때, 때아닌 폭풍우가 불더니 이레 동안이나 폭우가 쏟아졌다. 그때 나가Nāga왕 무짤린다가 와서 붓다를 감싸 비바람을 가려주면서 말했다.[7)]

---

5) 방광대장엄경 제10:<3-601상>.
6) 대반열반경 제23:<12-757하>.
7) 빨리사전에 나가(Nāga)를 코브라 또는 코끼리라고 했다. 한역(漢譯)에서는 보통 용(龍)으로 번역하고 있는데, 여기서는 코브라를 말한다. 마두라(Madhurā)의 불

"세존이시여, 추위에 떨지 마시고 더위에 시달리지 마소서. 기는 것이나 나는 것이나 그 어떤 파충류에게도 물리지 마소서."

이레 동안의 폭풍우가 끝나고 날이 걷히자 무짤린다도 붓다를 감싸고 있던 몸을 풀고 한 젊은이로 변신하여 붓다를 찬탄하며 앞에 앉았다. 그때 붓다께서 말씀하셨다.

"법을 깨달아 마음이 기쁜 자는 홀로 있어도 행복하다.

이 세상 모든 생명에 대하여 적의敵意를 품지 않고 자비로운 마음을 갖는 것은 행복하다.

모든 욕망의 굴레에서 벗어나고 '나'라는 교만한 마음을 던져버릴 때 그 무엇보다도 행복하다."[8)]

나가가 붓다의 몸을 감쌌다는 것은 이해하기 어려운 이야기지만 모든 생명들이 붓다를 받들고 존경하게 되었다는 뜻으로 불교미술에 자주 등장하고 있다. 흔히 일곱 개의 머리로 붓다를 감싸주는 모습으로 표현된다.

4. 두 상인의 귀의

붓다가 다시 자리를 옮겨 라자야따나 나무 아래에서 법락을 누리고 있을 때, 웃깔라Ukkalā에서 온 상인商人 따뿟사Tapussa와 발리까Bhallika가 미숫가루와 밀환蜜丸을 가지고 와서 여쭈었다.[9)]

전조각(佛傳彫刻)에는 '나가'가 묘사되고 있지만 간다라(Gandhārā)의 조각에는 '나가'가 없는 것으로 보아 나가신앙은 옛날 인도의 토속신앙을 반영하는 것으로 생각된다.

8) Mahāvagga:I,2:<S.B.E. vol. XIII. p.81>.

9) B.B.S. p.110에는 지금의 오릿사(Orissa)주에서 중인도 지역(Majjhimadesa)으로

"세존이시여, 저희가 올리는 미숫가루와 밀환을 받으시어 오랫동안 저희를 기쁘게 하소서."

그때 붓다가 생각했다.

"진리의 체현자體現者인 따타가따Tathāgata가 저들의 공양을 손으로 받을 수는 없지 않겠는가. 그렇다면 저들의 공양을 어떻게 받을까?"

'따타가따'는 여래如來로 번역되는 말이다. 지식이나 이론으로 진리를 얻은 것이 아니라 온몸으로 진리를 얻은 자를 의미한다. 그리고 붓다가 처음으로 따타가따라는 말을 썼다. 붓다나 아라한은 불교이전부터 사용되었던 말이지만 여래는 불교에서 처음 쓴 말이다.

그때 네 명의 천왕天王이 붓다의 마음을 알고 청석靑石으로 만든 바루silāpatta를 사방에서 가져왔다.

"세존이시여, 이것으로 미숫가루와 밀환을 받으소서."

붓다는 네 명의 천왕이 바치는 그릇으로 그들의 공양을 받으셨다.[10] 그때 따뿟사와 발리까 두 상인이 붓다의 발에 절을 하면서 말했다.

"저희들이 붓다Buddha와 담마Dhamma에 귀의합니다. 저희를 신도로 받아주시어 죽을 때까지 귀의토록 하시옵소서."

따뿟사와 발리까 두 상인이 최초로 붓다에게 귀의한 사람이다. 그러나 이때에는 아직 붓다의 출가제자들의 모임인 상가Saṅgha가 없었으므로 붓다와 가르침에 귀의하는 이귀의二歸依였다.[11] 두 사람이 붓다와 헤

가던 중이었다고 했으나, 『방광대장엄경』<3-601하>에는 따뿟사(帝履富婆)와 발리까(婆履)가 북천축에서 온 상주(商主)로 많은 상인들을 이끄는 형제라 했다. 5백대의 수레에 값진 물건을 싣고 북천축으로 돌아가는 길이었다고 했다.

10) 『사분율』에는 '사천왕이 바치는 바루를 받아 하나로 합쳤다'(受四天王鉢 令合爲一)고 하였다.<사분율 제31: 22-782상>.

11) Vp. vol. Ⅳ. p.6, Mahāvagga:I,2:<S.B.E. vol. XIII. p.84>.

어지기 전에 '무엇인가 숭배할 만한 것이 있었으면 좋겠다'고 하자, 붓다는 오른손으로 머리카락을 뽑아 주었고, 그들은 고향으로 돌아가 머리카락을 봉안한 탑묘塔廟를 세웠다고 한다.12) 아마도 이 탑이 불교역사상 최초의 탑이 될 것이다.13)

훗날 두 사람은 라자가하로 찾아와 설법을 듣고 따뿟사는 소따빤나sotāpanna를 얻고 재가자로 남았지만 발리까는 출가하여 아라한阿羅漢이 되었다.14) 소따빤나는 산쓰끄리뜨로 스로따 아빤나srota-āpanna로 '흐름에 들어간 사람'을 뜻하며, 보통 입류入流나 예류預流 또는 수다원須陀洹이라 번역하는 말이다.

5. 신들의 간청

붓다는 마지막 7·7일째 아자빨라 나무 아래에서 이렇게 생각했다.

"나는 이제 깨달음을 얻었다. 하지만 이 법은 깊고 미묘하여 내가 사람들에게 설명해도 이해하기 어려울 것이다. 내가 깨달은 법은 오직 지혜가 있는 사람만이 알 수 있는 것이지 어리석은 범부로서는 미칠 수 있는 것이 아니다. 중생들은 인식이 다르고 견해가 다르며 받아들이는 것이 다를 뿐 아니라 관심을 갖고 배우는 것이 다르기 때문이다.

중생들은 각자 자기의 소견에 매달리고 자기가 바라는 것을 좋아하며, 또 자기가 배우고 익힌 것만을 고집한다. 그래서 이 깊고 미묘한 인연의 법을 이해하지 못한다.

---

12) B.B.S. p.110.
13) 대당서역기 제1:<51-873상>.
14) Thag. p.13.

내가 욕망을 넘어선 열반을 말한다고 해도 저들은 더욱 난해하게 생각할 것이다. 그러니 내가 저들에게 말해주어도 알지 못하고 오히려 번거롭게만 생각할 것이다."[15]

붓다는 '각고刻苦의 노력 끝에 쟁취한 이것을 왜 알려주어야 하나!'라는 옛날 현자들의 말을 떠올리며 법을 설하지 않기로 마음을 기울였다고 한다.[16] 이때 최고의 신神 브라흐마(Brahma:梵天)가 다가와서 법을 설해 주실 것을 간절히 청했다.

"아! 이제 세상은 망했다. 아! 이 세상은 무너지고 말았다.

삼마삼붓다Sammasambuddha이신 따타가따께서 분발하지 않고 침묵을 지켜 법을 설하지 않으니 세상이 망하고 마는구나!

세존이시여, 만일 세존께서 설법하지 않으신다면 세상은 그냥 망하고 말 것입니다. 그렇게 되면 참으로 슬프고 애석한 일이 아니겠습니까? 세존께서 법을 설하시어 중생들이 험악한 세상에 떨어지지 않도록 하옵소서."

그때 붓다가 브라흐마에게 말했다.

"내가 얻은 바른 법(正法)은 매우 깊고도 미묘하다. 내가 만약 저들 중생을 위해 설명하더라도 그들은 그것을 알아듣지 못할 뿐 아니라 도리어 두려움을 느낄 것이다. 그래서 나는 차라리 침묵하고 법을 설하지 않을까 하고 있다.

내가 긴 세월에 걸쳐 더할 수 없는 노력으로 수행하여 이제 비로소 이 얻기 어려운 법을 얻게 되었다.

---

15) Vp. vol. IV. p.6, Mahāvagga:I.5.2:<S.B.E. vol. XIII. p.84> D.N. II. p.31, S.N. I. p.171, M.N. I. p.211, 사분율 제31:수계건도:<22-786하> 대본경:<1-8중> 증일아함경 제10:권청품1:<2-593상>.

16) M.N. I. p.212.

내 비록 중생들을 위해 설법을 한다고 해도 탐욕과 분노와 어리석음에 깊이 물들어 있는 중생들이 내 말을 받들어 실천하지 못할 것이니 중생을 위해 설법하는 것이 공연히 나 자신만 수고롭게 하는 것이 아니겠는가.

이 법은 미묘하여 때로는 세상의 일들과는 서로 반대되는 것이기도 하다. 중생들은 욕심에 물들고 어리석음에 덮여 있어서 욕망을 벗어나야 한다는 내 가르침을 믿고 이해하기 어려울 것이다. 그래서 나는 차라리 입을 다물고 설법하지 않으려 했던 것이다."

브라흐마가 다시 여쭈었다.

"세존이시여, 한량없는 세월동안 널리 덕을 닦으시어 이제 정각을 이루셨는데 어찌하여 침묵만을 지키시고 법을 설하시지 않으십니까? 중생들이 어리석음 때문에 생사의 흐름에 떠밀려 윤회를 벗어나기는 실로 어렵사오나, 그래도 과거생에 선지식을 가까이 하여 덕을 좀 쌓은 인연으로 지금 큰 법을 알아들을 수 있는 사람도 있습니다. 알아들을 수 있는 사람만을 위해서라도 자비를 내리시어 법을 설하시고 그들이 악행을 멀리하고 선법을 이루게 하시옵소서."17)

붓다는 거듭되는 브라흐마신의 간곡한 청을 들으시고 부처의 눈으로 온 세상을 살펴보니, 중생들 가운데는 번뇌에 깊이 덮여 있는 자도 있지만 그렇지 않은 자도 있었으며, 어리석은 자도 있지만 영리한 자도 있었다. 가르치기 어려운 자도 있었지만 가르치기 쉬운 자들도 있었으니, 훗날의 죄를 걱정하여 악행을 등지고 선善을 추구하려는 자들도 있다는 것을 알았다.

붓다는 세상을 살펴보시고 브라흐마에게 말했다.

---

17) 과거현재인과경 제3:<3-643상>사분율 제32:<22-787상>.

"내 너희 중생들을 가엾이 여겨 이제 감로(Amata)의 법문法門을 열 것이니, 이 법을 듣는 자는 자기의 낡은 믿음을 버려야 할 것이요, 이 법은 깊고 미묘하여 쉽게 이해하기는 어려울 것이니라.

나는 이제 기꺼이 믿고 듣고자 하는 이들을 위해 설할 것이요, 이 법을 듣고 마음이 어지러워져 아무런 이익이 없는 자를 위해서는 설법하지 않으리라."[18]

6. 세상으로 나가다

붓다는 브라흐마의 간청으로 법을 전하고자 하는 뜻을 굳히고 누구에게 먼저 설해야 이해할 수 있을 것인가를 살폈다. 전날 출가하여 수행할 때 만났던 바라문철학자 알라라 깔라마와 웃다까 라마뿟따를 교화의 첫 번째 대상으로 떠올렸다. 그들이라면 지혜가 있어 쉽게 알아들을 수 있을 것이라는 기대감에서였다. 그들과 헤어질 때 도를 먼저 이루면 자기들을 우선 제도하여 줄 것을 부탁 받은 일이 있었기 때문이기도 했다.

그러나 불행하게도 알라라 깔라마는 이미 7일전에 세상을 떠났고, 라마의 아들 웃다까는 바로 어제 세상을 떠났다.[19]

이번에는 한때 자기와 동료가 되어 고행을 하였던 까삘라왓투의 청년 수행자인 꼰단냐 · 왑빠 · 밧디아 · 마하나마 · 앗사지 등 다섯 사람을 교화하기로 마음을 먹었다. 그러나 그들은 이미 붓다의 곁을 떠난 지 오래

18) 성열, 『부처님 말씀』(현암사:2002), p.160.

19) Vp. vol. IV. p.10, M.N. I. p.213. 오분율 제15:<22-104상> 사분율 제32:수계건도:<22-787중> 『방광대장엄경』 제11<3-605하>에는 웃다까가 죽은 지 3일이 되었다고 했고, 『라마경』<1-777상>에는 웃다까가 죽은 지 14일이 되었다고 했다.

되었다. 다섯 사람은 싯닷타의 곁을 떠나 지금은 꼬살라국 와라나시의 선인들이 모인 곳(Isipatana)에서 여전히 고행을 하고 있었다.

붓다는 보리수 아래에서 깨달음을 얻고 누구와도 말할 상대가 없기 때문에 느낀 고독함을 술회한 적이 있다.

"사람이 우러러 공경하는 마음이 없고, 받들어 모실 사람이 없으며, 가르침을 받을 수가 없으며, 두렵고 꺼릴 것이 없어서 자기의 뜻대로 할 수 있다는 것은 참으로 괴로운 일이다.

사람으로서 윗사람을 받들어 섬기며 그 뜻을 따르고 거역하지 않고 산다는 것은 하나의 기쁨이다. 그러나 천상에서나 인간에게서나 범천이나 마군, 사문이나 바라문, 이 세상에 있는 어떤 생류生類도 나보다 뛰어나 내가 섬기고 의지하며 공양하고 공경할 만한 이를 찾으려 해도 도대체 찾을 수가 없구나. 이제 나는 오직 내가 깨달은 법이나 의지하고 받들어야 하겠다.[20]

붓다는 멀리 와라나시의 이시빠따나로 다섯 사람을 찾아 여행길을 떠나게 되었다. 다섯 사람을 찾아 와라나시로 가시던 길에 가야Gayā에서 사명외도(邪命外道:Ājīvika) 우빠까Upaka를 만나게 되었다.

우빠까가 멀리서 걸어오는 붓다의 모습을 보니, 얼굴에는 법열法悅에 가득 차 기쁨이 넘쳤고 걸음걸이 역시 조용하면서도 자신만만해 보였다. 우빠까는 그러한 붓다의 모습을 보고 물었다.

"사문 고따마시여, 당신의 스승은 누구시며, 당신이 배우고 있는 것은 어떤 법입니까?"

우빠까의 물음에 붓다는 이렇게 대답했다.

"모든 지혜에서 뛰어났고 모든 욕심과 애착에서 해탈하여 스승 없이

20) 성열, 『부처님 말씀』(현암사:2002), p.41.

스스로 깨달았으니 어떤 사람을 따라서 배우겠는가! 나에게는 스승이 없고 또 나와 같은 사람도 없다.

이 세상에는 오직 한 사람의 깨달은 이가 있어 마음이 고요하여 항상 평화롭도다. 나는 이 세상에 집착할 것이 없어 이 세상에 우뚝 솟아 있다. 천상에서나 인간에서나 나와 겨룰 자가 없다.

나는 진리의 왕국을 세우고자 까시Kasi로 가서 어둠의 세상 속에 감로甘露의 북을 울리리라."[21]

우빠까는 붓다의 말을 듣고 의심이 생겼다.

"당신은 누구도 비교할 수 없는 최고의 승리자가 되었다고 말하는군요."

"번뇌의 소멸에 도달한 모든 승리자는 나와 같다. 나는 모든 번뇌의 상태를 극복하였다. 우빠까여, 나는 바로 승리자(Jina)니라."

이때 우빠까는 '아마 그럴지도 모르지요'(hupeyya)라고 말하고, 고개를 저으면서 딴 길로 가버렸다. 우빠까는 붓다의 심상치 않음을 알지 못하고 그냥 지나쳐버렸다. 이런 경우를 인연이 없는 중생이라 말한다.[22]

우빠까는 붓다와 헤어져 남쪽으로 갔고, 붓다는 북쪽으로 갔다. 붓다는 로히따와스뚜Rohitavastu · 안날라Aṇāla · 사라티뿌라Sārathipura를 지나 강가강에 도착했다. 그때까지 여러 마을을 거치는 동안 모든 장자長者 · 거사居士들이 음식을 바쳤다.

---

21) 성열, 『부처님 말씀』(현암사:2002), p.14.

22) 우빠까는 왕까하라(Vankahāra)지방으로 가서 사냥꾼의 딸 짜빠(Cāpā)의 아름다움에 빠져 그녀를 아내로 맞아 사냥꾼으로 살면서 아들 수밧다(Subhadda)를 낳았다. 짜빠와 불화 끝에 우빠까는 사왓티로 붓다를 찾아가 출가하여 아나함이 되었다. 짜빠 역시 출가하였고, 그녀의 노래가 '장로니들의 게송'(291~311)에 전한다.<Thig. p.129>.

강가강에 도착한 붓다는 뱃사공에게 말했다.

"강을 건네 줄 수 있습니까?"

"뱃삯을 주시면 건네 줄 수 있습니다."

"나는 가진 돈이 없습니다."

"뱃삯이 없으면 배를 태워줄 수 없습니다."

이때 붓다는 허공을 날아올라 강을 건넜다고 한다.

뱃사공은 붓다의 신통력을 보고 깜짝 놀란 나머지 기절하였다가 그 사실을 마가다국의 빔비사라왕에게 보고했다. 그러자 빔비사라왕은 뱃사공들에게 칙명을 내렸다.

"앞으로 사문이 강을 건너려하면 뱃삯을 받지 말라."[23]

이것이 선례가 되었는지는 모르겠으나 고대 인도의 법전法典에는 수행자들에 대하여 뱃삯을 받지 말라고 규정하고 있다.[24]

7. 첫 설법과 상가의 성립

붓다는 여러 날이 걸려 와라나시Vārānasi에 도착했다. 와라나시는 강가강으로 흘러들어가는 와라나Vārāna강과 아시Asi강으로 둘러싸여 있다고 해서 붙여진 이름이다. 강가강은 이곳에서 크게 원호圓弧를 그리면서 남에서 북으로 흘러가는데 시가지는 강의 서쪽에 위치하고 있다. 인도 고대도시의 하나이며 힌두교 성지이다. 붓다 당시 앙가의 짬빠, 마가다의 라자가하, 꼬살라의 사왓티와 사께다, 왐사의 꼬삼비 등과 함께 6대도시의 하나였다. 흔히 베나레스Benares 또는 바나라스Banaras라고 부르기도

23) 방광대장엄경 제11:<3-606상>.
24) Law of Manu:VIII. 407.

한다. 현재 웃따르 쁘라데쉬Uttar Pradesh주의 동남부에 위치하고 있다.

붓다가 성도한 곳은 마가다국의 부다가야였으니 와라나시와는 상당히 먼 거리였다. 그 거리는 직선거리로 130마일이요, 사람이 통행하는 길로는 2백마일 가까이 된다고 한다.[25] 그러니까 붓다는 혼자서 320km의 먼 길을 오직 법을 전하겠다는 일념으로 걸었던 것이다.

붓다의 최초 설법지는 와라나시 교외의 미가다야(Migadāya:鹿野園) 또는 이시빠따나(Isipatana:仙人住處)인데, 이곳은 와라나시의 북쪽 6km지점 사르나트(Sārnāth)마을에 있다. 이곳에는 밑바닥의 직경 약 28m, 높이 약 43m에 이르는 웅장한 다메크 스뚜빠(Damekh stūpa)가 서 있다.

붓다가 첫 설법을 했다는 장소에는 아쇼까가 세운 석주石柱의 밑 부분이 서 있고, 석주의 윗부분인 네 마리의 사자가 등을 맞대고 서 있는 사자주두獅子柱頭는 현재 사르나트박물관에 보관되어 있다.

붓다가 멀리서 걸어오는 모습을 본 꼰단냐 등 다섯 사람은 서로 약속을 했다.

"사문 고따마는 이미 신성한 고행을 버리고 공양의 즐거움을 누리는 타락자가 되었다. 이제 그에게는 도를 닦으려는 마음이 없다.

이제 그가 여기에 온다 해도 우리들이 일어서서 맞이할 필요도 없고, 그에게 예배하고 공경할 필요도 없다. 여기 와서 앉고 싶으면 자기가 자리를 펴고 앉게 내버려두자."[26]

---

25) 中村 元 著.『ゴ-ダマ・ブッダ』(春秋社:昭和54年), p.233.
W. H. D. Rouse는 부다가야에서 와라나시까지의 거리를 18리그(league)라 했는데, <Jt. vol. IV. p.111> 'league'는 한역불전에서 유순(由旬)이라 번역되는 요자나(yojana)인 것 같다. 'Yojana'는 '황소가 멍에를 걸고 하루에 가는 거리'라 하여 대략 7mile이므로-<P.E.D. p.559>-'18 Yojana'는 202.7km가 되고, 영어의 'league'는 약 3mile이므로 '18 league'는 86.8km가 된다. 따라서 'Yojana'를 'league'로 번역한 것은 큰 오역이라 하겠다.

그들은 붓다가 오더라도 못 본 체하고 침묵하기로 약속했지만 붓다가 가까이 다가오자, 불이 타들어오는 조롱 속에 있는 새처럼 불안해져[27] 처음의 약속과는 달리 자기들도 모르게 모두 일어나 옛날과 다름없이 바루를 받아들고, 앉을 자리를 준비하고, 발 씻을 물을 떠오는 등 서로 다투어 시중을 들었다. 다섯 사람은 이구동성으로 말했다.

"어서 오십시오. 고따마시여, 먼 길에 수고가 많으십니다. 이 자리에 편히 앉으십시오."[28]

붓다는 '어리석은 자들이 그 뜻이 굳건하지 못하여 함께 약속을 하고서도 그것을 지키지 못하고 스스로 어기고 있구나. 그것은 붓다의 위신력을 감당할 수가 없기 때문일 것'이라고 생각하고,[29] 그들이 깔아놓은 자리에 앉으면서 말했다.

"너희들은 어찌하여 위없이 존엄한 이에게 교만한 마음으로 함부로 나의 성을 부르느냐?

내 마음은 허공처럼 텅 비어 옛날의 명예 등에 분별하지 않는다. 너희들이 교만하여 스스로 악한 과보를 불러들이고 있다. 자식이 부모의 이름을 부르는 것은 세속의 법에서도 옳지 못하거늘 하물며 나는 깨달아 일체 모든 중생의 부모가 되었으니, 이름을 부르거나 세속의 지위로 부르지 말라."[30]

이들 다섯 사람은 붓다가 깨달음을 얻었다는 것을 아직 알지 못했기 때문에 붓다를 얕보려는 교만심이 생겨 세속에 있을 때의 이름인 싯닷

---

26) 과거현재인과경:<3-644상>불본행집경:<3-807상>사분율:<22-787하>.
27) 방광대장엄논경 제11:<3-606중>五人皆自不安 如鳥在籠爲火所逼.
28) 불본행집경 제33:<3-809중> M.N. I. p.215.
29) 사분율 제32:수계건도:<22-787하>.
30) 과거현재인과경 제3:<3-644상>. M.N.I.p.215, Mahavagga.I.6.12<S.B.E. XIII. p.92> 라마경<1-777하>.

타라 하고, 혹은 고따마라고 하고, 혹은 장로[具壽]라 하고, 혹은 석씨釋氏라 불렀다.[31]

붓다는 다섯 사람에게 계속하여 말했다.

"나는 이미 감로법을 깨달아 불사不死의 길을 얻었다. 너희들은 나의 가르침을 따라 나의 말을 귀담아 들어라. 나는 이제 너희들을 가르쳐 보일 것이다. 너희들은 내 말을 따라 어기지 말고 가르침에 의지하여 청정하게 살라."[32]

"사문 고따마여, 그대는 출가하여 고행을 하다가 선인의 법도 얻지 못하고 타락하여 공양이나 받고 게으름을 피우지 않았습니까?"

"그런 소리 하지 말라. 나는 타락하지도 않았었고 선정禪定을 잃지도 않았다. 나는 아눗따라삼마삼보디를 얻었고 이미 불사不死의 길을 성취하였다. 너희들은 내가 일찍이 거짓말을 하거나 같은 말을 반복하는 것을 보았느냐? 나는 이제 내가 얻은 법을 가르치려 한다."[33]

붓다의 이와 같은 단호한 자세에 압도된 다섯 사람은 귀를 기울이지 않을 수가 없었다. 이때 붓다는 그들에게 말했다.

> "수행자여, 두 개의 극단을 가까이 하지 말라. 그것은 쾌락에 빠지는 것과 스스로 지나친 고행을 하는 것이다. 이러한 극단은 지혜롭고 성스러운 법이 아니다. 그것은 몸과 마음을 피로하게 하여 스스로 판단하지 못하게 한다.
>
> 수행자여, 이 두개의 극단을 떠나 다시 중도中道의 길이 있다. 그것은 눈을 밝게 하고 지혜를 증진시키며 번뇌를 쉬고 고요하게

---

31) 근본설일체유부비나야파승사 제6:<24-127중>.
32) 불본행집경 제33:<3-809하>.
33) 사분율 제32:<22-787하> Vp. vol. IV. p.14.

한다. 신통을 이루며 평등한 깨달음을 얻어 미묘한 열반에 이르게 한다.

이러한 중도中道란 무엇을 말하는가? 그것은 지혜롭고 성스러운 여덟 가지의 올바른 길八正道이다.

다시 네 가지 성스러운 가르침[四聖諦]이 있다. 그것은 현실적인 인간의 삶은 고통의 연속이라는 가르침[苦聖諦]이다. 그러한 현실의 고통이 왜 생기느냐에 관한 가르침[苦集聖諦]이다. 또한 고통을 없애 버려 열반을 얻은 상태를 말하는 가르침[苦盡聖諦]과 고통을 없애는 바른길에 대한 가르침[苦出要聖諦]이다."[34]

이것이 유명한 중도中道에 대한 설법으로 사성제四聖諦와 팔정도八正道이다. 붓다가 한 최초의 설법을 초전법륜初轉法輪이라 하며, 이때 최초로 설한 경전을 『초전법륜경』初轉法輪經이라 한다. 이때 붓다가 사성제를 설법한 방식을 3전12행三轉十二行이라 한다.[35] 고苦·집集·멸滅·도道 하나하나에 대하여 그 자체를 밝히고[示], 실천방법을 권고하고[勸], 실천이 완수되었음[證]을 관찰하는 것을 말한다. '세존의 가르침이 많지만 결국은 사성제로 귀결된다'고 하였으니,[36] 고따마 붓다의 45년간 설법은 물론이요 대소승의 모든 가르침이 사성제四聖諦와 팔정도八正道의 부연설명에 지나지 않는다고 해야 할 것이다.

붓다가 다른 사람에게 설법하는 것을 '법의 바퀴를 굴린다'는 뜻에서 전법륜(轉法輪:Dhamma-cakka-ppavattana)이라고 한다. 이는 세계를 정복한 왕의 수레가 이 세상 어디라도 갈 수 있듯이 진리를 깨달은 붓다의

34) 사분율:<22-788상>오분율:<22-104중>S.N.V. p.356, Vp. vol. IV. p.15.
35) 잡아함경 제15:<2-104상>.
36) 성열, 『부처님 말씀』(현암사:2002), p.202.

가르침도 이 세상 어디라도 방해받지 않고 갈 수 있다는 뜻이다.

붓다가 사성제四聖諦를 설하자 다섯 사람 가운데 꼰단냐가 먼저 모든 번뇌를 소멸하고 진리를 보는 눈이 맑고 깨끗해졌다. 이것을 법안정(法眼淨:Ⓢdharma-cakṣur-viśuddha)을 얻게 되었다고 말하는데, 진리를 대하는 지혜의 눈이 열렸음을 의미한다. 꼰단냐가 법에 눈뜨게 되었다는 것을 안 붓다는 기쁨에 넘쳐 말했다.

"꼰단냐는 깨달았다. 꼰단냐는 깨달았다.

오늘부터 꼰단냐를 안냐따 꼰단냐Aññāta Koṇḍañña라고 이름한다."[37]

이때 꼰단냐가 말했다.

"세존이시여, 저를 세존 앞에 출가하여 구족계(upasampadā)를 받을 수 있도록 허락하소서."

"에히, 빅쿠!Ehi bhikkhu! 나의 가르침 안에서 범행梵行을 잘 닦아 고苦에서 완전히 벗어나도록 하라."

꼰단냐의 깨달음은 꼰단냐 자신에게만 기쁨이 되는 것이 아니다. 법을 설한 붓다 자신에게도 큰 기쁨이었다. 자신이 깨달은 법을 말했을 때 과연 그것을 이해하고 깨닫는 사람이 있을 것인가에 대한 궁금증과 이곳 와라나시를 향해 오다가 우빠까Upaka를 만나 자신이 깨달았음을 말했으나 전혀 귀를 기울이지 않았던 일이 있었기 때문이다.[38] 붓다가 자

---

37) 사분율 제32:<22-788중>S.N. V. p.360, Vp. vol. IV. p.18, Mahāvagga:I,6,31:<S.B.E. vol. XIII. p.98>.
'Aññāta'는 '깨닫다', '알다'의 뜻을 가진 'ājānāti'의 과거분사이다. 그밖에도 'Koṇḍañña'를 '안냐 꼰단냐'(Aññā Koṇḍañña), '안냐시꼰단냐'(Aññāsi Koṇḍañña), '빠띠웨다 꼰단냐'(Paṭivedha Koṇḍañña)라고도 부른다.
Aññā는 '다른'(other)의 대명사이고, Aññāsi는 jānāti(알다)의 아오리스트[不定過去]이고, Paṭivedha는 '성취한', '납득한'이란 뜻이다.

38) 성열, 『부처님 말씀』(현암사:2002), p.14.

신의 가르침을 전했을 때 그것을 깨닫는 사람이 있다는 것은 바로 붓다의 설법이 성공적이었다는 것을 말한다.

또한 꼰단냐는 불교역사상 최초로 출가한 비구이자 구족계具足戒를 받은 사람이며, '에히, 빅쿠'란 말은 '선래 비구'善來比丘로 한역漢譯되는 말로 붓다가 출가자들을 받아들이는 전형적인 말이 되었다. 빨리어 '에히'는 '오라, 이리오라'의 뜻이다. 붓다의 이 한마디 말로 붓다의 제자[釋子:sakyaputta]가 되었을 뿐 특별한 의식儀式이 없었다. 붓다와 비구는 스승과 제자로 정신적으로 형제가 되었다. 붓다를 '잘 왔다고 말하는 분'(ehisāgatavādin)이라고 하는 것도 여기에 기인한다.39)

꼰단냐는 불교 역사상 최초로 붓다에게 출가한 비구이자 구족계具足戒를 받은 사람이며, 그가 붓다의 설법을 듣고 눈을 뜨게 된 날이 바로 붓다의 전법기념일傳法記念日이 되는 셈이다.

안냐따 꼰단냐는 혼자 마을에 들어가 여섯 사람이 먹을 음식을 얻어오고, 붓다는 계속하여 네 사람에게 설법을 하여 왑빠와 밧디야가 다시 깨닫게 되었다. 이들 두 사람은 '생성하는 것은 무엇이든지 소멸되는 법'이라는 가르침으로 법안정法眼淨을 얻었다. 생성되는 것은 무엇이든지 소멸하는 법이란 연기법緣起法을 의미한다. 왑빠와 밧디아 역시 '에히, 빅쿠'라는 말로 구족계를 받았다.

이제 안냐따 꼰단냐 · 왑빠 · 밧디아 세 사람이 음식을 얻어왔고 붓다는 계속하여 마하나마와 앗사지를 상대로 설법을 하여 그들도 '생성하는 것은 무엇이든지 소멸되는 법'의 이치를 터득하여 법안정法眼淨을 얻게 되었다.40) 두 사람 역시 출가하여 구족계를 받게 되어 이제 다섯 사

---

39) D.N. I. p.149.
40) Vp. vol. IV. p.19, Mahāvagga:I.6:<S.B.E. vol. XIII. p.99>.

람의 비구가 있게 되었다.

붓다는 이들에게 『무아상경』無我相經을 설법했다.41) 『무아상경』은 '나'라는 의식을 구성하는 육체[色]나 정신적 요소들[受·想·行·識] 그 어디에도 고정불변의 실체라고 인정될 만한 자아(아뜨만)는 찾을 수 없다는 것을 일깨우고 있는데, 다섯 비구는 이 설법을 듣고 모두 아라한이 되었다. 붓다가 『무아상경』을 설하여 다섯 사람이 아라한arhan이 된 것은 『초전법륜경』을 설하고 나서 5일만이라고 한다.42) 꼰단냐를 비롯한 다섯 사람이 아라한이 되자 붓다는 다음과 같이 선언했다.

> "이제 세상에는 여섯 사람의 아라한이 있게 되었다. 다섯 사람의 제자와 여래如來·응공應供·정변지正遍知·붓다를 합하여 여섯 사람이다."43)

이것은 이 세상에 처음으로 삼보三寶가 출현했음을 의미한다. 꼰단냐 등 다섯 사람을 오선인五仙人,44) 오발타라五跋陀羅,45) 빨리경전에서는 빤짜왁기야Pañcavaggya라 한다. 발타라(Bhadda ⓢBhadra)는 현자賢者란 뜻이고, 빤짜는 다섯이고, 왁기야는 '무리에 속했다'는 뜻이다.

붓다 아라한은 불보佛寶이고, 네 가지 성스러운 가르침[四聖諦]은 법보法寶이며, 다섯 사람의 제자 아라한은 승보僧寶가 되는 것이다. 이 삼보는 천상과 인간 세상의 첫째가는 복전福田이라고 했다.

---

41) 성열, 『부처님 말씀』(현암사:2002), p.184.
42) Jt. vol. IV. p.111.
※arhan은 '~할 가치가 있다, ~할 만하다'라는 제1류동사 어근(√arh)에서 온 형용사로 '존경할 만한, 훌륭한, 가치 있는'의 뜻을 가진 'arhat'의 단수 주격이다.
43) 오분율 제15:<22-105상>사분율 제32:<22-789중>Vp. vol. IV. p.21
44) 불본행집경 제33:<3-807하>.
45) 방광대장엄경 제11:<3-605하>.

붓다가 최초로 설법한 내용은 중도의 길로 사성제四聖諦와 팔정도八正道 그리고 무아無我였을 뿐 소위 천태天台의 오시교판五時教判에서 말하는 것처럼 『화엄경』華嚴經을 설한 것이 아니었다. 붓다가 깨달음을 얻고 최초로 『화엄경』을 설했다는 말은 역사적 사실과 거리가 먼 허구에 지나지 않는다. 역사적 사실에 바탕을 두지 않은 불교해석은 불교를 왜곡시킬 여지가 많다는 것을 명심해야 한다.

8. 상가(Saṅgha:僧伽)

상가는 어떤 특별한 목적을 가진 사람들이 모인 단체를 말하는데, 붓다 시대에는 주로 출가자들의 단체를 의미했다. 상가는 승가僧伽로 음역했고, 줄여서 승僧이라 했다. 여러 사람이 모인 단체이기 때문에 중衆이라 했고, 여러 사람이 모인 곳에서는 무엇보다도 의견의 통일이 중요했으므로 화합승和合僧이라 했다. 이들이 가지고 있는 사회적 역할은 스승[師]이다. 재가자들이 믿고 의지하게 되는 것은 붓다의 가르침을 가장 모범적으로 실천하는 이들이기 때문이요, 붓다를 대리하여 가르침을 펼치는 스승이기 때문이다. 그러니까 상가는 재가자들이 본받아야 할 이상적인 삶의 모델이었다.

초기경전에 의하면, 붓다는 상가를 '보시를 받을 만한 사람들', '고따마의 가르침으로 욕심에서 해방된 자', '불사不死에 들어간 자'라고 했다.[46] 상가[僧]는 붓다[佛]와 담마[法]와 함께 소중히 여겨야 할 보배[寶:ratana Ⓢratna]라고 했다.

출가자의 최대목표는 욕망의 포기와 해탈의 성취에 있고, 상가를 믿

46) Sn. 226. 227.

고 따르는 재가자는 선행을 쌓아 좋은 세상에 태어나는 것이다. 따라서 출가자는 아라한阿羅漢이 목표지만 재가자는 아나가민Anāgāmin, 즉 아나함阿那含이 최고의 경지이다. 그러나 대승불교로 발전하면서 재가자 역시 아라한을 이상으로 여기게 되었다. 불교초기에는 '에히, 빅쿠!'(Ehi bhikkhu!)라는 붓다의 한마디 말로 비구比丘가 될 수 있었지만 점차 상가의 구성원이 많아지고, 정사精舍에서 집단거주가 이루어지면서 안거제도安居制度가 도입되고, 입문절차入門節次가 정형화되고, 상가를 통제하는 계율이 복잡해져갔다. 안거제도는 뒤에서 다시 언급하게 된다.

9. 전법일은 언제일까?

붓다가 진리를 깨달았다고 해도 그것을 전파하지 않았다면 불교는 전래되지 않았을 것이다. 그런 점에서 전법일傳法日은 붓다의 탄생일·출가일·성도일·열반일 못지않게 중요한 기념일이다. 어쩌면 성도일보다 더 의미가 있고 중요한 날이라 할 수 있다. 그런데도 현재 우리나라 불교계에서는 붓다가 전법한 날에 대한 기념행사조차 없는 실정이다.

이처럼 중요한 기념일에 대하여 관심이 없다는 것은 바로 우리나라 불교가 포교에 관심이 적다는 것을 단적으로 말해주는 것이라 하겠다. 우리 불교계에서 전법일이 기념일로 자리매김 되기를 바라는 마음에서 그 날이 언제인가를 생각해 보기로 한다.

656년에 현장玄奘이 번역한 『아비달마대비파사론』에 의하면 '가율저가월의 반백8일에 여래께서 저들을 위하여 법을 설할 때, 교진나가 최초로 법을 보았다'[於迦栗底迦月半白八日 如來爲彼轉法輪時 憍陣那 最初見法]고 하였다.47)

교진나嬌陣那는 꼰단냐를 말하는 것이니, 그가 붓다에게 설법을 듣고 최초로 법을 깨달은 날이 바로 전법기념일傳法記念日이 되는 셈이다.

인도월력月曆의 가율저가월月이 몇 월이고, 반백팔일半白八日이 며칠인가가 문제인데, 현장의 『대당서역기』에 '가을의 3개월을 알습박유사월頞濕縛庾闍月・가자저가월迦剌底迦月・말가시라월末伽始羅月이라 하고, 그것은 당唐의 월력으로 7월 16일부터 10월 15일까지가 된다'고 했다.48)

알습박유사월은 아슈와유자(ⓈAśvayuja)의 음역이고, 가저가월은 까르띠까(ⓈKārttika)의 음역이며, 말가시라월은 마르가쉬르사(ⓈMārgaśirṣa)의 음역이므로 가율저가월月은 바로 까르띠까월(月)로 중국력으로 음력 8월 16일부터 9월 15일까지가 된다.

그러면 반백팔일半白八日은 무엇을 말하는가? 현장은 『대당서역기』에 '인도에서는 달이 차기 시작하여 만월滿月에 이르는 사이를 백분(白分:Ⓢśukla-pakṣa)이라 하고, 달이 기울기 시작하여 그믐날까지를 흑분(黑分:Ⓢkṛṣṇa-pakṣa)이라 한다. 흑분은 14일 일 때도 있고 15일 일 때도 있다. 달月이 작고 큼이 있기 때문이다. 흑분에서 시작하여 백분으로 연속되고 합쳐서 한 달이 된다'고 했다.49)

우리와는 달리 인도에서는 한 달의 계산을 '흑분에서 시작한다'고 했으니, 음력 16일부터 다음달 15일까지가 한 달이 되는 셈이다. 그리고 반백팔일半白八日은 '달이 차기 시작하여 보름 사이의 8일째 되는 날'이니 '가율저가월 반백팔일'은 음력 9월 8일이다. 그러니까 음력 9월 8일이 전법기념일인 셈이다.

---

47) 아비달마대비파사론 제182:<27-914하>.
48) 대당서역기 제2:<51-875하~876상>.
49) 대당서역기 제2:<51-875하>月盈至滿謂之白分 月虧至晦謂之黑分 黑分或十四日 十五日 月有小大故也 黑前白後合爲一月.

남방에서는 전법일을 아살하(Āsāḷha ⓢĀṣāḍha)월月 보름으로 기념하므로,50) 7월 보름날이 전법기념일이 되는 셈이다. 하지만 붓다의 성도일이 음력 12월 8일이라면 붓다가 깨달음을 얻고 무려 열 달이 지나서 꼰단냐 등 다섯 사람에게 설법을 했다는 것이 되므로 의문을 가지지 않을 수 없다.

남방에서는 5월 보름에 성도하여 7월 보름에 최초로 전도하였다고 말하는데, 그 역시 의문이 남기는 마찬가지이다.

10. 야사와 그 부모의 귀의

붓다가 아침 공원을 산책하다가 '아! 비참하다. 정말로 괴롭다!'고 외쳐대는 한 젊은이를 보고, '여기는 비참함이 없다. 여기는 괴로움도 없다. 이리오라. 내가 법을 말하리라'고 하여 그에게 사성제四聖諦를 가르쳤다.51)

그 청년이 바로 와라나시의 거부장자의 아들 야사Yasa였다. 그는 여름·겨울·장마철에 사는 집을 따로 가지고 있을 정도로 호화롭게 살았다. 더구나 그는 음악을 연주하는 미모의 여성들에 둘러 싸여 살았다. 야사는 이런 쾌락적인 삶에 지쳐 회의를 느꼈던 모양이다.

어느 날 야사는 무희들이 잠에 떨어져 제멋대로 뒹구는 모습을 보고 깜짝 놀란 나머지 몰래 집을 빠져 나와 녹야원鹿野苑으로 와서 괴롭다고 외치다가 붓다를 만난 것이다.

야사의 아버지는 집을 나간 아들을 찾아 나섰다가 붓다를 만나 설법

---

50) S.N. III. p.59. note1. S.N. V. p.356 note 2.
51) Mahāvagga:I,7,1～4:<S.B.E. vol. XIII. p.104> Vp. vol. IV. p.23. Thag. p.104.

을 듣고 이렇게 술회하였다.

"기쁜 일입니다. 붓다시여, 마치 넘어진 자를 일으켜 세워주시듯이, 덮여 있는 것을 벗겨주시듯이, 길을 잃은 사람에게 길을 가리켜주시듯이, 눈이 있는 자는 빛을 볼 것이라 하여 어둠 속에서 등불을 비쳐주시듯이, 붓다께서는 여러 가지 방법으로 법을 설해 주셨습니다.

저는 이제 붓다Buddha에게 귀의하겠습니다.

저는 이제 담마Dhamma에 귀의하겠습니다.

저는 이제 상가Saṅgha에 귀의하겠습니다.

붓다께서 저를 받아주신다면 오늘 이후로 이 목숨이 다할 때까지 신도로서 귀의하겠습니다."

야사의 아버지가 불교에 귀의歸依하게 되니, 그는 불교 역사상 최초로 삼귀의三歸依한 사람이다. 그는 삼보에 귀의하고 오계(五戒:pañcasīla)를 받은 최초의 남자 신도인 우빠사까Upāsaka가 된 것이다.52) 우빠사까는 흔히 우바새優婆塞라 음역하며, 신사信士, 신남信男, 청신사淸信士라 한다.

붓다가 야사의 아버지에게 설법하는 동안 야사는 사색에 깊이 몰입하게 되었고, 그의 마음은 일체의 세속적 욕망으로부터 벗어나 마음의 해탈[心解脫]을 얻었다. 야사의 아버지는 야사를 보고 말했다.

"내 아들 야사야, 너의 어머니는 슬픔과 절망에 빠져있다. 너의 어머니를 절망에서 벗어나게 해다오."

붓다는 야사와 그의 아버지에게 말했다.

"비록 다시 집에 돌아가 화려한 장신구와 비단옷을 입고 산다 하

52) Mahāvagga. I.7.10:<S.B.E. vol. XIII. p.106> 사분율 제32:<22-789하> 과거현재인과경 제4:<3-645하>.

더라도 모든 욕망의 근원을 잘 다스려 오욕五欲에서 떠나도록 하라. 스스로 이렇게 하는 것은 진실한 출가라고 할 수 있다.

설사 몸은 깊은 산 속에서 걸식을 하고 누더기를 입고 살더라도 마음이 다섯 가지 욕망에 매달려 있으면 출가라고 말할 수 없느니라. 일체 모든 선과 악을 짓는 것은 모두 마음속의 생각을 따라 생기는 것이니라. 그러므로 진실한 출가는 모두 마음으로 근본을 삼는 것이니라."[53]

붓다가 야사에게 집으로 돌아가도 좋다고 하였으나 그는 붓다의 제자로서 출가할 것을 간청하여 드디어 구족계具足戒를 받고 출가 사문沙門이 되었다. 야사는 여섯 번째 비구가 되었고, 세상에는 일곱 명의 아라한이 있게 되었다.

야사의 아버지는 재가 불자가 되고, 붓다와 제자들을 자기 집으로 모셔 공양을 올렸다. 붓다가 공양을 마치고 설법을 하였다. 이때 야사의 어머니도 기쁨에 넘쳐 삼보에 귀의하고 오계五戒를 받아 삼귀의한 최초의 여자신도 우빠시까Upāsikā가 되었다.[54] 우빠시까는 흔히 우바이優婆夷로 음역하고, 청신녀淸信女라 번역한다.

11. 불교신도

우리는 여기서 잠시 붓다가 우빠사까와 우빠시까에게 요구한 책임과 의무를 살펴볼 필요가 있다.

야사의 아버지의 예에서 알 수 있듯이 세속에 살면서 부처님의 제자,

---

53) 과거현재인과경 제3:<3-645중> Mahāvagga. I.7.13:<S.B.E. vol.XIII. p.108>.
54) Mahāvagga. I. 8.3.<S.B.E. vol. XIII. p.109>.

즉 신도가 되는 것은 삼귀의三歸依와 오계五戒를 받는 것으로 족했다.[55] 삼귀의는 믿음의 대상인 삼보三寶에 대한 예찬禮讚이고, 오계는 삼보에 귀의한 사람이 지켜야할 최소한의 도덕률道德律이다. 불법승佛法僧 삼보와 계戒에 대하여 믿음이 결코 허물어지지 않아야 한다고 해서 초기불교에서는 사불괴정四不壞淨을 가르쳤다.[56] 사불괴정을 사불괴신四不壞信이라 말하기도 한다.

우리가 염두에 두어야 할 것은 우빠시까가 오계五戒를 받는 것은 자발적인 선택이기 때문에 다섯 가지 계 가운데 선택적으로 약속할 수 있다는 점이다. 한 가지 계를 수지受持하면 일분행一分行우빠시까, 두 가지 계나 세 가지 계를 수지하면 소분행少分行 우빠시까, 네 가지 계를 수지하면 다분행多分行 우빠시까, 다섯 가지 계를 모두 수지하면 만행滿行 우빠시까라 한다.[57] 그런가하면 한 가지 계를 수지하면 일분一分 우빠시까, 두 가지 계 수지하면 소분少分 우빠시까, 두 가지 계를 약속하고 그 중에 하나를 파계하면 무분無分 우빠시까, 세 가지 계나 네 가지 계를 수지하면 다분多分 우빠시까, 다섯 가지 계를 전부 수지하면 만분滿分 우빠시까라 했다.[58]

우빠사까나 우빠시까는 말 그대로 탁발하는 붓다와 비구들에게 먹을 것을 제공하는 것이 기본적인 임무이며,[59] 이에 더하여 옷가지, 침구류, 약품 등을 제공하는 후원자이다. 붓다 당시부터 재가신도는 물질적으로

---

55) 성열, 『부처님 말씀』(현암사:2002), p.101.
56) 성열, 『부처님 말씀』(현암사:2002), p.29.
57) 대지도론 제13:<25-158하>.
58) 우바새계경 제3:<24-1049상>.
59) 우빠사까(upāsaka)는 '가까이 앉다, 존경심을 표현하기 위해 바로 가까이에 앉다'는 뜻을 가진 어근(upa-√ās)에서 온 명사로 '신심이 깊은 남자신도'를 의미한다.

출가자를 돕고, 출가자는 설법을 해줌으로써 재가자를 돕는 것이라 보았다.[60] 출가자의 설법이 법시法施이고, 재가자의 물질적 후원이 재시財施이다.

신도가 불자로서 청정성을 유지해 나갈 수 있으려면 일정한 날에 계를 지키는 재(齋:uposatha)에 동참해야 하는데, 재일은 한 달에 8일, 14일, 15일, 23일, 29일, 30일 등 6일이 있으며[61] 재일에 정사에 들어와 비구들과 공동생활을 하는 사람들은 오계五戒 이외에 세 가지를 더 지켜야 했다. 그 세 가지는 비시식非時食이라 하여 오후에 음료수 이외의 음식을 먹지 않아야 하고, 가무음곡歌舞音曲이나 장신구의 착용이나 화장을 하지 않고, 넓고 푹신한 잠자리를 찾지 않아야 한다는 것이다. 오계와 이 세 가지를 합쳐 앗탕가실라aṭṭhāngasīla, 다시 말해 팔관재계八關齋戒라 한다. 정사에 들어와서는 여덟 가지를 지켜야 하지만 집에 돌아갈 때는 오계 이외에 세 가지는 버린다고 하여 사계捨戒라고 한다. 그러니까 지계持戒만 있는 것이 아니다. 6재일 역시 고대 인도인들의 민간신앙에서 채용한 것이다.[62] 출가한 비구의 정화의식이 포살布薩이었다면 재가자들은 재일齋日에 사원에서 출가자들과 공동체 생활을 통해서 자기 정화의 삶을 유지할 수 있었다.

붓다 자신이 의식儀式을 집행하지 않았고, 비구들 역시 의식을 집행하는 사제司祭가 아니라 깨달음을 얻고자 노력하는 수행자였다. 붓다는 자신의 행동에 따른 결과를 중시할 뿐 의식에 의해 악업이 선업이 될 수 없다고 했다.[63] 악행을 일삼은 사람을 장례를 잘 치른다고 천상에 태어

---

60) Ut. p.193.
61) 십송율 제57:<23-420하>, 우바이사타가경:<1-912중>.
62) A.N. I. p.126.
63) 성열, 『부처님 말씀』(현암사:2002), p.284.

날 수는 없다고 가르친다. 그러니까 의식儀式이 중요한 것이 아니라 자신의 업이 중요하다. 붓다는 전통이나 관습이라 할지라도 그것을 맹목적으로 답습하는 것을 비판하였다. 그것을 잘 보여주는 것이 『선생경』善生經이다.

붓다는 자신을 믿고 따르는 이들이 사회적으로 비난의 대상이 되는 행동을 할 때 경책하는 의미로 그가 올리는 공양을 거절하였는데, 거절의 표시는 바루를 뒤집는 복발(覆鉢:pattaṃnikkujjana)이다. 비구들은 복발이 내려진 신도와 거래를 단절하고 침묵으로 대할 뿐이다. 그러나 그가 잘못을 참회하면 다시 공양을 받아주었으니 그것이 바로 앙발(仰鉢:pattaṃukkujjana)이다.[64] 그러니까 교단이 신도에게 내리는 경고조치는 상대하지 않고 따돌림하는 것이라 하겠다.

붓다가 출가자들에게 하는 설법은 주로 사성제四聖諦와 팔정도八正道 그리고 무아無我였다. 이러한 설법을 통해 출가자들은 아라한阿羅漢이 되어 해탈하는 것이 궁극적인 목표지만 재가자는 선업善業을 쌓아 사후에 좋은 세상, 즉 천상天上에 태어나는 것을 이상으로 여겼다. 그래서 재가자들에 대한 설법은 삼론三論이라 하여 보시布施, 지계持戒 그리고 천상에 태어나는 생천生天이란 인과설법因果說法이 핵심을 이루게 된다. 따라서 재가자가 얻는 최고의 단계는 아라한阿羅漢의 아래 단계인 아나함阿那含이다.[65] 아나함은 아나가민Anāgāmin의 음역으로 죽어서 다시는 번뇌가 많은 욕심세계에 태어나지 않는다고 하여 불환不還 또는 불래不來라고 한다. 아나가민이 되면 색계色界 제4선천第四禪天의 다섯 개의 정거천淨居天에 태어난다고 한다. 그러나 욕계欲界에 태어나지 않는 것일

64) 성열, 『부처님 말씀』(현암사:2002), p.136.
65) 잡아함경 제34:964경:<2-247상>, S.N. V. p.156, 157.

뿐 아직 해탈은 아니다. 붓다는 아버지 숫도다나가 사후에 정거천에 태어났다고 말했다.

물론 출가자지만 아직 욕망을 떨쳐버리지 못하여 사성제나 무아설법을 이해하지 못할 때 준비단계로 삼론을 설하는 경우도 있다. 그래서 삼론은 차제설법(次第說法:Anupubbikathā)이라 한다. 해탈을 목표로 하는 설법을 진제眞諦나 승의제勝義諦 또는 제일의제第一義諦라 하는데 반해 천상에 태어나는 것을 이상으로 하는 설법을 속제俗諦나 세제世諦라 한다. 『선생경』善生經이나 『옥야경』玉耶經이 세제를 대표하는 경전이다.

출가자들이 해탈과 불법의 전파를 위해 전심전력해야 한다면 재가자들은 가정을 모범적으로 이끌고 출가자들의 후원자로서 불교와 사회를 연결시키는 역할을 담당했다.

12. 야사 친구들의 귀의

붓다가 야사의 부모를 귀의시켰을 때, 야사와 가장 친했던 위말라Vimala·수바후Subāhu·뿐나지Puṇṇaji·가왕빠띠Gavaṃpati 등이 야사가 출가하였다는 소식을 듣고 녹야원으로 찾아왔다. 붓다는 그들에게 설법하여 그들 역시 해탈을 얻었다. 이제 세상에는 11명의 아라한이 생겼다.[66]

다시 야사의 친구들 50명이 소식을 듣고 찾아와 붓다의 설법을 듣고 마음의 해탈을 얻어 출가하기를 간청하니, 붓다는 이들 역시 받아들여 비구로 삼았다. 그 해 여름 장마가 끝날 때쯤에 붓다의 제자는 60명에 이르렀다. 이제 세상에는 61명의 아라한이 있게 되었다.

66) Mahāvagga. I.9.1~4.<S.B.E. vol. XIII. p.111>.

13. 전도선언

붓다는 60명의 제자들을 모아 놓고 다음과 같이 선언했다.

"비구들아, 나는 신들과 인간의 굴레에서 해방되었다.

그대들도 역시 신들과 인간의 굴레에서 해방되었다.

이제 많은 사람들의 이익과 안락, 그리고 세상에서 구하는 미래의 이익과 행복과 안락을 위하여 법을 전하러 가자.

다른 마을로 갈 때, 두 사람이 같은 길을 가지 말고 혼자서 가라.

처음도 좋고 중간도 좋고 끝도 좋으니 이치에 맞게 조리와 표현을 갖추어 잘 알아들을 수 있도록 법을 전하라.

원만 무결하게 청정한 범행梵行을 설하라.

중생들 가운데는 번뇌가 적은 사람들도 있을 것이다. 그들이 법을 듣지 못하면 악에 떨어질 것이나 법을 들음으로 성숙해질 것이다.

비구들아, 나도 법을 전하기 위하여 우루웰라Uruvelā의 세나니Senānī 마을로 가서 설법하리라."[67)]

붓다가 60명의 비구들에게 당부한 이 말씀을 전도선언傳道宣言이라 한다. 우루웰라의 세나니 마을은 붓다가 보리수 아래에서 깨달음을 얻기 전에 고행하던 네란자라강 근처에 있는 마을이다.

---

67) 성열, 『부처님 말씀』(현암사:2002), p.143, Vp. vol. IV, p.28. 유부율파승사 제6:<24-130중>.

14. 현지에서 입문시켜라

전도선언은 붓다가 제자들에게 명한 최초의 사명이자 마지막 사명이다. 붓다로부터 전도의 길에 나설 것을 명령받은 비구들이 여쭈었다.

"세존이시여, 저희들의 설법을 듣고 출가를 희망하는 사람이 생겼을 때, 그들을 어떻게 처리해야 합니까?"

붓다는 비구들에게 이렇게 지침을 내렸다.

"오늘 이후로 법을 듣고서 출가하여 구족계를 받고자 하는 사람들이 있을 때는 이렇게 하라.
머리를 깎여 가사를 입히고 가죽신발을 벗게 하고 오른쪽 무릎을 땅에 꿇고 합장合掌케 한 다음에,
'아무개가 붓다[佛]에게 귀의합니다. 담마[法]에 귀의합니다. 상가[僧]에 귀의합니다.
이제 여래가 계신 곳에서 출가하오니 여래·응공·등정각 붓다를 제가 받들어 모시고자 합니다.'
이렇게 세 번을 시킨 다음 구족계를 주도록 하라."68)

붓다는 출가희망자가 생기면 붓다가 있는 곳으로 데려올 것이 아니라 현지에서 출가의식을 치르라고 한 것이다. 이제 붓다의 가르침은 비구들이 가는 방방곡곡에서 요원의 불길처럼 번져 가는 계기를 열게 되었다.

붓다로부터 전도를 명받은 60명의 비구들은 각자 인연이 있는 도시나 마을로 가서 법을 전했을 것이다. 붓다와 비구들에게 의해 깨달음의 사회화가 시작된 것이다. 다시 말해 중생의 역사 속에 대각성운동大覺性

---

68) 사분율 제32:<22-793상>.

運動이 펼쳐지게 된 것이다. 60명의 비구 가운데 훗날의 행적이 전해지는 사람은 꼰단냐 · 앗사지 · 마하나마 · 가왕빠띠 네 사람뿐이다. 그것은 불교경전이 부처님을 중심으로 엮어졌기 때문이요, 부처님의 그늘에 비구들의 모습이 가려졌기 때문이라 볼 수 있다.

꼰단냐는 고향 도나왓투Donavatthu로 돌아가 조카 뿐나Puṇṇa를 교화하여 훗날 붓다의 10대 제자의 한 사람이 되게 하였으니, 그가 바로 포교제일布敎第一의 존자尊者이다.

앗사지는 라자가하에서 우빠띳사를 만나 그의 친구 꼴리따와 함께 붓다에게 인도하였으니, 그가 인도한 사람이 바로 사리뿟따와 목갈라나라 불리게 되었다. 앗사지는 웨살리에서 니간타 삿짜까Saccaka를 붓다에게 안내하기도 했다.69)

마하나마는 맛치까상다Macchikāsaṇḍa에서 찟따Citta 장자를 교화하여 훌륭한 재가법사在家法師가 되게 하고70) 그에게 암바따까Ambāṭaka 숲을 기증 받아 크게 정사精舍를 세웠다.71)

그리고 가왕빠띠가 훗날 사께따Sāketa의 안자나Añjana 숲에 살았고,72) 쩨띠의 사하자띠에서 사성제에 대하여 설법했으며,73) 붓다가 돌아가셨을 때 마하깟사빠가 뿐나Puṇṇa를 세릿사까Serissaka궁으로 보내 가왕빠띠를 결집에 동참하도록 초청했으나 그는 바루와 삼의三衣를 상가에 대신代身 보내고 이내 열반에 들었다고 한다.74)

---

69) M.N. I. p.280.
70) A.N. I. p.23.
71) S.N. IV. p.190. p.210, 찟따장자의 이야기는 잡아함경 제21:566경~575경과 S.N. II, pp.190~212 참고 바람.
72) Thag. p.42.
73) S.N. V. p.369.
74) D.P.P.N. vol. I. p.757.

삼의는 상가띠Saṅghāṭī, 웃따라상가Uttarāsanga, 안따르와사Antarvāsa를 말하는데, 상가띠는 승가리僧伽梨라 한역하는 옷으로 비구들이 걸식 등 외출할 때 입는 9조 내지 25조로 만든 대의大衣이다. 웃따라상가는 울다라승鬱多羅僧이라 한역하는 옷으로 경을 읽거나 강의를 듣거나 포살布薩을 할 때 입는 7조의七條衣로 중간 크기의 옷이고, 안따르와사는 안타회安陀會라고 하는 5조의로 작업할 때나 취침할 때에 입는 간편한 옷이다.

이외에 밧디아 · 왑빠 · 야사 · 위말라 · 수바후 · 뿐나지 등의 훗날 행적에 대해서 전하는 것을 찾을 수 없다.

하지만 붓다가 와라나시에서 60명의 비구들에게 명령한 전도선언은 불교의 역사를 이끄는 원동력이 되었는데, 여기에 담겨 있는 의미를 생각해 볼 필요가 있다.

첫째로 붓다와 비구들은 동일한 자격으로 전도에 나선다는 것이요, 둘째는 나의 이익을 위해서가 아니라 고통과 번민에 빠져있는 중생들의 이익과 행복을 위해서 나선다는 것이며, 셋째는 한 사람씩 흩어져 가라고 하였으니 불법을 전파하고자 하는 길에는 저항이나 박해는 전혀 생각하지 않았다는 것이며, 넷째는 감정에 호소하여 절규하는 예언자적 태도豫言者的 態度나 권위를 앞세워 맹목적으로 따르게 할 것이 아니라 조리와 표현을 갖추어 논리적으로 설득해야 한다는 것이며, 다섯째는 출가희망자가 있을 때는 현지에서 입문시키라는 것이며, 여섯째는 붓다 자신도 홀로 전도의 길에 나서겠다는 것이다.

붓다의 이 전도선언이 가지는 또 다른 중요한 의미는 당시 바라문들은 자신들의 가르침을 스승과 제자 사이에 비법秘法으로 전수해 온데 비하여 붓다는 자신의 깨달음을 적극적으로 공개하고 나선 것이다. 붓다 이후 불교역사의 전개과정은 바로 이 전도선언을 실현하는 것이었다.

제7장 전도의 발자취

1. 붓다의 전도지

고따마 붓다의 생애를 전하는 기록들은 탄생과 출가, 수행과 성도, 초전법륜에서 라자가하(王舍城)입성, 만년晩年에서 입멸入滅에 이르는 과정에 집중되어 있고, 라자가하에서 만년까지의 과정은 잘 전해지지 않고 있다.

『마하승지율』에 의하면, 붓다가 사리뿟따에게 다음과 같이 밝히고 있다.[1)]

> 내가 안냐따 꼰단냐 등 5인을 제도했다. 이때는 '에히, 빅쿠!Ehi bhikkhu!'라는 말 한 마디로 구족계를 주었다.
>
> 다음에 만자자滿慈子 등 30인을 제도했고,[2)] 다음에 와라나시에서 선승자善勝子를 제도했다.[3)] 다음에 우루웰라 깟사빠와 그의 제자 500인을 제도하고, 이어서 나디 깟사빠와 300인, 가야 깟사빠와 200인을 제도했다. 다음에 우빠사나優波斯那 등 250인을 제도했고,[4)] 그 다음에 너와 목갈라나와 너희의 무리 250인을 제도했다. 그 다음에 마하깟사빠와 찬나[闡陀]와 깔루다이[迦留陀夷]와 우빨리[優波離]를 제도하고, 다음에 샤까족 출신 500인을 제도했다. 다음에 발도제(跋度帝:Vaggmudā)의 500인을 제도하고,[5)] 다음에 도

---

1) 마하승지율 제23:<22-412하>.
2) 우루웰라 근처의 깝빠시까(Kappāsika) 숲의 한 나무 그늘 아래에서 명문가 청년들[Bhaddavaggiyā] 30명을 제도한 것을 말한다.<사분율 제32: 22-793중>.
3) 누구를 말하는 것인지 알 수 없다.
4) 불본행집경 제42:우빠사나품:<3-851상>에 의하면, 깟사빠 삼형제의 생질(甥姪)에 고수머리를 한 우빠사나란 바라문이 항상 250명의 제자들과 선도(仙道)를 배우고 있었다고 한다.

둑의 무리 500인을 제도하고,[6] 다음에 장자長者의 아들 선래(善來:Sāgata)를 제도했다.[7]

붓다가 전도하신 지역은 주로 강가강 중류 지역인데, 강가강 남쪽의 마가다국, 강가강 북쪽 유역의 왓지연맹 릿차위족·위데하족·꼴리아족 영토, 그리고 약간 북서쪽에 위치한 꼬살라국·말라족·샤까족 영토, 서쪽으로는 강가강과 야무나강과의 합류점에 가까운 왐사국의 꼬삼비 등이다. 이밖에 마가다국 동쪽에 인접한 앙가국과 꼬살라국 서쪽에 인접해 있는 슈라세나의 마두라,[8] 꾸루국의 깜마사담마,[9] 마두라에서 간다라의 땃까실라로 가는 길인 웨란자에 들렀는데, 아마도 붓다가 밟았던 가장 서쪽 지방일 것이라 판단된다.[10]

붓다가 인도의 동북부 지역을 오가면서 주로 머물렀던 곳은 마가다국의 라자가하, 꼬살라국의 사왓티, 왓지연맹의 웨살리, 왐사국의 꼬삼비, 그리고 고향 까삘라왓투이며, 이곳들은 그 나라의 수도首都이다.

붓다가 이들 지역을 오가면서 전도한 행적을 정확하게 연대기적年代記的으로 재구성한다는 것은 지극히 어려운 일이다. 하지만 붓다가 어디에서 안거安居했는가를 살펴보면 어느 해에 어느 지역을 오갔는지 개략적으로 살펴볼 수 있다.

---

5) 왓구무다 강가에 살았던 야소자(Yasoja)를 비롯한 500명의 비구들을 말하는 것 같다.<Ut. p.28. iii.>.
6) 마하승지율 제19:<22-384상>, 잡아함경 제22:590경:<2-156하>나 찬집백연경 제10:장조범지연:<4-255상>을 말하는 것 같다.
7) 근본설일체유부비나야 제42:<23-857상>.
8) A.N. II. p.66. A.N. III. p.188.
9) S.N. II. p.64. p.75. M.N. I. p.70 에 의하면 꾸루의 수도 Indraprastha에 갔던 것이 아니라 현재의 델리부근인 Kammāssadamma에 머물렀던 것으로 전한다. M.N. II. p.251에는 꾸루의 Thullakoṭṭhita에 머물렀다. 그곳은 Raṭṭhapāla의 고향이다.
10) Vp. vol. I. pp.1~21.

안거安居는 왓사Vassa의 번역이며, 이 말은 원래 '비, 폭우'를 뜻하는데 보통 6월Āsāḷha에서 10월Āssayuja까지의 우기雨期를 말한다. 붓다는 폭우가 쏟아지는 우기에는 비구들의 외부출입을 억제하고 일정한 장소에 머물도록 하였는데, 이것이 바로 안거이다.

안거장소 ①

연대(B.C.)	안거회	안거 장소	참고 사항
531	1	Isipatana	와라나시 녹야원
530~528	2~4	Veḷuvana	왕사성 죽림정사
527	5	Vesāli	왓지국 수도
526	6	Maṅkula Mt.	슈라세나 지역[11]
525	7	Tāvatiṃsa	삼십삼천
524	8	Suṃsumarāgiri	밧기국 수도
523	9	Kosambī	왐사국 수도
522	10	Pārileyyaka	왐사국 꼬삼비근처
521	11	Ekanālā	왕사성남쪽 닷키나기리 근처
520	12	Verañjā	마두라에서 간다라의 땃까실라로 가는 무역로
519	13	Cālika Mt.	꼬삼비와 사왓티 사이(?)
518	14	Sāvatṭhi	꼬살라국 수도
517	15	Kapilavatthu	까삘라성
516	16	Ālavī	사왓티와 라자가하 사이(?)
515	17	Rājagaha	마가다국 수도
514~513	18~19	Cālika Mt.	꼬삼비와 사왓티 사이(?)
512	20	Rājagaha	마가다국 수도
511~488	21~44	Sāvatṭhi	꼬살라국 수도
487	45	Vesāli	왓지연맹 수도

안거장소①은 『빨리인명사전』과[12] 토마스Thomas의 『붓다의 생애』와[13] 슈만(H.W. Schumann)의 『역사상의 붓다』에 의거하여 정리한 것인데,[14] 성도 후 6번째 안거한 망꿀라산(Maṅkula pabbata)과 성도 후 13번

11) Nārada의 『the Buddha and His teachings』 p.115에는 망꿀라를 알라하바드 근처 꼬삼비에 있다고 보고 있다.
12) D.P.P.N. vol. I. pp.795~798.
13) Edward J. Thomas. 앞의 책, pp.97~123.

째, 18번째, 19번째 안거한 짤리까산(Cālikapabbata)은 소재가 어디인지 명확하게 알 수 없다. 또한 토마스나 슈만은 붓다의 생몰연대를 서력 기원전 563년에서 서력 기원전 483년으로 보았으나 필자는 서력 기원전 566~486년으로 보고 정리하였다.

안거장소 ②

연대(B.C.)	안거회	장 소	비 고
531	1	바라나시(波羅奈國)	와라나시 녹야원
530~528	2~4	영취산(靈鷲山)	마가다국 영취산
527	5	비사리(脾舒離)	왓지국 수도(웨살리)
526	6	마구라산(摩拘羅山)	슈라세나의 망꿀라산
525	7	삼십삼천(三十三天)	전설
524	8	귀신계(鬼神界)	알라위(Ālavī)
523	9	꼬삼비[拘苫毘國]	왐사국 수도
522	10	지제산(枝提山)	?
521	11	귀신계(鬼神界)	알라위(Ālavī)
520	12	한거처[摩伽陀閑居處]	마가다국 Ekanālā
519	13	귀신계(鬼神界)	알라위(Ālavī)
518	14	기원정사(祇園精舍)	꼬살라국 수도
517	15	가위라국(迦維羅國)	까삘라성
516	16	가위라국(迦維羅國)	까삘라성
515~514	17~18	라열성(羅閱城)	마가다국 수도
513	19	자리산(柘梨山)	짤리까산
512	20	라열성(羅閱城)	마가다국 수도
511~508	21~24	자리산(柘梨山)	짤리까산
507~488	25~44	기원정사(祇園精舍)	꼬살라국 수도
487	45	비장촌[跋祇境界毘將村]	왓지국 웨살리근처

안거장소②는 『승가라찰소집경』僧伽羅刹所集經에 의거한 것이다.[15] 승가라찰은 상가락샤Saṁgharakṣa의 음역이며, 그는 2세기 경 중앙아시아에서 아프가니스탄과 서북인도와 북인도에 걸친 대제국을 건설한 꾸샤나Kuṣāṇa제국의 까니시까Kaniṣka왕의 스승이었던 스님이다.

14) H.W. Schumann 『The Historical Buddha』 p.172.
15) 승가나찰소집경 권하:<4-144중>.

2. 라자가하[王舍城]

1) 명문가 청년들의 교화

붓다는 와라나시 이시빠따나에서 60명의 비구들에게 각자 흩어져 전도의 길에 나설 것을 당부하고, 깨달음을 얻었던 우루웰라를 향하여 혼자 출발하였다.

붓다는 우루웰라 가까이 이르러 깝빠시까Kappāsika 숲의 한 나무 그늘 아래에서 휴식을 취하고 있었다.[16] 그때 명문가 청년들 30명이 아내를 동반하고 숲으로 놀러 나왔다. 그런데 그 중의 한 사내는 아내가 없었기 때문에 창부(娼婦:gaṇikā)를 데려왔다.[17] 30쌍의 젊은 남녀가 어울려 놀이를 하다가 창부가 그들의 재물을 훔쳐 달아났다. 젊은이들은 패물을 도둑맞았다는 것을 뒤늦게 알고 그녀를 찾아 나섰다. 그들은 창부를 찾아 숲 속 여기저기를 헤매다가 한 나무 아래에 앉아 있는 붓다를 만났다.

"수행자시여, 한 여인이 지나가는 것을 보셨습니까?"

"그 여인을 왜 찾고 있으시오."

"저희들은 아내들과 함께 이 숲으로 야유회를 나왔습니다. 한 친구가 아내가 없어 창부 한 사람을 데리고 나왔는데, 그 여자가 저희들의 패물을 훔쳐 달아났기 때문에 찾고 있습니다."

"그대 젊은이들이여, 자기 자신의 참모습을 찾는 것과 그 여자를 찾는

---

16) B.B.S. p.114에는 Kappāsiya 숲이라 했다.

17) 그 여자를 웨시(vesī)라고도 했는데, 이는 '돈을 받고 몸을 파는 낮은 신분의 여자'란 뜻이다.

것 중에서 어느 것이 중요하다고 생각하시오?"

"그 여자를 찾는 것보다는 자기를 찾는 것이 더 중요하다고 생각합니다."

"젊은이들, 거기에 앉아보시오. 그러면 내가 그대들을 위해 법을 말해주겠소."

붓다는 젊은이들에게 덕을 베푸는 나눔의 삶[布施]·도덕적으로 청정한 삶[持戒]·그러한 삶은 반드시 좋은 과보를 받는다는 것[生天論]을 말하고, 다시 4성제(聖諦)를 설하여 법에 대하여 눈을 뜨게 하였다.

"거룩한 분이시여, 저희들도 세존에게 출가하겠으니 받아주소서."

"어서 오라, 비구여!"(Ehi bhikkhu!)

붓다의 설법을 들은 다음 그들 모두가 출가하여 비구가 되었다.[18]

2) 깟사빠 삼형제

붓다는 그들 명문가의 청년들을 데리고 부다가야에서 그리 멀지 않은 가야Gayā에 도착했다.[19] 가야에는 마가다국 빔비사라왕의 신임을 얻고 있는 우루웰라 깟사빠Uruvela kassapa, 나디 깟사빠Nadī Kassapa, 가야 깟사빠Gaya Kassapa 등 삼형제가 있었다. 그들은 머리를 땋은 자멀라Jaṭilā로 불을 섬기는 사화외도(事火外道:Aggika)였다. 사화외도들은 성소聖所에서 세 개의 불을 보살폈다.[20]

---

18) Mahāvagga:I,14:<S.B.E. vol. XIII. p.116>, Vp. IV. p.31, B.B.S. p.114, 사분율 제32:<22-793중>오분율 제15:<22-107상>.

19) 가야는 '브라흐마가야'(Brahmagayā)라고도 하는데, 그것은 붓다의 깨달음을 얻은 곳인 '부다가야'와 구분하기 위해서다. 부다가야와 브라흐마가야의 거리는 3가우따(gāvuta), 즉 8.5km이다.

붓다는 맏이인 우루웰라 깟사빠를 찾아가 하룻밤을 묵고 가자고 했다. 우루웰라는 네란자라강을 끼고 있는 작은 마을로 붓다가 6년 가까이 고행했던 곳이며, 정각正覺을 얻은 부다가야에서 가야 쪽으로 얼마 떨어지지 않은 지역이다.

붓다가 와라나시에서 60명의 제자들에게 전도선언傳道宣言을 하고 다시 우루웰라로 되돌아 온 것은 자신이 깨달음을 얻은 지역 사람들을 교화하려는 목적에 더하여 마가다왕 빔비사라와의 약속을 지키기 위하여 라자가하로 가기 위함이었다.

율장律藏에는 붓다가 우루웰라 깟사빠를 교화한 사건을 다음과 같이 전하고 있다.

"깟사빠여, 그대에게 지장이 되지 않는다면 당신의 제각祭閣에서라도 하룻밤을 자고 갈 수가 있겠소?"

"나에게는 지장이 될 것이 없소만 제각 안에는 사나운 독룡(毒龍:Nāga)이 있어 당신을 해칠까 걱정이오."

"그런 문제는 걱정하지 말고 하루 밤을 쉴 수 있게만 해주시오."

"제각은 넓으니 뜻대로 하시오."

붓다는 제각에 들어가 자리를 깔고 가부좌跏趺坐하고 앉아 바로 삼매三昧에 들어갔다. 이때 독룡이 나와서 붓다를 향하여 연기를 뿜었다. 붓다도 독룡을 향하여 신통력으로 연기를 뿜었다. 이번에는 독룡이 붓다를 향해 불을 뿜었다. 붓다도 독룡을 향해 불을 뿜었다. 독룡은 결국 붓다의 신통력에 굴복하고 말았다.

붓다가 독룡과 맞서 싸울 때 삼매 속에서 불을 뿜었기 때문에 이것을 화광삼매(火光三昧:tejo-dhātuṃ samāpajjati)라고 한다.[21]

---

20) 성열, 『부처님 말씀』(현암사:2002), p.37.

오늘날 불상佛像을 조성할 때 불상의 뒷면에 불타오르는 것처럼 광배光背를 하게 된 것은 바로 이때의 화광삼매를 상징하고 있다.

우루웰라 깟사빠와 그의 제자들은 한밤중에 제각 안에서 불과 연기가 피어오르는 것을 보고 '불쌍하게도 저 사문이 해를 입게 되었다'고 생각하였다. 그러나 이튿날 아침 자신들의 눈을 의심하지 않을 수 없었다. 붓다가 아무런 일도 없었던 것처럼 제각에서 나왔기 때문이다. 더구나 붓다가 독룡을 작게 만들어 자신의 밥그릇에 담아 가지고 있었다. 우루웰라 깟사빠는 붓다의 모습을 보고 내심 놀라며 생각했다.

"저 사문 고따마는 정말로 신통력이 뛰어나구나. 그러나 신통력으로 사나운 독룡을 굴복시켰을지라도 나와 같은 아라한阿羅漢은 아닐 것이다."

당시 마가다국 사람들에게 존경받는 수행자였던 우루웰라 깟사빠는 쉽사리 붓다에게 굴복하고 싶지 않았다. 붓다는 타심통他心通으로 우루웰라 깟사빠의 마음을 꿰뚫어보고, 그가 스스로 굴복하여 귀의할 때까지 여러 차례의 신통력을 더 보였다. 우루웰라 깟사빠는 겉으로는 태연한 척 하였지만 속으로는 붓다의 신통력에 감탄하지 않을 수가 없었다. 마침내 붓다가 우루웰라 깟사빠를 향하여 말했다.

"당신은 '사문 고따마가 비록 아라한과를 얻었지만 내가 얻은 아라한과에는 미치지 못한다'고 늘 말하고 있소. 그러나 지금 내가 당신을 보니, 아라한이 아니며, 또한 아라한으로서 도를 실천하는 사람도 아닐 뿐더러 아라한이 될 수 있는 수행을 하는 사람도 아니오!"[22]

---

21) 'tejo'는 '불길, 화염'의 뜻이고, 'dhātuṃ'는 '영역, 구성요소'를 의미하는 'dhātu'의 단수 대격이며, 'samāpajjati'는 다시 '더불어, 하나로'를 뜻하는 접두사 'sam'과 '얻는다, 만든다, 들어간다'는 'āpajjati'로 나눌 수 있다.

22) Mahāvagga:I,20,17:<S.B.E. vol. XIII. p.131>.

우루웰라 깟사빠는 붓다가 자기를 꿰뚫어 보고 있다는 것을 알고 더 이상 교만할 수가 없었다. 그는 이제까지의 태도를 바꾸어 붓다의 제자가 되게 해달라고 간청하였다. 이때 붓다가 우루웰라 깟사빠에게 말했다.

"당신에게는 제자들이 5백 명이나 있습니다. 그들에게 나의 제자가 되고자 한다는 것을 알려야 합니다. 그래서 당신의 제자들도 자신들의 뜻에 따라 각자의 길을 선택할 수 있게 해야 합니다."

우루웰라 깟사빠가 붓다의 분부대로 제자들에게 말하자, 그를 따랐던 5백 명의 제자들은 다 같이 말했다.

"우리들은 이미 오래 전부터 저 사문에 대하여 마음이 기울어 있었습니다. 오직 스승의 뒤를 따를 것입니다."

우루웰라 깟사빠를 비롯한 5백 명의 사화외도事火外道들은 땋았던 머리를 잘라버리고, 제사祭祀에 사용하던 도구들마저 네란자라 강물에 던져 버렸다. 그리고 붓다의 설법을 듣고 모두가 구족계具足戒를 받았다.

둘째 나디 깟사빠는 3백 명의 제자들과 강Nadī 하류에서 살았다. 그는 강 위쪽에서 제사용구와 머리카락이 떠내려 오는 것을 보고, 틀림없이 형에게 무슨 일이 생겼다고 여겼다. 무슨 일이 있었는지 확인하기 위해 제자들과 함께 상류로 올라왔다. 가야에 살고 있던 막내 가야 깟사빠도 이 소식을 듣고 2백 명의 제자들과 함께 큰형이 살고 있는 강의 상류로 찾아왔다.

두 형제는 맏형 우루웰라 깟사빠의 이야기를 듣고 나서, 그들도 모두 붓다의 제자가 되기로 했다. 이때 나디 깟사빠의 제자 3백 명과 가야 까사빠의 제자 2백 명도 모두 붓다의 제자가 되었다.[23] 붓다가 우루웰라

---

23) 오분율 제16:<22-108~109> 사분율 제32: <22-793중~797상> Vp. IV. p.32. Mahāvagga:I,15~21:<S.B.E. vol. XIII. p.118~133>.

에서 깟사빠 삼형제를 교화하게 되니, 붓다의 제자는 갑자기 1천 명이 넘는 대집단이 되었다.

붓다가 와라나시에서 전도 선언을 하고, 다시 정각의 땅으로 되돌아와 우루웰라 깟사빠를 찾아간 것은 다분히 의도적이었던 것 같다. 붓다가 이 지역에서 오랫동안 고행을 해왔으니, 깨달음을 얻기 전부터 깟사빠 삼형제를 알고 있었을 것이요, 그들이 차지하고 있었던 사회적 영향력도 어느 정도 생각하고 있었을 것이라 본다.

또한 붓다가 우루웰라 깟사빠를 처음 만났을 때, 논리적 설득이 아닌 신통력을 보였는데, 사상적으로 입장이 다른 이들에게는 이성적 방법보다는 기적을 보이는 것이 더 효과적이라 판단한 것 같다.

어쨌든 붓다는 이제 세상 사람들의 큰 관심거리가 되었는데, 그것은 우루웰라 깟사빠를 제자로 만들었기 때문이다. 붓다는 비구들 가운데 가장 많은 제자를 거느린 사람이 우루웰라 깟사빠라고 했다.[24)]

3) 가야시사에서의 설법

붓다는 앗기까Aggika, 즉 사화외도事火外道였다가 집단으로 개종해온 1천 명의 제자들과 함께 가야시사Gayāsīsa로 향해 유행遊行에 나섰다.[25)] 유행이란 수행승들이 중생교화와 자기수양을 위하여 여러 지방을 편력

---

24) A.N. I. p.20.

25) 가야시사(Gayāsīsa)를 '가야산'(伽倻山)<오분율>, '상두산'(象頭山)<사분율>이라 번역하였지만 'sīsa'는 산(山:pabbata)이 아니라 평지보다 조금 높은 구릉(丘陵)을 의미한다. 이곳을 상두산(象頭山)이라 한 것은 '코끼리 머리모양의 평평한 바위'(gajasīsa sadisa-piṭṭhipāsāno)가 있기 때문이다.
가야시사는 가야에서 남서쪽으로 1mile 떨어진 곳에 있는 작은 산이요, 현재의 브라흐마요니(Brahmāyoni)이다.<D.P.P.N. vol. I. p.753>.

하는 것을 말한다.

현장玄奘은 이 가야시사에 대하여 이렇게 적고 있다.

> 가야성 서남쪽으로 5, 6리里가면 가야산에 이른다. 계곡은 어두컴컴하고 봉우리의 바위도 위태롭다. 인도의 국속國俗으로 영산靈山이라 부르는 곳이다.
>
> 옛날부터 국왕이 천하를 통일하면 이 산에 올라와서, '교화가 먼 곳의 사람들까지 이르고 덕은 전대前代보다 융성하소서'라고 고하지 않은 이가 없었다.[26)]

붓다는 가야시사에서 천여 명의 비구들에게 '세상이 온통 욕망의 불길에 타고 있다'는 『아딧따빠리야아 숫따』Ādittapariyāya Sutta를 설했다.[27)] 아딧따Āditta는 불길을 뜻하고 빨리야아pariyāya는 교훈이란 뜻이며, 숫따Sutta는 경전을 말한다. '불의 교훈'이라 할 수 있는 가야시사에서의 이 설법을 유럽의 불교학자들은 붓다의 '산상설법'山上說法이라 했는데, 그것은 예수의 '산상수훈'山上垂訓에 비교한데서 온 말이라 하겠다. 『법화경』의 삼계화택三界火宅의 비유는 바로 가야시사에서의 설법이 발전된 것이라 볼 수 있다.

붓다의 설법을 듣고 1천 명의 비구들은 번뇌의 굴레를 벗어나 아라한이 되었다. 붓다는 깟사빠 삼형제를 비롯하여 1천 명의 제자를 거느리고 마가다국國의 수도 라자가하로 갔다.

---

26) 대당서역기 제8:<51-915상>.
27) 성열, 『부처님 말씀』(현암사:2002), p.357.

4) 라자가하

라자가하Rājagaha는 당시 마가다국의 수도로 산쓰끄리뜨어로 라자그리하Rājagṛha라 하고, 현재는 힌디어로 라즈기르Rājgir라 한다. 한역경전에서 왕사성王舍城이라 했다. 지금은 한적한 시골 마을이 되었지만 2천 5백여 년 전에 인구 6만 정도의 도시였다고 하니,[28] 당시로서는 큰 도시였으며 문화와 상업의 중심지이자 교통의 요충지였다.

라자가하에는 32개의 큰 문이 있었고, 64개의 작은 문이 있었는데, 일몰 때가 되면 성문을 닫아버려 그 누구도 통행할 수 없었다고 한다. 라자가하는 빤다와 · 깃자꾸따 · 이시길리 · 웨바라 · 웨뿔라 등 다섯 개의 산으로 둘러싸인 난공불락의 전략적 요새지이다. 다섯 개의 산이 도성都城을 둘러싸고 있었지만 제일 높은 웨뿔라도 해발 6백m가 되지 않는 낮은 산들이다. 하지만 대평원에서는 이 정도의 산들도 요새要塞로 충분했다.

깃자꾸따Gijjhakūṭa는 영취산靈鷲山으로 번역되는 산인데 산봉우리에 있는 검은색에 흰색이 섞여 있는 바위가 독수리처럼 보인다고 해서 독수리봉이라고 한다.[29] 독수리를 뜻하는 깃자Gijjha에 해당하는 산쓰끄리뜨가 그리드라Gṛdhra이기 때문에 그리드라꾸따Gṛdhrakūṭa를 기사굴산耆闍崛山이라 음역하기도 한다. 산 아래에는 지와까Jīvaka가 소유했던 망고나무 밭과 빔비사라왕이 아들 아자따삿뚜에 의해 유폐되었던 감옥터, 한림寒林이라 번역되는 공동묘지 시따와나Sītavana가 있다.

붓다가 세상을 떠난 뒤, 최초로 경전결집이 있었던 삿따빵니구하

28) H.W. Schumann, 『The Historical Buddha』 p.96.
29) 'gijjha'는 독수리이고, 'kūṭa'는 뾰족하게 솟은 봉우리를 말한다.

Sattapaṇṇiguhā, 즉 칠엽굴七葉窟은 웨바라산에 위치하고 있다.30) 라자가하를 끼고 흐르는 따뽀다Tapodā와 삽삐니Sappinī란 두 개의 작은 강이 있는데, 삽삐니는 짓자꾸따가 발원지이고, 따뽀다는 웨바라가 발원지이다.

이시길리Isigili의 기슭에는 깔라실라Kālasilā라 불리는 검은 바위가 있다. 이시길리는 고디까Godhika와 왓깔리Vakkali가 자살한 곳이며, 목갈라나가 니간타들의 사주使嗾를 받은 산적山賊 사마나굿타까에게 피습당한 곳이다.31) 이시길리 이외의 산들은 시대에 따라 여러 가지 이름으로 불리곤 했다.32)

당시 라자가하에는 정기적으로 열리는 축제들이 많았는데, 그 가운데 가장 유명한 것이 근교의 산에서 열리는 기랏가사맛자Giraggasamajja이다.33) 축제가 열리기 7일전에 공표되는 이 축제에는 전국에서 모여든 무희들의 춤과 노래 또는 연극이나 곡예가 공연되었으며, 앙가와 마가다국 사람이면 계급과 신분에 관계없이 참석할 수 있었다.

당시 라자가하의 유곽遊廓에는 살라와띠Sālavatī란 미녀가 있었다. 라자가하의 유곽은 셋티seṭṭhi들의 건의로 빔비사라가 만들었다고 한다. 그러니까 라자가하에는 국왕이 만든 공창公娼이 있었다는 뜻이다. 라자가하의 셋티들은 웨살리에 절세미인의 창부娼婦 암바빨리Ambapālī가 있다는 소문을 듣고 앞을 다투어 찾아갔다. 그녀를 만나고 돌아온 셋티들이 국왕 빔비사라에게 건의하여 유곽을 만들었고, 암바빨리에 맞서기 위해 라자가하에서 가장 미모가 뛰어난 살라와띠를 내세웠던 것이다. 살라와

---

30) Satta는 일곱이고, paṇṇi는 나뭇잎이니, Sattapaṇṇi는 칠엽수(七葉樹)를 말한다. guhā는 가려진 장소나 동굴을 뜻한다.

31) Jt. vol. V. p.64.

32) 성열, 『부처님 말씀』(현암사:2002), p.23.

33) 'Giragga'는 산꼭대기를 뜻하고, 'samajja'는 '축제, 모임'을 뜻한다.

띠가 춤과 노래 등에 능숙해지자 하루 밤에 1백 까하빠나kahāpaṇa를 받게 하였는데, 그것은 암바빨리와 하룻밤을 보내는 것보다 두 배나 비싼 것이었다. 창부 살라와띠가 낳은 사생아私生兒가 바로 유명한 의사 지와까Jīvaka와 그의 누이동생 시리마Sirimā이다.[34]

붓다가 바라문 바라드와자Bhāradvāja에게 '자기 마누라는 박대하여 버려두고, 또 창부의 집에도 가지 않고서 남의 사랑하는 아내를 억지로 욕뵈는 것은 아주 몹쓸 짓'이라거나[35] '자기의 아내와 창부를 놓아두고 남의 아내와 간통하는 것은 짠달라Caṇḍāla'라고 말한 것으로 보아[36] 그 당시 라자가하에는 창부들이 많았다는 것을 알 수 있다. 짠달라는 수렵狩獵이나 도살屠殺 또는 형륙形戮 등의 업에 종사하는 최하층의 천민으로 카스트에조차 들지 못하고 인간으로 대우받지 못하고 짐승취급을 당했다.

절세미인의 창부를 '나가라소비니'nagarasobhiṇī라 했는데, '도시를 빛내주는 미녀'라는 뜻이다. 술라사Sulasā나 시리마Sirimā가 라자가하의 나가라소비니로 전해지고 있다.

붓다는 훗날 웨살리의 짜빨라쩨띠야에서 대열반을 예고하시고, 전에 머물렀던 라자가하 곳곳을 회상하며 이렇게 말했다.

> 라자가하는 아름다웠다. 독수리봉은 아름다웠다. 고따마의 니그로다 숲은 아름다웠다. 도둑의 절벽은 아름다웠다. 웨바라산 기슭의 삿따빵니구하는 아름다웠다. 이시길리산 기슭의 검은 바위

---

34) Vp. vol. IV. p.379, Mahāvagga:<S.B.E. vol. XVII. p.172> D.P.P.N. vol. II. p.1144.

35) 잡아함경 제4:102경:<2-28하> 自棄薄其妻 又不入婬舍 侵陵他所愛 當知領群特.

36) 별역잡아함경 제13:268경:<2-467하>捨自己妻及婬女 邪姦他婦無所避 如是亦名旃陀羅.

> 는 아름다웠다. 시따와나에 있는 뱀 연못의 동굴은 아름다웠다. 따뽀다라마는 아름다웠다. 웰루와나에 있는 다람쥐 사육장은 아름다웠다. 지와까의 망고 숲은 아름다웠다. 맛다꿋치의 사슴농원은 아름다웠다.[37]

붓다가 아름다운 곳으로 추억하는 곳들이 바로 라자가하에 있을 때 머물렀던 곳으로 자연경관의 아름다움만을 말하는 것이 아니라 젊었을 때의 추억이 어린 곳을 회상하는 것이기도 하다.

당시 라자가하 성 밖에 시따와나Sītavana가 있었다. 한림寒林[38] 또는 시타림尸陀林이라 번역하는 이곳을 산쓰끄리뜨로 슈마샤나śmaśāna라고도 하는데, 이는 '시체를 버리는 장소'란 뜻이다. 그러니까 라자가하 성 밖에 임장林葬하는 곳이 있었다. 붓다가 일차로 고향방문을 마치고 라자가하로 돌아왔을 때, 바로 이곳에 머물면서 사업차 라자가하에 왔던 수닷따를 만나게 된다. 수닷따가 붓다를 뵙고자 이른 새벽에 이곳에 갈 때 겁나고 두려워 떨었다고 하듯이, 이곳은 '바야베라와'Bhayabherava라고도 했다.[39] 놀라움과 공포감을 주는 공동묘지였기 때문에 '등골이 오싹해 지는 숲'이었다. 라자가하에는 열여덟 개의 커다란 정사가 있었다.[40] 그 중에 가장 유명한 것이 웰루와나[竹林精舍]와 삿따빵니구하[七葉窟]이다.

5) 빔비사라

빔비사라의 이름은 슈레니까(ⓢŚreṇika)이다. 보통 세니아 빔비사라

---

37) D.N. II. p.123.
38) 'sīta'(ⓢśīta)는 '춥다'는 뜻이고, 'vana'는 '숲'을 말한다.
39) 'bhaya'는 '공포, 두려움'이고, 'bherava'는 '소름끼치는, 무서운'이란 뜻이다.
40) Jt. vol. IV. p.176.

Seniya Bimbisāra라고 불렸다. 한역경전에서는 빈비사라頻毘娑羅, 빈두사라頻頭娑羅, 병사洴沙, 병사甁沙, 평사萍沙 또는 영견影堅, 영승影勝, 모실模實로 번역되었다. 그의 영토 확장정책은 앞에서 잠깐 언급했었다. 여기서는 빔비사라의 부인들을 살펴보자.

그의 첫째 왕비는 꼬살라데위Kosaladevī라고 불린 꼬살라국의 공주 웨데히Vedehī이다.[41] 그녀는 마하꼬살라의 딸이자, 빠세나디의 누이이다. 마하꼬살라는 웨데히가 빔비사라와 결혼할 때, 딸의 지참금으로 10만 금의 세금을 징수하는 최고급의 비단산지인 까시Kāsi 마을을 주었다.[42] 그녀가 낳은 아들이 바로 아자따삿뚜Ajātasattu이다.[43]

둘째 왕비는 웨살리를 중심지로 하고 있는 왓지연맹의 한 부족인 릿차위족의 왕 쩨따까Ceṭaka의 딸 쩰라나Cellanā이다.[44] 셋째 왕비는 뻰잡에 있던 맛다Madda국 수도 사갈라Sāgala출신 케마Khemā 공주이다.[45] 황금빛의 피부를 가졌던 그녀는 붓다를 친견하는 것조차 거부할 정도로

---

41) 『관무량수경』에 위제희(韋提希)라 하였다,<12-341상>.

42) Jt. vol. II. p.275, Jt. vol. IV. p.216.

43) D.N. II. p.78. note.1, A.N. II. p.190. note.3: Ajātasattu Vedehiputto, 잡아함경 제46:<2-338하>.

44) Jaina sutras:<S.B.E. vol. XXII. introduction. p.xii~xv>.
자이나교에서는 빔비사라와 쩰라나가 낳은 아들이 꾸니까(Kūṇika)인데, 그를 불교에서는 아자따삿뚜로 부른다고 했다. 쩰라나의 고모, 즉 쩨따까의 누이 뜨리살라(Trisalā)가 웨살리 부근의 영주(領主)인 싯다르타(Siddhārtha)와 결혼하여 난디와르다나(Nandivardhana)·와르다마나(Vardhamāna)·수다르사나(Sudarsanā)를 낳았는데, 그가 바로 와르다마나가 자이나교주인 마하위라(Mahāvīra)라고 했다. 불교에서 니간타 나따뿟따(Nigantha Nātaputta)라고 불리는 사람이다.

45) 사갈라는 마하깟사빠의 부인 밧다 까삘라니(Bhaddā Kāpilānī)와 마하 깝삔나(Mahā Kappina)의 부인 아노자(Anojā)의 고향 이며,<D.P.P.N. vol. II. p.1090> 훗날 그리스인 인도총독 밀린다(Milinda)가 머물던 곳이다.<S.B.E. vol. XXXV. p.2> 사갈라는 지금의 시알꼬뜨(Sialkot)이다.

교만하였지만 훗날 출가하여 아라한이 되었고, 붓다의 사후 존재에 대하여 빠세나디와 토론한다.[46)]

그 이외에도 아완띠국 웃제니에서 데려왔다는 절세미인 빠두마와띠Padumavatī가 있다. 빠두마와띠는 절세미인으로 웃제니의 창부였는데, 그녀의 미모에 대한 이야기를 들은 빔비사라는 뿌로히따에게 주문의 힘을 빌려 데려오게 했다. 그녀가 라자가하로 오자 나가라소비니가 필요없다는 말이 날 정도였다고 한다. 바로 그녀가 낳은 아들이 아바야Abhaya왕자였기 때문에 그녀를 '아바야마따'Abhayamātā, 즉 '아바야의 어머니'라 부르기도 했다.[47)] 빔비사라에게 위말라 꼰단냐Vimala Koṇḍañña란 아들이 있는데, 웨살리의 창부 암바빨리Ambapālī가 낳았다.[48)] 그밖에도 실라와뜨Sīlavat[49)] · 자야세나Jayasena라 불린 아들과[50)] 쭌디Cundī라 불린 딸이 있다. 이들은 어느 왕비의 소생인지 알 수가 없다.

6) 빔비사라와의 재회

붓다는 라자가하에 도착하여 성에 가까이 위치한 평화롭고 한적한 랏티와나Laṭṭhivana의 수빳타 쩨띠야Supaṭṭha cetiya에 머물렀다.[51)] 붓다가 1천여 명의 비구들과 함께 라자가하에 도착한 것은 풋사마사뿐나Phu-

46) 성열, 『부처님 말씀』(현암사:2002), p.339.
47) D.P.P.N. vol. I. p.127.
48) D.P.P.N. vol. II. p.286.
49) Thag. p.269.
50) M.N. III. p.175 note 3.
51) 랏티와나(Laṭṭhivana)를 랏티와누야나(Laṭṭhivanuyyāna)라고도 하고, 한역불전에 장림원(杖林苑)이라 번역하는데, 의미는 'Laṭṭhi'(지팡이:杖)+'vana'(숲:林)+'uyyāna'(공원:苑)의 합성어이다.

ssamāsapuṇṇa라고 했다.[52] 인도력으로 음력 1월 15일이다. 성도 후 이시빠따나[鹿野苑]에서 첫 안거를 보내고, 우루웰라에서 깟사빠 삼형제를 교화하느라 석 달을 머물다가 라자가하에 왔다고 한다.[53] 마가다국왕 빔비사라는 붓다가 수빳타 쩨띠야에 도착하였다는 소식을 듣고 말했다.

> "정말로 고따마가 위대한 삼마삼붓다(Sammāsambuddha:正覺者)가 되어 다시 라자가하로 와주었구나.
> 붓다가 된 고따마를 만날 수 있게 되다니 참으로 행복한 일이다."[54]

빔비사라왕은 붓다를 만나는 것이 행복한 일이라고 말하고, 많은 대신들과 호위병을 거느리고 붓다가 머물고 있는 랏티와나로 향하였다. '왕자와 대신들에게 둘러싸여 수레 1만 2천과 말 1만 8천 그리고 마가다국의 무수하게 많은 바라문과 거사들이 걸어서 뒤를 따랐다'고 하고,[55] '빔비사라왕이 12만 명의 마가다국의 바라문과 거사들에 둘러싸여 붓다가 계신 곳으로 갔다'고 하기도 하며,[56] '빔비사라왕이 1만 2천의 수레를 장식하여 타고 8만 4천의 사람들이 앞뒤를 에워싸고 따랐다'고도 말하기도 한다.[57] 경전의 표현들이 조금은 과장된 것이긴 하겠지만 빔비

---

52) Pali Jātaka, vol. I. p.86 *'Phussa'는 인도력으로 12월 16일부터 1월 15일까지이고, 'māsa'는 달(月)을 말하고, 'puṇṇa'는 '가득 참'을 의미한다. 따라서 'māsa-puṇṇa'는 보름을 말한다.

53) B.B.S. p.121.

54) 'sammāsambuddha'는 산쓰끄리뜨로 'samyaksambuddha'인데, 'sammā'는 '바르게, 완벽하게'라는 뜻을 가진 접두사이고, 'sambuddha'는 '오관(五官)으로 완벽하게 지각(知覺)하다, 뜻·원인·성질·내용을 완벽하게 이해하다'라는 제1류동사 어근(sam-√budh)의 과거수동분사이다. 따라서 'sammāsambuddha'는 '바르고 완벽하게 깨달음을 얻었다'란 뜻에서 정변각지(正遍覺知), 정변지(正遍知), 정등각(正等覺), 등정각(等正覺)으로 번역되고 있다.

55) 잡아함경 제38: 1074경:<2-279상>.

56) Vp. vol. IV. p.47, Mahāvagga:I,22,4:<S.B.E. vol. XIII. p.137>.

사라가 붓다를 방문할 때 엄청나게 많은 사람들을 거느렸던 것만은 분명하다.

붓다가 1천 여 명의 비구들에 둘러싸여 앉아 있었는데, 그 모습이 마치 뭇별 가운데 달과 같고, 아침에 떠오르는 태양과 같으며, 제석帝釋이나 범왕梵王이 하늘나라 신들의 궁전[天宮]에 앉아 있는 것 같고, 근엄謹嚴하기가 마치 우뚝 솟은 금산金山과 같았다고 한다.[58]

빔비사라는 랏티와나의 입구에 이르러 수레에서 내렸다. 그리고 왕권을 상징하는 왕관·일산·부채·보검·가죽신 등을 벗어놓고 걸어서 들어갔다. 그리고 붓다 앞에 다가가 발아래 절을 하고 앉았다. 이때가 서력기원전 530년이고, 빔비사라는 31세이고, 붓다는 36세 때의 일이다.

빔비사라왕을 따라온 성안의 사람들도 붓다의 발아래 절하고 앉거나, 손을 들어 안부를 묻고 앉거나, 자기의 이름을 밝히고 앉거나, 붓다를 향해 합장을 하고 앉기도 하였다.

라자가하 사람들은 젊은 고따마와 나이가 많은 우루웰라 깟사빠를 번갈아 바라보았지만 누가 스승인지 알 수 없었다. 그도 그럴 것이 이미 120세의 노인이었고, 모든 신선들의 우두머리[衆仙之宗]인 우루웰라 깟사빠가 이제 나이 36세밖에 되지 않는 젊은이의 제자라고 어찌 생각할 수 있었겠는가. 사람들은 자신들 앞에 전개되고 있는 모습을 도저히 믿을 수가 없었을 것이다. 꼬살라왕 빠세나디가 처음 붓다와 만날 때에도 '저런 젊은이가 어찌 붓다일 수 있단 말인가'라고 의심했던 것으로 미루어 보아 당시의 사람들은 젊은 사람이 붓다가 되었다는 말에 의심의 눈초리를 보낸 것이 사실인 것 같다.

---

57) 사분율 제33:<22-797중>.
58) 방광대장엄경 제12:<3-612하> 보요경 제8:<3-532하>.

“도대체 저 젊은 사람이 우루웰라 깟사빠 밑에서 공부하고 있다는 것인지, 우루웰라 깟사빠가 저 젊은 사람 밑에서 공부하고 있는 것인지 알 수가 없네.”

붓다는 라자가하 사람들이 작은 소리로 수군거리는 것을 보고, 우루웰라 깟사빠에게 말했다.

“우루웰라 사람아, 그대는 무엇을 보았기에 불에 제사하기를 버렸는가? 나는 그대 깟사빠에게 묻노니, 무엇 때문에 불에 제사하는 것을 포기했는가?”

우루웰라 깟사빠는 붓다가 말씀하시는 뜻을 알아듣고 큰 소리로 대답했다.

“희생제에서는 보이는 것 · 들리는 것 · 맛있는 것을 칭찬하고 여인네를 칭송하지만, 저는 이제 그런 것들이 부질없는 것이라 보았기에 제사도 공물供物도 좋아하지 않게 되었나이다.”

“깟사빠여, 그런 것을 좋아하지 않게 되었다면 그대가 좋아하게 된 것은 무엇인가?”

“제가 집착의 굴레를 벗어나 닙바나(nibbāna:ⓢnirvāna)의 길을 보았을 때, 그 길 이외에는 더 이상 다른 길이 없다는 것을 알았나이다. 그래서 저는 이제 제사도 공물도 좋아하지 않게 되었나이다.”

다른 경전에는 ‘이미 80년이나 풍신風神 · 수신水神 · 화신火神 · 범천梵天 · 산천山川이나 해와 달에게 제사를 지내며 지극정성으로 빌었지만 결국 얻은 것이 없었는데, 붓다를 만나고서 마침내 편안함을 얻었다’고 고백하듯이 털어놓았다고 한다.[59] 우루웰라 깟사빠의 이와 같은 고백은 그 자리의 모든 이들에게 엄청난 충격이었다.

---

59) 방광대장엄경 제12:<3-613상> 보요경 제8:<3-532하>.

우루웰라 깟사빠는 말을 마치자, 자리에서 일어나 붓다의 발아래에 절을 하면서 다시 말했다.

"세존이시여, 세존은 저의 스승이시고, 저는 제자입니다.

세존이시여, 세존은 저의 스승이요, 저는 제자입니다."

빔비사라와 함께 왔던 많은 사람들은 이제까지 자기들이 우러러 받들었던 깟사빠의 형제들이 아직 젊은 고따마의 제자가 되었다는 사실에 놀라지 않을 수 없었다.

이때 붓다가 사람들의 근기根機에 맞추어 설법을 했다. 이때 붓다가 한 설법은 인과응보因果應報에 대한 설법이었다. 즉 남을 위하여 베풀고 살면서 선행을 쌓아야 한다는 보시[施論]와 믿음을 가지고 있는 사람들이 지켜야 할 윤리적 실천 덕목으로서 계율[戒論]과 선행을 쌓고 계행을 지키는 덕행으로 다음 생애는 천상에 태어나 즐거움을 누리게 된다는 과보[生天論]였다. 이것을 삼론설법三論說法, 차제설법次第說法 또는 방편설법方便說法이라 한다. 불교의 궁극적 목적인 깨달음의 문제가 아니라 세속적 입장에서 불교의 가르침을 따르는 종교생활을 의미한다.

붓다의 삼론설법을 듣고, 사람들의 마음이 한층 성숙되었음을 알고 나서, 다시 '생성하는 성질의 것은 무엇이나 소멸하는 법'이라는 무상無常을 설파했다. 붓다의 설법을 들은 사람들은 마음의 문이 열리고 법을 보는 눈이 열렸다. 이때 빔비사라왕도 번뇌가 없어지고 법안정法眼淨을 얻었다. 빔비사라가 말했다.

"세존이시여, 제가 젊었을 때 다섯 가지 꿈이 있었는데, 이제 그게 다 성취되었나이다. 첫째는 왕위王位에 오르는 것이었고, 둘째는 내 나라에 부처님이 오시는 것이었으며, 셋째는 부처님을 섬기는 것이었으며, 넷째는 부처님에게 가르침을 듣는 것이었고,

다섯째는 부처님의 가르침을 깨닫는 것이었는데, 그 모두가 오늘에야 이루어졌나이다.

세존이시여, 참으로 거룩하시나이다. 마치 넘어진 사람을 일으켜 주시듯이 숨겨진 것을 드러내듯이 길 잃은 사람에게 길을 가리켜 주시듯, '눈 있는 자 세상을 보리라'고 말씀하시면서 어둠 속에서 등불을 밝히듯이, 세존께서는 여러 가지 방편으로 법을 밝혀 주셨나이다.

저는 거룩하신 고따마 부처님Buddha께 귀의하나이다.

저는 거룩한 가르침Dhamma에 귀의하나이다.

저는 비구스님들의 승단Saṅgha에 귀의하나이다.

세존이시여, 이생이 다하도록 세존을 믿고 따르는 신도가 되겠사오니 저를 받아주소서.

그리고 내일 제자들과 함께 궁궐로 오셔서 공양을 받으소서."60)

빔비사라왕은 인류역사상 최초로 불교에 귀의한 왕이다.

7) 웰루와나라마(竹林精舍)

이튿날 빔비사라는 붓다에게 사람을 보내 공양 준비가 끝났다고 알렸다. 붓다는 많은 비구들을 거느리고 빔비사라의 궁궐로 향했다. 붓다를 비롯한 많은 비구들이 바루를 들고 라자가하 거리로 들어가자 라자가하 사람들이 거리로 나와 예를 올렸다. 이때 하늘의 신神 삭까(Sakka:帝釋天)가 젊은 미남자로 변신하여 붓다가 가는 길에 앞장서서 노래를 불렀다.

"대자유를 얻은 황금빛 세존(世尊:Bhagavā)이 원래 자띨라였던 이

60) Vp. vol. IV. p.49. Mahāvagga:I,22,9:<S.B.E. vol. XIII. p.140>.

들과 함께 라자가하로 들어오신다.

다사와사Dasavāsa요, 다사발라Dasabala이며, 다사담마위두Dasadhammavidū이신 세존께서 많은 비구들에게 둘러싸여 라자가하로 들어오신다."61)

라자가하 사람들이 삿까의 모습을 보고 말했다.

"정말로 저 젊은이는 잘 생겼다. 저렇게 멋진 젊은이가 또 있을까. 저 젊은이는 어디서 왔으며, 뉘 집 아들일까?"

하늘의 신 삿까가 그 말을 듣고 사람들에게 말했다.

"나는 지자智者요, 승자勝者요, 무등등자無等等者이신 여래如來·세존世尊을 모시는 종이다."

빔비사라왕은 붓다와 제자들을 궁궐로 맞아들인 뒤에 왕이 직접 공양을 올렸다. 붓다와 제자들이 공양을 마치자 빔비사라왕은 자리에 앉아 생각했다.

"세존께서 머물기 적당한 곳이 어딜까? 내 그곳을 마련해 드려야겠다. 우선 성城에서 너무 가깝지도 않고, 멀지도 않으면서 평탄한 곳이어야 하겠지. 그래야 출입하기에 편하고 사람들이 원할 때마다 찾아가기 쉽고, 걸식하는데 어려움이 없을 것이다.

모기나 해충들이 적은 곳이어야 하겠고, 낮에는 오고가는 사람들이 적어 혼잡하지 않고, 밤에도 소리가 적어 조용할 수 있어야 하겠지. 그리고 성과 연못이 가까워 목욕을 다니기에 불편함이 없는 곳이어야 하겠지. 그래, 성문 밖 웰루와나(Veḷuvana:竹林)가 있

---

61) Vp. vol. IV. p.50, Mahāvagga:I,22,13:<S.B.E. vol. XIII. p.141>.
'dasavāsa'는 십존주(十尊住), 'Dasabala'는 십력존(十力尊), 'Dasadhammavidū'는 십법지자(十法知者)라 번역한다. 'dasa'는 열(十)이고, 'vāsa'는 '머무름, 체재'의 뜻이고, 'bala'는 '힘'을 의미하고, 'vidū'는 '영리한, 슬기로운'이란 뜻이다.

지. 바로 그곳을 세존님께 드려 머무시게 해야겠다."[62)]

빔비사라왕은 대나무 숲[竹林]이 세존께서 머무시기에 적당하겠다고 판단하고 붓다에게 말씀드렸다.

"세존이시여, 저에게 웰루와나가 있는데, 그곳을 세존께 드릴 터이니 제자들과 그곳에 머무십시오."

붓다는 빔비사라왕의 청을 받아들이고, 그를 칭찬하고 설법한 뒤에 궁궐에서 떠났다. 그리고는 제자들에게 말씀하셨다.

"비구들아, 내가 오늘 빔비사라왕이 헌납하는 공원(uyyāna:苑)을 받아 수도원(ārāma)으로 삼기로 했다."

웰루와나라마Veḷuvanārāma, 즉 죽림정사竹林精舍는 붓다가 처음으로 헌납 받은 불교 최초의 사원ārāma이 되었고,[63)] 이것은 붓다의 나이 36세 때의 일이었다. 사원의 위치는 어떤 곳이어야 하는가를 보여주는 좋은 예라 하겠다.

웰루와나라마를 깔란다까니와빠Kalandakanivāpa라 부르기도 하는데, 다람쥐kalandaka에게 먹이를 주는 곳(nivāpa)이 있었기 때문이다. 붓다는 웰루와나라마에서 정각 후 두 번째 여름안거를 지내게 되었다.

붓다는 빔비사라왕으로부터 죽림정사를 헌납 받으시고 이렇게 축원하셨다.

---

62) 불본행집경 제45:<3-860중> Mahāvagga:I.22.16:<S.B.E vol XIII. p.143>, Vp. vol. IV. p.51. M.N. III. p.63, D.N. III. p.35, M.N. II. p.301,
*방광대장엄경<3-613중>에는 '마가다국에 가란타(迦蘭陀)란 장자가 있었는데, 붓다가 마가다국에 왔지만 아직 정사가 없는 것을 알고 죽림원(竹林園)을 여래에게 바쳤다'고 하였다.

63) 웰루(veḷu)는 '대나무'란 뜻이고, 와나(vana)는 '숲'을 의미한다. 아라마(ārāma)는 숲이 있으면서도 한적하여 수행자들이 거주하며 명상하기 좋은 공원(Uyyāna)과 같은 곳을 말한다.

"보시하는 사람은 탐욕을 끊게 되고, 인욕忍辱하는 사람은 분노를 떠나며, 선행을 쌓는 사람은 어리석음을 여의게 되리라. 이 세 가지를 갖추어 실천하면 빨리 열반에 이르게 되리니, 가난하여 남들처럼 보시할 수 없더라도 다른 사람이 보시하는 것을 보고 칭찬하고 기뻐하면 그 복은 보시하는 사람과 다를 것이 없을지어다."[64]

빔비사라는 67세에 아들 아자따삿뚜에게 폐위 당할 때까지 37년 동안 불교교단을 지원하였고, 그의 지원에 힘입어 불교교단은 크게 발전할 수 있었다.

지금은 라자가하가 사라졌지만 7세기 전반에 인도를 여행하였던 현장玄奘의 『대당서역기』에 의하면, '성의 북문에서 1리里남짓 가면 죽림정사가 있었다'고 기록하고 있다.[65] 당나라 때의 1리里는 559.8m이었으니 죽림정사는 라자가하에서 불과 560m 떨어진 가까운 거리에 있었음을 알 수 있다.

8) 안거제도

당시 붓다를 비롯한 비구들은 걸식을 하면서 일정한 거주지가 없이 이곳저곳을 떠도는 삶을 살았다. 비구들이 머무는 곳이란 기껏해야 큰 나무 밑이나 바위 위 또는 숲 속의 동굴이 고작이었다. 비구들만 유독 그렇게 살았던 것은 아니다. 부처님 당시에는 다른 종교의 수행자들도 일정한 거주처가 없이 이곳저곳으로 떠돌며 걸식으로 살았다. 집을 나

64) 과거현재인과경 제4:<3-651하>.
65) 대당서역기 제9:<51-922상>.

온 수행자들이 떠돌이로 사는 것은 당시 인도사회의 전통이었다. 그런데 어찌하여 이제까지의 전통을 벗어나 불교 사원이 생기게 되었을까?

부처님께서 머무셨던 강가강 유역은 보통 11월에서부터 이듬해 3월까지는 건기乾期이고, 3월부터 6월까지는 혹서酷暑의 계절이며, 6월에서부터 10월까지는 우기雨期인데, 폭우가 쏟아지는 우기에는 홍수로 인해 하천이 범람하는 일이 자주 발생하여 비구들의 떠도는 삶에 많은 제약이 있었다.

육군비구(六群比丘:Chabbaggiyā)라[66] 불리는 한 무리의 말썽 많은 비구들이 때를 가리지 않고 마을을 드나들었던 모양이다. 마침 여름철이라 소나기가 쏟아져서 홍수가 발생하였다. 그 비구들은 홍수로 인하여 의발衣鉢이나 좌구坐具 등 생활필수품을 물에 떠내려 보내고 말았다.

홍수로 범람하는 강가의 물살을 피하느라 남의 곡식밭을 망가뜨리고 살아 있는 초목을 마구 밟고 돌아다니자 마을의 사람들이 비구들에 대하여 비난을 퍼부었다.

> 사문沙門 석자釋子들이 부끄러움을 모르고 초목을 마구 밟아 죽인다. 겉으로는 바른 법을 안다고 말하지만 저들의 행동이 어찌 바른 법을 아는 것이라 하겠는가?
> 외도들도 석 달 동안은 안거安居하거늘 어찌하여 비구들이 장마철에도 마구 나다니다가 용품들이나 물에 떠내려 보내고 초목과 어린 생명들을 밟아 죽인단 말인가?[67]

라자가하의 많은 사람들이 상가를 향하여 비난을 퍼붓게 되자, 빔비

---

66) 끼따기리(Kīṭāgiri)근처에 살았던 앗사지(Assaji)와 뿐납바수(Punabbasu), 사왓티에 살았던 빤두까(Paṇḍuka)와 로히따까(Lohitaka), 라자가하에 살았던 멧띠아(Mettiya)와 붐마자(Bhummaja)를 육군비구라 한다.<Jt. vol. II. p.264>.

67) 사분율 제37:안거건도:<22-830중>.

사라왕도 다른 수행자들처럼 비구들도 우기에는 출입을 자제했으면 좋겠다고 건의하기에 이르렀다. 붓다는 비구들의 행동이 잘못되었음을 지적하고 장마철 석 달 동안은 일정한 장소에서 머물도록 하는 안거安居를 두게 하였다. 그러니까 우기에 비구들의 유행遊行을 중지시킨 것은 '거사들마저 초목에도 목숨이 있다고 생각하는데' 비구들이 그것을 이해하지 않고 초목이나 작은 생물들을 밟은 일로 세속인들로부터 쏟아지는 비난에 대한 조치였음을 알 수 있다.

하지만 많은 비구들이 일정한 장소에 모여 공동생활을 하려면 자연적으로 그 시설이 필요할 수밖에 없는데 무소유의 삶을 살았던 비구들이 거주시설을 마련할 수 없기 때문에 경제력이 있는 재가자들의 지원을 받아 안거제도를 두게 되었다.

붓다가 라자가하의 죽림정사에 머물 때였다고 전하는 것으로 보아 붓다가 성도한지 2년에서 4년 사이에 안거安居제도가 도입된 것 같다.68)

9) 비구들의 수행

정사에서 안거를 하면서 출가자들의 생활도 점차 정형화되었는데, 하루일과는 흔히 육시행도六時行道라 하여 밤낮을 여섯으로 나누어 초저녁[初夜]에는 조용한 곳에서 좌선하다 피로하면 운동을 겸해 도량을 걷는다. 한밤중[中夜]에는 약 네 시간 정도 조용히 누워 잔다. 이때는 웃따라상가Uttarāsanga를 네 겹으로 접어 평상에 펴고, 상가띠Saṅghāṭī를 접어 베개를 만들고, 사자와법獅子臥法이라 하여 오른쪽으로 누워 발을 포개고 잔다. 새벽녘[後夜]에 일어나 좌선한다.69)

---

68) Vp. vol. IV. p.183.

이른 아침[晨朝]에 좌선하다가 시간이 되면 상가띠로 옷을 갈아입고 탁발을 나간다. 밥을 얻어 교외의 조용한 곳에서 식사하거나 정사로 돌아와 탁발을 나가지 못한 환자나 노승과 나누어 공양한다. 음식물이 남으면 새나 짐승에게 준다. 식사는 반드시 정오가 되기 전에 마친다. 정오가 지나면 비시非時라 하여 물이나 과즙 이외에는 음식을 금한다. 그러니까 식사는 하루에 한 번, 오전 중에 한다. 다만 음식은 채식에 한정하지는 않았으며 삼정육三淨肉에 한하여 어류나 육류도 먹을 수 있었지만 이튿날까지 보관하는 것은 허락되지 않았다. 삼정육이란 자기를 위해 죽여지는 것을 보지 않은 것, 자기를 위해 죽여졌다는 소리를 듣지 않은 것, 자기를 위해 죽여진 것이라 의심되지 않는 것을 말한다.[70]

하루 한 끼의 공양을 마치면 대략 정오[日中]가 되는데, 소화를 돕고 더위도 피할 겸 한 두 시간 정도 휴식하다가 저녁때[日沒]가 될 때까지 좌선과 경행을 하거나 붓다로부터 설법을 듣거나 법에 관한 토론을 한다. 붓다나 비구들이 재가자들을 상대로 하는 설법은 달이 밝은 날 밤에 하거나 아침식사를 초청받았을 때 식사 전이나 후에 이루어졌다.

비구들이 일상적으로 해야 할 일은 침묵으로 좌선하는 것[默然]과 법에 관한 토론[講法] 두 가지이고[71] 정치와 같은 세속적인 문제에 대해서는 가급적 언급하지 않도록 했다.[72]

앞에서 볼 수 있었듯이, 애초에는 상가의 구성원이 되는 것이 간단했다. 붓다의 설법을 듣고 제자가 되기를 희망하면 붓다의 '에히 빅쿠!Ehi bhikkhu!', 즉 '어서 오게, 비구여'라는 한 마디 말로 출가비구가 될 수 있

---

69) 시자경:<1-473하>.
70) Vp. vol. IV. p.325, 십송률 제37:<23-265상>.
71) 대본경:<1-1중>,M.N. I. p.205.
72) 니구타범지경 하:<1-225하>.

었지만 상가가 확대되면서 입문절차가 생기게 되었다. 이교異敎의 무리가 비구가 되려면 4개월의 예비기간이 필요했고,[73] 계단戒壇을 설치할 때 삼사三師 칠증七證이라 하여 최소한 열 명의 스승이 있어야 비구계를 줄 수 있게 되었다.[74]

붓다가 성도하고 5년은 비구들이 청정했으나 그 후부터 점점 비행을 저지르는 사건이 있을 때마다 계를 정해 250조의 계목이 성립되었다고 하고,[75] 성도 후 처음 12년간은 '말과 마음 그리고 행동을 청정하게 하라. 이것이 선인의 길을 닦는 것'이란 한 마디 말로 금계를 삼았으나 점차 어기는 자들이 생겨 250계가 쌓였다고 하지만[76] 이미 1천 명이 훨씬 넘는 비구들을 거느리게 된 초기 시대부터 사회적 물의를 일으키는 이들이 생겼을 것이고, 그에 따른 사회적 비난이 따르게 되자 대중의 통제와 사회적 비난을 방지하기 위한 조치들이 내려졌을 것이라 본다. 교단의 통제규정인 계율은 적극적으로 어떤 행동을 권장하는 작지계作持戒와 소극적으로 어떤 행동을 금지하는 지지계止持戒로 구분한다. 지지계는 금지사항이고 작지계는 준수사항이라 하겠다. 안거 역시 준수사항의 하나이다.

비구들은 포살布薩이라 하여 보름마다, 즉 매월 만월(滿月:음15일)과 신월(新月:음30일)에 동일 지역 내에[77] 거주하는 비구들이 한 자리에 모여 계목(戒目:Pātimokkha) 250조를 낭송하고 그것을 어긴 자는 고백하고 참회하는 의식을 치렀다. 이러한 제도는 불교교단이 독창적으로 만든 것

73) 성열, 『부처님 말씀』(현암사:2002), p.25.
74) 살바다비니비파 제2:<23-511하>.
75) 마하승지율 제23:<22-412중>.
76) 증일아함경 제44:<2-787중> 근본설일체유부비나야 제1:<23-628상>.
77) Vp. vol. IV. p.138.

이 아니라 빔비사라왕의 제안으로 외도들의 제도를 수용한 것이다.[78)]

또한 안거 마지막 날 안거기간에 보고, 듣고, 의심하며 자신이 저지른 죄과罪過를 대중 앞에 고백하고 참회하는 자자(自恣:pavāraṇa)를 한다.[79)] 이날 신도들은 비구들에게 선물을 주기도 하고 공양에 초대하기도 한다. 그러니까 포살과 자자는 상가의 도덕적 청정성을 유지해 가는 유일한 의식儀式이었다.

10) 사리뿟따와 목갈라나의 귀의

당시 라자가하에는 육사외도六師外道의 한 사람인 벨랏티Belaṭṭhi의 아들 산자야Sañjaya가 살고 있었는데, 그의 제자가 250명이나 되었다. 산자야의 제자 가운데 명문가출신의 우빠띳사Upatissa와 꼴리따Kolita가 있었다.

우빠띳사의 아버지는 완간따Vaṅganta요, 어머니는 루빠사리Rūpasārī인데, 라자가하에서 그리 멀지 않은 바라문마을 날라까Nālaka에서 태어났다. 우빠띳사의 아버지가 이 마을의 촌장이었기 때문에 날라까를 우빠띳사가마Upatissagāma라고도 한다.[80)]

쭌다Cunda · 우빠세나Upasena · 레와따Revata 등이 우빠띳사의 남동생이고, 짤라Cālā · 우빠짤라Upacālā · 시수빠짤라Sisūpacālā라는 여동생이 있었는데, 이들 모두 뒤에 붓다에게 출가하였다.

꼴리따의 아버지는 라자가하에서 가까운 꼴리따 마을(Kolitagāma)의

---

78) Vp. vol. IV. p.130.
79) 성열, 『부처님 말씀』(현암사:2002), p.411.
80) Thag. p.340, D.P.P.N. vol. II. p.1108, M.N. I. p.193.

촌장이고, 어머니는 목갈리Moggalī 또는 목갈라니Moggallānī이다. 꼴리따와 우빠띳사는 모두 촌장의 아들로 큰 부자였고 두 집안은 조상 대대로 친분이 두터웠다.

우빠띳사와 꼴리따 이 두 사람은 당시에 유행하던 모든 경론經論에 통하지 않는 것이 없을 정도로 해박한 지식을 가진 뛰어난 인물이었다. 두 사람은 라자가하 근교의 산에서 열리는 축제인 기랏가사맛자를 보러갔다가 무상無常을 깨닫고 산자야의 제자로 출가하였다. 그들은 세상을 떠돌면서 당시 유명한 학자들과 토론하였지만 만족할 수 없었던 터라 '누구라도 먼저 만족할만한 스승을 만나면 서로 알려주기로 하자'고 약속하고 헤어졌다.

어느 날 우삐띳사가 라자가하로 걸식하러 나갔다가 붓다의 제자 앗사지Assaji를 만났다. 앗사지는 와라나시의 녹야원에서 붓다의 설법을 들었던 다섯 사람의 비구 가운데 마지막으로 진리에 눈을 뜬 사람이다.

우빠띳사는 앗사지가 자신감에 넘치는 모습으로 거리를 거닐며 걸식하는 것을 보고, 저 사람이야말로 높은 지혜를 가진 사람의 하나라고 생각되어 그의 뒤를 쫓아갔다. 앗사지가 한적한 숲 속으로 가서 공양을 마치자 다가가서 물었다.

"존자여, 당신의 모습은 참으로 침착하고 얼굴은 밝고 빛납니다. 당신은 누구를 따라 출가하였으며, 무엇을 배우고 있습니까?"

"벗이여, 샤까족 출신의 대사문大沙門이 있습니다. 나는 그 분에게 출가하여 그 분을 스승으로 삼고, 그 분을 존경하며, 그 분을 따라 배우고 있소."

"그대의 스승 대사문은 어떤 법을 가르치고 있습니까?"

"벗이여, 나는 나이도 많지 않고 출가한 지도 오래지 않아 초심자에 지나지 않습니다. 그 분의 가르침은 넓고 깊어서 당신에게 그 뜻을 제대로 말할 수가 없습니다. 하지만 그 요점을 간단하게 말할 수는 있습니다."

"나도 그 요점만을 듣고 싶으니 간단히 말씀하여 주십시오."

"벗이여, 우리의 스승 여래께서는 원인(因)과 조건(緣)으로 생기는 법을 말씀하시고, 또 원인과 조건으로 소멸하는 법을 말씀하시되, 만약 원인을 따라 발생하는 것이 있으면 여래께서는 그 원인을 말씀하시며, 만약 원인을 따라 소멸하는 것이 있으면, 대사문은 그 이치를 말씀하셨소. 이것이 우리 스승의 가르침이오."81)

다음과 같이 전하기도 한다.

"일체 모든 법은 원인(因)과 조건(緣)을 따라 생기는 것이지 창조주라는 것은 없다. 이것을 바르게 이해할 수 있으면 참다운 도리를 얻으리라."82)

우빠떳사는 앗사지가 전하는 붓다의 가르침을 듣자마자 그 자리에서 번뇌 망상이 사라지고 청정한 법안法眼을 얻고 소따빤나sotāpanna가 되었다. 소따빤나는 '열반으로 흘러가는 강에 들어간 사람'이라는 뜻인데, 『금강경』에서 수다원須陀洹이라 번역된 말이다. 우빠떳사는 기쁨에 넘친 모습으로 꼴리따를 찾아갔다. 꼴리따는 우빠떳사의 달라진 모습을 보고 물었다.

"벗이여, 자네는 전과 많이 달라졌어. 얼굴에 자신감이 넘쳐 빛을 내고 있으니 말일세. 전에 없었던 무엇인가를 얻기라도 했단 말인가?"

"나는 전에 몰랐던 어떤 새로운 경지를 얻은 것 같네."

---

81) 사분율:<22-798하>Vp. vol. IV. p.54, Mahāvagga:I,23,5:<S.B.E. vol. XIII. p.146> Ye dhammā hetuppabhavā tesaṃ hetuṃ Tathāgato Āha tesañ ca yo nirodho, evaṃvādī Mahāsamaṇo.

82) 과거현재인과경 제4:<3-652중>一切諸法本 因緣生無主 若能解此者 則得眞實道.

우빠띳사가 라자가하에서 앗사지를 만났던 이야기와 그가 붓다에게 배우고 있는 가르침에 대한 이야기를 하자 꼴리따가 말했다.

“여보게, 우리 붓다를 찾아가세. 그 분이야말로 우리의 스승이실 것 같네.”

“여보게, 우리를 지켜보고 있는 250명의 수행자들이 있지를 않나. 그들이 어떻게 생각하는지 그들과 상의해 보세나.”

우빠띳사와 꼴리따는 이제까지 자기들을 따랐던 사람들에게 말했다.

“벗들이여, 우리는 붓다에게 가기로 하였네. 그 분이야말로 우리의 진정한 스승일 것 같아서 말일세.”

우빠띳사와 꼴리따의 말을 듣고 그의 제자들이 말했다.

“존자여, 우리들은 두 분 때문에 여기에 머물러 있었습니다. 만약 두 분 존자들이 붓다의 제자가 되어 범행梵行을 닦는다면 우리들 모두 붓다의 제자가 될 것입니다.”

우빠띳사와 꼴리따는 스승 산자야를 찾아가 말했다.

“스승님, 우리들은 이제 고따마 붓다에게 가려합니다. 그 분에게 가르침을 받겠습니다.”

“그건 안 될 말이다. 가지 말고, 여기에 남아 우리 세 사람이 하나가 되어 이 사람들을 돌보기로 하자.”

산자야는 몇 번이고 두 사람을 만류하였지만 끝내 250명의 무리와 함께 죽림정사를 찾아갔다. 산자야는 상수제자와 250명의 제자를 잃어버린 충격으로 끝내 피를 토하고 죽었다.[83]

붓다는 우빠띳사와 꼴리따가 250명의 동료를 데리고 멀리서 오는 것을 보고 비구들에게 말씀하셨다.

---

83) 불본행집경 제48:사리목련인연품:<3-877중>.

"비구들아, 저기 우빠띳사와 꼴리따가 오고 있다. 저 두 사람은 나의 제자 가운데 가장 뛰어난 사람이 될 것이다."

우빠띳사와 꼴리따는 붓다의 발아래 엎드려 절하면서 말했다.

"세존이시여, 저희들의 출가를 허락하시고 구족계를 주십시오."

"어서 오게, 비구여![Ehi bhikkhu] 나의 가르침 안에서 범행梵行을 잘 닦아 고苦에서 완전히 벗어나도록 하라."[84)]

붓다의 제자가 된 뒤에 우빠띳사는 사리뿟따Sāriputta로 불렸고, 꼴리따는 목갈라나(Moggallāna)로 불렸다.[85)] 그들이 귀의하여 오자 불교교단은 천명이 훨씬 넘는 대집단을 이루게 되었다. 흔히 '커다란 비구상가를 이루고 있는 1250명'[大比丘衆 千二百五十人]이라 말하는 출가자들의 모임인 상가[僧伽]가 이루어졌다.

하지만 그들보다 먼저 귀의한 1천 명의 제자들은 모두가 아라한이 되었는데, 사리뿟따와 목갈라나만이 아직 소따빤나였다. 목갈라나는 깔라왈라뭇따Kallavālamutta 마을로 들어가 정진한지 7일 만에 아라한이 되었고,[86)] 사리뿟따는 수까라카딸레나Sūkarakhatalena에서 붓다로부터 『디가나카숫따』Dīghanakhasutta를 듣고 나서 아라한이 되었다.[87)] 사리뿟다가 붓다를 만난 지 보름만의 일이었다.[88)]

---

84) Vp. vol. IV. p.52. Mahāvagga:I,23~24:<S.B.E. vol. XIII. p.144>.

85) 우빳띳사의 어머니는 루빠사리(Rūpasārī)이고, 꼴리따의 어머니는 목갈리(Moggalī) 또는 목갈라니(Moggallānī)이다. 사리뿟따(Sāriputta)와 목갈라나(Mogallāna)라는 이름은 그들의 어머니에게 근거하고 있는 것으로 보아 당시 모계제도가 있었음을 알 수 있다.

86) A.N. IV. p.50.

87) 'Sūkarakhatalena'는 '멧돼지가 판 굴'이란 의미인데, 깃자꾸따(영취산) 기슭에 있으며, 붓다가 이곳에서 사리뿟따와 그의 조카 디가나카(Dīghanakha)에게 설법한 것이 『Vedānapariggaha Sutta』이다.<S.N. V. p.209, M.N. II. p.176>.

88) 동진(東晋) 때 깔로다까(Kālodaka)가 번역한 『십이유경』(十二遊經)<4-147상>.

붓다가 사리뿟따와 목갈라나에게 계(pāṭimokkha)를 암송하도록 지명했을 때, 신참新參에게 그렇게 중요한 일을 어떻게 시킬 수 있느냐며 고참비구古參比丘들이 반대하고 나섰다. 그러자 붓다는 두 사람은 이미 한량없는 세월을 정진해 왔던 사람이기 때문에 그 일을 시킬 수 있다고 말했다.[89]

어느 날 붓다가 대중 앞에서 이렇게 말했다.

"비구들아, 사리뿟따와 목갈라나를 따르고 그들과 가까이 하도록 하라. 그들은 범행梵行을 돕는 훌륭한 사람이다. 사리뿟따는 생모生母와 같고, 목갈라나는 양모養母와 같은 사람이다."[90]

출가자는 사리뿟다나 목갈라나와 같은 사람이 되도록 해야 한다고 붓다가 직접 대중들에게 말함으로써 사리뿟다와 목갈라나가 이상적인 제자라는 것을 밝혔다.[91] 사리뿟따는 나의 수제자首弟子이며, 법륜法輪을 굴릴 사람이며, 내 다음 자리를 얻어야 할 사람이라고 했다.[92]

11) 마하깟사빠의 귀의

마하깟사빠의 원래 이름은 삡빨리Pippali이고,[93] 아버지는 까삘라Kapila, 어머니는 수마나데위Sumanādevī이다. 그의 고향은 마가다국의 마

에는 사리뿟다는 7일 만에 아라한이 되었고, 목갈라나는 15일 만에 아라한이 되었다고 한다.

89) D.P.P.N. vol. II. p.542.

90) M.N. III. p.295, S.N. III. p.6.

91) S.N. II. p.159, A.N. I. p.79.

92) Jt. vol. I. p.93, Sn.557. M.N. II. p.337.

93) 『불본행집경』<3-861하>에는 '삡빨라(畢鉢羅:pipphala ⓢpippala) 나무 아래에서 낳았기 때문에 삡빨라야나(Pippalayāna:畢鉢羅耶那)라 하며, 마치 금상(金像)처럼 잘생겼다'고 했다.

하띳타Mahātittha이다.[94] 그의 집은 사왕천 중의 북방비사문천北方毘沙門天의 궁전처럼 화려했고, 경작지는 마가다왕 빔비사라가 질투할 정도로 넓었다고 한다. 그는 여덟 살 때부터 네 가지 베다를 비롯하여 당시 지도층 바라문들이 수업해야 할 모든 분야의 학문에 통달했다고 한다.[95]

마하깟사빠는 결혼의 뜻이 없었는데, 부모들이 결혼을 강요하자 자기와 잘 어울릴 수 있는 상대가 있으면 결혼하겠다고 말했다. 『불본행집경』에 의하면, 그는 염부단금閻浮檀金으로 아름다운 여인상을 만들고, 그와 같은 미모와 피부를 가진 여인이 있으면 아내로 삼겠다고 하였다는 것이다. 마하깟사빠의 그 말은 결혼하라는 강요에서 벗어나기 위한 것이었는데, 그의 부모들은 아들과 어울릴만한 여자를 찾다가 드디어 멀리 맛다Madda국 사갈라Sāgala에서 바라문 꼬시야곳따Kosiyagotta의 딸 밧다 까삘라니Bhaddā Kāpilānī를 보고,[96] 본인들의 뜻을 묻지도 않고 부모들끼리 마하깟사빠와 밧다 까삘라니를 결혼시키기로 결정했다.

마하깟사빠와 밧다 까삘라니는 부모들의 강요로 결혼은 하였지만 부부관계를 맺지 않기로 약속하고 밤에 잘 때는 꽃다발을 사이에 두고 서로 떨어져 잤다고 한다.

마하깟사빠는 대단위 농장을 소유한 부자였다. 그는 아내와 함께 농장에 갔다가 쟁기질할 때 땅위로 퉁겨 져 나온 벌레들을 새들이 쪼아 먹

94) Thag. p.359.
95) 불본행집경 제45:<3-862상>.
96) 밧다까삘라니의 어머니는 수찌마띠(Sucīmatī)이다. 빔비사라왕의 셋째 왕비 케마(Khemā)도 맛다(Madda)국 수도 사갈라 출신이다. 이곳에 미녀들이 많았던 것은 외부의 적들이 침입해 오는 길목이라 일찍이 혼혈이 이루어졌던 까닭이라 본다. 그러나 『불본행집경』<3-863상>에는 웨살리에서 멀지 않은 가라비가(迦羅毘迦) 마을의 거부장자 색가비라(色迦毘羅) 바라문의 딸 발타라가비리야(跋陀羅迦卑梨耶)라고 했다.

는 것을 보고, '저 모두가 나의 죄'라고 말하며 농장을 포기할 결심을 했다. 그의 아내 밧다 까삘라니도 그 날 농장에서 수탉들이 곤충들을 잡아먹는 것을 보고 그녀 역시 세속을 버릴 결심을 했다고 한다. 두 사람은 출가하기로 합의하고 집을 떠나기 전에 이제까지 거느리고 있었던 노예나 하인들을 모두 자유롭게 풀어주었다.

두 사람이 집을 나서서 라자가하를 향해 갈 때, 마하깟사빠가 앞장을 서고 밧다 까삘라니가 그 뒤를 따랐다. 두 사람은 길을 가다가 갈림길을 만나면 마하깟사빠는 오른쪽으로 가고 밧다 까삘라니는 왼쪽으로 가기로 했다. 마하깟사빠와 밧다 까삘라니가 갈림길을 만나 약속대로 길을 갈라서자 그들의 아름다운 행동에 땅도 감동하여 진동을 일으켰다고 한다.

죽림정사의 향실(香室:Gandhakuṭi)에 앉아 있던 붓다는 땅이 흔들리는 것이 마하깟사빠가 출가의 뜻을 가지고 라자가하를 향해 오고 있기 때문이라는 것을 알았다.[97] 붓다는 아무에게도 말하지 않고 정사精舍에서 나와 날란다Nālandā 쪽으로 갔다. 라자가하에서 3가우따(gāvuta:약 8km) 쯤 가서 큰길 옆에 있는 바후뿟따까 니그로다Bahuputtaka Nigrodha나무 아래에 앉아 있었다.[98]

마하깟사빠는 나무 아래에서 좌선하는 붓다의 거룩한 모습을 보고, 바로 저 분이 자기가 찾고 있는 스승이라 생각하고, 붓다 앞으로 다가가서 오체투지五體投地로 절하면서 말하였다.

"세존은 실로 일체종지一切種智를 이루셨나이다. 자비로 중생을 구원

97) 간다꾸띠(gandhakuṭi)는 향실(香室)이라고 번역하는데, 'gandha'는 '향기'를 뜻하고, 'kuṭī'는 '혼자 머무는 방'을 말한다. 따라서 붓다가 거처하는 방을 뜻한다.

98) Jt. vol. IV. p.112에는 의하면 '붓다가 마하깟사빠를 만나기 위해 3 mile을 가셨다'고 한다. S.N. II. p.148에는 붓다를 처음 뵌 곳이 'the shrine of the Many Children', 즉 'bahuputte cetiya'[많은 아이들의 무덤]에서 만났다고 했다.

하시니 모든 중생의 귀의처가 되십니다.

세존이시여, 이제 세존은 저의 스승이시고 저는 제자이옵니다."

마하깟사빠가 세 번이나 간청을 하자 붓다께서 말씀하셨다.

"깟사빠야! 나는 너의 스승이고, 너는 나의 제자이다. 만약 일체종지를 성취하지 못한 사람이 너를 제자로 삼으려 한다면 머리가 일곱 조각으로 쪼개져 버릴 것이다."[99]

붓다께서 다시 마하깟사빠에게 말씀하셨다.

"깟사빠여, 그대는 무엇보다도 먼저 선배거나 후배거나 동료들 가운데서 살아 있는 양심이 되고 신중함을 보여야 한다.

둘째로 그대는 어떤 법을 듣더라도 덕을 지켜야 하고, 귀를 기울여 들은 모든 법을 잘 새기고, 깊이 생각하며, 원력을 가지고 수집收集해야 할 것이다.

셋째로 나태하거나 게으르지 말고 즐거운 마음으로 수행하도록 해야 할 것이다. 이 세 가지를 명심하도록 하라."

붓다는 그 자리에서 마하깟사빠를 제자로 받아들였다. 그리고 함께 죽림정사로 돌아오다가 길옆의 한 나무 밑에서 잠시 쉬게 되었다. 그때 마하깟사빠는 자기가 입었던 비단옷을 벗어 붓다가 앉으실 자리에 깔아드렸다. 붓다는 그 자리에 앉으시면서 말씀하셨다.

"깟사빠야, 그대가 입었던 이 옷은 참으로 부드럽구나."

"세존이시여, 제 옷을 드릴 터이니 받아주소서."

"그러면 그대는 무엇을 입으려는가?"

"세존께서 입으시던 옷을 벗어주십시오."

"내 옷은 오래되어 이미 낡아버렸는데 괜찮겠는가?"

---

99) 과거현재인과경 제4:<3-653상>.

"세존께서 입으셨던 옷을 입게 된다는 것은 세상의 그 무엇보다도 자랑스러운 일이라 생각합니다."

"그대야말로 나 여래의 자식이요, 여래의 입에서 태어났으며, 법에서 태어났고, 법으로 만들어졌으며, 법의 상속자이다."[100]

붓다는 죽림정사에 돌아와 마하깟사빠를 대중들에게 소개하면서 말씀하셨다.

"비구들아, 나의 제자 가운데 적은 욕심으로 만족함을 알고 두타행頭陀行을 갖춘 사람은 바로 마하깟사빠이다."[101]

그는 붓다를 만난 지 8일 만에 아라한이 되었다고 한다. 두타dhūta는 '흔들어 떨어뜨린다'는 의미로서 '번뇌의 때를 흔들어 떨어뜨리고, 의식주에 대한 탐욕을 가지지 않고 일념으로 불도佛道를 수행하는 것'을 말한다. 두타행에는 열두 가지가 있어서 십이두타행十二頭陀行이라 말하며, 마하깟사빠는 붓다의 십대제자 가운데 열두 가지의 두타행을 가장 잘 실천한 사람이 되었다. 그를 두타제일頭陀第一의 존자라고 부른다.[102] 엄격한 계율을 지키는 사람들 가운데 첫째란 뜻이다. 그러니까 마하깟사빠는 교단 내에서 제일가는 보수주의자였다. 그의 그런 태도는 붓다 사후 경전을 결집할 때 잘 나타나고 있다.

12) 라자가하 사람들의 걱정

붓다가 라자가하 죽림정사에 머물고 있을 때, 붓다를 비판적 시각으

---

100) S.N. II. p.150. Bhagavato putto orasa mukhato jāto dhamma-jā dhammanimmitā dhammadāyāda.

101) 불본행집경 제46:<3-866하>.

102) 증일아함경 제3. 제자품제4:<2-557중> A.N. I. p.16.

로 바라보았던 사람들이 앞 다투어 귀의하게 되었다.

소나단다Soṇadaṇḍa는 빔비사라로부터 옛날 앙가국의 수도였던 짬빠를 영지領地로 하사받을 정도로 학식과 명성을 가진 유명한 바라문인데, 갓가라Gaggarā 호수가에서 5백 명의 바라문들이 보는 앞에서 붓다에게 귀의했다.[103] 붓다보다 훨씬 연장자이자 마가다국 제일의 바라문이 붓다의 신도가 되었다는 것은 붓다의 명성을 증폭시키는 계기가 되었다.

또한 빔비사라로부터 카누마따Khāṇumata를 영지로 하사받은 바라문 꾸따단따Kūṭadanta도 신도가 되었고,[104] 연예인마을 촌장 딸라뿌따Tālaputa,[105] 전사촌戰士村촌장 요다지와Yodhājīva,[106] 상병촌象兵村 촌장 핫타로하Hattāroha,[107] 기병촌騎兵村촌장 앗사로하Assāroha,[108] 창병촌槍兵村 촌장 아시반다까뿟따Asibandhakaputta[109] 등이 신도가 되었는데, 그들은 붓다에게 비판적인 견해를 가졌던 사람들이다.

빔비사라는 마가다국 사람이면 누구라도 출가해도 좋다고 선포함으로써 불교교단의 발전에 크게 기여하였다.

그때 어떤 집의 종이 빔비사라의 칙령을 듣고 주인의 허락도 없이 출가해 버렸다. 주인은 거리로 걸식 나온 종을 붙잡았지만 '마가다국 사람이면 누구라도 출가할 수 있다'는 왕의 칙령이 있어서 출가했다는 말을

---

103) D.N. I. p.144 <Soṇadaṇḍa sutta> 종덕경<1-94상>.
104) D.N. I. p.173<Kūṭadanta sutta> 구라단두경<1-96하>.
105) S.N. IV. p.214, 잡아함경 제32:<2-227상> 별역잡아함경:122경:<2-420상>
106) S.N. IV. p.216, 잡아함경 제32:908경:<2-227중>戰鬪活聚落主라 한역했다.
107) S.N. IV. p.218, 'hatthī'는 코끼리이고, 'āroha'는 '올라타는 사람'을 말한다.
108) S.N. IV. p.218. 잡아함경 제32:909경:<2-227하> 별역잡아함경 제7:124경:<2-420하> 調馬聚落主나 善調馬師聚落主라 한역하고 있다. 'Assa'는 말이란 뜻이다.
109) S.N. IV. p.220, 잡아함경 제32:915경:<2-230하>'Asi'는 칼이고, 'bandha'는 묶는다는 뜻이다.

듣고는 더 이상 어떻게 할 수가 없었다. 그는 자기 집 종이 붓다의 제자가 되어도 어찌할 수 없다는 것을 알고 나서 불교교단에 대해 크게 불만을 터뜨렸다.

"참 더러워 죽겠네. 우리 집 종놈도 내 맘대로 할 수 없으니 말이야. 이제 보니 사문 고따마의 무리는 종놈의 집단이 아닌지 모르겠어."110)

한편 라자가하에 살고 있는 명문집안의 유능한 청년들 가운데 붓다의 가르침을 따라 출가하는 이들이 날로 많아지면서 붓다를 원망하는 불만의 소리가 퍼지기 시작했다.

> "저 고따마가 라자가하에 오더니 아들을 빼앗아 가고, 남편을 빼앗아가니 결국에는 가정을 망가뜨리고 여자들을 과부로 만들고 있다.
>
> 1천명이나 되는 자띨라Jaṭilā들을 모두 자기 제자로 만들더니, 이제는 산자야의 제자 250명도 모두 빼앗고 말았다.
>
> 이제 뉘 집 자식을 빼앗고, 어느 아낙의 남편을 데려갈지 모르니 부모는 자식을 지켜야 하고 아내들은 남편을 지켜야만 된다."

비구들이 성안으로 걸식을 나갔다가 심상치 않은 소문을 듣고 와서 붓다에게 말씀드렸다. 그러자 붓다가 말했다.

"그런 소문은 오래가지 않을 것이다. 그런 소문은 오래 가보아야 이레를 넘기지 않을 것이니 염려하지 말라.

누가 너희들에게 아들이나 남편을 빼앗아간다고 불평을 하거든, '세상의 빛이요, 영웅인 따타가따Tathāgata가 담마Dhamma로 인도하거늘 지혜로운 사람이라면 무엇을 걱정할 것이 있느냐'고 대답하라."

붓다의 말씀대로 붓다를 향해 쏟아지던 나쁜 소문도 이레가 지나면서

---

110) 사분율 제34:수계건도:<22-807중~하>.

잠잠해졌다.[111]

라자가하 사람들이 붓다에게만 관심을 쏟고 자기들은 점차 관심 밖으로 밀려나게 되자 외도들은 점차 위기의식을 느끼게 되었다. 대중들의 관심에서 점점 멀어지고 있는 것을 바라보고만 있을 수 없었던 외도들은 수시마Susīma를 비구로 가장하여 상가Saṅgha에 잠입시켰다. 붓다의 가르침을 배워서 그것을 역이용하려는 속셈이었다.[112] 결국 수시마의 고백으로 그들의 의도는 실패하였지만 당시 라자가하에서 붓다가 새로운 바람을 일으키고 있었던 것만은 사실이다.

하지만 비구가 되겠다고 출가하는 이들이 많아지면서 그에 따른 문제들도 점차 드러나게 되었던 것 같다. 어떤 자들은 복장도 제대로 갖추지 않고 거리를 활보하여 사람들의 빈축을 사는가 하면, 세속인들이 식사도 하기 전에 걸식을 하고 다녀 욕을 먹기도 했다. 이런 문제로 비난이 쏟아지기 시작하자 붓다는 그들을 크게 꾸짖었다.

> "비구들아, 지금부터 우빳자야Upajjhāya를 두어서 삿디위하리까saddhivihārika를 자식처럼 돌보게 할 것이다. 삿디위하리까는 우빳자야를 아버지처럼 받들고 모셔야 한다."[113]

우빳자야는 출가생활이 몸에 배지 않은 신참비구新參比丘를 가까이 두고 가르치는 스승으로 '친교사'親教師 또는 '화상'和尙이라 한다. 삿디위하리까는 스승을 모시고 살면서 가르침을 받는 제자를 말한다. 스승과 행동거지를 함께 한다는 의미에서 '공행제자'共行弟子라고 한다.

라자가하에 우빨리Upāli라는 젊은이가 있었는데,[114] 부모들이 공부를

---

111) 사분율 제33:<22-799중>불본행집경 제49:단불신인행품:<3-882하>.
Vp. vol. IV. p.56, Mahāvagga:I,24,5:<S.B.E. vol. XIII. p.150>.
112) 잡아함경 제14:347경:<2-96중> S.N. II. p.84.
113) Vp. vol. IV. p.58.

시키지 않자 16명의 친구들과 함께 출가하였다. 이들을 '17명의 무리'라는 뜻에서 삿따라사왁기야sattarasavaggiya라고 불렀다. 삿다라사왁기야는 아직 성년成年, 즉 스무 살이 안 된 탓이었던지 시도 때도 없이 춥고 배고픔을 호소하여 교단을 시끄럽게 만들었다. 이 사건으로 앞으로는 '20세가 되지 않은 사람은 구족계具足戒를 주지 말라'는 조항이 생겨났다.115)

붓다는 라자가하 사람들의 시선이 우호적이지만은 않다는 낌새를 채고 한때 비구들과 함께 라자가하를 떠나 닥키나기리Dakkhiṇāgiri를 잠시 다녀오기도 했다.

13) 가사의 모형

붓다는 라자가하에서 닥키나기리로 갈 때, 길을 따라 가로와 세로로 잘 정리된 마가다국의 넓은 들판을 보면서 아난다에게 말씀하셨다.

"아난다야, 경지정리가 잘 된 마가다의 들판이 보이느냐?"

"예, 보고 있습니다."

"아난다야, 비구들의 가사도 저 들판처럼 만들 수 있겠느냐?"

"예, 할 수 있습니다."

붓다와 비구들은 닥키나기리에서 다시 라자가하로 돌아왔고, 아난다는 붓다가 생각했던 것처럼 가사를 만들도록 했다. 붓다는 그것을 보고 비구들에게 말씀하셨다.

"아난다는 유능한 사람이다. 아난다는 지혜가 많은 사람이다. 아난다

---

114) 까삘라왓투 출신으로 훗날 계율 제일의 제자가 된 우빨리와는 다른 사람이다.
115) Vp. vol. IV. p.96. *'sattarasa'는 '17'이고, 'vaggiya'는 '무리에 속한, 무리를 이루는'이란 뜻이다.

는 내가 하나를 말하면 열을 이루는 사람이다."116)

지금 비구들이 입는 가사의 디자인이 어떻게 만들어지게 되었는가를 말해주는 대목이다.

3. 까삘라왓투Kapilavatthu

1) 숫도다나의 초청

붓다가 태어난 까삘라왓투는 이웃에 있는 대국 꼬살라의 속국에 지나지 않았다. 끼삘라왓투는 조공을 바치면서도 꼬살라로부터 온갖 정치적 간섭을 받아야 했다. 숫도다나는 아들 싯닷타가 붓다가 되어 빔비사라왕의 존경을 한 몸에 받고 있다는 소식을 전해 듣고 기쁘기 한량없었다. 숫도다나는 이 자랑스러운 아들이 보고 싶었지만 붓다가 좀처럼 고향을 방문하지 않고 있었다.

하지만 붓다 역시 라자가하에 있을 때, 북쪽을 향해 앉은 일이 자주 있었다. 우루웰라 깟사빠는 북쪽을 향해 앉아 있는 붓다의 모습을 자주 목격하고 친족親族이 있는 고향을 생각하기 때문이라 여겼다고 한다.117) 붓다가 고향을 방문하지는 않았지만 그렇다고 까삘라왓투를 완전히 잊어버리고 있었던 것은 아니었다는 것을 말해준다.

숫도다나는 아들 붓다가 오기만을 마냥 기다리고만 있을 수 없었던지, 붓다를 고향에 초청하기로 하고 사람을 라자가하로 보냈다. 무려 아홉 차례나 라자가하로 사람을 보냈으나 심부름을 간 사람마다 붓다의

116) Mahāvagga:VIII,12:<S.B.E. vol. XVII. p.207>, Vp. vol. IV. p.407.
117) 증일아함경 제15:<2-622하>.

설법을 듣고 출가해 버렸다.118)

숫도다나는 싯닷타가 출가하기 전에 곁에서 시봉을 했고, 싯닷타가 출가했을 때는 귀국을 권유하러 방문하기도 했던 깔루다이Kāḷudāyī를 열 번째로 붓다에게 보내기로 했다.119) 깔루다이는 숫도다나께서 출가하는 것을 허락한다면 심부름을 가겠다고 했다. 숫도다나는 출가는 하더라도 고향을 방문해 달라는 뜻만은 꼭 전하라는 당부와 함께 심부름을 보냈다.

깔루다이는 숫도다나의 명령으로 붓다를 찾아가 상봉하게 되었다. 붓다가 라자가하에 와서 두 달을 머물렀고, 이시빠따나에서 떠난 지 다섯 달이 지났으며, 깔루다이가 라자가하에 도착하여 7, 8일이 지나서였다고 한다.120)

"깔루다이야, 아버지 부왕께서는 안녕하시냐?"

"부왕께서는 별일 없습니다만 언제나 아들 걱정만 하고 계십니다."

"너는 내가 깨달은 진리를 좋아하지 않느냐?"

"아닙니다. 저 또한 기뻐하고 있습니다."

깔루다이 역시 붓다의 설법을 듣고 출가하였다. 그러나 까삘라왓투를 떠날 때 숫도다나와의 약속을 잊을 수가 없었던 깔루다이가 붓다에게 말했다.

---

118) D.P.P.N. vol. II. p.1201, 선견율비바사 제17:<24-790중>.

119) 'Kāḷudāyī'는 'Kāḷa Udāyī'의 연성(連聲)인데, 'Kāḷa'는 '까맣다'는 뜻이다. 『증일아함경』<2-800하>에 '우타이는 얼굴빛이 새까맣다'[優陀夷顔色極黑]고 했다. 'Udāyī'란 이름을 가진 사람이 여럿이라 구분하기 위해 그의 특징을 붙인 것이라 하겠다. 『불본행집경』<3-889하>에 숫도다나가 '국사의 아들 우다이와 찬나[Channa:車匿] 이 두 사람은 어려서부터 싯닷타와 함께 흙장난을 하고 놀던 사이이니, 이 두 사람을 내가 지금 사자로 보내리라'고 생각했다는 것으로 보아 찬나도 함께 갔던 것 같다.

120) B.B.S. p.121.

"세존이시여, 까삘라왓투를 방문하시지 않으시겠습니까?"

"나도 갈 것이다. 네가 도착한 7일 후에 도착할 것이다."

깔루다이는 붓다가 고국을 방문할 것이라는 소식을 전하고자 까삘라왓투를 향해 먼저 떠났다. 숫도다나는 사문沙門의 복장으로 돌아온 깔루다이를 보고 물었다.

"너도 사문沙門이 되었느냐?"

"이미 붓다의 법을 따르기로 했습니다."

"내 아들 싯닷타는 무슨 옷을 입고 있더냐?"

"지금 제가 입고 있는 옷과 같습니다."

"싯닷타가 살고 있는 집은 어떻더냐?"

"항상 나무 그늘 아래에 머물고 있습니다. 붓다의 법이 그렇습니다."

"먹고사는 것은 어떻더냐?"

"때가 되면 바루를 들고 거리에 나가 걸식을 합니다."121)

숫도다나는 깔루다이의 말을 듣고 가슴이 아팠지만, 그래도 고향을 방문할 것이라는 말에 기쁘기만 했다. 숫도다나는 집을 떠난 지 8년 만에 고향에 찾아올 아들을 맞이할 준비에 바빴다. 까삘라왓투 안의 거리를 깨끗이 청소하고, 또한 많은 음식도 준비하였다.

숫도다나는 마가다국의 빔비사라왕이 죽림정사를 헌납하였다는 이야기를 듣고, 까삘라왓투 근처에서 가장 아름다운 니그로다 숲에다 비구들이 머물 수 있는 장소를 만들었다. 붓다는 깔루다이를 비구로서 사까족에게 믿음을 불어넣어준 사람 가운데 제일인자라고 칭찬했다.122)

붓다가 고향 까삘라왓투를 향해 라자가하를 출발한 것은 성도成道한

121) 중본기경 권상:환지부국품:<4-154중>.
122) A.N. I. p.20. B.B.S. p.123.

지 2년이 지난[123] 팍구나Phagguṇa월月 보름날이었다.[124] 인도력으로 음력 3월 보름을 말한다. 그러니까 서력기원전 529년 3월 15일 붓다가 37세 되던 해 봄에 고향에 갔으니, 고향을 떠난 지 8년만의 일이었다.

라자가하에서 까삘라왓투까지는 대략 60요자나Yojana인데, 붓다는 두 달간의 예정으로 길을 떠났다.[125] 천명이 넘는 제자들을 거느리고 670km가 넘는 먼 길의 여행에 나섰던 것이다. 붓다는 까삘라왓투에 도착하여 숫도다나의 왕궁으로 들어가지 않고 성 밖 니그로다숲Nigrodhārāma에 머물렀다.

2) 샤까족의 교만을 항복받다

붓다가 니그로다숲에 도착했을 때, 숫도다나는 대신大臣들과 까삘라왓투의 주민을 이끌고 숲으로 왔다. 바로 그때 붓다가 비구들에 둘러싸여 앉아 있었다. 샤까족 사람들은 '싯닷타는 우리보다 젊다. 그는 아우뻘이다 · 조카뻘이다 · 손자뻘'이라 생각하고 먼저 예의를 표하지 않는 붓다가 마땅찮다는 듯이 나이어린 샤까족 왕족들에게 말했다.

"너희들이나 저 사람에게 인사해라. 우리는 너희들 뒤에 앉아 있겠다."

붓다는 샤까족들이 무슨 생각을 하고 있는지 이미 꿰뚫어 알고 있었다. 붓다는 샤까족들의 교만한 마음을 굴복시키기 위해 신통神通을 보이기로 했다. 이때 붓다가 샤까족들 앞에서 보여준 신통이 야마까빠띠하

123) Pali Jātaka. vol. I, p.86, 中村 元 著/金知見譯.『佛陀의 世界』p.218.
124) Dr. Suraj Narain Sharma,『Buddhist Social and Moral Education』p.27.
125) B.B.S.p.122, 선견율비바사 제17:<24-790하> 1요자나(yojana)는 약 7mile이므로 라자가하에서 까삘라왓투까지는 대략 675km되는 셈이다.

리아yamakapāṭihāriya인데, 물에서 불이 나오고, 불에서 물이 쏟아지듯이 기적적인 현상이 이중으로 나타나는 것을 말한다.126)

붓다는 선정禪定에 들어가 앉은 채로 공중으로 솟아올랐다. 그리고는 그들의 머리 위에 발의 먼지를 떨어뜨렸다. 샤까족들은 붓다의 신통력을 보고 감탄하지 않을 수 없었다. 숫도다나를 비롯한 샤까족들은 상상하기조차 어려운 붓다의 신통력을 보게 되자, 누구보다 먼저 숫도다나가 아들 붓다 앞에 절하고 말했다.

"아들아, 네가 태어났을 때, 너를 아시따에게 인사시키려고 데려갔다가 네가 발을 돌리는 것을 보고 예배했었다. 그것이 내가 아들인 너에게 첫 번째로 절한 것이었다.
농경제에 나갔다가 잠부나무 아래에서 명상할 때, 그늘이 네 곁을 떠나지 않는 것을 보고, 나는 네 발 아래 절했다. 그것이 두 번째 절이었다.
이제 다시 일찍이 보지 못했던 기적을 보고, 너의 발아래 절하니, 이것이 세 번째 절이구나."127)

숫도다나가 붓다 앞에 절하는 것을 보자, 숫도다나를 따라온 장군들과 귀족들이 차례로 붓다 앞에 엎드려 절하게 되었다. 붓다는 그제야 사람들이 환희로 가득 차 있다는 것을 알고 공중에서 내려와 자리에 앉았다. 그러자 갑자기 하늘에 먹구름이 끼더니 폭우가 쏟아졌다. 그런데 비에 옷이 젖어도 좋다고 생각하는 사람은 옷이 젖고, 옷이 젖고 싶지 않다고 생각하는 사람에게는 한 방울의 물도 떨어지지 않았다. 그때 모든

126) 성열, 『부처님 말씀』(현암사:2002), p.556, 'yamaka'는 '이중'이란 말이고, 'pāṭihāriya'는 '기적'을 말한다.

127) B.B.S. p.123, 선견율비바사 제17:<24-791상>.

사람들이 이구동성으로 붓다를 찬탄했다.

"참으로 놀랍고 기특하다. 붓다의 위력이 이렇게 놀라울 줄이야."

붓다는 샤까족들이 설법을 들을 마음자세가 되었음을 알고 『웻산따라 자따까』를 말씀하셨다.128) 『웻산따라 자따까』는 아버지 숫도다나, 어머니 마야부인, 라훌라의 어머니, 그리고 붓다 자신의 전생에 관한 이야기이다.

3) 숫도다나의 출가명령

붓다의 설법이 끝나자 숫도다나는 붓다를 둘러싸고 앉아 있는 제자들을 둘러보고 물었다.

"아들아, 지금 좌우를 둘러싸고 앉아 있는 사람들은 어떤 사람들이냐?"

붓다는 자신의 주위에 앉아 있는 제자들을 한 사람씩 가리키면서 아버지 숫도다나에게 소개했다.

> "이 사람은 사리뿟다 입니다. 이 사람은 마하목갈라나 · 이 사람은 마하깟사빠 · 이 사람은 우루웰라 깟사빠 입니다. 이 두 사람은 우루웰라 깟사빠의 동생 나디 깟사빠와 가야 깟사빠 입니다. 여기 있는 사람들 모두가 마가다국 출신이고, 부잣집 아들들이며, 바라문출신이자 학문이 출중한 인물들입니다."

숫도다나가 다시 물었다.

"지금 좌우를 둘러싸고 있는 사람들이 어떤 집안의 아들들이라고 했느냐?"

---

128) Jt. vol. VI. p.246 Vessantara jātaka는 547번째 이야기이다.

“이 사리뿟따는 우빠띳사 마을의 촌장 완간따의 아들이고, 이 사람 마하목갈라나는 꼴리따 마을의 촌장 아들이며, 마하깟사빠는 마하띳따 마을의 촌장 까삘라의 아들입니다.

그리고 우루웰라 깟사빠는 빔비사라의 존경을 받던 자띨라Jaṭila로서 5백 명의 제자를 거느렸던 사람입니다.”

숫도다나는 붓다가 제자들을 소개하는 말을 들으면서 그들 모두가 마가다국 상류사회의 명문가 출신이라는 것을 알았다. 하지만 그들 모두가 바라문 출신일 뿐 캇띠아 출신이 없다는 것을 알고는 별로 기분이 좋지 않았다. 숫도다나는 붓다의 설법을 듣고 왕궁으로 돌아오면서 혼자 중얼거렸다.

“아니야, 내 아들 싯닷타는 순수혈통의 캇띠아 출신인데, 바라문 출신들이 감싸고 있다니, 그건 안 돼.

바라만 보아도 좋은 저 잘난 내 아들을 캇띠아가 아닌 바라문들이 둘러싸고 있다니 이건 무언가 잘못된 것이 틀림없어.

캇띠아 출신인 내 아들은 당연히 캇띠아 출신들이 둘러싸고 있어야 도리에 맞는 거야.”129)

숫도다나는 왕궁으로 돌아와 샤까족들을 대전大殿으로 불러 모으고 명령을 내렸다.

“너희 샤까족들은 내 말을 명심하라. 내 아들 싯닷타가 출가하지 않았더라면 반드시 전륜성왕轉輪聖王이 되었을 것이요, 그대 샤까족들은 모두 내 아들 싯닷타를 받들어 섬기고 있을 것이 아닌가.

그러나 그 애가 지금 출가하여 아눗따라삼마삼보디를 성취하여 신들과 인간의 높은 존경을 받고 있다.

---

129) 불본행집경 제53:<3-899하>.

내 아들 싯닷타는 우리 샤까족의 자랑이고 캇띠아 신분의 긍지이다. 그런데 지금 그를 둘러싸고 있는 사람들을 보니 모두가 바라문 출신들이지 않는가. 그것은 옳지 않다고 본다. 캇띠아 출신은 마땅히 캇띠아에 의하여 시중을 받아야 옳은 일이라 생각한다."

숫도다나의 말이 끝나자 샤까족들이 입을 모아 말했다.

"왕이여, 그렇다면 지금 저희들이 어떻게 해야 되겠습니까?"

"너희들 샤까족은 때를 보아서 출가해야 할 것이다. 집집마다 한 사람씩 출가하도록 하되, 한 집에 다섯 형제가 있으면 세 명이 출가하고, 두 사람은 집에 남아 가사家事를 돌보아라.

사형제가 있으면 두형제가 출가하고, 두 사람은 집에 남아 가사를 돌볼 것이며, 만약 삼형제가 있으면 두 사람이 출가하고 한 사람이 집을 돌볼 것이며, 두 사람의 형제가 있으면 한 사람만 출가해야 한다.

그러나 외아들인 경우에는 출가하지 말라. 우리 샤까족의 장래를 위하여 종족種族을 이어야 하기 때문이다."

숫도다나의 말을 듣고 있던 대신들이 말했다.

"왕의 뜻이 그렇다면 이 자리에서 언약을 분명하게 밝혀두어야 할 것입니다."

"내 아들은 이미 출가하였다. 누가 내 아들을 따라 출가하겠는가. 만약 내 아들을 따라 출가하려는 자는 스스로 서명署名하고 수결手決하도록 하라."130)

숫도다나가 샤까족의 출가를 명령하였다는 부분에 대하여 『증일아함

130) 불본행집경 제53:<3-900중>.

경』은 이렇게 전하고 있다.

"나라 안의 모든 백성들은 두 사람의 형제가 있으면 당연히 한 사람은 출가해야 한다. 만약 그렇지 않을 경우에는 중벌로 다스릴 것이다."131)

숫도다나가 샤까족 청년들의 출가를 명령하고 나서 출가를 희망하는 자들의 명단을 받으니 무려 5백 명이나 되었다고 한다.

한 경전에 의하면, 붓다의 설법을 듣고 있는 사람들의 마음이 '마치 때 묻지 않은 깨끗한 천이 물감이 잘 배어들 듯이 온갖 번뇌를 벗어나 법을 보는 눈이 깨끗해졌는데, 오직 숫도다나 한 사람만은 자식을 사랑하는 마음에서 벗어나지 못하여 끝내 좋은 결과를 얻지 못한 채로 세존 앞에 앉아서 눈물을 흘리며 애처로운 소리를 내며 울었다'고 한다.132) 숫도다나에게는 붓다가 남들이 생각하는 것처럼 위대한 붓다가 아니라 다만 사랑하는 아들일 뿐이었음을 보여주는 모습이라 하겠다. 사랑하는 아들을 생각하는 아버지의 인간적인 만남을 그대로 전하고 있다.

4) 숫도다나왕궁 방문

붓다는 아버지 숫도다나가 왕궁으로 들어와 공양을 받으라는 청을 거절하고, 이튿날 제자들과 까삘라왓투 거리를 돌며 걸식乞食을 했다. 까삘라왓투 사람들은 붓다와 제자들이 집집마다 들리면서 걸식하는 것을 보고 말했다.

"숫도다나의 아들 싯닷타가 이 집 저 집으로 밥을 얻으러 다닌다."

라훌라의 어머니는 누각의 창문을 열고 밖을 내다보다가 마침 집집마

131) 증일아함경 제15:<2-623하>.
132) 불본행집경 제53:<3-898중>.

다 돌면서 밥을 비는 붓다를 보면서 말했다.

"저 분이 그래도 옛날에는 황금 수레를 타고 위용을 자랑하면서 거리를 다녔는데, 지금은 흙으로 만든 밥그릇을 들고 밥을 빌러 다니고 있으니 참으로 딱하기 짝이 없네."

붓다가 비록 걸식을 하고 다니기는 하지만 예나 다름없이 자신감에 가득 찬 늠름한 모습을 보이자, 라훌라의 어머니가 나라시하가타narasīha gāthā라는 노래를 불렀다.

"저 검고 윤택한 머리
태양처럼 빛나는 이마
부드럽고 오뚝한 코
저 분은 세상에 빛을 주는
나라시하narasīha."

나라시하란 '인간(nara)의 사자(獅子:sīha)'란 뜻이니, 라훌라의 어머니가 붓다를 '인간 가운데 사자'라고 칭송한 것이다. 가타gāthā는 운율韻律을 가진 글귀로 보통 송頌이라 한역한다.

라훌라의 어머니는 붓다가 지금 밥을 빌러 다니고 있다고 숫도다나에게 알렸다. 숫도다나는 그 말을 듣고 거리로 뛰어나와 붓다의 앞을 가로막고 말했다.

"아들아, 너는 어찌하여 아비를 창피하게 만들고 있느냐. 너와 같이 온 비구들이 많다고 해서 내가 공양하지 못할 것 같아서 그러느냐."

"아버지, 이것이 우리들의 법입니다."

"아들아, 우리는 캇띠아계급이 아니냐. 캇띠아에 속한 사람 가운데 밥을 빌러 다니는 사람은 일찍이 한 사람도 없었다."

"아버지, 캇띠아는 왕법王法에 해당하는 것이고, 저희들의 걸식은 불법佛法에 따르는 것입니다."

붓다는 그 자리에서 말했다.

"아버지, 분발하여 방일하지 않아야 합니다. 선행을 닦아야 합니다. 법을 따라 행하는 사람은 이승에서나 저승에서나 안락합니다."

숫도다나는 이 게송을 듣고 소따빤나(sotāpanna:須陀洹)가 되었다. 붓다는 다시 말했다.

"아버지, 선행을 닦고 악행의 법을 닦지 않아야 합니다. 법을 따라 행하는 사람은 이승에서나 저승에서나 안락합니다."

숫도다나는 이 말을 듣고 바로 사까다가민(sakadāgāmin:斯陀含)이 되었다. 붓다는 그제야 부왕 숫도다나의 청을 받아들여 제자들과 함께 왕궁에서 공양을 받기로 했다. 붓다가 비구들과 숫도다나의 왕궁에 이르렀을 때, 왕궁 안의 여인들이 모두 와서 붓다에게 경의를 표했다. 오직 라훌라의 어머니만은 그 자리에 나오지 않았다.

붓다가 공양하는 동안 숫도다나가 물었다.

"아들아, 네가 우루웰라에서 고행하고 있을 때, 어떤 신神이 '당신 아들 싯닷타가 굶주림에 지쳐 죽었다'고 말하는 것을 들은 일이 있었느니라."

"그때 아버지께서는 그 말을 믿으셨습니까?"

"아들아, 허공에서 들려오는 신의 소리를 듣기는 했지만, '내 아들 싯닷타는 붓다가 되기 전에는 결코 죽는 일이 없을 것'이라 믿고, 신들이 하는 말을 믿지 않았느니라."

붓다는 공양을 마치고, 숫도다나의 청을 받아들여 설법하였는데, 그 설법이 바로 『마하담마빨라 자따까』이다.[133] 이야기의 요점은 '악을 경

133) Jt. vol. IV. p.32, Mahā-Dhamma-pāla jātaka는 447번째 이야기이다.

계하고 바른 법을 닦는 집안에서는 제 수명을 누리지 못하고 젊어서 비운에 죽는 일이 결코 없다'는 것이다.

붓다는 계속하여 사성제四聖諦를 설법하였다. 숫도다나는 붓다의 설법을 듣고 아나가민(anāgāmin:阿那含)이 되었고,134) 양모 마하빠자빠띠는 소따빤나(sotāpanna:須陀洹)가 되었다고 한다.

『불본행집경』은 숫도다나와 붓다의 대화를 다음과 같이 전하고 있다.

"옛날 궁궐 안에서는 많은 사람들의 호위를 받았는데, 산 속에서 혼자 어찌 사느냐?"

"모든 두려움을 벗어나니 궁궐과 다를 것이 없습니다."

"비단 옷도 마다했었는데 분소의糞掃衣가 불편하지 않느냐?"135)

"옛날에는 탐욕심이 많아 그랬으나 이제는 그 모두를 버렸습니다."

"기름진 음식도 마다했었는데 걸식이 어렵지 않느냐?"

"이 세상 모든 사람이 다를 것이 없는데, 남들이 먹을 수 있는 것을 싫다할 수가 있습니까?"136)

자식을 염려하는 숫도다나와 수행자의 진면목을 드러내는 붓다의 모습이 잘 표현되어 있다.

5) 부인 야소다라와의 만남

붓다의 설법이 끝나자 숫도다나는 아들 붓다를 데리고 라훌라의 어머니가 머물고 있는 곳으로 갔다. 라훌라의 어머니는 붓다가 온다는 것을

---

134) Jt. vol. IV. p.35.

135) 분소의는 Ⓢ'pāṃsu-kūla'의 번역으로 남이 버린 헌옷을 가지고 만든 가사(袈裟)를 말한다.

136) 불본행집경 제53:우타이인연품:<3-898중>.

알고, 그곳에 있는 궁녀들에게 모두 가사袈裟로 갈아입도록 했다. 그리고 붓다가 자리에 앉으면 모두 한 목소리로 슬피 울라고 시켰다.

숫도다나가 붓다와 함께 라훌라의 어머니의 처소로 와서 자리에 앉자 궁녀들이 목을 놓아 울기 시작했다. 라훌라의 어머니 역시 한참동안 울었다. 이때 숫도다나는 붓다에게 슬퍼하는 며느리를 칭찬하였다.

> "잘 들어 두어라. 저 며느리는 네가 가사를 입었다는 소리를 들으면 자신도 가사를 입으려 했고, 네가 장신구를 걸치지 않는다는 말을 듣고는 자신도 장신구를 걸치지 않으려 했으며, 네가 맨땅에서 잔다는 소리를 듣고는 자신도 맨땅에서 자려고 했다.
> 네가 출가한 뒤에 과부가 되니 다른 왕실에서 선물을 보내왔지만 그것을 거절하였다. 그만큼 너를 믿고 사랑하고 있었느니라."

붓다는 숫도다나의 청으로 라훌라의 어머니에게 설법하였다. 그때 설법한 것이 바로 『짠다낀나라 자따까』이다.[137] 이야기의 요점은 '붓다가 전생에 낀나라일 때 라훌라의 어머니는 짠다였는데, 그때 왕이 짠다의 미모에 반한 나머지 낀나라를 죽이고 짠다를 아내로 삼으려고 했다. 짠다는 그 왕의 청을 끝내 거절하고 화살에 맞은 남편 낀나라를 온 정성을 다해 살려내었다'는 것이다. 이는 라훌라의 어머니를 칭찬하는 것이다.

6) 난다의 출가

까삘라왓투에 온 지 3일째 되던 날, 붓다는 이복동생 난다Nanda가 머무는 곳으로 찾아갔다. 마침 난다의 집에서는 자나빠다깔야니 난다Janapadakalyāṇī Nandā와의 결혼피로연이 열리고 있었고,[138] 난다의 대관

---

137) Jt. vol. IV. p.179 Canda-Kinnara-Jātaka는 485번째 이야기이다.

식戴冠式을 준비하고 있었다. 숫도다나는 큰아들 붓다가 도저히 왕위를 계승할 뜻을 보이지 않자, 마하빠자빠띠가 낳은 둘째 아들 난다를 즉위시키려고 했던 것이다.

붓다는 난다에게 이런 저런 이야기로 출가를 은근히 권했다. 그러나 난다는 세속에 살면서 삼보三寶에 열심히 보시공양이나 올리면서 살겠다며 출가를 거부했다. 붓다는 난다가 출가의 뜻이 없다는 것을 알고 다른 방법을 강구講究하게 되었다.

난다가 붓다에게 공양을 올리게 되었는데, 난다가 붓다에게 바루를 받아 음식을 담아 드리자, 붓다는 바루를 되돌려 받지 않고 그냥 자리에서 일어나 궁에서 나가버렸다. 난다는 붓다의 바루를 어찌할 수가 없어 그것을 들고 붓다의 뒤를 따라 나섰다. 난다가 붓다를 따라나섰다는 소식을 전해들은 자나빠다깔야니 난다는 문밖까지 쫓아 나와서 말했다.

"여보, 빨리 돌아오세요."

『잡보장경』에는 '내 이마의 화장이 마르기 전에 즉시 돌아오라'[使我額上粧未乾頃便還入來]고 했다고 한다.

붓다는 곧바로 니그로다 숲으로 가지 않고 성안의 이곳저곳으로 돌아다녔다. 붓다의 바루를 들고 따라다니는 난다를 본 성안 사람들은 난다가 출가하려는 것으로 알았다. 난다는 몇 번이고 붓다에게 바루를 돌려주고 궁궐로 되돌아가고 싶었으나 끝내 그렇게 하지 못하고 결국 붓다가 머물고 있는 니그로다 숲까지 따라가게 되었다. 난다는 숲에 도착해서 붓다에게 바루를 드리고 이내 왕궁으로 되돌아가려 하였다. 그러나

---

138) 『불본행집경』<3-911하>에는 '손타리'(孫陀利:Sundarī)라고 했다.
원래 'Sundara'의 뜻이 '예쁘다, 아름답다'이다. 'Janapadakalyāṇī'란 '나라(janapada)에서 가장 예쁜 여인(kalyāṇī)'이란 뜻이다.

잠시 앉아서 설법이나 듣고 가라는 붓다의 권유를 뿌리칠 수 없어서 그 자리에서 설법을 듣게 되었다.

다음의 이야기는 난다가 얼마나 출가하는 것을 싫어했는가를 말해주고 있다.

난다가 붓다의 바루를 들고 니그로다 숲에 도착했을 때, 붓다는 이발사에게 난다의 머리를 깎아주라고 했다. 이발사가 난다의 머리를 깎으려고 하자, 난다는 화를 내며 이발사에게 '까삘라왓투 사람들 머리를 다 깎아도 내 머리만은 깎을 수 없다'고 호통을 쳤다. 붓다가 '왜 머리를 깎지 않았느냐'고 이발사에게 물으니, '무서워서 도저히 머리를 깎을 수가 없었다'고 대답했다. 결국 난다는 붓다와 아난다가 지켜보고 있는 가운데 꼼짝하지 못하고 머리를 깎이고 말았다. 난다는 비록 머리는 깎였지만 언제든지 집으로 돌아가려고 했으나 붓다가 늘 데리고 다니는 바람에 도망가지도 못했다고 한다.139)

붓다는 난다에게 출가의 공덕과 과보에 대하여 말했다. 난다는 붓다의 설법을 듣고 나서 더 이상 돌아가겠다는 말도 하지 못하고 그만 출가하게 되었다. 난다는 형 붓다의 은근한 권유로 출가는 했지만 화려한 궁궐 생활과 자기를 기다리고 있을 자나빠다깔야니 난다에 대한 그리움마저 끊을 수 없었다. 붓다는 난다의 속마음을 알고 그에게 물었다.

"난다야, 내 가르침이 너에게 만족을 주느냐?"

"형님, 자나빠다깔야니 난다가 '빨리 돌아오라'고 한 말만 생각해도 제 가슴이 터질 것 같은데, 형님의 말씀이 제대로 들리겠습니까?"

"난다야, 히말라야를 가본 일이 있느냐?"

"아직 가보지 못했습니다."

---

139) 잡보장경 제8:<4-485하>.

“그러면 나하고 히말라야를 가보지 않겠느냐?”

“저에게 신통력이 없는데 어떻게 그 먼 히말라야를 갈 수 있겠습니까?”

“난다야, 걱정하지 마라. 내 너를 데리고 갈 것이다.”

붓다는 난다의 손을 잡고 하늘을 날면서 불에 타고 있는 밭을 내려다 보았다. 마침 밭가의 나무그루터기에는 불에 그을린데다가 가죽마저 벗겨져 피투성이가 된 암놈 원숭이가 있었다. 그것을 본 붓다가 난다에게 물었다.

“난다야, 저 원숭이가 보이느냐?”

“예, 보입니다.”

“잘 보아 두거라.”

붓다는 계속하여 난다의 손을 잡고 히말라야의 아름다운 모습을 보이고 물었다.

“난다야, 도리천(Tāvatiṃsa)을 본 일이 있느냐?”

“아직 보지 못했습니다.”

붓다는 난다를 데리고 도리천에 올라가 제석천(Indra)의 자리에 앉으니, 신들의 왕 삿까Sakka가 천상의 여러 신들과 천녀天女들을 데리고 와서 붓다에게 절을 하고 앉았다. 붓다는 다시 난다에게 물었다.

“난다야, 저 천녀들을 보았느냐?”

“예, 보고 있습니다.”

“저 천녀들이 더 예쁘냐, 자나빠다깔야니 난다가 더 예쁘냐?”

“자나빠다깔야니 난다와 불에 탄 원숭이를 비교할 수 없는 것처럼 천녀들과 자나빠다깔야니 난다를 비교할 수 없습니다.”

“난다야, 너는 천녀들을 얻고 싶지 않느냐?”

"저 천녀들을 얻으려면 어떻게 해야 합니까?"

"내 가르침을 따라 살면 가능한 일이다."

"지금 그 말씀을 보증해 주신다면 수행자로 열심히 살겠습니다."

"난다야, 내 말을 보증해 줄 것이다."

"그러면 더 이상 여기서 머물 것이 없습니다. 빨리 돌아가서 수행해야 되겠습니다."140)

경전에 '몸이 단정하여 세상의 어느 누구와도 다른 이는 바로 난다 비구요, 모든 감관感官이 고요하고 마음이 변하지 않는 이도 바로 난다 비구'라고 전하는 것으로 보아, 난다가 용모 단정한 미남인데다 비구가 되어서는 수행도 잘 했던 것 같다.141) 그는 출가한지 17일 만에 아라한이 되었다고 한다.142)

7) 라훌라의 출가

붓다가 까삘라왓투를 방문한지 7일째 되는 날이었다. 붓다가 왕궁에서 공양을 마치고 나올 때, 라훌라의 어머니가 라훌라에게 말했다.

"라훌라야, 저 분이 바로 너의 아버지이시다. 저 분은 엄청난 재물을 가진 분이시다. 아버지한테 가서, 네가 받을 유산의 상속相續에 대하여 여쭈어라."

라훌라가 붓다에게 다가와 앞을 가로막고 여쭈었다.

"아버지의 그늘은 행복합니다."

---

140) Jt. vol. II. p.63, 불본행집경 제56:난타출가인연품:<3-911중>.
141) 증일아함경 제3:<2-557하>, A.N. I. p.20.
142) 잡보장경 제8:<4-486중>.

붓다가 아무런 말도 하지 않고 걸어가자, 라훌라는 아버지 붓다의 뒤를 따르면서 말했다.

"아버지, 저에게 유산遺産을 상속시켜 주십시오."

붓다는 라훌라가 유산을 상속시켜 달라고 조르면서 뒤를 따라 오는데도 뒤도 돌아보지 않고 니그로다 숲을 향해 걷기만 했다. 니그로다 숲에 이르자 붓다가 사리뿟따에게 말했다.

"사리뿟따여, 저 소년 라훌라를 출가시키게."143)

야소다라가 아들 라훌라를 시켜 상속해 달라고 했던 유산은 재산상속이기보다 왕위계승권을 의미하는 것 같다. 그러나 왕위계승은 숫도다나의 직계가 모두 출가하자 숫도다나의 둘째 동생인 도또다나Dhotodana의 아들 마하나마Mahānāma에게 넘겨졌고, 그는 샤까족 최후의 왕이 되어 비극적인 삶을 마친다.

한편 숫도다나 궁에서는 때가 되어도 손자 라훌라가 보이지 않자 숫도다나는 사람들을 시켜 라훌라를 찾게 하였다. 궁궐 안 어디에서도 라훌라를 찾을 수가 없었다. 숫도다나는 붓다가 머물고 있는 니그로다 숲으로 사람을 보내어 혹시 그곳에 라훌라가 있는가를 알아보게 하였다. 붓다가 아들 라훌라를 출가시켰다는 말을 들은 숫도다나는 너무도 큰 충격을 받아 정신을 잃고 쓰러졌다.

한참 뒤에 다시 정신을 차린 숫도다나는 붓다가 머물고 있는 니그로다 숲으로 달려갔다. 숫도다나가 붓다에게 말했다.

> "나는 네가 태어날 때, 아시따 선인이 와서 전륜성왕이 될 것이라는 말을 듣고 얼마나 기뻐했는지 모른다. 한편으로는 네가 출

---

143) Vp. IV. p.103, MahāvaggaI,54,2:<S.B.E. vol.XIII.p.208>.
불본행집경 제55:<3-908중>.

가할지도 모른다는 말에 나는 항상 걱정을 했었다.
태자인 네가 출가하여 끝내 돌아오지 않아서 난다를 후계자로 삼으려했다. 그런데 지금은 난다마저 출가하였다. 이제 남은 것은 손자 라훌라뿐인데 그마저 출가하였으니 누구에게 대를 잇게 한단 말이냐?"

숫도다나는 이제 모두가 어쩔 수 없는 일이니 앞으로는 부모가 있는 어린 사람들의 출가는 반드시 부모의 허락을 받아야만 출가할 수 있도록 해달라고 당부하였다.

"비구들아, 앞으로는 부모 동의가 없는 어린애의 출가는 금지한다."[144]

붓다가 라훌라를 출가시킨 것은 라훌라의 나이 여덟 살 때이다. 그러나 라훌라의 나이 일곱 살 때라는 곳도 있고,[145] 라훌라의 나이 이제 열다섯 살 때라는 곳도 있다.[146]

불교역사상 최초의 사미(沙彌:sāmaṇera)는 붓다의 아들이 된 셈이다. 사미는 7세 이상 20세 미만의 소년승少年僧을 말하는데, 장차 비구比丘가 되기 위한 견습승見習僧이다.

라훌라가 구족계를 받은 것은 서력기원전 518년 사왓티에서 열네 번째 여름안거를 지낼 때였다.[147] 비구가 20세에 구족계를 받는다는 점에서 볼 때, 라훌라는 붓다가 출가하는 해에 태어났고, 붓다가 37세 되던 해에 라훌라는 여덟 살의 나이로 출가했다는 것을 알 수 있다.

나이가 어렸던 라훌라로서는 출가수행자의 삶이 힘들었을 것이다. 그래서 보통의 어린애들처럼 거짓말도 했을 것이다. 붓다는 거짓말을 하

---

144) 불본행집경 제55:<3-909하>사분율 제34:<22-810상>Vp. vol. IV. p.104.
145) 방광대장엄경 제12:<3-616상>.
146) 불본행집경 제55:라후라인연품:<3-909상>.
147) D.P.P.N. vol. I. p.798, Edward J. Thomas, 앞의 책, p.119.

는 라훌라의 버릇을 고치기 위해 라자가하와 날란다 사이에 있는 왕립 공원인 암발랏티까Ambalaṭṭhikā에서 경을 설하였다. 그 경이 『암발랏티까 라훌로와다숫따』이고,148) 한역본이 『라운경』羅云經이다.149)

라훌라가 열여덟 살이 되었을 때, 붓다는 그의 선정禪定을 최고의 단계로 이끌어 올리기 위하여 『마하라훌로와다숫따』를 설하고,150) 뒤에 라훌라가 최고의 경지에 이르렀다는 것을 알고, 라훌라와 단둘이 안다Andha 숲으로 가서 『쭐라 라훌로와다숫따』를 설해주어151) 아라한이 되도록 했다. 붓다는 라훌라가 가장 열심히 수행하는 사람이라고 말하였다.152) 라훌라가 말했다.

> "나는 번뇌를 완전히 끊어버려 이제 다시 윤회하는 일이 없고, 보시를 받을 만한 아라한으로 삼명三明을 갖추어 닙바나nibbāna에 든 자이다."153)

8) 환속을 요청받다

『증일아함경』에 의하면, 붓다가 고향에 들렀을 때, 샤까족들이 붓다가 환속還俗하여 정치를 해줄 것을 간청했다고 한다.

"이제라도 다시 왕이 되어 이 나라를 다스리면 우리 부족은 영원히 번창할 것입니다. 전륜성왕의 자리가 단절되지 않도록 해주십시오.

당신이 집을 떠나지 않았다면 전륜성왕이 되어 온 천하를 통치하고

---

148) M.N. II. p.87 *Ambalaṭṭhikā Rāhulovādasutta는 61번 경이다.
149) 라운경:<1-436상> *라운인욕경<14-679상>과는 별개의 경전이다.
150) M.N. II. p.91 *Mahā-Rāhulovādasutta는 62번 경이다.
151) M.N. III. p.328 *Cūḷarāhulovādasutta는 147번 경이다.
152) A.N. I. p.18.
153) Thag. p.183.

천 명의 자식을 두었을 것이요, 전륜성왕이 샤까족에서 나왔다고 하여 우리 샤까족의 명성이 널리 퍼졌을 것입니다. 그러니 부디 왕이 되어 천하를 다스려 주십시오."

이때 붓다는 이렇게 말했다.

"나는 지금도 왕이니 바로 법왕法王입니다. 전륜성왕은 일곱 가지 보배를 두루 갖추고 1천 명의 용감한 자식을 둔다고 말합니다만 나는 지금 온 세상에서 가장 높아 견줄 자가 없습니다. 나는 깨달음을 여는 일곱 가지 보배를 성취하였고, 수천 명의 제자들이 따르고 있습니다. 이제 다시 왕의 자리를 얻는다고 해도 언젠가는 잃고 말지만 법왕의 자리는 그 영광이 끝이 없습니다."[154)]

당시 샤까족이 처한 정치적 입장에서 볼 때, 샤까족들이 붓다에게 환속還俗을 요청한 것은 충분히 있을 수 있는 일이었다.

붓다는 8일 동안 까빌라왓투에 머물면서 자부심에 가득 찬 샤까족의 교만함을 굴복시켰고 8만 명의 귀의를 받았다. 붓다는 8일간의 고향방문을 마치고 다시 마가다국의 라자가하를 향해 떠났다.

불교경전에 나타나는 8만八萬이나 8만4천八萬四千이란 수는 '많다'는 의미이지 정확한 수를 말하는 것이 아니다. 인도사람들은 옛날부터 16이란 숫자와 그 배수를 선호했다. 그러니까 8만이나 8만4천 역시 16의 많은 배수의 하나이다. 따라서 붓다가 숫도다나의 초청으로 8일 동안 까삘라왓투에 머물면서 귀의시킨 8만 명이란 숫자 역시 많다는 의미로 보아야 할 것이다.

---

154) 증일아함경 제14:고당품3:<2-617상>.

9) 샤까족 왕자들과 우빨리의 출가

8일간의 고향방문을 마치고 까삘라왓투를 떠난 붓다는 말라Malla족이 살고 있는 아누삐아Anupiyā에 도착하여 망고 숲에서 잠시 쉬게 되었다. 아누삐아는 붓다가 출가했을 때 스스로 삭발하고 7일 동안 머물렀던 곳이다.

붓다가 아누삐아의 망고 숲에서 쉬고 있을 때, 아누룻다Anuruddha · 밧디아Bhaddiya · 아난다Ānanda · 바구Bhagu · 낌빌라Kimbila · 데와닷따Devadatta 등 샤까족 왕자들과 이발사 우빨리Upāli가 함께 붓다를 찾아왔다.

이들 샤까족 왕자들은 코끼리부대[象兵] · 기마부대[馬兵] · 전차부대[車兵] · 보병부대[步兵]를 이끌고 출발하였지만 말라족의 국경에 와서 군대를 돌려보냈다. 이때 자기들이 걸치고 있던 장신구들을 풀어 우빨리에게 주면서 말했다.

"우빨리야, 이것들을 가지고 되돌아가거라. 이 장신구를 가지면 앞으로 사는데 어려움은 없을 것이다."

우빨리는 그들의 장신구를 받아들고 까삘라왓투로 돌아가다가 생각했다.

"샤까족은 성격이 급한 편인데, 저 왕자들의 장신구를 가지고 나 혼자 돌아가면 내가 왕자들을 죽여 버렸다고 생각하고 나를 죽이려 들 것이다. 왕자들이 출가를 하는데, 나라고 출가를 하지 못하겠는가."

우빨리는 왕자들에게 받은 장신구를 풀어 '누구라도 먼저 보는 사람이 가져가라'고 나뭇가지에 걸어놓고 아누삐아로 달려왔다. 샤까족 왕자들은 우빨리가 되돌아온 까닭을 듣고 그를 칭찬하면서 붓다에게 말씀드렸다.

"세존이시여, 우리 샤까족은 자부심이 강합니다. 이 친구 우빨리는 오랫동안 우리들의 시중을 들어 왔으니, 저 친구를 먼저 출가시켜 주십시오. 그러면 우리들이 그의 앞에 절을 하고, 장차 해야 할 도리를 다할 것입니다."

붓다는 그들의 말대로 우빨리를 먼저 출가시키고, 그 다음에 샤까족 청년들을 출가시켰다.

깔리고다Kāligodha의 아들 밧디아는 출가한 그 해에 삼명三明을 얻었고,[155] 아누룻다는 천안天眼을 얻었으며, 아난다는 수다원과須陀洹果를 얻었고, 데와닷따는 신통神通을 얻었다.[156] 그런가 하면 밧디아 · 낌빌라 · 바구 · 우빨리는 아라한과를 얻고, 아난다는 수다원과를 얻었으며, 아누룻다는 천안을 얻고, 데와닷따는 신통을 얻었다고 말하기도 한다.[157]

이들 가운데 아누룻다는 실명失明하였지만 천안제일天眼第一의 존자가 되었고, 아난다는 붓다의 말씀을 가장 잘 기억하는 다문제일多聞第一의 존자가 되었고, 금지사항을 훼손하지 않고 배움에 게으르지 않은 사람으로 칭찬받았던 라훌라는[158] 밀행제일密行第一의 존자가 되었으며, 우빨리는 불교교단의 규율과 규칙에 정통하였으며 계를 지키는데 매우 엄격하여 지계제일持戒第一의 존자로 추앙 받았다.[159] 아난다와 우빨리는

155) 삼명(三明)은 아라한이 가지는 세 가지 지혜로 숙명명(宿命明) · 천안명(天眼明) · 누진명(漏盡明)을 말한다.
156) Vp. vol. V. p.257. Cullavagga:VII,1,4:<S.B.E. Vol. XX. p.230>.
157) Jt. vol. I. p.32.
158) 증일아함경 제3:<2-558상>不毁禁戒 誦讀不懈 所謂羅雲比丘是.
159) 불본행집경 제54:<3-904중>.

붓다의 사후에 경전을 결집하는데 큰 역할을 하게 된다.

이제 붓다의 사촌 가운데는 도또다나Dhotodana의 큰아들 마하나마만이 홀로 남게 되었다. 그가 샤까족 최후의 왕이 되어 까삘라국과 운명을 같이하게 된다.

앞에서 살펴보았듯이, 『마하왁가』Mahāvagga에는 붓다가 까삘라왓투의 니그로다숲에 머물 때, 이복동생 난다를 출가시킨 것으로 전해지고 있으나, 한역경전漢譯經典에는 우빨리가 제일 먼저 출가한 것으로 전하고 있다.

『불본행집경』에 따르면, 우빨리는 샤까족 청년들이 장신구를 자기에게 넘겨주려 하자, '저들은 좋은 신분으로 태어나 부귀영화를 누리면서도 그것을 버리고 출가하려는데 내가 출가하지 못할 것이 무엇이 있는가'라고 생각한 끝에 샤까족 청년들보다 먼저 붓다를 찾았다고 한다.160)

"세존이시여, 사람으로 태어나기 어렵고, 불법佛法을 만나기도 어렵다고 하더이다. 좋은 가문에 태어나 부귀영화를 누리고 있는 사람들도 세상의 영화를 버리고 출가하는데 저는 비천한 몸이거늘 무슨 욕심이 있어 출가를 망설이겠습니까? 붓다께서 자비를 베푸시어 저를 출가 사문이 되게 하시옵소서."161)

우빨리가 출가한 뒤에 숫도다나가 샤까족 청년 5백 명을 데리고 붓다에게 와서 비구로 만들어 달라고 했다. 붓다는 샤까족 청년들에게 구족계를 주어 출가시킨 다음, 먼저 출가한 우빨리 비구 앞에 예배하게 하였다. 그리고 부왕 숫도다나에게도 말씀드렸다.

"대왕이시여, 이제 비구 우빨리에게 머리 숙여 절하시고, 지금 출가한

---

160) 불본행집경 제53:우바리인연품:<3-900중>.
161) 방광대장엄경 제12:<3-615하>.

5백 명의 비구들에게도 예배하십시오."

숫도다나는 아들 붓다의 말을 거역하지 않고 먼저 붓다의 발아래 예배하고, 우빨리와 5백 명의 샤까족 출신 비구들에게 차례로 절을 했다. 숫도다나가 차례대로 절하는 모습을 지켜 본 붓다는 얼굴에 환한 미소를 띠우면서 말했다.

"이제야 샤까족의 교만함을 항복 받고, 오만 무례함도 꺾게 되었구나!"[162]

먼저 출가한 사람에게 예의를 표한다는 상가saṅgha의 규칙에 따라 샤까족 출신들이 우빨리에게 절을 했다. 이때 난다가 다른 사람에게는 다 절을 할 수 있어도 자기의 종이었던 우빨리에게만은 절을 못하겠다고 반발하였다.[163] 그러나 그에 대한 붓다의 태도 또한 완강했다.

> "난다야, 불법佛法은 바다와 같다. 바다는 수없이 많은 강물을 거부하지 않고 모두 받아들인다. 하지만 바다의 물맛은 언제나 하나다. 우리 상가saṅgha도 계를 받은 순서에 따라 예를 표할 뿐 출가하기 전의 신분이 무엇이었느냐에 따른 귀천은 없다. 사대四大가 합해졌을 때 몸이라 부르지만 그 몸은 무상하고 텅 비어 있어 '나'라고 고집할 것이 없다. 다만 진실하고 성스러운 법만을 생각하고 교만하지 말라."[164]

붓다의 설득에 결국 난다도 교만심을 꺾고, 우빨리 앞에서 예배하니 천지가 진동하였다고 한다. 우빨리는 비록 출가하기 전에는 비천한 신분이라고 천대받았지만 출가해서는 지계제일의 존자로 존경받았다.

---

162) 불본행집경 제53:<3-900하>今者釋種 已自降伏釋種憍豪 亦復摧撲諸釋傲慢.
163) 방광대장엄경 제12:<3-615하>에는 우빨리를 '난다의 시종'이라 했다.
164) Jt. vol. II. p.63, 보요경 제8:<3-536중> 방광대장엄경 제12:<3-615하>.

샤까족 청년들의 출가가 많았는데, 구체적으로 이름이 전해지는 사람은 비구 41명, 비구니 20명, 우빠사까 9명, 우빠시까 3명이라고 한다.165)

그런데, 다른 사람들이 출가할 때와는 달리 데와닷따Devadatta가 출가하려고 했을 때, 붓다는 그의 출가를 만류하였다.

"너는 집을 버리고 출가하지 말라. 그냥 집에 있으면서 재물을 가지고 보시를 행하여 공덕이나 많이 지어라. 나의 법 가운데 출가할 필요가 없다."166)

붓다는 아난다가 출가하려 할 때도 쉽사리 하락하지 않았는데, 그것은 아난다의 어머니 므리기Mṛgī가 출가에 대하여 적극적으로 반대한 때문이었다고 한다. 아난다의 친교사親教師는 벨랏타시사Belaṭṭhasīsa였으며, 후에 뿐나 만따니뿟다Puṇṇa Mantāniputta에게 설법을 듣고 소따빤나Sotāpanna가 되었다.

붓다가 출가하고 1차로 고국을 방문한 것이 언제였는지에 대하여 여러 견해가 있다. 성도 후 2년만이라는 설,167) 성도 후 6년만이라는 설,168) 성도 후 9년만이라는 설,169) 성도 후 12년만이란 설이 있다.170) 필자는 성도 후 2년 설이 맞는다고 본다.

---

165) 中村 元의 『ゴータマ・ブッダ』 p.358.
166) 불본행집경 제57:<3-918중>.
167) 中村 元 著/金知見譯, 앞의 책, p.218, B.B.S. p.121.
168) 방광대장엄경 제12:<3-616상> 『Indian Philosophy』 vol. 1. p.350, 근본설일체유부비나야파승사 제12:<24-159상>.
169) 불본행집경 제16:<3-727상>, 불본행집경 제55: 라후라인연품:<3-909상>.
170) 십이유경:<4-147중>.

10) 숫도다나의 임종

붓다가 웨살리의 꾸따가라살라Kūṭāgārasālā에서 머물 때,[171] 부왕 숫도다나의 임종이 다가왔다는 통보를 받았다. 붓다의 나이 39세 때요, 깨달음을 얻고 다섯 번째로 안거할 때였다.

숫도다나는 싯닷타가 붓다가 된 후에도 여전히 아들에 대한 미련未練을 버리지 못하고 있었다. 그러나 어느덧 나이가 많이 들어 회생하기 힘든 병을 앓고 있었다. 그때 숫도다나는 번조증煩燥症으로 좌불안석坐不安席이었던 모양이다.[172] 숫도다나는 자신이 다시는 일어날 수 없다는 것을 알고서 출가한 아들들과 손자가 보고 싶다고 했다.

> "내 비록 지금 죽는다고 해도 괴로울 것이 없다. 다만 내 아들 싯닷타를 보지 못하는 것이 한스럽다.
> 이미 출가한 작은 아들 난다와 손자 라훌라, 조카 아난다를 보지 못하는 것이 한스러울 뿐이다."

붓다는 부왕의 병이 위독하다는 것을 알고 동생 난다에게 먼저 고향으로 가라고 했다. 붓다 자신도 아버지가 임종하시기 전에 고향에 도착할 것이라고 했다. 이때 아난다와 라훌라도 숫도다나의 임종에 참석하겠다고 고향으로 향하였다.

붓다가 뒤에 까삘라왓투에 도착하여 아버지 숫도다나를 뵙게 되었다. 숫도다나는 아들 붓다에게 말했다.

"네 손으로 나를 좀 주물러 다오. 그러면 내가 편안할 것 같구나. 마치

---

171) 'Kūṭāgāra'는 '뾰족한 지붕을 가진 건물, 위층의 누각이 있는 건물'을 말하고, 'sālā'는 큰 강당을 말한다. 흔히 중각강당(重閣講堂)이라 한역한다.
172) 정반왕반열반경:<14-781중>時王煩燥轉側不停 如少水魚.

기름을 짜듯이 병마가 나를 짓누르니 아픔을 참을 수가 없구나. 하지만 이제라도 너를 보니 아픔이 사라지는 것만 같구나."

숫도다나는 누워서 합장을 한 채로 붓다에게 말했다.

"너는 붓다가 되겠다는 꿈도 이루었고, 중생들을 제도하겠다는 꿈도 이루었는데, 나는 지금 일어나지 못할 중병을 얻었으니, 나를 고통으로부터 벗어나게 해 주었으면 좋겠구나."

붓다는 숫도다나의 애절한 말씀을 듣고 아버지 숫도다나의 이마를 만지면서 말씀드렸다.

"아버지시여, 걱정하지 마십시오. 근심걱정 버리시고 법만을 깊이 생각하십시오. 마음이 흔들리지 않으면 선근善根을 심으시는 것이니 기쁜 마음으로 임종을 맞으시되 마음을 편안하게 가지십시오."

이때 숫도다나의 형제들이 위로하면서 말하였다.

"형님, 법을 깨달은 붓다가 아들이고, 신통력을 가졌는데 무슨 걱정입니까? 작은 아들 난다·조카 아난다·손자 라홀라도 여기 있으니, 네 아들들이 악마의 그물을 허물어 버리지 않겠습니까?"

숫도다나는 위로의 말을 듣고 기쁜 듯이 미소 지었다. 그리고 붓다의 손을 꼭 잡아 가슴 위에 놓고, 누운 채로 합장하고 붓다를 향해 말했다.

"내가 암만 너를 바라봐도 싫지가 않구나. 이제 내 소원도 이루어졌으니 참으로 기쁘다. 내가 누워서 헤어지게 되었으나 너를 보고 가니 행복하구나."

숫도다나는 누워서 합장한 채로 눈을 감았다. 붓다도 합장하고 아버지 숫도다나의 임종을 지켰다. 훗날 부모의 은혜를 갚지 않으려는 사람들에게 모범을 보이신다는 뜻에서 붓다가 직접 아버지의 관을 메겠다고 하였다. 그러나 천상의 신들이 사람의 몸으로 변신하여 숫도다나의 관을 대신 메었다고 한다.

붓다는 숫도다나를 다비(茶毘:jhāpeti)하는 자리에서 사람들에게 말했다.[173)]

"이 세상은 무상하고, 고통만 가득하다. 영원한 것이란 어디에도 없고, 몸뚱이마저 덧없다. 한 세상을 산다는 것이 환상과 같고, 타오르는 불꽃과 같으며, 물에 비쳐진 달그림자와 같다. 모두가 잠시 그렇게 있어 보이는 것뿐이다.
여기 있는 사람들은 이 불길을 열기熱氣로 보지 말고 욕심의 불길로 보아라. 욕심의 불길은 이 불보다 더욱 뜨겁다. 그러므로 무상한 몸으로 잠시 살다가는 것이 우리네 인생이니, 게으르지 말고 부지런히 수행하여 생사의 괴로움에서 해탈의 즐거움을 얻어야 한다."

한평생 아들을 생각하고 임금 자리를 중하게 여겼던 아버지를 화장하는 자리에서 한 붓다의 이 말씀이야말로 심금을 울리는 가르침이라 하겠다. 붓다는 숫도다나의 화장을 끝내고 유골을 모아 탑을 세웠다. 이때 사람들이 붓다에게 여쭈었다.

"부왕께서 생을 마치셨는데, 그 혼령은 어디에 태어나셨습니까?"

"아버지 숫도다나는 청정한 분이셨다. 그분은 정거천淨居天에 나셨다."[174)]

숫도다나가 40세가 넘어 아들 싯닷타를 낳았고, 붓다가 된지 5년째이니, 숫도다나는 80세가 넘었을 것이다.

---

173) 정반왕반열반경:<14-783상> 'jhāpeti'는 '…에 불을 지르다'는 뜻으로 곧 화장을 뜻한다. 불교에서는 화장터를 다비장(茶毘場)이라 한다. 'jhāpeti'를 사유(闍維), 사비(闍毘)로 쓰기도 한다.

174) 정반왕반열반경:<14-781~3> *정거천은 제1장의 각주3을 볼 것.

11) 샤까족의 분쟁

숫도다나가 임종하던 해에 하나의 큰 사건이 발생했다. 샤까족과 꼴리아족은 서로 사돈관계를 맺고 있는 부족인데, 그리 크지 않은 로히니Rohiṇī강을 사이에 두고 서쪽에 샤까족, 동쪽에 꼴리아족이 살았다. 옛날의 로히니강은 고라끄뿌르Gorakhpur에서 랍띠Raptī강에 합류하는 작은 강으로 지금은 로와이Rowai강 또는 로흐와이니Rohwaini강이라 한다.[175)]

숫도다나가 죽은 그 해 여름 가뭄이 계속되자, 로히니 강물을 놓고 두 부족의 농민들 사이에 싸움이 벌어졌다. 로히니 강은 샛강에 지나지 않아 강물을 양편으로 나누게 되면 결국은 어느 한 쪽도 그 해의 농사를 제대로 지을 수 없는 형편이었다. 그러고 보니 서로 자기편의 경작지에 먼저 강물을 끌어가려고 했다.

꼴리아족 농민이 먼저 말했다.

"이 물을 양쪽에서 갈라 쓰다보면 어느 한쪽도 농사를 제대로 지을 수가 없으니, 우리가 먼저 강물을 대도록 하자."

샤까족 사람들도 말했다.

"무슨 소리냐, 너희들이 창고에 곡식을 쌓아놓고 있을 때 우리는 돈보따리를 싸들고 가서 너희에게 양식을 구걸하란 말이냐? 우리가 먼저 이 물을 대야겠으니 너희가 양보하라."

이와 같이 승강이를 벌이는 과정에서 일부 성미 급한 농민들 간에 그만 주먹질이 벌어졌고 드디어 싸움은 두 부족의 혈통을 들먹이는 일에까지 번져갔다.

---

175) D.P.P.N. vol. II. p.762.

꼴리아족들이 말했다.

"너희 까삘라왓투 놈들아 어서 꺼져라. 개나 돼지처럼 제 누이와 사는 놈들아. 너희는 우리를 상대하여 싸울 수가 없다."

그러나 샤까족들이 말했다.

"이 문둥병이나 앓을 놈들아. 지금 당장 새끼들까지 데리고 멀리 꺼져라. 의지할 데 없어 짐승처럼 꼴리아 나무 위에 사는 녀석들은 보기도 싫다."

농민들끼리 벌어진 싸움은 부족장들에게까지 확대되더니, 마침내 군대까지 동원되어 일대결전을 벌일 태세였다. 이때 붓다는 5백 명의 비구들과 까삘라왓투 근교의 마하와나Mahāvana에 머물렀는데,[176] 이런 소식을 전해들은 붓다는 아무도 대동하지 않고 홀로 분쟁의 현장으로 갔다. 붓다는 두 부족 모두가 잘 보이는 공중에 날아올라 허공에 가부좌하고 앉아 짙은 푸른색의 광명을 비추었다. 두 부족의 사람들은 붓다가 내뿜는 푸른 광명을 보고 깜짝 놀랐다. 그때 붓다는 땅으로 내려와 두 부족 사람들 앞에서 말했다.[177]

"친족들 사이에 화목하지 않으면 안 됩니다. 친족들이 서로 화목하면 어떤 적들도 침략할 기회를 얻지 못할 것입니다.

내가 이야기를 하나 하지요.

옛날 히말라야에서 태풍이 사라 숲을 덮쳤지만 나무와 잡초와 덤불이 서로 엉켜 붙어 의지하고 있었기 때문에 그 무엇 하나도 다치지 않고 태풍은 지나갔습니다. 하지만 넓은 들판에 홀로 있던 큰 나무는 가지와 잎이 무성하였으면서도 혼자 있었기 때문에 결국 뿌리째 뽑혀버리고 말았

176) 'mahā'는 '크다'이고 'vana'는 숲을 뜻한다.
177) Jt. vol. V. p.219.

습니다.

그러므로 사람들은 말할 것도 없고 비록 감정이 없는 나무들까지라도 함께 어울려 살아야만 위험에서 벗어날 수 있는 것입니다.

내 이제 두 부족의 여러 분에게 말하는데, 두 부족이 하나가 되어 화목할 때 행복할 것이니 부디 싸우지 말고 한 마음이 되어야 합니다. 짐승과 나무들도 서로 미워하면 결국 상처를 받게 되는 법입니다.

이제 인류는 다 같이 평화를 배워야 합니다. 그것은 모든 성자들이 높이 평가하는 것입니다. 평화와 정의를 사랑하는 부족은 영원히 평화를 이루면서 번영할 수 있다는 것을 명심해야 합니다."[178]

『담마빠다』 제197에서 제199송에 "남들이 우리를 미워하더라도 우리는 미워하지 말고 미움으로부터 벗어나 진실로 행복하게 살자. 마음이 병든 사람들 가운데 살더라도 병든 마음으로부터 벗어나 진실로 행복하게 살자. 탐욕스런 사람들 가운데 살더라도 탐욕으로부터 벗어나 진실로 행복하게 살자"라고 하였는데, 이 유명한 게송도 붓다가 샤까족과 꼴리아족 사이의 싸움을 중재하면서 남긴 말씀이라 한다.[179]

붓다의 적극적인 설득과 중재로 부족 간의 혈투는 발생하지 않았다. 붓다는 분쟁을 조정하고 까삘라왓투 근교의 마하와나에 돌아와 『대회경』大會經을 설했다고 한다.[180] 또는 『깔라하위와다숫따』를 설했다고도 한다.[181] 붓다의 설법을 듣고 샤까족 젊은이들 5백 명과 그의 아내들 5백 명과 마하빠자빠띠가 출가를 결심하게 된다.

---

178) 성열, 『부처님 말씀』(현암사:2002), p.591.
179) 성열, 『부처님 말씀』(현암사:2002), p.350, Weragoda Sarada, 『Dhammapada』 pp.422~427, 거해스님편역 『법구경』II,(고려원:1993), p.45.
180) 대회경:<1-79중>, D.N. II. p.284 <Mahāsamaya Suttanta>.
181) Kalahavivādasutta는 『숫따니빠따』의 862송부터 877송까지를 말한다.

샤까족이나 꼴리아족은 옷까까왕의 후손이요 서로 혼인관계를 맺고 있었지만, 로히니 강에서의 싸움을 통해서 보면 관습이 다른 이질적인 문화를 가졌던 것이 분명하고 보이지 않는 갈등이 있었던 것 같다.

12) 장인 숩빠붓다의 불만

붓다는 열다섯 번째 안거를 고향 까삘라왓투에서 보냈다. 그러니까 붓다가 49세 되던 해의 여름장마철을 고향에서 보냈다. 이제까지 고향에 왔을 때는 잠깐 왔다가 간 것이고, 장마철 내내 고향에 머문 것은 처음이자 마지막인 셈이다.

남방율전南方律典에 의하면, 숩빠붓다Suppabuddha를 붓다의 장인丈人이라 전한다.[182] 또한 데와닷따의 아버지라고도 한다. 그러니까 남방율전에 따르면 붓다와 데와닷따는 처남매부가 되는 셈이다. 숩빠붓다는 붓다의 고모부이자 외삼촌이기도 하다.[183]

숩빠붓다는 사위인 붓다가 자기의 딸을 버리고 출가한 것에 대하여 몹시 불만을 가졌던 것 같다. 붓다가 고향 까삘라왓투에 들렀을 때, 그

---

182) 『불본행집경』<3-465중>에는 '작은 나라왕 수파불(須波佛)에게 구이(裘夷)란 딸이 있다'고 했고, '수바불'을 '선각'(善覺)이라 한역한다고 각주하고 있다. 『방광대장엄경』<3-543상>에는 '숫도다나 비의 이름이 마야(摩耶)이고 선각왕(善覺王)의 딸'이라 했다. 그런데 『불본행집경』<3-676상>에는 '까삘라왓투에서 멀지 않은 곳에 천비성(天臂城:Devadaha)에 선각(善覺)이란 부호가 있는데, 여덟 명의 딸을 두었다. 여덟 번째 딸이 마하파사파제(摩訶波闍波提)'라고 했다.

183) Thig. p.88, 붓다의 고모 아미따(Amitā)와 결혼했으니 고모부요, 그의 여형제가 붓다의 어머니 마야(Māyā)와 양모 빠자빠띠(Pajāpatī)이니 외삼촌이다. 숩빠붓다의 딸이 밧다깟짜나(Bhaddakaccānā) 즉 라훌라의 어머니이고, 그의 아들이 데와닷따(Devadatta)라고 했다.<中村 元, 앞의 책. p.23>.

는 술에 취해 붓다의 길을 가로막고, '나보다 나이가 적은 사문 고따마에게 길을 비켜줄 수 없다'고 버티고 있었다. 비구들이 숩빠붓다에게 길을 피해 주기를 청했지만 여전히 길을 가로막고 있자 붓다가 길을 피해 돌아갔다.

이때 붓다가 미소 짓는 것을 보고 아난다가 그 까닭을 물으니, 7일 뒤에 숩빠붓다가 계단에서 떨어져 땅속으로 꺼질 것이라고 했다. 숩빠붓다는 자신이 계단에서 떨어져 땅속으로 꺼질 것이라고 했다는 말을 전해 듣고 붓다의 말이 틀렸다는 것을 증명하려고 했다. 숩빠붓다는 살림살이를 모두 7층으로 옮기고 그곳으로 올라가 사다리마저 치웠다. 그리고는 출입하는 방문을 잠그고 힘센 사람을 시켜 문을 지키도록 했다.

붓다가 말했다.

"죽음을 피할 수 있는 곳은
허공도 아니요, 바다 속도 아니며
험한 산 바위 속도 아니다.
죽음을 피하여 숨을 곳은
이 세상 어디에도 없느니라."

7일째 되던 날, 숩빠붓다의 말이 고삐가 풀려 날뛰는데, 그 말은 숩빠붓다 이외에는 누구도 다스릴 수 없어서 그가 밖으로 나오지 않을 수가 없었다. 치웠던 사다리를 문으로 옮기게 하고 그것을 타고 내려와 막 땅을 디디려 할 때 땅이 꺼지고 그 속으로 빨려 들어갔다고 한다.[184)]

그 후 붓다의 고향방문은 샤까족들이 꼬살라국의 위두다바왕에게 비참한 최후를 맞이한 뒤에 이루어지는데, 그 이야기는 뒤에서 하겠다.

---

184) Weragoda Sarada, 『Dhammapada』 p.273, D.P.P.N. vol. II. p.1220, 거해스님 편역 『법구경』 I (고려원:1993), p.390.

4. 웨살리Vesāli

1) 웨살리

웨살리의 산쓰끄리뜨어 이름은 와이살리Vaiśālī이다. 비사리毘舍離, 비야리毘耶離 또는 광엄성廣嚴城으로 한역漢譯되었다. 빠뜨나에서 강가강을 건너 하지뿌르Hazīpur에서 북쪽으로 약 30km, 깔리 간다끼Kali Gandaki 강의 동쪽에 위치한 지금의 바사르Basarh마을이라고 밝혀졌다.

붓다 당시 왓지연맹의 수도였던 웨살리는 신흥 상업도시로 발전했다. 경제적으로 꽤나 번성하였지만 한편으로는 점차 환락의 도시로 변하고 있었던 것 같다. 빨리율장에는 당시 웨살리성의 모습을 이렇게 기록하고 있다.

> 웨살리는 물자가 풍성하였고, 인구 역시 많았으며, 먹을 것이 풍부하였다. 7,707개의 중각重閣, 7,707개의 뾰족탑 집, 7,707개의 유원지, 7,707개의 연꽃 연못이 있다.
>
> 그리고 웨살리에는 아름답고, 우아하며 미모가 뛰어난 창부(娼婦: gaṇikā) 암바빨리Ambapālī가 있는데, 그녀는 춤과 노래에 조예가 깊고, 악기를 잘 다루었기 때문에 많은 사람들이 사랑을 나누고자 찾아왔다.
>
> 그녀는 하루 밤에 50까하빠나kahāpaṇa를 요구하였지만 찾는 사람들이 문전성시를 이루었다.[185]

---

185) Mahāvagga:VIII:<S.B.E. vol. XVII. p.171>, Vp. IV. p.379.
까하빠나는 젖소 다섯 마리의 가격이라 한다.<The Historical Buddha, p.245>

한마디로 당시 웨살리의 분위기는 자유분방自由奔放 그 자체였던 모양이다. 도덕적으로 뿐 만아니라 사상적으로도 기존의 권위나 형식에 얽매이기를 거부했던 자유의 땅이었다. 붓다 사후에 율법에 대한 견해차이로 비구들 간에 분열을 가져왔던 도시가 바로 이곳이다. 이러한 자유스런 분위기로 인하여 재가불자인 거사居士가 붓다의 신임을 받는 10대 제자들을 거침없이 비판하고 힐난하는 내용으로 구성된『유마경』의 배경도시가 될 수 있었을 것이다.

빔비사라왕이 셋티들의 건의로 라자가하에 유곽을 세우고, 암바빨리에 대응하는 창부로 내세운 여인이 살라와띠Sālavatī였다는 것은 이미 앞에서 말했었다.

붓다가 웨살리에 왔을 때는 근교의 큰 숲에 꾸따가라살라Kūṭāgārasālā나 암바빨리가 기증한 망고동산인 암바빨리와나Ambapālivana에 머물렀다. 꾸따가라살라는 중각강당重閣講堂이라 한역했고, 암바빨리와나는 암라수원菴羅樹園 또는 줄여서 암원菴園이라 한역했다.

또한 웨살리는 자이나교의 창시자인 마하위라Mahāvīra의 고향이기도 하다. 그는 마흔두 번의 안거를 보냈는데, 그 가운데 열두 번의 안거를 웨살리에서 보냈다고 한다.

2) 비구니상가의 출범

숫도다나왕이 죽던 해에 로히니강의 물 때문에 샤까족과 꼴리아족 사이에 분쟁이 생겼고, 붓다가 이 분쟁을 조정하고 두 부족의 화해를 강조하는 설법을 했을 때, 설법을 들은 샤까족 젊은이 5백 명이 출가했다는 것은 이미 앞에서 말했었다.

마하빠자빠띠 부인은 이미 출가한 샤까족 청년들의 부인 5백 명을 거느리고 붓다를 찾아가서 출가를 허락해줄 것을 간청하였다.186) 그러나 붓다는 세 번씩이나 거절하고 웨살리로 떠났다.

마하빠자빠띠도 출가의 뜻을 굽히지 않고 5백 명의 샤까족 여인들과 머리를 깎고 노란 색깔의 옷으로 갈아입고 웨살리로 따라왔다. 붓다가 머물고 있는 웨살리의 정사 앞에 여인네들이 도착했을 때, 그녀들의 발은 상처투성이였다. 마하빠자빠띠는 계속하여 출가를 허락해줄 것을 요청했지만 붓다는 여전히 거절하였다.

이러한 모습을 보고 있던 아난다가 나서서 붓다에게 여인이 출가할 수 있게 허락하여 달라고 청을 올렸다. 그러나 붓다는 여전히 거절하였다. 아난다는 마하빠자빠띠 부인께서 양육하여 주신 은혜를 들어 출가를 허락하실 것을 거듭 간청하였다. 아난다의 거듭된 간청으로 마침내 불교교단에 여인의 출가를 허락하게 되었는데, 붓다는 이때 출가의 조건으로 여덟 가지를 제시하고 그것을 준수하겠다는 약속이 있어야 출가할 수 있다고 했다. 이것을 비구니 팔경계법比丘尼八敬戒法이라 부른다.

비구니 팔경계법에 대하여 율장律藏에서 전하는 것과187) 경장經藏에서 전하는 것이188) 약간 다르나 경장의 것을 소개하면 다음과 같다.

① 비구니는 반드시 비구에게 구족계를 받아야 한다.

② 보름마다 비구에게 가서 가르침을 받아야 한다.

③ 비구니의 거주처에 비구가 없으면 안거安居를 할 수 없다.

---

186) 마하빠자빠띠(Mahāpajāpatī)는 빠자빠띠(Pajāpatī)라고도 하는데, 대애도(大愛道)·애도(愛道)·생주(生主)라 번역하고, 고따미(Gotamī) 또는 교담미(憍曇彌)라 부른다.

187) 사분율 제48:<22-923중>.

188) 구담미경<1-605상>.

④ 안거를 마치고 공부한 내용에 대해 비구를 청해 물어야 한다.

⑤ 비구가 비구니에게 질문을 허락하지 않으면 비구니는 비구에게 삼장三藏을 묻지 말아야 한다.

⑥ 비구는 비구니의 잘못을 지적하여도 비구니는 비구의 잘못을 말하지 못한다.

⑦ 만약 상가디세사(saṅghādisesa:僧殘罪)를 범했을 때는 대중 앞에서 15일 동안 근신해야 한다.189)

⑧ 비구니계를 받은 지 설사 백년이 되었다 하더라도 초학비구初學比丘에게 절하고 공경해야 한다.

붓다는 이 여덟 가지 조건을 지키겠다는 약속을 받고서 구족계를 주었다. 붓다는 여성들의 출가를 허락하시고, 여성들의 출가를 간청한 아난다에게 말씀하셨다.

"아난다야, 여인이 출가하지 않았더라면 정법正法이 1천 년은 갈 것이었다. 그러나 여인의 출가로 정법의 수명이 5백 년은 감소되었다.

비유하면 한 가정에 아들이 적고 딸이 많으면 그 집안은 일어나는 집안이라고 말할 수 없고, 농사짓는 전답에 잡초가 많아지면 전답을 버리는 것과 같이 정법도 여인이 출가하게 되면 오래가지 못한다.

이런 까닭으로 나는 여성출가의 여덟 가지 조건을 말한 것이다. 하지만 여인네가 출가를 하였더라도 부처·전륜성왕·제석천

---

189) 상가디세사는 교단에서 추방되는 빠라지까(pārājika)죄 다음으로 무거운 죄로 이것을 범하면 일정기간 승니(僧尼)로서의 권리를 박탈당한다. 즉 범법자는 비구·비구니로서의 자격을 잃지는 않지만 마낫따(mānatta)라고 하는 멸죄법(滅罪法)을 행하지 않으면 안 된다.

왕・마왕 그리고 대범천왕 등 다섯 가지는 될 수가 없다."[190]

만인의 평등을 설파했던 붓다가 왜 이 다섯 가지가 될 수 없다고 했는지 그 까닭을 구체적으로 밝히는 경전은 확인하지 못했다. 다만 붓다가 여성들의 출가에 대하여 미온적이었던 것은 당시의 사회적 분위기를 고려한 탓이라 본다. 당시 인도사회는 가부장제적 남성중심사회인데다 주류를 이루었던 바라문들은 여성의 출가를 인정하지 않았고, 그 바라문들을 비판하고 나섰던 사문들까지도 여성들의 출가를 인정하지 않았기 때문이다. 그리고 인적이 드문 산림에서의 안전문제도 배려되었을 것이라 짐작한다.

하지만 여성 출가자들 가운데는 훌륭한 업적을 남긴 이들도 많았다. 마하빠자빠띠를 비롯하여 케마Khemā, 웁빨라완나Uppalavaṇṇā, 빠따짜라Paṭacārā, 담마디나Dhammadinā, 난다Nandā, 소나Soṇā, 사꿀라Sakulā, 밧다꾼달라께사Bhaddā Kuṇḍalakesā, 밧다 까삘라니Bhaddā Kapilānī, 밧다 깟짜나Bhaddā Kaccānā, 끼사 고다미Kisā Gotamī, 시갈라마따Sigālamātā 등은 대표적인 비구니로 이름이 전한다.[191]

이들 비구니들을 간략히 소개하면, 케마는 빔비사라왕의 부인 가운데 한 사람이었고,[192] 웁빨라완나는 연화색蓮花色비구니로 한역되는 사람이며,[193] 담마디나는 법락法樂으로 한역되는 사람이고,[194] 난다는 붓다의 양모 마하빠자빠띠의 딸이니 이복여동생이고, 밧다 까삘라니는 출가

---

190) 구담미경<1-607중> 근본설일체유부비나야잡사 제30:<24-352상> 중본기경 권하:<4-158상>, A.N. IV. p.181. Kullavagga:X.1.1~6:<S.B.E. XX. 320>,

191) A.N. I. p.21.

192) 케마비구니의 게송은 『테리가타』 139~144송이다.

193) 성열, 『부처님 말씀』(현암사:2002), p.405, 연화색 비구니의 게송은 『테리가타』 224~235송이다.

194) 성열, 『부처님 말씀』(현암사:2002), p.213, p.228.

전에 마하깟사빠의 아내였고, 밧다 깟짜나는 라훌라마따이니 붓다의 옛날 부인 야소다라의 이명이고, 끼사 고따미는 붓다가 출가하기 전에 연정戀情을 품었던 까삘라왓투의 여인이 아니라 사왓티출신의 비구니다.[195] 여인네들의 이름 앞의 밧다bhaddā는 '아름답다'bhadda는 뜻의 여성형이다.

이상의 비구니는 빨리경전인 『앙긋따라니까야』에 전하는 이들이고, 한역경전인 『증일아함경』 비구니품比丘尼品에는 훨씬 더 많은 비구니들의 이름이 전해진다.[196] 이들 비구니 이외에도 유명有名, 무명無名의 비구니들의 주옥같은 깨침의 노래가 『테리가타』Therigāthā에 전한다.[197]

비구니교단의 출범으로 이제 비구比丘·비구니比丘尼·우바새優婆塞·우바이優婆夷로 구성되는 4부대중四部大衆이 이루어졌다.

3) 야소다라의 출가

붓다의 아내이자 라훌라의 어머니 야소다라도 5백 명의 여인들과 함께 출가했다.[198] 이때 야소다라는 이렇게 말했다고 한다.

> "내 남편은 출가하여 삽반누(sabbaññu:一切智者)가 되었고, 내 아들도 출가하여 남편과 같이 살고 있다. 나 혼자 집에 남아 무엇을 하겠는가? 나도 출가하여 사왓티로 가서 내 남편 붓다와 아들을 바라보면서 살겠다."[199]

---

195) 끼사 고따미의 게송은 『테리가타』 213~223이다.
196) 증일아함경 제3:<2-558~559>.
197) 'Therigāthā'는 '장노니게'로 번역되어 한글대장경 171권 pp.457~531에 실려 있다.
198) 유부비나야파승사 제12:<24-162상>.
199) Jt. vol. II. p.268.

난다의 아내 자나빠다깔야니 난다, 난다의 여동생 순다리 난다도 출가하였다. 그러니까 숫도다나가 세상을 떠난 뒤에는 붓다의 가족 가운데 까삘라왓투에 남아 있던 여인네들마저 모두 출가한 것이다. 붓다가 온 가족을 출가하도록 한 것은 장차 샤까족에게 들이닥칠 비운을 이미 예상하고 있었기 때문이 아닐까 생각된다.

붓다의 아내 야소다라는 열심히 수행하여 다른 사람보다는 훨씬 뛰어난 지혜를 얻은 사람으로 전해지고 있다. 그런 지혜를 얻은 것으로 알려진 사람은 사리뿟다 · 목갈라나 · 밧꿀라Bakkula와 야소다라 네 사람뿐이다.[200]

4) 붓다와 보디왕자

붓다는 숭수마라기리 근처의 베사깔라Bhesakalā동산에서 여덟 번째 안거를 했다. 숭수마라기리는 왓지연맹의 한 부족인 박기족의 거점도시였다.

어느 날 붓다가 숭수마라기리 성안으로 걸식을 나갔다가 거리에서 나꿀라Nakula의 아버지와 어머니를 만났다. 나꿀라의 아버지와 어머니는 붓다를 보자마자 발아래 엎드리면서 말했다.

"아들아, 이게 얼마 만이냐? 그 동안 어디서 어떻게 지냈느냐?"

붓다는 그들 부부에게 과거에 5백 번이나 부모와 자식의 인연을 맺었었다는 전생이야기를 해주었다. 붓다의 설법을 들은 두 부부는 소따빤나가 되었다.[201] 재가 신자 가운데 '나를 보자마자 귀의한 사람은 나꿀

---

200) A.N. I. p.22 footnote 3, *밧꿀라는 성열, 『부처님 말씀』(현암사:2002), p.156.
201) A.N. II. p.69, A.N. III. p.211, S.N. III. p.1.

라의 부모들'이라고 붓다가 말했다.[202]

그때 숭수마라기리에는 왐사국 우데나의 아들 보디Bodhi왕자가 총독으로 와 있었는데, 그는 연꽃 모양의 궁전 꼬까나다Kokanada를 새로 짓고, 친구 산지까뿟따Sañjikaputta를 베사깔라동산으로 보내 새로 지은 궁전의 낙성식에 붓다를 초청했다.

붓다가 비구들과 함께 궁에 도착했을 때, 보디왕자는 붓다를 맞이하기 위해 입구에서 기다렸다. 그는 궁으로 들어가는 길에 흰 양탄자를 깔아놓고 붓다를 안내했다. 그런데 붓다는 양탄자 앞에 멈추어 서서 들어가지 않았다. 보디왕자가 세 번씩이나 붓다에게 들어가시기를 청했지만 붓다는 꿈쩍도 하지 않고 그 자리에 서 있었다. 보디왕자가 계속하여 청하자, 붓다는 옆에 있던 아난다에게 눈길을 돌렸다. 붓다의 의중을 꿰뚫은 아난다가 말했다.

"왕자여, 이 양탄자를 거두어주시오. 세존께서는 이 양탄자를 밟고 들어가시지 않으실 것입니다. 세존께서는 아주 사소한 것에도 자비를 베푸십니다."

보디왕자가 양탄자를 거두어 낸 뒤에야 비로소 붓다가 궁 안으로 들어갔다.[203] 붓다는 왕자가 직접 올리는 공양을 받고 나서 『보디라자꾸마라 숫따』를 설하였다.[204]

보디왕자는 꼬까나다를 지은 목수의 눈알을 빼버렸는데, 그것은 다른 사람을 위해서 꼬까나다와 똑같은 건물을 짓지 못하도록 한 것이었다고 한다.[205]

---

202) A.N. I. p.24.
203) Vp. vol. v. p.176, Cullavagga:v,21:<S.B.E. vol. XX. p.125>.
204) M.N. II. p.279 *Bodhirājakumārasutta.
205) Jt. vol. III. p.105.

5 꼬삼비Koāmbī

1) 꼬삼비의 정사들

꼬삼비는 왐사(Vaṃsā ⓈVatsā)의 수도로 강가강과 야무나강이 합류하는 지점 근처로 지금의 알라하바드Allahābād 옆에 위치한 꼬삼Kosam이다. 꼬삼비는 붓다 시대에 번영한 여섯 개 도시 가운데 하나다.[206] 이곳은 서쪽으로 슈라세나의 마두라와 야무나강으로 연결되고, 아완띠의 웃제니와는 육로로 연결되었으며, 동쪽으로는 와라나시나 마가다의 빠딸리뿟따와 강가강의 뱃길로 연결되어 있는 교통의 요충지이다.

알라하바드근처의 쁘라야가Prayāga에서 강가 강과 야무나강, 이미 사라져버린 사라스와띠강이 만나는데, 인도인들은 이 합류점을 상감saṃgam이라 하여 옛날부터 신성시했다. 지금도 옛날이나 마찬가지로 길일吉日이 되면 힌두교도들이 목욕의례를 위해 이곳으로 모여든다. 꿈바멜라Kumbhamela라는 축제가 바로 그것이다.[207] 12년마다 돌아오는 대꿈바멜라가 2001년 1월에 열렸는데 무려 8천만 명이나 되는 힌두교도들이 상감에 모여들었다고 한다.

꼬삼비에는 고사까Ghosaka 또는 고시따Ghosita라고 불린 장자와 꿋꾸따Kukkuṭā, 빠와리까Pāvārika 등 세 사람의 장자가 있었다. 이들 세 사람은 붓다를 뵙기 위해 5백 수레 분의 공양물을 싣고 꼬살라국 사왓티로 찾아갔다. 그들은 보름동안 설법을 들으면서 붓다와 비구들에게 공양을

206) D.N. II. p.161, D.N. II, p.199.
207) kumbha는 물항아리를 뜻하고, mela는 만남이나 집회를 뜻한다.

올렸다. 그리고 사왓티를 떠날 때 붓다를 꼬삼비로 초청을 했다. 그들은 꼬삼비로 돌아와 각자 붓다가 머무를 정사를 건립했는데, 고사까가 건립한 것이 고시따라마Ghositārāma이고, 꿋꾸따가 세운 것이 꿋꾸따라마Kukkuṭārāma이며, 빠와리까가 망고동산에 건립한 정사가 빠와리까라마Pāvārikārāma 또는 빠와리까암바와나Pāvārika ambavana이다. 그밖에도 싱사빠숲Siṃsapāvana에서 붓다가 머물기도 했다.[208]

2) 우데나

붓다 시대 왐사의 왕은 우데나Udena였다. 아버지는 빠란따빠Parantapa왕이고, 어머니는 알라깝빠Allakappa이다. 우데나를 한역불전漢譯佛典에서는 우전憂塡 또는 우다연優陀延이라 하여 마치 다른 사람인 것처럼 번역한 것은 오역誤譯이다.[209] 왜냐하면 우전은 빨리어 우데나Udena의 음역이고, 우다연은 산쓰끄리뜨 우디아나Udyana의 음역이기 때문이다.

또한 한역불전에 우데나를 왓지[跋耆]왕이라 말하는 곳도 있는데,[210] 이는 잘못된 것이다. 한때 우데나의 아들 보디Bodhi가 왓지연맹의 한 부족인 밧기족의 수도 숭수마라기리에 총독으로 있었을 뿐이다. 그러니까 우데나가 왓지연맹의 한 부족을 정복했을 뿐 왓지연맹 전체를 정복한 것은 아니었다.

우데나에게는 몇 사람의 부인이 있었는데, 그 중 첫째 왕비가 셋티이자 재정관인 고사까의 딸 사마와띠Sāmāvatī이다. 그녀는 원래 밧다왓띠

---

208) S.N. V. p.370.
209) 증일아함경 제25:<2-681하>, 증일아함경 제26:<2-698중>, 증일아함경 제28:<2-707상>
210) 증일아함경 제28:<2-708상>我是跋耆國王名曰優塡.

야Bhaddavatiya의 딸인데, 친구인 고사까가 입양하여 키웠다고 한다.

둘째 왕비는 보디왕자의 어머니로 아완띠국 웃제니에서 온 짠다빳조따의 공주 와술라닷따Vāsuladattā이고, 셋째 왕비는 꾸루국 깜마사담마Kammāsadamma출신의 미녀 마간디야Māgandiyā이다. 그밖에도 고빨라의 어머니Gopālamātā라고 전해지는 또 다른 부인이 있었던 것 같다.[211)]

고빨라의 어머니라 불린 여인은 뗄랍빠날리Telappanāḷi의 가난한 상인의 집 딸인데 남들의 부러움을 사는 예쁜 머리카락을 가지고 있었다. 마하깟짜나를 비롯한 여덟 명의 비구들이 그녀가 사는 마을에서 걸식을 할 때, 그녀는 8까하빠나kahāpaṇa를 받고 머리칼을 팔아 비구들에게 공양을 올렸다고 한다. 우데나왕은 그녀에 대한 미담美談을 전해 듣고, 그녀를 데려다 아내로 삼았다.

우데나왕은 자비롭지 못하고 성격이 난폭했으며, 욕심이 많아 권력을 앞세워 재물을 모았으며 사람들을 깔보는 성격이 있어서 출가자들마저도 업신여기고 괴롭혔다.[212)]

삔돌라 바라드와자Piṇḍola bhāradvāja 존자가 우데나왕의 동산에서 궁녀들에게 설법을 하고 있는 것을 불쾌하게 생각한 우데나왕은 붉은 개미에게 물려 죽이겠다고 붉은 개미가 든 바구니를 존자에게 터뜨렸다. 붓다는 그 사실을 전해 듣고, '우데나왕이 출가자를 괴롭힌 것은 이번이 처음이 아니고 전에도 그랬다'고 말씀하셨다.[213)] 또한 궁녀들이 아난다에게 옷을 보시한 것을 알고 우데나왕이 불쾌하게 생각했다고 한다.[214)] 이러한 이야기로 볼 때, 우데나가 붓다에게 크게 호감을 가졌다고 볼 수

---

211) the Questions of King Milinda: part II. p.146, D.P.P.N. vol. I. p.380.
212) 증일아함경 제23:<2-667하>.
213) Jt. vol. IV. p.235.
214) Vp. vol. V. pp.403~404.

는 없을 것 같다.

전설에 의하면, 붓다가 41세가 되던 해, 성도 후 일곱 번째의 안거를 전에 돌아가신 어머니 마야부인이 있는 삼십삼천에 올라가서 보냈다고 한다. 붓다가 천상에 머무는 동안, 우데나왕은 붓다를 뵙고 싶었지만 뵐 수가 없어서 그만 병이 났다고 한다. 우데나의 신하들은 어떻게 하면 왕의 병을 낫게 할 것인가를 궁리하다가 전단향나무로 불상을 만들어 왕에게 바쳤더니 왕의 병이 나았다는 것이다. 한역 『증일아함경』에 전해지는 이야기다.[215] 이것이 세상에 불상이 출현하게 된 동기라고 말하지만 역사적 사실과는 거리가 먼 이야기일 뿐이다.

3) 꼬삼비의 비극

붓다가 꾸루의 깜마사담마에 갔을 때였다. 바라문 마간디아Māgandiya는 붓다의 당당하고 잘 생긴 모습을 보고, 자기의 딸을 데려올 터이니 기다려 달라고 말했다. 마간디아는 붓다의 대답도 듣기 전에 집으로 달려가서 아내 사깔리Sākalī와 절세미인인 딸 마간디야Māgandiyā를 데리고 왔다. 그리고 자기의 딸을 아내로 삼아달라고 했다.[216]

붓다는 보리수 아래에서 악마의 딸들이 유혹했을 때 물리쳤던 일을 말하면서 여인네가 예쁘다곤 하지만 결국은 똥오줌으로 가득 찬 가죽

---

215) 성열, 『부처님 말씀』(현암사:2002), p.38.

216) 아버지 마간디아(Māgandiya)와 딸 마간디야(Māgandiyā)의 차이는 이름의 마지막 글자가 단음(a)과 장음(ā)으로 구별한다. 마누법전<Manu:II,33>에 '여자의 이름은 부르기 쉽고, 애교와 길조의 뜻이 분명히 드러나고, 복스러움을 뜻하되, 끝소리는 장음(長音:ā,ī,ū)으로 지으라고 했다. 마간디야(Māgandi-yā)의 이름을 '아누빠마'(Anūpamā)라고 한 곳도 있다.

주머니에 불과하다며 거절했다.217) 마간디아와 아내 사깔리는 붓다의 말씀을 듣고 나서 아나가민[阿那含]이 되었다. 그들 부부는 동생 쭐라마간디아Culla-Māgandiya에게 딸을 맡기고 출가하여 비구·비구니가 되었고, 그들은 머지않아 아라한阿羅漢이 되었다.

쭐라마간디아는 왕실과 가까워지려는 속셈으로 조카딸 마간디야를 우데나왕에게 바쳐 왕비가 되게 하였다. 마간디야는 왕비가 되고나서 자기를 보고 '오물주머니'라고 말한 붓다에게 언젠가는 복수하고 말 것이라며 앙심을 품고 있었다.

우데나의 첫째 왕비 사마와띠는 5백 명의 궁녀를 거느렸고, 꽃을 담당하는 시종 쿳줏따라Khujjuttarā가 있었다. 쿳줏따라는 매일 수마나Sumana가 운영하는 꽃가게에서 꽃을 사다 사마와띠의 궁전을 꾸몄다. 쿳줏따라는 수마나의 꽃가게에 갔다가 붓다를 뵙게 되었고, 그 자리에서 설법을 듣고 나서 바로 소따빤나[須陀洹]가 되었다. 그녀는 궁궐로 돌아와 사마와띠와 5백 명의 궁녀들에게 붓다의 가르침을 전해주었고, 사마와띠와 궁녀들도 소따빤나가 되었다. 그 이후 쿳줏따라는 사마와띠왕비와 궁녀들의 스승이 되었다. 사마와띠 왕비의 배려로 쿳줏따라는 붓다가 설법할 때마다 그곳에 가서 듣고, 궁궐로 돌아와서는 왕비와 궁녀들에게 전해주었다. 그러는 동안 쿳줏따라는 삼장三藏에 통달하게 되었다.

사마와띠 왕비와 궁녀들은 쿳줏따라를 통해서 붓다의 이야기를 들었을 뿐 직접 뵙지를 못했다. 그녀들은 붓다를 찾아뵙고 싶었지만 우데나왕이 어떻게 생각할지 몰라 말조차 못하고 있었다. 그녀들은 쿳줏따라의 제안으로 붓다가 지나다니는 길 쪽의 궁궐 담 벽에 구멍을 뚫고 그곳을 통해서 붓다를 보면서 합장하곤 했다.

---

217) Sn. 835.

마간디야는 사마와띠 왕비와 궁녀들이 붓다를 흠모한다는 사실을 알고, 붓다와 사마와띠를 음해할 수 있는 좋은 기회라 생각했다. 마간디야는 붓다와 사마와띠가 내통하고 있다고 우데나왕에게 거짓말을 하는가 하면 왕이 좋아하는 삼현금三絃琴에 아무도 모르게 독사를 넣었다가 우데나왕이 보는 앞에서 그것을 찾아내며 사마와띠가 왕을 독살시키려는 증거라고 모함했다.

마간디야의 말을 곧이곧대로 믿은 우데나왕은 왕비와 궁녀들을 나란히 세워놓고 직접 독이 묻은 화살로 쏘았다. 그러나 사마와띠와 궁녀들이 조금도 두려워하지 않은데다 더욱 놀라운 것은 화살들이 날아가다가 되돌아오는 것이었다. 사마와띠 왕비와 궁녀들이 자기들을 죽이려는 우데나왕과 마간디야에게 원한이나 증오심을 갖지 않고 오히려 연민하는 마음을 가졌기 때문에 일어난 기적이었다. 이 신비한 현상을 목격한 우데나왕은 왕비와 궁녀들에게 아무런 잘못이 없다는 것을 알고서 왕비와 궁녀들에게 용서를 구했다. 그리고 붓다와 비구들을 궁궐로 초청하여 설법을 들을 수 있도록 배려해 주었다.[218]

복수심에 불탔던 마간디야는 분을 가라앉히지 못하고 끝내는 숙부 쭐라마간디야와 결탁하여 사마와띠 왕비의 궁궐에 불을 지르도록 했다.[219] 사마와띠와 궁녀들은 불길에 휩싸였으면서도 조금도 당황하지 않고 차분하게 좌선 삼매에 들어 사까다가민[斯陀含]이 되기도 하고, 아나가민[阿那含]이 되기도 했다.

우데나왕이 사마와띠의 궁궐에 불이 났다는 소식을 듣고 달려왔지만 이미 늦어서 사람들을 구해낼 수가 없었다. 우데나왕은 마간디야와 그

---

218) 대보적경 제97: 우타연왕회:<11-543>.
219) Ut. p.96.

의 숙부 등 관련자들을 궁궐로 불러들여 하반신을 땅에 묻고 머리에 볏짚을 쌓고 불을 질러 버렸다. 그리고는 쟁기로 땅을 갈아엎어 버렸다고 한다.220)

쿳줏따라는 여성신도 가운데 가장 박식博識한 사람이요, 사마와띠는 여성신도 가운데 가장 따뜻한 마음으로 산 사람이라고 붓다가 말했다.221)

4) 교단의 분열

붓다가 꼬삼비의 고시따라마에 계실 때였다. 꼬삼비에 거주하는 경經에 밝은 비구들과 율律에 밝은 비구들 사이에 분쟁이 생겼다.222)

사건의 발단은 경비구(經比丘:dhammadhara)가 세면장에다 양치한 물그릇을 두고 나온 것을 율비구(律比丘:vinayadhara)가 문제를 삼은 것이다.223) 두 패의 비구들 사이의 싸움이 얼마나 심했는지 '혀를 무기로 서로 상처를 입히면서 살았다'고 전한다.224)

붓다가 그들에게 '수족을 자르고 목숨을 빼앗고, 소나 말, 재산을 훔치고, 나라를 약탈하는 악당들도 의견의 화합이 있는데, 어찌 너희들은 그렇지를 못하느냐'고 말하며225) 간곡하게 싸움을 말렸다.226) 그러나 붓

220) Weragoda Sarada, 『Dhammapada』 p.44~49, 거해스님편역 『법구경』 I, p.97. Edward J. Thomas, 앞의 책, p.115, D.P.P.N. vol. II. p.596.

221) A.N. I. p.24.

222) Vp. vol. IV. p.483, Mahāvagga:X:<S.B.E. vol. XVII. p.285>. Jt. vol. III. p.289, Jt. vol. III. p.139, M.N. I. p.383, M.N. III. p.197.

223) dhara는 '암기하여 아는, 마음에 간직하는'이란 뜻이므로 dhammadhara는 '법을 잘 외우는 사람' 즉 경을 소중하게 여기는 사람이고, vinayadhara는 '율을 소중하게 여기는 사람'을 말한다.

224) M.N. I. p.383, M.N. III. p.197.

다의 간곡한 설득에도 불구하고 그들이 말을 듣지 않자, 붓다는 아무런 말씀도 없이 꼬삼비를 떠났다. 붓다는 꼬삼비 부근의 발라깔로나까라 Bālakaloṇakāra 마을로 가서 바구Bhagu 장로에게 남들과 떨어져서 홀로 수행하는 공덕을 설법했다. 그리고 다시 빠릴레이야까Pārileyyaka에서 그 해 여름안거를 지내고,227) 쩨띠Ceti국의 빠찌나왐사다야Pācīnavaṃsadāya 동산에 들려 아누룻다, 난디야, 낌빌라에게 상가saṅgha의 화목을 강조하고,228) 꼬살라의 사왓티로 돌아왔다.

붓다가 갑자기 기원정사로 돌아오자 사왓티의 신도들이 꼬삼비에 머물렀던 비구들을 성토하고 나섰다. 꼬삼비의 비구들이 붓다의 말을 듣지 않아 붓다를 떠나게 만들었으니 그들이 사왓티로 오면 그들에게 인사할 것도 없고 공양할 것도 없다고 들고 일어났다.

후에 꼬삼비의 비구들도 자신들의 잘못을 알고 붓다에게 용서를 빌기 위해 사왓티로 왔을 때, 수닷다를 비롯한 5백 명의 우빠사까들이 붓다에게 꼬삼비의 비구들에게 어떤 태도를 취해야 옳겠느냐고 여쭈었다. 이에 대한 붓다의 대답을 빨리율장은 이렇게 전하고 있다.

"우빠사까여, 그들 두 편의 비구들에게 모두 공양하고 그들 모두로부터 법문을 들으시오. 그 중에 법답게 설법하는 비구들의 견해를 따르고 믿음을 가지시오."229)

『사분율』四分律에는 이렇게 말하고 있다.

"저 두 파의 말을 전처럼 들으시오. 신도들의 보시가 있으면 둘로 나

225) M.N. III. p.199.
226) 성열, 『부처님 말씀』(현암사:2002), p.487.
227) Ut. p.49.
228) 성열, 『부처님 말씀』(현암사:2002), p.70.
229) Vp. vol. IV. p.508.

누어주시오. 이들도 출가자요 저들도 출가자이지 않소. 금으로 만든 그릇을 둘로 나누더라도 모두가 금이기는 마찬가지가 아니겠소. 그러니 저들 모두에게 보시하시오."230)

『오분율』五分律에는 이렇게 밝히고 있다.

"당신들은 두 무리의 말을 경청하시오. 만약 법法답고 율律다우며 내가 가르친 것과 같다면 그 가르침을 받아들이고 당연히 평등한 마음으로 공경하고 공양해야 할 것이오. 왜냐하면 순금을 둘로 나눈다고 해도 모두 금이 아니겠소."231)

빨리율장이나 『사분율』·『오분율』의 견해는 두 파의 비구 모두에게 공양하라고 했지만 『십송율』十誦律의 견해는 좀 다르다.

붓다는 꼬삼비의 사건을 거울삼아 상가 안에서 두 번 다시 그와 같은 사건이 발생해서는 안 될 것이란 결의를 가지고 있었던지, 사왓티에 머물고 있던 사리뿟따가 꼬삼비에서 오는 비구들을 어떻게 대할 것인가를 여쭙자, 사왓티의 비구와 비구니들에게 단호한 의사를 밝혔다.

"저들 가운데 법답지 못한 소리를 한 자들은 공경할 것도 없고 공양할 것도 없다. 법다운 소리를 하는 자들만 공경하고 공양하라."232)

국왕 빠세나디는 붓다가 비구들에게 이와 같은 조치를 내렸다는 소식을 듣고 붓다를 찾아와 여쭈었다.

"세존이시여, 법다운 말을 하는 비구와 법답지 못한 말을 하는 비구를 어떻게 알 수 있나이까?"

붓다가 빠세나디에게 말했다.

---

230) 사분율 제43:<22-883중>.
231) 오분율 제24:<22-160하>.
232) 십송율 제30:<23-215하>.

"대왕이시여, 두 편의 말을 모두 들어보고, 비구로서 비법非法을 법이라 말하거나 법을 비법이라 말하는 자가 법답지 못한 소리를 하는 것이니, 그들을 존중하거나 의발이나 의약품을 공양하지 마시오. 그들을 따라 경법經法을 독송하거나 배우거나 의심나는 것을 물어봐도 안 될 것이오. 하지만 먹을 것만은 그들 모두에게 주어야 할 것이오."[233]

붓다는 사왓티의 모든 우빠사까와 우빠시까에게 먹는 음식만은 모두에게 제공하되 법답지 못한 비구들을 추종해서는 안 된다는 강경한 조치를 내렸다.

그런데 『마하승지율』에는 꼬삼비에서의 사건을 초복지비니草覆地毘尼로 처리할 것만을 언급하고 상세히 밝히지 않고 있어 견해를 달리하는 문제에 대하여 관대한 모습을 보이고 있다.[234]

율장에 따라 견해의 차이를 보이고 있는데, 대중부大衆部의 율인 『마하승지율』이 가장 관대한 면을 보이고, 상좌부上座部계통이면서도 법장부法藏部의 『사분율』과 화지부化地部의 『오분율』이 중도적 입장을 취하고 있고, 설일체유부說一切有部의 율인 『십송율』만이 교단의 분열사건에 대하여 더욱 강경한 태도를 전하고 있음을 알 수 있다.

설일체유부의 견해에 의하면 비법非法을 고집하여 교단의 분열을 자초한 비구들은 더 이상 출가자의 삶을 유지할 수 없다는 강경한 견해를 보여주고 있다.

우리가 관심을 가지게 되는 것은 대중부의 『마하승지율』의 견해인데,

---

233) 십송율 제30:<23-216중>.

234) 마하승지율 제13:<22-335상> *초복지비니(草覆地毘尼)-<마하승지율에는 '초포지비니'(草布地毘尼)라 했음>-는 교단에서 분쟁이 생겼을 때 처리하는 일곱 가지 방법의 하나로 '진땅을 마른 풀로 덮고 지나가듯이 한다'는 것인데 성열, 『부처님 말씀』(현암사:2002), p.90을 참조 바람.

상가내부의 문제를 해결하는데 재가신도들의 적극적인 참여를 권장하고 있다는 점이다.

일차적으로는 교단내부의 분쟁을 대덕大德들이 나서서 해결할 것을 요구하고, 대덕이 없을 때는 다문비구多聞比丘가 나서서 해결하며, 다문비구도 없으면 아란야비구阿練若比丘가 나서서 해결해야 되는데, 그것도 용이하지 못할 때는 '대세력大勢力 우빠사까를 불러들여 분쟁하는 비구들이 그 우빠사까를 보고 부끄러운 마음을 내어 분쟁을 없애는데 쉽도록 하며, 이런 우빠사까도 없을 경우에는 왕王이나 대신大臣이나 세력이 있는 자를 불러들여 분쟁하는 비구들이 그들을 보고 경외敬畏하는 마음을 내어 분쟁을 없애는데 쉽도록 한다'고 했다.235)

하지만 이렇게까지 해서도 분쟁이 종식되지 않으면 우빠사까를 보내 상가의 가르침을 따를 것인가를 묻고, 만약 따르지 못하겠다고 하면 환속시켜 마을로 쫓아버려야 한다고까지 했다.236) 대중부는 상가내부에서 분쟁해결을 위해 노력하겠지만 상가 자체의 힘으로 해결하지 못할 경우에는 신도나 권력자를 동원해서라도 끝내 해결해야 한다는 입장을 보여주고 있다.

꼬삼비에서 있었던 비구들간의 분쟁은 상가가 직면했던 최초의 분열위기였으며, 상가내부의 분쟁에 대하여 어떤 자세를 가져야 할 것인가에 대하여 부파部派에 따라 다른 견해를 제시하고 있음을 알 수 있다.

훗날 붓다는 임종에 앞서 교단의 화목을 위해서는 소소계小小戒는 버려도 좋다는 유훈遺訓을 남겼는데, 아마도 꼬삼비에서 있었던 비구들의 싸움을 염두에 두고 말씀하셨던 것 같다.

---

235) 마하승지율 제12:<22-328상>.
236) 마하승지율 제12:<22-328중>.

6. 사왓티[舍衛城]

1) 사왓티

사왓티Sāvatthī는 붓다 시대에 마가다국과 더불어 가장 강력한 세력을 자랑하던 꼬살라국의 수도로 산쓰끄리뜨어로 슈라와스띠Śrāvastī이고, 사위성舍衛城이나 실라벌성室羅伐城으로 한역漢譯되었다. 현재 웃따르 뿌라데쉬주州의 바라이쯔Bharaich 지역과 곤다Gonda 지역의 경계에 있는 사헤뜨Sahet·마헤뜨Mahet로 확인되었다. 사왓타Savattha왕이 건설하였다는 사왓티는 짬빠·라자가하·사께따·꼬삼비·와라나시와 더불어 붓다가 활동했던 중요도시의 하나이다.[237]

히말라야에서 발원하여 동쪽으로 흐르는 강가Gaṅgā·야무나Yamuna·아찌라와띠Aciravatī·사라부Sarabhū·마히Mahī 등 다섯 개의 큰 강이 있는데,[238] 그 하나인 아찌라와띠 강변에 위치하였다. 지금은 아찌라와띠강을 랍띠Rāpti강이라고 한다.

붓다고사Buddhaghosa에 의하면, 붓다 시대 까시-꼬살라의 영역에 8만 촌村이 있었고, 사왓티에는 5만 7천 호戶가 있었다고 한다.[239]

사왓티에는 몇 개의 정사精舍가 있다. 수닷따 장자가 제따태자의 숲에 건립한 제따와나라마Jetavanārāma, 즉 기원정사祇園精舍가 그 중의 하나인데, 1863년 영국인 고고학자 커닝햄Cunningham에 의해 발굴되고 확인

237) D.N. II. p.161.
238) A.N. IV. p.65, p.139.
239) D.P.P.N. vol. II. p.1127.

되었다.

위사카Visākhā 우빠시까가 건립하여 기증한 뿝바라마Pubbārāma, 즉 동원정사東園精舍가 있고, 제따와나라마 건너편에 국왕 빠세나디가 건립한 라자까라마Rājakārāma가 있다.

붓다가 깨달음을 얻은 뒤 45회의 안거安居가 있었는데, 붓다의 아들 라훌라가 구족계를 받은 14번째 안거를 비롯하여 21번째 안거부터 44번째 안거까지 모두 스물다섯 번의 안거를 이곳 사왓티에서 보냈다.240) 스물다섯 번의 안거 가운데 열아홉 번은 제따와나라마에서 지냈고, 여섯 번은 뿝바라마에서 지냈다.

우드워드(F.L. Woodword)에 의하면, 디가니까야 6개, 맛지마니까야 75개, 상윳따니까야 736개, 앙굿따라니까야 54개 등 총 871개의 경전이 사왓티에서 설해졌는데, 제따와나라마에서 844개, 뿟바라마에서 23개, 사왓티 근교에서 네 개가 설해졌다고 한다.241)

현장玄奘은 자신이 본 기원정사의 모습을 이렇게 썼다.

> 성의 남쪽 5~6리에 서다림逝多林이 있다. 이곳은 급고독원給孤獨園인데 승군왕(勝軍王:Pasenadi)의 대신 선시(善施:Sudatta)가 부처님을 위하여 정사를 세운 곳이다. 옛날에는 가람伽藍이었으나 지금은 이미 황폐해져 있다.242)

그 옛날 붓다 시대에는 화려했던 정사가 을씨년스럽기 짝이 없었으니 붓다의 말씀대로 '제행무상'諸行無常이라고나 할까!

이미 앞에서 살펴보았듯이, 붓다 시대에 사왓티를 중심으로 몇 개의

240) 팔대영탑명호경<32-773중>에는 사왓티에 23년을 머물렀다고 했고, 승가라찰소집경<4-144중>에는 20년 동안 사왓티에서 안거를 했다고 했다.
241) S.N. V. preface, xviii.
242) 대당서역기 제6:<51-899중>.

중요한 무역로가 있었다.

첫째는 사왓티에서 지금의 마하라스트라Maharashtra주州의 고다와리Godāvarī강 유역에 위치하였던 앗사까국으로 연결되는 남로南路이다. 바라문 바와리Bāvarī의 제자 16명이 붓다를 만나고자 북으로 향해 갔던 길이 바로 이 길이다.[243)]

둘째는 사왓티에서 간다라로 통하는 북로北路로 서북 지역의 말장수들이 오갔던 길이자 서역문물이 인도내륙으로 들어오는 통로였다.

셋째는 사왓티에서 동쪽으로 까삘라왓투·꾸시나라·빠와·웨살리를 지나 마가다국의 라자가하에 이르는 길이다. 붓다가 임종을 앞두고 걸었던 '열반의 길'Nirvāṇa road도 바로 이 길이다.

넷째는 사왓티에서 아욧자Ayojjhā를 거쳐 까시의 와라나시에 이르는 길이다.[244)] 붓다의 전법 활동은 주로 이들 무역로를 중심으로 펼쳐졌을 것이라 본다.

사왓티 남쪽 외곽 가까운 곳에 안다숲Andhavana이 있고,[245)] 사왓티와 사께따 사이에 또라나왓투Toraṇavatthu가 있다. 또라나왓투는 빔비사라왕의 부인이던 케마비구니가 살았던 곳이다.[246)]

---

243) Sn. 1011~1012.

244) 나까무라 하지메(中村 元)는 『ゴータマ・ブッダ』[p.365]에서 사왓티에서 세따비야, 까삘라왓투, 라마가마, 꾸시나라와 히말라야 기슭을 거쳐 웨살리에 이르는 길을 제1통로, 사왓티에서 사께따를 거쳐 와라나시에 이르는 길을 제2통로, 사께따를 거쳐 꼬삼비에 이르는 길을 제3통로, 쌍깟사를 거쳐 강가강 상류의 꾸루지방에 이르는 길을 제4통로, 소레이야 등을 거쳐 북인도의 땃까실라에 이르는 길을 제5통로라고 했다.

245) 성열, 『부처님 말씀』(현암사:2002), p.404, p.468, p.486.

246) 성열, 『부처님 말씀』(현암사:2002), p.339.

2) 빠세나디

빠세나디Pasenadi는 붓다 당시 꼬살라국왕이다. 빠세나디는 공식적 호칭이고, 원래의 이름은 아그니닷따Agnidatta이다.247) 산쓰끄리뜨로 쁘라세나지뜨Prasenajit이고, 한역경전에서는 빠세나디를 바사익波斯匿이라 음역하거나 화열왕和悅王, 월광왕月光王, 승군왕勝軍王, 승광왕勝光王 등으로 번역했다.248) 붓다와 동갑인 그가 왕위에 오른 것은 붓다가 성도成道하고 나서의 일이라고 하니,249) 거의 40세 가까이 되어 왕위에 오른 셈이다. 그는 왕위에 오르기 위하여 1백 명의 이복형제를 죽였고, 왕권의 강화를 위해 다시 1백여 명의 신하를 살해했다고 한다.250)

그는 일찍이 태자시절에 간다라의 땃까실라로 유학을 가서 대학교육을 받았는데, 릿차위의 마할리Mahāli왕자와 말라의 반둘라Bandhula왕자가 그의 대학동기들이다.251) 땃까실라는 당시 북인도 최고의 학문도시로 옛날부터 인도와 중앙아시아, 서아시아를 잇는 상업과 교통의 요충지였다. 땃까실라에서 유학한 빠세나디는 이미 요나Yonā라고 불렸던 그리스 지역의 문물을 접했을 것이라 짐작된다. 그러니까 빠세나디는 당시로서는 국제적 감각을 갖춘 보기 드문 지식인 왕이었다.

마하꼬살라는 빠세나디가 땃까실라에서 공부를 마치고 돌아왔을 때, 그가 다방면에 뛰어난 실력을 갖추게 된 것을 기뻐하며 왕권을 물려주

---

247) T.W. Rhys Davids, 앞의 책 p.10.

248) 승만보굴:<37-10상>대반열반경소:<38-88하>문수사리현보장경:<14-460상>

249) 증일아함경 제28:<2-690상>如來成道未久 世人稱之爲大沙門 爾時波斯匿王新紹王位.

250) 증일아함경 제51:<2-827하>.

251) D.P.P.N. vol. II. p.168.

었다고 한다. 그는 왕권을 잡은 뒤에 관리들의 부정부패를 근절시키는 등 통치자로서 법질서를 바로 세우는데 힘을 쏟았다. 역참驛站을 곳곳에 설치하여 국왕의 명령이 전국에 신속하게 전달되게 하였고,[252] 변경지방에서 일어나는 소요를 신속하게 진압하는 등 군사적으로나 행정적으로 뛰어난 능력을 발휘하였다.[253]

또한 바라문 뽓카라사띠Pokkharasāti에게 히말라야기슭의 웃깟타Ukkaṭṭhā를 면세 조치하여 봉토封土로 하사하였으며,[254] 바라문 짱끼Caṅkī에게는 그가 사는 오빠싸다Opasāda 마을을 면세 조치하여 봉토로 하사하는 등 당시의 종교지도자들과도 폭 넓게 친분관계를 쌓았다.[255]

그러나 자신의 능력을 과신했던 탓인지 붓다와 처음 만났을 때, 자신과 동갑인 젊은 사람이 정말로 붓다가 될 수 있느냐는 의구심에서 무시하는 태도를 보였다. 이때 붓다는 그에게 일침을 가했다.

> 이 세상에는 아무리 작더라도 가볍게 볼 수 없는 것이 넷이 있소이다. 임금의 아들 · 무서운 독사 · 불씨 그리고 비구는 비록 작더라도 가벼이 할 수 없는 것이오.[256]

빠세나디는 붓다의 그 당당함에 놀란 나머지 붓다의 말을 경청하게 되었다. 아마 빠세나디가 까삘라왓투에 사신을 보내 샤까족 공주를 자신의 왕비로 보내라고 요청한 것도 붓다와 만난 뒤의 일인 것 같다.[257]

그는 일찍이 마가다국의 빔비사라에게 청하여 억만장자 멘다까Meṇḍaka의 아들 다난자야Dhanañjaya를 꼬살라국의 사께따Sāketa에 와서 살

---

252) 칠거경:<1-431상>.
253) S.N. I. p.100.
254) D.N. I. p.108.
255) M.N. II. p.354.
256) 잡아함경 제46:<2-334하> 증일아함경 제25:<2-683중>S.N. I. p.94.
257) 증일아함경 제26:<2-690상>.

며 도시를 건설하게 할 정도로 자국의 부강정책에 심혈을 기울였다.

빠세나디에게 여러 명의 왕비가 있었는데, 가장 사랑했던 여인이 말리까Mallikā이다. 말리까는 사왓티 정원사庭園師의 딸로 아름답고 총명하여 16세에 빠세나디와 결혼하여 총애를 받았다.258) 말리까는 와지라Vajirā란 딸을 낳았고,259) 이 딸은 훗날 아자따삿뚜에게 시집보낸다. 말리까는 빠세나디보다 먼저 세상을 떠났다.260)

마가다국의 빔비사라의 누이가 빠세나디의 왕비였지만 그녀의 이름조차 전해지지 않는 것으로 보아 정략적 결혼이었던 탓인지 크게 사랑받지 못했던 것 같다.

사왓티 명문가의 딸 웁비리Ubbirī도 왕비였다. 그녀는 지와Jīvā 또는 지완띠Jīvantī라는 딸을 낳았으나 얼마 되지 않아 죽었다. 그녀는 슬픔에 빠져 매일 딸의 묘지에 다녔다. 하루는 슬픔에 빠져 아찌라와띠 강변에 앉아 있다가 붓다를 만나 '세상에는 지와라는 이름을 가졌던 사람의 무덤이 8만 4천 개는 될 것'이라는 말씀을 듣고, 출가하여 아라한이 되었다.261)

제따Jeta왕자의 어머니 와르쉬까Varṣikā가 있고,262) 까삘라왓투에서 온 와사바캇띠아Vāsabhakhattiyā도 있다. 와사바캇띠아가 낳은 왕자가 위두다바Viḍūḍabha이고, 그가 훗날 샤까족을 몰살시킨다. 그 외에도 소마Somā・사꿀라Sakulā 자매도 그의 부인이었던 것 같다.263)

---

258) Jt. vol. III. p.244.
259) Jt. II. p.275, Jt. IV. p.217에는 'Vajirā'라고 했으나 M.N. II. p.295에는 'Vajīrī'라 했다.
260) A.N. III. p.47.
261) Thig. p.39, D.P.P.N. vol. I. p.425.
262) D.P.P.N. vol. I, p.963.
263) M.N. II. p.308 note 1.

율장에 행우行雨와 승만勝鬘 두 부인이 있었는데, 승만부인을 종년[婢女]이라거나 그녀가 낳은 아들을 꼬살라국을 망칠 악생惡生이요, 샤까족을 정벌하는 왕으로 말하고 있으나264) 이는 잘못된 자료의 인용임이 분명하다. 행우는 와사바캇띠아를 말하고 승만은 말리까를 의미하기 때문이다.

빠세나디의 신하에 준하Juṇha와 깔라Kāḷa가 있었다. 준하는 붓다에게 호의적이었지만 깔라는 부정적이었다. 말리까 왕비의 권고로 빠세나디가 붓다와 비구들에게 아사디사단나Asadisadāna를 열었다.265) '비교할 데가 없는'asadisa '보시'dāna라는 말처럼 붓다의 일생에 오직 한번 있었던 행사로 역사상 그 어떤 이의 베풂보다도 풍성하게 준비한 행사였다고 한다.266) 이 행사를 놓고 준하는 왕의 자비로움에 찬사를 보냈지만 깔라는 단 하루 만에 백사십 억이나 되는 재물을 붓다와 비구들에게 쓰는 것은 국고의 낭비라고 반대하고 나섰다.

붓다는 깔라가 보시행에 대해 불만을 품고 있다는 것을 알고, 보시의 공덕에 대하여 언급하지 않고 제따와나로 돌아오셨다. 빠세나디는 붓다에게 보시의 공덕에 대하여 큰 칭찬이 있으리라고 기대했다가 붓다가 아무 말도 없이 돌아가자 크게 실망했다. 빠세나디는 붓다가 아무 말도 없었던 것이 깔라 때문이라는 것을 알고 그를 해임하였다. 반대로 준하는 붓다의 설법을 듣고 소따빤나가 되었다.267)

빠세나디의 대신大臣 중에 산따띠Santati가 있었다. 그는 국경지방에서

---

264) 『근본설일체유부비나야잡사』 제7:<24-235~236>.
265) Jt. vol. III. p.280, Jt. vol. IV. p.227, Jt. vol. IV. p.250.
266) D.P.P.N. vol. I. p.203.
267) Weragoda Sarada 『Dhammapada』 p.379, 거해스님편역 『법구경』I, p.514, D.P.P.N. vol. II. p.173.

일어난 소요를 신속하게 진압했다. 빠세나디는 소요진압의 보상으로 산따띠에게 7일간의 왕권을 넘겨줌과 동시에 노래와 춤에 능숙한 궁녀들과 즐길 권한도 부여했다. 산따띠는 7일간을 술에 취해 보내다가 마지막 날 화려하게 차려입고 코끼리를 타고 목욕장으로 가다가 붓다를 만났다. 산따띠가 붓다에게 인사를 하는데도 붓다는 미소만 짓고 지나갔다. 아난다가 그 까닭을 여쭈니, 산따띠가 오늘 아라한이 되지만 바로 죽을 것이라고 말했다.268)

빠세나디의 뿌로히따는 앗기닷따Aggidatta였는데, 그는 부왕 마하꼬살라 때부터 뿌로히따였다. 그는 훗날 출가하여 많은 무리를 거느리고 앙가・마가다・꾸루를 다니면서 자연숭배를 가르쳤다. 붓다는 목갈라나를 보내 그를 개종시켰다.269)

붓다는 빠세나디왕이 지켜보는 가운데 외도들과 신통력을 겨루어야 하는 경우도 있었다.270) 외도들의 모함과 시비가 진실이 아님을 알게 된 빠세나디왕이, '오늘 이후로는 외도이학外道異學들이 국경을 출입하는 것도 허락지 않을 것이며 항상 붓다와 그 제자들만을 궁궐에 모시고 필요한 모든 것을 공양 올리겠다'고 말했다. 붓다는 축생들에게 보시하는 것도 오히려 복이 되거늘 그들에게 공양하지 않아서야 되겠느냐고 만류하였다.271) 그러면서 악법을 따르지 말고 정법과 선행을 닦아야 할 것임을 강조하였다.

> 자비한 마음으로 백성들을 외아들 대하듯이 살피시오. 핍박하지도 말고 해치지도 마시오. 사견을 멀리하고 올바른 길을 걸으시

268) D.P.P.N. vol. II. p.1023.
269) D.P.P.N. vol. I. p.12.
270) 유부비나야잡사 제26. 대반열반경 제30:<12-541중>.
271) 증일아함경 제43:<2-781중>.

오. 교만하지 말고 남을 얕보지 마시오. 임금으로서 너무 권력만 을 믿지 말고, 간신들의 소리를 듣지 마시오. 왕이라 해도 법을 어기지 마시오.

그리고 법답지 못한 것을 항복 받으시오. 단 열매를 따내려면 반드시 좋은 나무를 심어야 합니다. 심지 않으면 열매를 딸 수가 없소이다. 선행을 닦지 않으면 훗날 즐거움을 기대할 수가 없으니 스스로 반성하여 악행을 삼가시오. 자기가 지은 것은 반드시 자기가 거두어야 하는 것이므로 자기가 저지른 과보는 이 세상 어디를 가도 피할 수가 없다는 것을 알아야 할 것이오.

목숨이 있는 한 죽음은 피할 수가 없는 것이므로 항상 바른 법을 닦아 나아가야 죽음에 이르러 두려움이나 고통으로부터 벗어날 수가 있소이다. 이 세상은 멈추어 있지 않고 무상하며, 부귀영화와 권력이라는 것도 아침 이슬 같은 것이거늘 어찌 법답지 못한 악행을 일삼을 시간이 있으리오.[272)]

한때 외도들이 기원정사에 머무는 붓다를 시샘하여 빠세나디에게 10만금의 뇌물을 바치고 기원정사 뒤쪽에 자기들의 정사를 짓고 있었다. 외도들과는 시끄러워 가까이 살 수 없다고 판단한 붓다는 공사의 중지를 요청하기 위하여 비구들을 빠세나디에게 보냈다. 빠세다니는 외출하였다는 핑계로 만나주지를 않았다. 두 번째는 사리뿟따와 목갈라나를 보냈다. 이번에도 외출하였다고 말하고 궁궐 밖으로 나갔다.

붓다는 빠세나디의 속셈을 알고 5백 명의 비구들과 왕궁 입구로 걸식을 나가 왕이 나타나기를 기다렸다. 빠세나디는 붓다 앞으로 와서 바루를 받아들고 왕궁으로 안내하였다. 붓다는 공양을 마치고 옛날 바루

---

272) 불소행찬 제4:<4-39상>.

Bharu라는 왕이 뇌물을 받고 수행자를 서로 다투게 하였다가 결국은 나라가 망하게 되었다는 이야기를 해주었다. 빠세나디는 붓다의 설법을 듣고 사람들을 보내 외도들의 절을 헐어버렸다.[273] 빠세나디는 붓다에게 귀의하고도 니간타들을 섬기는데 게을리 하지 않았으며,[274] 그의 구빈원救貧院에는 모든 사람들에게 먹고 마시는 일이 개방되어 있었다.[275]

빠세나디는 붓다에게 귀의하고 죽을 때까지 가까이 친분관계를 유지하기는 했지만 붓다의 가르침을 실천하는 데는 그다지 적극적이지 않았던 것 같다. 그는 한때 악몽을 꾸고 나서[276] 수 백 마리의 짐승들을 잡아 희생제를 올리려했다가 붓다의 조언으로 포기하기도 했다.[277]

참고로 붓다와 빠세나디와의 대화는 『상윳따니까야』와[278] 한역 『잡아함경』에[279] 전해진다.

3) 제따와나라마(祇園精舍)

붓다가 고향 까삘라왓투를 방문하고 라자가하로 돌아와 성 밖의 시따와나[寒林]에 머물고 있을 때, 사왓티의 셋티 수닷따(Sudatta)가 사업관계로 라자가하의 한 셋티의 집에 왔다. 라자가하의 셋티가 누구인가에 대하여 이름을 밝히지 않고 '라자가하셋티'(Rajagahaseṭṭhi)라고만 하거나[280] '호미'護彌라고 전하는가 하면[281] '산단나사'珊檀那舍라는 곳도 있

273) Jt. vol. II. p.118.
274) Udana:VI. ii:<Ut. p.78>.
275) Udana. II. vi:<Ut. p.17>.
276) 증일아함경 제51:<2-829중> 사위국왕몽견십사경:<2-870하>.
277) S.N. I. p.102.
278) S.N. I. pp.93~127,[Chapter III. Kosala].
279) 잡아함경 제42:1145경~1150경, 잡아함경 제46:1226경~1239경.

다.[282] 수닷따는 사업관계로 매년 사왓티에서 마가다국의 라자가하를 정기적으로 오갔던 모양이다.[283]

『현우경』은 수닷따가 라자가하에 온 까닭을 달리 말하고 있다. 수닷따에게 일곱 아들이 있었는데, 여섯 번째까지는 장가를 들었고, 가장 사랑하던 일곱 번째 아들의 배필을 찾기 위해 라자가하에 왔다는 것이다. 마가다국의 대신이자 거부인 호미의 딸이 마음에 들어 사돈이 되기를 청했다고 한다. 하지만 『현우경』의 이야기는 사실과 거리가 먼 것 같다.

수닷따의 아버지는 수마나Sumana이고, 붓다의 10대 제자의 한 사람인 수부띠Subhūti의 형이다.[284] 아내는 라자가하셋티의 누이 뿐나락카나 Puññalakkhaṇā이다.[285] 깔라Kāla란 아들이 있고, 다난자야Dhanañjaya의 딸 수자따Sujātā가 며느리이다.[286] 마하수밧다Mahā Subhaddā · 쭐라수밧다Cūla Subhaddā · 수마나Sumanā 등 3명의 딸이 있다.

수닷따와 라자가하셋티는 상대방의 누이를 아내로 삼은 처남매부사이였고, 사업상으로 거래 상대이기도 했다. 수닷따는 처갓집 사람들이 밤을 새워가며 잔치 준비하는 것을 보고 처남에게 물었다.

"혹시 혼인이 있거나 임금을 청하여 공양을 내게 되었는가?"

"혼인날도 아니고 임금을 청하는 것도 아닐세."

---

280) Vp.vol.V.p.216, 사분율 제50:방사건도:<22-938중>.

281) 별역잡아함경 제9:<2-440중>, 현우경 제10:<4-418중>.

282) 대반열반경 제29:<12-540중> *『대반열반경소』<38-188중>에는 산단나사를 호미(護彌)로 한역(漢譯)한다고 했다.

283) 사분율 제50:<22-938중>彼於王舍城中 有田業 年年從舍衛國 至王舍城 按行田業.

284) Thag. p.4.

285) Jt. vol. II. p.279, 그러나 빤나락카나데위(Paṇṇalakkhaṇadevī)라고 한 곳도 있다.<Jt. vol. III. p.260>.

286) 성열, 『부처님 말씀』(현암사:2002), p.587 주석 참조.

“그렇다면 왜 이렇게 큰 잔치 준비를 하고 있는가?”

“부처님과 제자들에게 공양하려고 청을 올리고, 그 준비를 하는 것일세.”

“나도 부처님이 출현하셨다는 소문은 들은 것 같은데 정말로 부처님을 청하였는가? 혹시 딴 사람을 청한 것은 아닌가?”

“아니야. 부처님을 청했다니까 그러네.”

수닷따는 붓다가 지금 시따와나에 머물고 있다는 말을 듣고, 그날 밤에 잠을 이루지 못하고 세 번씩이나 일어났다. 더 이상 날이 새기만을 기다릴 수 없었던 수닷따는 이른 새벽에 붓다를 뵙기 위해 시따와나를 향해 집을 나왔다. 평소 같으면 굳게 닫혀있을 성문이 저절로 열려 무사히 밖으로 나왔는데 갑자기 앞이 캄캄해졌다. 이때 수닷따가 겁나고 두려워 몸을 떨고 있는데, 갑자기 이상한 소리가 들려왔다.

“지금 부처님을 향해 한 발을 내딛는 것은 천금千金을 베푸는 것보다 더 큰 이익이 되리라.”

수닷따가 어디선가 들려오는 이 말에 용기를 내어 길을 재촉하니 겁나고 두려웠던 마음이 깨끗이 사라졌다. 수닷따가 시따와나에 이르렀을 때는 마침 붓다가 새벽 좌선을 마치고 경행經行할 때였다. 이른 아침에 사색하며 숲속을 거니는 붓다의 모습이 수닷따에게는 마치 금산金山처럼 거룩하게만 보였다. 멀찌감치 서서 물끄러미 바라보고 있는 수닷따에게 붓다가 말했다.

“어서 오시게, 수닷따여.”(Ehi, Sudatta)

수닷따는 붓다를 처음 뵙는데도 자기를 반갑게 맞이해 주셨고 더군다나 자기를 잘 알고 있다는데 놀라움을 감출 수가 없었다. 붓다는 그 자리에서 여러 가지로 설법을 해주었고, 수닷따는 붓다의 설법을 듣고 눈이 밝아지게 되었다. 수닷따는 그 자리에서 붓다에게 귀의했고 소따빤나가 되었다. 이때 수닷따가 붓다에게 청을 올렸다.

"세존이시여, 제가 살고 있는 사왓티에 오셔서 안거安居하십시오."

수닷따가 세 번이나 청을 드렸지만 붓다는 침묵만을 지키다가 네 번째 청을 받고 말했다.

"나는 시끄럽지 않고 조용한 곳을 좋아한다오."

"세존이시여, 말씀의 뜻을 알겠습니다. 세존께서 머무시기 좋은 장소를 물색할 비구 한 사람을 저와 동행하게 해주십시오."

"그대는 누구하고 가기를 원하는가?"

"사리뿟따라는 존자가 있다는데, 그와 동행하였으면 합니다."

이때 라자가하셋티가 사람을 보내 공양 준비가 되었다고 알렸다. 붓다와 제자들은 옷을 갈아입고 바루를 들고 앞뒤로 열을 지어 성 안으로 들어갔다. 라자가하셋티의 집에 이르러 자리에 앉으니, 라자가하셋티와 수닷따가 직접 공양을 올렸다.

수닷따가 라자가하에서 볼일을 마치고 사왓티로 돌아갈 때 사리뿟따와 동행했고,[287] 사리뿟따가 사왓티에 가서 붓다와 제자들이 머물기에 적당한 장소라고 선택한 곳이 바로 빠세나디왕의 아들 제따Jeta 왕자의 소유로 되어 있는 동산이었다.

수닷따는 그 땅을 사들이기 위하여 제따 왕자에게 동산을 팔라고 했다. 그러나 별로 팔려는 마음이 없었던 왕자는 그저 해보는 소리로 내 땅을 사려거든 그 땅위에 금을 깔라고 했다.[288]

---

287) 마하승지율 제23:<22-415하>에는 사리뿟따와 목갈라나를 파견한 것으로 되었다.

288) 현우경 제10:<4-419하> *汝若能以黃金布地 令間無空者 便當相與.*

수닷따는 사람들을 동원하여 왕자의 동산에 금을 깔기 시작했다. 제따 왕자는 팔지 않겠다는 뜻으로 한 말이었는데도 수닷따가 정말로 금을 깔고 있는 진지한 모습을 보고 그만 놀라지 않을 수가 없었다. 제따 왕자가 땅을 팔지 않겠다고 말하자 마침내 두 사람 사이에 분쟁이 생겼다. 수닷따는 재판을 신청했다. 그 결과 꼬살라국 최고법정[舍衛國大決斷處]에서는 제따 왕자가 약속을 지켜야 한다고 결정을 내렸다.289) 셋티들이 사회실력자로 부상하던 시대였기 때문에 거래상의 약속을 지키는 것이 무엇보다도 중시되었다고 하겠다. 그러니까 새로운 가치체계가 정립되어가는 모습이라 할 수 있다.

수닷따는 처음 운반해온 금이 모자라 어느 정도의 금이 더 필요하겠는가를 계산하고 있는데 왕자가 은근히 물었다.

"수닷따 장자여, 후회가 되거든 지금이라도 말하시오."

"나는 후회하는 것이 아니라 어느 창고의 금을 꺼내 와야 할지를 생각하고 있을 뿐입니다."

"당신은 부처님과 제자들을 위하여 이렇게 많은 재물을 쓰고 있는데 정말로 그럴만한 가치가 있다고 생각합니까?"

"거룩하신 부처님과 제자들에게 정사를 지어 헌납하는 것은 결코 아까운 것이 아니라고 생각합니다. 그 분들에게 공양을 올리고, 때때로 진리에 대한 말씀을 들을 수 있기 때문입니다."

제따 왕자는 수닷따의 굳은 믿음과 기쁨에 가득 차 있는 모습을 보고 감탄하면서 더 이상의 돈을 낼 필요가 없다고 했다. 제따 왕자는 부족한 땅은 무상으로 희사할 터이니 그곳에 자신이 정문을 세우고 '제따와나라마'Jetavanārāma라는 이름을 붙이자고 했다.290) 제따와나라마는 제따

289) 교화병경:<1-461상>.

Jeta 왕자의 숲(vana)에 있는 수도원(ārāma)이란 뜻인데, 기원정사祇園精舍로 한역한다.

제따와나라마를 '아나타삔디까라마'Anāthapiṇḍikārāma라고도 하는데, '아나타삔디까'는 '고독한 사람들에게 물자를 공급해 주는 사람'이란 의미로 수닷따를 의미하고,[291] 아라마ārāma는 '공원'이나 '정원'을 뜻하므로 '아나타삔디까라마'는 고독한 사람들을 위하여 수닷따가 지은 수도원이란 뜻이다. 때로는 '기수급고독원'祇樹給孤獨園이라고도 하는데, 이는 제따 왕자의 숲[祇樹]에다 고독한 사람들에게 음식을 베풀어주는 사람, 즉 수닷따가 정사를 지었다는 의미이다. 여기서 고독한 사람들은 집을 나와 수행하는 독신자들을 말한다.

수닷따는 제따 왕자와 합의한 대로 거실·휴게실·수련장 등 각종의 건물을 짓고, 제따 왕자는 수닷따에게 목재를 지원하는 한편 자신이 희사한 땅 위에 정문을 거대하게 지었다. 제따 왕자는 땅값으로 받은 금액의 반을 정문을 짓는데 썼다고 한다.[292]

아나타삔디까라마, 즉 기원정사는 붓다의 생애를 통해 가장 규모가 크고 시설이 잘된 정사로 전해지는데, 향실香室이라 불린 침전寢殿이 중앙에 있고, 그 둘레에 80명의 뛰어난 장로들이 머물 수 있는 방을 따로 따로 만들었다고 한다.

기원정사의 벽에는 수닷따 장자의 건의에 따라 벽화가 그려졌던 것 같다. 수닷따는 정사의 장엄을 위해 붓다의 전생설화前生說話·오도五道

290) 오분율 제25:<22-167중> 대반열반경 제29:<12-540중>.
291) 'nātha'는 보호자라는 말이고, 'anātha'는 'nātha'의 부정어이니 '보호자가 없는, 가난한'의 뜻이다. piṇḍa는 '먹을 것'이고 piṇḍika는 '먹을 것을 주는 사람'이란 뜻이다.
292) Jt. vol. II. p.152.

를 윤회하는 모습 등 각종의 교훈적인 그림을 그리게 했고,293) 붓다의 일대기를 그리기도 했다.294) 사원에 벽화가 그려지는 최초의 동기였던 것 같다.

정사 안에는 제따와나뽁카라니Jetavanapokkharaṇī라고 불린 커다란 연꽃 연못이 있어서 붓다가 목욕을 할 수 있었다. 한때 가뭄으로 연못이 말라 물고기들이 말라죽을 지경이 되자 붓다가 신통력으로 비를 내리게 하였다고 한다.295)

정사 주위에는 라자야따나 나무와 암바amba나무, 즉 망고나무를 심어 도량 전체가 하나의 조용하고 시원한 숲을 이루었다.296) 정사 안에 우물이 있어서 정사 밖에 있는 운동장에서 놀이하던 아이들이 목마를 때 정사 안에 들어와 물을 먹게 하였다. 또한 꼬살라국의 수도 사왓티로 통하는 큰길이 정사를 끼고 있어서 옆을 지나는 여행자들이 정사로 들어와 쉬기도 하고 붓다를 친견하기도 하였다.297)

수닷따 장자는 정사를 건립하기 위해 5억 4천만 금의 재산을 희사하였다고 한다.298) 정사의 대지매입에 든 돈이 1억 8천만 금, 정사 건축비가 1억 8천만 금, 9개월에 걸친 낙성 축하에 든 비용이 1억 8천만 금이 지불되었다고 한다.299) 정사의 크기가 대략 12,1404 평방미터(㎡)이니, 3만 7천 평坪인 셈이다.300)

---

293) 근본설일체유부비나야잡사 제17:<24-283상>.
294) 근본설일체유부비나야잡사 제38:<24-399중>.
295) Jt. vol. I. p.183, *'pokkharaṇī'는 산쓰끄리뜨로 'puṣkaraṇī'이고 연꽃연못이란 뜻이다.
296) Jt. vol. III. p.90.
297) Jt. vol. II. p.143, Jt. vol. II. p.235. 성열, 『부처님 말씀』(현암사:2002), p.581.
298) Jt. vol. I. p.100.
299) B.B.S. p.132 *마하승지율 제23:<22-415하>에는 대지매입에 18억금, 승방건립에 18억금, 비구들 공양에 18억금, 도합 54억금이 들었다고 한다.

정사를 완공하고 낙성축하행사에는 수닷따가 초청한 5백 명의 셋티, 수닷따의 아들 깔라가 초청한 5백 명의 젊은이들, 수닷따의 부인 뿐나락카나가 초청한 5백 명의 귀부인들, 수닷따의 두 딸 마하 수밧다와 쭐라 수밧다가 초청한 5백 명의 처녀들이 축하행사에 참석하였다.301)

한 경전에는 '성도 후 6년째에 수닷따가 제따태자와 더불어 붓다를 위해 정사를 지었다. 열두 개의 불도사佛圖寺, 72개의 강당講堂, 3천 6백 칸의 방, 5백 개의 누각을 지었다'고 하였는데,302) 이것이 사실인지는 알 수 없으나 제따와나라가 엄청난 규모였다는 것을 엿볼 수 있다. 불도사佛圖寺는 부도사浮屠祠로 '부처를 모시는 집'이니, 붓다 당시의 상황이 아니라 훗날 불상佛像을 모시게 되었을 때의 기원정사를 말하고 있다고 본다. 부도사浮屠祠도 후에는 도屠라는 글자를 피하고 도圖라는 글자로 바꾸어 썼다.

제따와나가 붓다 당시 최고의 정사였지만 그보다도 중요한 것은 꼬살라국에 불교가 진출할 수 있는 기반이 되었다는 점이다.

4) 아난다 보리수

붓다께서 가장 많이 머무신 곳이 기원정사지만 때때로 기원정사를 떠나 먼 지방으로 가시는 일도 많았다. 어느 해인가 붓다께서 기원정사에 안 계실 때였다. 사왓티 사람들은 향과 꽃다발을 가지고 기원정사를 방

---

300) B.B.S. p.133. *빨리 자따까에 'aṭṭhakarīsa'[8까리사]라 했은데, B.B.S에 30에이커(acre)라 했으니, 1에이커는 대략 4046.8 평방미터이니 12,1404 ㎡인 셈이다.

301) D.P.P.N. vol. I. p.964.

302) 십이유경:<4-147상>.

문하였으나 붓다께서 상수제자上首弟子들과 함께 타지방으로 가셨기 때문에 그들은 자기들의 공양물을 공양할 대상이 없음을 알았다. 그 사람들은 자기들이 가지고 간 물건들을 향실香室 입구에 두고 돌아갔다.

이와 같은 사실을 알게 된 수닷따 장자는 붓다와 제자들이 정사로 돌아오자 아난다 존자에게 말하였다.

"존자님, 이 정사는 세존이 행각行脚을 떠나시고 나면 인연이 없어집니다. 사람들이 향과 꽃다발을 가져와도 그것을 공양할 대상이 없습니다. 이런 사실을 세존께 여쭈어 무엇이든 공양할 대상이 없는지 알아보아 주시겠습니까?"

아난다 존자가 붓다께 여쭈었다.

"세존이시여, 쩨띠야Cetiya에는 몇 가지가 있습니까?"

"아난다야, 세 가지가 있느니라."

"그 세 가지는 어떤 것입니까?"

"사리리까Sārīrika와 빠리보기까Paribhogika와 웃데시까Uddesika니라."303)

"세존이시여, 그렇다면 세존이 세상에 계실 때에도 쩨띠야를 공양할 수 있습니까"

"아난다야, 사리리까는 될 수 없다. 그것은 내가 열반에 들기 전에는 만들 수가 없다. 그리고 웃데시까는 상상想像에 의지하는 것이므로 적당하지 못하다.304) 그러나 보리수는 내가 세상에 있거나 열반에 든 뒤에도 쩨띠야가 된다."

---

303) 'Sārīrika'는 유골을 말하고, 'Paribhogika'는 부처님이 사용하던 옷가지나 바루 등을 말하며, 'Uddesika'는 기념물을 말한다.

304) 'Uddesika'는 상상의 창작물을 의미하므로 후에 조성되는 불상(佛像)을 말하는 것 같다. 그러니까 붓다는 불상을 제작하는 것을 부정적으로 보았음을 알 수 있다.

“세존이시여, 세존께서 행각을 떠나시면 이 정사에는 귀의할 대상이 없게 됩니다. 그래서 사람들이 공양하려 해도 공양할 대상이 없습니다. 저는 큰 보리수의 씨를 가지고 와서 이 정사의 문이 있는 곳에 심으려고 생각합니다.”

“아난다야, 그것은 좋은 일이다. 그것을 심도록 하라. 그렇게 되면 이 기원정사는 항상 내가 거처하는 일정한 주거지처럼 될 것이다.”

아난다 존자는 수닷따 장자와 위사카Visākhā와 국왕에게 말하여 정사 문 곁에 보리수를 심을 구덩이를 하나 파게 하였다. 그리고는 목갈라나 존자에게 말했다.

“장로님, 나는 정사 문 옆에 보리수를 심으려 합니다. 큰 보리수에서 열매 하나를 따다 주십시오.”

목갈라나 존자가 보리수 열매를 따다가 아난다에게 전해주자 아난다는 그것을 국왕에게 심도록 권하였다. 그러자 국왕은 왕권이란 영원한 것이 아니라고 하면서 수닷따 장자가 보리수를 심어야 한다고 사양하였다. 수닷따 장자가 보리수 씨를 땅에 심자, 왕은 보리수를 심은 주위에 난간을 만들고 담을 쌓은 뒤에 문을 세웠다. 이때 심은 보리수가 ‘아난다보리수’로 지금까지 전해지고 있다.[305]

5) 붓다가 사왓티에 머물면서 들렀던 곳들

붓다가 사왓티에 머물면서 왕래했던 도시들을 살펴보면, 사께따, 라자가하, 상깟사, 알라위, 맛찌까상다 등이다.

사께따Sāketa는 현재 오우드Oudh이며 사왓티에서 7요자나yojana, 즉

305) Jt. vol. IV. p.142.

79km쯤 떨어진 곳으로 붓다 이전 시대에는 한때 꼬살라의 수도였던 곳이다.[306] 빠세나디의 요청으로 마가다국 거부장자의 한 사람이었던 멘다까의 아들 다난자야가 이곳으로 옮겨와 살면서 신도시로 발전한 곳이다. 사께따에서 그리 멀지 않은 곳에 안자나Añjana숲이 있고, 붓다가 사께따에 머물 때 가끔 들러 설법하기도 했다.

수닷따의 딸 쭐라수밧다가 사께따의 셋티 깔라까Kāḷaka의 아들과 결혼하였는데, 깔라까는 니간타의 신도였다. 시집식구와 종교적 갈등으로 고민하다가 쭐라수밧다는 붓다를 초청하여 시집식구를 불교에 귀의시켰다.[307] 사왓티에서 사께따로 가는 도중에 또라나왓투Toraṇavatthu가 있는데, 빠세나디가 그곳에 살고 있는 케마Khemā비구니를 방문한 일도 있다.[308] 비구니 케마는 한때 마가다국왕 빔비사라의 부인이었다.

상깟사Saṅkassa는 사왓티에서 30요자나 가량 떨어진 곳으로 지금의 아뜨란지Atranji와 까노즈Kanoj 사이의 잇쿠마띠Ikkhumatī의 북쪽 언덕에 있는 상낏사-바산따뿌라(Sankissa-Basantapura)로 간주되고 있다. 그곳은 하떼가르Fatehgarh에서 서쪽으로 37km, 까노즈에서 북쪽으로 72km쯤 떨어진 곳이다.[309]

알라위Ālavī는 사왓티와 마가다국의 라자가하 사이에 있으며, 사왓티에서 30요자나(338km) 떨어진 곳, 와라나시에서는 12요자나 거리이다. 열여섯 번째 안거를 한 곳이고, 비구니 셀라Selā의 고향이다.

맛치까상다Macchikāsaṇḍa는 까시의 도시로 찟따Citta장자가 살았다. 그가 헌납한 암바따까Ambāṭaka 숲이 있고, 마하깟짜나 · 마하꼿티따 · 마

306) Jt. vol. III. p.172.
307) 성열, 『부처님 말씀』(현암사:2002), p.108.
308) 성열, 『부처님 말씀』(현암사:2002), p.339.
309) D.P.P.N. vol. II. p.975.

하깝삐나 · 마하쭌다 · 아누룻다 · 레와따 · 우빨리 · 아난다 · 라훌라 · 사리뿟따 · 목갈라나가 머물렀고, 와르다마나Vardhamāna를 추종하는 니간타들의 중심지였다[310]

6) 앙굴리말라

붓다의 나이 55세 되던 해에 희대의 살인자로 이름난 앙굴리말라Aṅgulimāla를 교화하였다. 앙굴리말라의 아버지 밧가와Bhaggava는 바라문으로 꼬살라왕의 뿌로히따였고, 그의 어머니는 만따니Mantānī이다. 그의 어릴 때 이름은 아힘사까Ahiṃsaka인데, 그가 도둑의 별자리를 타고 났기 때문에 '아무도 해치지 말라'는 뜻에서 붙인 이름이다.[311]

그는 땃까실라대학에서 공부했는데,[312] 나는 새를 잡을 정도로 행동이 민첩하였고 지혜 역시 뛰어났기 때문에 스승 마니발타라摩尼跋陀羅는 5백 명의 제자 가운데 그를 가장 사랑했다.[313]

마니발타라의 아내는 젊고 씩씩한 그에게 연심戀心을 품고 있다가 남편이 외출하자 앙굴리말라를 노골적으로 유혹하며 접근해 왔다. 그러나 그는 사모님의 유혹을 완강히 거부하였다. 앙굴리말라가 자신의 유혹에 완강하게 거부하자 마니발타라의 아내는 모멸감을 느낀 나머지 남편이 돌아오자 앙굴리말라가 자기를 유혹하였다고 거짓말을 했다.

마니발타라는 아내의 거짓말을 곧이곧대로 믿고 앙굴리말라를 괘씸

---

310) S.N. IV. p.206 성열, 『부처님 말씀』(현암사:2002), p.189.
311) Thag. p.318, M.N. II. p.288, *맛지마니까야에는 그의 아버지를 갓가(Gagga)라고 했다.
312) D.P.P.N. vol. I. p.982.
313) 앙굴마라경 제1:<2-512중>.

하게 생각한 나머지 파멸시키려고 거짓말을 했다. 앙굴리말라가 신선神仙이 되어 등천登天하고 싶어 했기 때문에 100명의 사람을 죽여서 그 손가락으로 목걸이를 만들면 신선이 되어 하늘나라에 갈 수 있다고 말했던 것이다.314)

그가 잘리니Jālinī숲에 있으면서 그곳을 지나는 사람들을 마구잡이로 해치자 인근의 주민들이 줄어들어 황폐해지니 빠세나디는 그를 체포하기 위해 군대를 출동시키려 했다.

비구들이 사왓티 거리로 걸식을 나갔다가 앙굴리말라가 벌이고 있는 살인극殺人劇을 목격하고 기원정사로 돌아와 붓다에게 말씀을 드렸다. 그 말씀을 전해 들으신 붓다는 제자들의 만류에도 불구하고 혼자서 앙굴리말라를 만나러 거리로 나갔다.

그가 광란의 살인극을 벌이고 있는 거리로 붓다 혼자 가시는 것을 본 사왓티 거리의 많은 사람들은 걱정을 하지 않을 수 없었다. 그래서 많은 사람들이 붓다가 가시는 길을 가로막고 그가 있는 곳으로 가시면 안 된다고 만류하였다. 그렇지만 붓다는 조금도 두려운 기색을 보이시지 않고 그가 사람을 해치고 있는 현장으로 갔다.

앙굴리말라가 사람들을 닥치는 대로 죽인다는 소문이 성안에 퍼지자 거리에는 누구 하나 얼씬거리는 사람이 없게 되었다. 하루해가 지기 전에 100명을 죽여야만 신선이 된다고 믿었던 앙굴리말라는 누구든지 걸리기만 하면 막무가내로 해칠 판이었다. 그렇지만 누구 하나 거리로 나오는 사람이 없었는데 그때 마침 아들이 사람들을 마구 해친다는 소식을 듣고 앙굴리말라의 어머니가 아들의 살인 광란극을 만류하려고 거리

---

314) 앙굴마경:<2-508하>에는 100명을 죽이라고 했으나, 앙굴마라경:<2-512하>에는 1000명이라 했다.

에 나왔다가 아들과 만나게 되었다.

어느 덧 하루해가 저물었으나 아직 100명을 죽이지 못한 앙굴리말라는 자기의 어머니라도 죽여서 100명을 채우려고 하였다. 마지막 한 사람만 죽이면 소원을 이룰 수가 있다고 생각하였기 때문이다.

그가 자기 어머니를 막 해치려는 순간 붓다가 그 앞에 나타나자 그는 자기 어머니를 놓아두고 붓다에게 칼을 휘두르며 달려들었다. 앙굴리말라는 민첩하기로 이름났지만 아무리 있는 힘을 다하여 붓다에게 달려들어도 도저히 접근할 수가 없었다. 붓다가 천천히 걸어가시는 데도 도저히 붓다를 붙잡을 수가 없게 되자 앙굴리말라는 소리를 질렀다.

"야, 까까머리 중아, 거기 멈추지 못해."

앙굴리말라의 발작적인 소리를 들은 붓다는 그를 돌아보면서 천천히 말했다.

"나는 이미 오래 전에 멈추었는데 너는 아직도 멈추지를 못하고 있구나."

붓다의 이 말씀에 앙굴리말라는 괴이하다는 생각이 들었다. 자기가 아무리 달려가 잡으려 해도 잡을 수가 없었는데 '나는 이미 멈추었는데 너는 아직도 멈추지 못하고 있다'는 말뜻을 알 수가 없었기 때문이다. 그래서 앙굴리말라는 붓다에게 다시 물었다.

"당신은 가면서도 이미 멈추어 있다 말하고 오히려 나보고 멈추지 않는다고 하니. 당신은 멈추었고 나는 멈추지 못한 뜻을 말해 주시오."

그러자 붓다가 차분한 목소리로 앙굴리말라를 향해 말했다.

"나는 해치려는 마음을 모두 멈추었으나 너는 아직도 남을 해치려는 마음을 멈추지 못했노라.

나는 자비심에 머물러 일체 중생을 사랑하는데 너는 악업을 멈추지 못하였으니 삼악도三惡道의 고통을 멈추지 못했노라.
나는 번뇌 망상을 끊고 진리에 머물러 있으나, 너는 진리를 보지 못하였으니 번뇌 망상을 멈추지 못했노라."

앙굴리말라는 본래 총명하였던 사람이라 붓다의 이 말에 눈이 번쩍 뜨였다. 그때서야 앙굴리말라는 자신을 돌아보고 깊이 후회하게 되었다. 그리고는 붓다 앞에 참회하고 제자로 받아주기를 간청했다.

붓다는 앙굴리말라가 진실로 자신의 잘못을 뉘우치고 있음을 알고 제자로 받아들여 기원정사로 데리고 왔다. 붓다는 앙굴리말라에게 자비심에 가득한 소리로 법을 설했고, 앙굴리말라는 붓다의 설법을 듣고 진리에 눈을 떴다.

한편 빠세나디왕은 앙굴리말라가 사왓티 거리에서 사람들을 닥치는 대로 죽이고 있다는 보고를 받고 앙굴리말라를 체포하려고 군대를 이끌고 거리에 나왔다. 그러나 붓다가 이미 앙굴리말라를 데리고 기원정사로 온 뒤였다. 빠세나디왕은 앙굴리말라를 체포하지는 못했지만 이왕 거리에 나온 김에 기원정사로 가서 붓다를 만나 뵙기로 했다. 빠세나디왕이 미리 알리지도 않고 피로에 지친 모습으로 온 것을 보고 붓다가 물었다.

"대왕이여, 어디를 갔다 오시기에 이처럼 피로해 보입니까?"

"세존이시여, 앙굴리말라라는 극악무도한 자가 있어 많은 사람을 해치고 있다기에 그를 체포하여 처형하고자 나왔었나이다."

붓다와 빠세나디왕이 대화를 나눌 때 앙굴리말라는 제자들 가운데 앉아서 두 사람이 주고받는 이야기를 모두 듣고 있었다. 그때 붓다가 왕에게 말했다.

"왕이여, 당신이 찾았던 앙굴리말라는 여기 있습니다. 그러나 이미 머리를 깎고 사문이 되었습니다. 그를 잡으면 어찌 하시겠소?"

“이미 출가한 사문이 되어 도를 닦고 있다면 더 이상 어찌 하겠습니까? 제가 평생 동안 받들어 공양을 올리겠나이다.

그렇지만 앙굴리말라처럼 선한 마음이라곤 털끝만큼도 없는 사람도 진리를 깨달을 수 있겠습니까? 그토록 살생하였던 악인도 마음을 바꾸어 진리를 깨달을 수가 있겠습니까?”

이때 앙굴리말라는 그리 멀지 않은 곳에서 가부좌跏趺坐를 틀고 앉아 삼매三昧에 들어 있었다. 붓다가 손을 들어 앙굴리말라가 앉아 있는 곳을 가리키자 빠세나디왕은 혹시나 앙굴리말라가 해치려 덤비지는 않을까 긴장하였다. 붓다는 빠세나디왕이 긴장하는 모습을 보고 왕에게 말했다.

“대왕이시여, 두려워할 것 없소. 앙굴리말라는 벌써 옛날의 악한 마음을 모두 버렸소.”

빠세나디왕은 붓다의 말씀이 사실인지 알고 싶어서 몸소 앙굴리말라에게 다가서서 물었다.

“그대의 이름은 무엇인가?”

“제 아버지는 밧가와Bhaggava이고, 어머니는 만따니Mantānī이며, 저의 이름은 앙굴리말라 입니다.”

빠세나디왕은 이미 붓다의 제자가 되어 있는 앙굴리말라에게 예배하고 말했다.

“세존님의 가르침을 어기지 말고 계율을 잘 지키시오. 번뇌 망상이 다하는 날까지 내가 모든 공양을 올리리다.”

앙굴리말라가 빠세나디왕의 말을 듣고서도 침묵을 지키고 말하지 않자, 빠세나디왕은 붓다에게 말했다.

“세존께서는 굴복시키기 어려운 자를 굴복케 하고, 성숙하지 못

> 했던 자를 성숙케 하시니 정말로 거룩하시나이다.
>
> 원컨대 세존께서 오래도록 사시어 모든 중생을 자비로 구원하소서. 이제 세존님의 은혜를 입어 어려움을 벗어나게 되었나이다."

그 후 앙굴리말라는 열심히 수행하여 아라한이 되었다. 아라한이 된 앙굴리말라는 지난날 자신이 희대의 살인극을 벌였던 사왓티로 걸식을 나갔다. 그토록 악명 높았던 앙굴리말라가 걸식하러 나왔다는 것을 알고 사왓티 거리의 사람들이 모여들었다. 어떤 사람은 앙굴리말라에게 돌을 던졌고, 또 어떤 사람은 몽둥이로 때렸다. 앙굴리말라의 옷은 찢겨졌고 머리는 돌과 몽둥이에 맞아 피투성이가 되었다. 그러나 앙굴리말라는 그들을 탓하지 않고 묵묵히 사왓티 거리를 나와 붓다가 계시는 기원정사로 돌아왔다. 앙굴리말라가 피투성이가 되어 돌아오자 붓다가 앙굴리말라를 맞이하며 말했다.

"앙굴리말라야, 너는 아픔을 참아야 한다. 네가 저지른 죄의 대가는 영겁에 걸쳐 받을 것이었다."

이때 앙굴리말라는 피를 흘리면서 붓다에게 말했다.

> "이제 확고한 신념으로 세존의 가르침을 듣고, 확고한 신념으로 세존의 가르침을 실천하며, 확고한 신념으로 좋은 벗을 사귀어 반드시 번뇌 없는 열반을 성취하오리다.
>
> 저는 원래 대악인大惡人 앙굴리말라로 온갖 악을 저질러 왔으나 다행히 세존을 만나 뵙게 되었나이다. 제가 지금 피를 흘리는 것은 지난날의 업장을 녹이는 것이오니, 누구를 원망하지도 미워하지도 않겠나이다.
>
> 활 만드는 사람은 화살을 바르게 하고, 물을 관리하는 사람은 물길을 다듬으며, 목수는 나무를 다듬듯 지혜로운 사람은 스스로

자기 몸을 다스렵니다. 때로는 남들이 회초리로 저를 때리거나 폭언으로 저를 꾸짖어도 끝내 칼이나 몽둥이로 맞서지 않아 이제 저는 스스로를 항복 받았나이다.

지난 날 어리석어 악행을 일삼았으나 지금은 다시 악행을 저지르지 않으니 마치 햇빛이 구름을 헤치고 온 세상을 비쳐줌과 같나이다.

저는 이제 고통을 당하더라도 감정을 억제할 수 있고, 걸식하는 것으로 만족하게 살아갑니다.

많은 고통을 받더라도 제가 지은 악업을 다하여 다시는 생사를 받지 않는 해탈의 날만 기다리니 이제 기쁨을 누릴지언정 마음이 흐트러지지 않나이다."

붓다는 그가 반성하는 말을 듣고서 앙굴리말라의 말이 옳다고 했다. 붓다는 비구들 앞에서 앙굴리말라를 참으로 현명한 제자라고 칭찬했다.[315] 그는 끝내 아라한이 되었고 80인의 장로 가운데 한 사람으로 인정認定받았다.[316]

7) 수부띠 존자

붓다가 기원정사에 머물 때 수부띠(Subhūti:須菩提)를 제자로 삼았다. 그는 수마나Sumana 장자의 아들이니, 아나타삔디까, 즉 수닷따 장자의 동생이다.[317] 그는 제따라마 낙성식 때 붓다의 설법을 듣고 출가하였다.

---

315) 증일아함경 제31:<2-719중> 잡아함경 제38:<2-280하>.
316) Jt. vol. V. p.246.
317) A.N. V. p.216 note 2, Thag. p.4.

수부띠는 원래 성질이 사나워 그와 맞서 싸울 사람이 없었다. 그리고 인상이 대단히 험악하였다. 그는 험악한 인상 때문에 누구와도 어울릴 수가 없어 산으로 출가하였다가 부처님에 대한 소문을 듣고 기원정사로 찾아왔다. 그는 붓다를 보자 그 거룩한 모습에 자기도 모르게 환희심을 내고 붓다 앞에 예배하였다. 붓다의 전생인과前生因果에 대한 법문을 듣고서 깊이 참회하고 출가하여 자비관(慈悲觀:mettājhāna)을 연마하여 아라한이 되었다.[318]

그는 아란나araṇa에 머무는 자의 제일인자이자, 보시의 제일인자라고 알려졌다.[319] 그는 공정空定을 좋아하고 공空의 뜻을 잘 아는 사람이라 했고,[320] 붓다의 10대 제자 가운데 해공제일解空第一의 존자로 불렸다.[321]

그가 사왓티에서 라자가하로 왔을 때, 빔비사라는 그가 온다는 소리를 듣고 마중하고 거처를 마련해 주겠다고 약속했다. 그런데 빔비사라는 자기의 약속을 잊어버리고 약속을 지키지 않아 수부띠는 지붕도 없는 곳에서 좌선했다. 수부띠의 법력으로 신들이 비를 내리지 않게 되자, 가뭄에 시달리던 마가다국 백성들이 왕궁 앞에 모여들어 소란을 일으켰다. 그때서야 빔비사라는 자기가 약속을 잊은 때문이라는 것을 깨닫고 수부띠에게 초막을 지어주었다. 그가 초막에 들어가 좌정坐定하자 비가 내리기 시작했다. 이때 부수띠가 노래했다.

"내가 사는 지붕은 잘 이어져 바람을 막아 즐겁나니,
하늘아 마음대로 비를 내려라.

---

318) 찬집백연경 제10:<4-250상>.
319) A.N. I. p.17.
320) 증일아함경 제3:<2-558중>.
321) 증일아함경 제46:<2-795하>.

내 마음은 삼매에 들어 자유롭나니,
하늘아 마음대로 비를 내려라."[322]

전설에 의하면, 붓다는 한때 제자들이 게으름을 피우고 제대로 법을 들으려 하지 않자 제자들에게 알리지도 않고 마야부인을 제도하기 위하여 삼십삼천에 올라갔었다고 한다. 붓다가 다시 상깟사성 연못가로 하강下降하실 때. 붓다를 흠모하던 왕들을 비롯한 모든 이들이 붓다를 뵙기 위해 연못가로 모여들었다.

그때 수부띠는 마가다국 라자가하 근처의 짓자꾸따에 머물고 있었다. 그도 붓다가 상깟사성 연못가로 하강下降한다는 소문을 듣고, 붓다를 뵙고자 그곳으로 출발하려다가 다시 생각하였다.

"여래如來의 형상은 무엇인가? 그분은 눈으로 뵙는 것인가? 내가 가서 본들 그것은 육신이 아닌가? 일체 모든 존재는 텅 비고 고요하다고 하지 않았는가? 부처님께서는 보고 듣는 것들 모두가 덧없다고 하지 않았던가? 만약 부처님에게 예배하려거든 모든 부처는 다 텅 빈 존재임을 살피라고 하지 않았는가?"

수부띠는 이런 생각 끝에 붓다를 뵈러가지 않고 짓자꾸따에 그대로 머물렀다.[323] 이러한 그의 태도가 그를 공空을 가장 잘 이해한 제자라고 부르게 된 동기인 것 같고, 훗날 반야경결집자般若經結集者들이 그를 반야사상般若思想에 적합한 인물로 선택했던 것 같다.

---

322) Thag. p.5.
323) 증일아함경 제28:<2-707하>.

제8장 붓다의 만년

서력 기원전 496년, 이제 붓다의 연세가 70세에 접어드니, 붓다는 명성에 걸맞게 이곳저곳의 부족이나 국가적 행사에 초청을 받는 일도 많아졌다. 그러나 한편으로는 노쇠한 몸이라 잦은 초청에 응하는 것이 힘든 일이기도 했다. 그래서 까삘라왓투의 샤까족 공회당 낙성식에서는 아난다에게 설법을 하도록 했고,[1] 또 다른 낙성식에서는 목갈라나에게 설법을 대신하게 했으며,[2] 빠와에 거주하는 말라족의 공회당 낙성에서는 사리뿟따가 설법을 대신하도록 했다.[3]

1. 아자따삿뚜의 왕위 찬탈

마가다국 빔비사라왕에게는 아자따삿뚜Ajātasattu・아바야Abhaya・위말라 꼰단냐Vimala Koṇḍñña・실라와뜨Sīlavat・자야세나Jayasena 등의 아들이 있었다. 그들 가운데 유독 제왕帝王의 기질이나 통치적 능력이 뛰어났던 사람은 아자따삿뚜였던 것 같다. 그는 일찍이 부왕 빔비사라가 정복했던 앙가국의 수도 짬빠에 가서 총독總督을 지내기도 했다.[4]

빔비사라가 젊었을 때는 적극적으로 국토확장에 나섰는데, 그 역시 나이가 들면서 점차 유화정책宥和政策으로 기울었다. 그러나 정치적 능력과 야망이 컸던 아자따삿뚜는 날로 유화정책으로 기우는 아버지에게 불만을 품게 되었다. 그는 아버지 빔비사라가 유화정책으로 기울게 된 동기가 '누구라도 마을과 도시를 포위하고 파괴하여, 원수로 알려진 자는 바

1) M.N. II. p.18, Sekhasutta.
2) S.N. IV. p.116, Lustful.
3) D.N. III. p.201, Sangīti suttanta.
4) A.K. Majumdar, 앞의 책 p.105.

로 천한 사람으로 알라'고 말하는 붓다에게 있다고 판단했던 것 같다.5) 부왕의 미온적인 유화정책에 붓다의 가르침이 큰 영향을 미쳤다고 판단했다면 붓다에게도 좋지 않은 감정을 갖게 되었을 것이라고 짐작할 수 있다.

한편 붓다의 자리에 올라 상가saṅgha를 통솔해 보겠다는 야망을 품고 있던 데와닷따가 붓다에게 상가의 통솔권을 위임하라고 요구해왔다. 데와닷따는 '제바달다'提婆達多 또는 '조달調達'로 한역한 사람이다.

"여래께서는 이제 연세가 많으시니, 조용한 곳에서 한가롭게 사시고 대중大衆은 저에게 맡겨주시지요."

이때 붓다가 잘라 말했다.

"침이나 먹을 어리석은 놈아! 나는 이 대중을 사리뿟따나 목갈라나에게도 맡기지 않았는데, 어떻게 너에게 맡길 수 있단 말인가?"

데와닷따는 붓다에게 단호하게 거절당한 것이 분해 성질을 내고 욕설을 퍼 부으며 물러났다.6) 율장에 의하면, 비구・비구니를 비롯한 국왕 대신 거사들이 함께 한 라자가하의 한 법회석상에서 데와닷따가 교단의 통솔권을 자기에게 넘겨달라고 했을 때, 붓다가 '사리뿟따나 목갈라나라 할지라도 내 제자들을 통솔할 수 없는데, 하물며 흘리는 침이나 받아먹는 너처럼 어리석은 자가 어찌 통솔할 수 있단 말이냐'고 꾸짖자 크게 분노했다고 한다.7) 데와닷따가 공개석상에서 붓다에게 교단통솔권을 넘기라고 요청했고, 붓다 역시 공개석상에서 데와닷따에게 망신을 준 꼴이다.

---

5) Sn: 117.
6) Vp. vol. v. p.264, 잡보장경 제3:<4-465상>.
7) 오분율 제3:<22-18중>.

그 후 데와닷따는 붓다에게 적대감정을 품고 있다가 결국 아자따삿뚜와 결탁하기에 이르렀다. 강력한 제왕이 되어 국토확장을 하겠다는 꿈을 가지고 있지만 유화정책을 펴는 부왕이 살아 있는 한 그 꿈을 펼칠 수 없는 아자따삿뚜와 붓다가 되어 상가를 통솔하겠다는 꿈을 가졌지만 붓다에게 거절을 당한 데와닷따는 동병상련同病相憐의 처지에서 만난 셈이다.

어느 날 데와닷따가 아자따삿뚜에게 솔깃한 제안을 해왔다.

"왕자여, 옛날에는 사람들의 수명이 길었습니다. 그러나 오늘날은 사람의 수명이 백년을 지나지 못하고 있습니다. 인생은 무상한데 왕자가 등극의 준비만 하고 있다가 중간에 죽어버린다면 참으로 억울하고 슬픈 일이 아니겠습니까?

왕자여, 마가다국에 새 임금[新王]과 새 붓다[新佛]가 나온다면 태양이 구름을 헤치고 나와 세상을 비치는 것과 같을 것이니 참으로 기쁜 일이 아니겠습니까? 그러니 당신은 적당한 시기를 보아 부왕을 폐위시키고 나라를 다스리도록 하고, 나 또한 사문 고따마를 해치고 붓다가 되어 교단을 이끄는 것이 어떻겠습니까?"[8)]

이렇게 전하는 곳도 있다.

"당신의 아버지가 나라의 많은 보배를 붓다와 사문들에게 바치고 있어서 나라의 재정이 고갈되고 있습니다. 그것을 막자면 당신이 빨리 즉위하여 왕이 되는 길 뿐입니다. 나도 사람들을 동원하여 붓다의 자리를 빼앗아 버리겠소. 당신은 왕이 되고, 나 또한 붓다가 된다면 둘 다 좋지 않겠습니까?"[9)]

---

8) 증일아함경 제8:<2-586하> 증일아함경 제47:<2-803중> 오분율 제3:<22-19상> 사분율 제4:<22-592중> 십송율 제36:<23-260하> Vp.vol. v. p.266.

9) 불설미생원경:<14-774중>汝父輦國衆寶 以貢佛諸沙門 國藏空竭 可早圖之 卽位爲王 吾當興師往征佛也 子可爲王 吾當爲佛 兩得其所 不亦善乎 *흥사(興師)란

한역율장에 의하면, 데와닷따의 제안을 들은 아자따삿뚜도 처음에는 자식이 어찌 그럴 수 있느냐는 반응을 보였으나 거듭되는 데와닷따의 그럴싸한 말에 점차 유혹에 빠져들었다고 한다. 어느 날 아자따삿뚜가 허리춤에 예리한 칼을 차고 빔비사라의 궁으로 들어가다가 문지기에게 발각되었다. 칼을 품고 들어오는 까닭을 물으니 '아버지를 죽이려고 그랬다'고 털어놓았고, '누가 교사敎唆했느냐'고 캐물으니 데와닷따라고 털어놓았다.

이 문제를 놓고 대신들이 토론한 결과 '비구들과 아자따삿뚜를 모두 죽여 버려야 한다'는 것이 첫째 안이었고, '다른 비구들은 잘못이 없으니 아자따삿뚜와 데와닷따에게만 죄를 물어야 한다'는 것이 둘째 안이었으며, '우리들에게 결정권이 없으니 왕에게 보고하여 지시를 받들자'는 것이 셋째 안이었다.

빔비사라왕은 문지기들로부터 보고를 받고 중신들의 의견은 어떻게 결정되었느냐고 되물었다. 대신들의 뜻이 첫째, 둘째, 셋째 안으로 결정되었다고 하자, 빔비사라는 비구들까지 몰살해야 한다는 첫째 안을 지지한 자는 관직을 박탈하여 쫓아내고, 두 사람에게만 죄를 묻자는 둘째 안을 낸 사람들은 관직을 그대로 두었고, 왕에게 보고하여 지시를 따르자고 한 셋째 안을 낸 사람들은 칭찬하고 승진을 시켰다고 한다. 그리고 빔비사라는 아들 아자따삿뚜가 빨리 왕이 되고 싶어서 반역할 뜻을 품었으니 왕위를 물려주면 나쁜 마음을 버릴 것이라 생각하고 왕위를 양위讓位했다고 한다.10) 『오분율』에 전하는 이상의 이야기는 사실이기 보

많은 사람들[師]을 동원한다[興]는 뜻이고, 정불(征佛)은 부처의 자리를 빼앗는다는 뜻이다.

10) 오분율 제3:<22-19중>.

다는 지나치게 각색되었다고 생각된다.

어쨌든 아자따삿뚜는 신통력을 가진 데와닷따의 말에 고무되어 그들에게 가야시사Gayāsīsa에다 정사精舍를 지어 주고, 매일 5백 명분의 공양을 올리는 등 적극적인 후원자로 나섰다.11)

데와닷따의 추종자들이 아자따삿뚜 태자의 지원을 받아 편하게 살고 있다는 소문이 퍼졌다. 비구들 가운데 데와닷따의 무리를 부러워하는 이들까지 있게 되자 붓다가 그들에게 말했다.

> "너희 모든 비구들은 데와닷따의 편한 공양을 부러워하지 말라. 데와닷따는 편한 공양 때문에 스스로 해를 입을 것이다.
> 파초가 열매를 맺으면 죽게 되고, 대나무나 갈대는 꽃을 피우면 죽는다. 또한 버새가 새끼를 배면 반드시 죽게 되는 것처럼 데와닷따가 이익을 얻는 것도 이와 같다. 그러므로 편한 공양에 집착하지 말라."12)

라자가하 출신의 두 비구가 있었는데 서로 친구였다. 그런데 한 사람은 붓다를 따랐고 한 사람은 데와닷따를 따랐다. 데와닷따를 따르는 비구가 붓다를 따르는 비구에게 '우리는 가야시사의 정사에서 아자따삿뚜의 공양을 편하게 받고 있는데, 너는 매일 힘들게 걸식하고 있으니 차라리 매일 우리에게 와서 맛있는 공양을 하는 것이 낫지 않겠느냐'고 친구에게 권했다.

그 비구는 걸식 때가 되면 가야시사로 가서 공양을 하고 죽림정사로 돌아왔다. 그런 사실을 알게 된 비구들이 '데와닷따는 부처님의 적이다. 사악한 그가 아자따삿뚜를 믿게 하여 부당한 방법으로 이익과 존경을

---

11) 오분율 제3:<22-17하>.
12) 성열, 『부처님 말씀』(현암사:2002), p.395.

받고 있다'고 그를 꾸짖고 붓다에게 데려갔다. 붓다가 그것이 사실이냐고 묻자, 그는 '내가 받은 공양은 데와닷따가 주는 것이 아니라 다른 친구가 주는 것'이라고 변명했다. 붓다가 그 비구에게 말했다.

> "비구야, 그따위 궤변을 늘어놓지 말라. 데와닷따는 나쁜 행실과 나쁜 주장을 하는 사람이다. 너는 나의 가르침을 따르겠다고 맹세하였으면서 어떻게 데와닷따의 밥을 먹느냐? 너는 만나는 사람마다 쉽게 믿고 따르는 버릇이 있구나."[13]

이때 붓다가 그 비구에게 『마힐라무카 자따까』Mahilāmukha Jātaka를 설하셨는데, 도둑들이 코끼리 우리 옆에 모여서 '잔인하고 난폭해야 도둑질도 잘할 수 있다'는 등의 이야기를 하자, 그것을 엿들은 코끼리가 사람들을 마구해치다가 '자비하고 인내하는 정신으로 덕을 쌓아야 한다'는 현자의 말을 듣고는 코끼리가 다시 순해졌다는 이야기로 짐승들도 어떤 가르침을 듣느냐에 따라 달라진다는 내용이다.

정치적 야망에 불탔던 아자따삿뚜가 드디어 부왕 빔비사라를 왕좌에서 축출하기에 이르렀다. 아자따삿뚜는 빔비사라를 감옥에 가두고 일체의 음식물 반입을 금지시켰다. 어머니 웨데히(Vedehī:韋提希) 왕비를 제외하고 그 누구도 유폐幽閉된 빔비사라를 면회할 수 없었다. 웨데히는 온몸에 꿀을 바르고 들어가 그것을 빔비사라에게 먹여 목숨을 유지시켰다. 아자따삿뚜는 그와 같은 사실을 알고 '어머니도 반역자'라고 하며 목을 치려는 것을 지와까Jīvaka가 달려들어 말렸다고 한다.[14]

빔비사라가 아들 아자따삿뚜에게 유폐되어 아사餓死한 것은 그의 나이 67세 때였다. 빔비사라가 16세에 즉위하였으니, 빔비사라(재위:B.C.54

---

13) Jt. vol. I. p.67.
14) Amitāyur-Dhyāna Sūtra:<S.B.E. vol. XLIX. part II. p.163>.

5~494)는 51년간 왕위에 있었으며, 37년간 붓다를 적극적으로 후원한 호불護佛의 왕이었다. 빔비사라가 아사한 것은 붓다가 열반에 들기 8년 전의 일이었으니,[15] 붓다께서 72세 되시던 때였고, 서력기원전 494년의 일이다.

지금도 죽림정사를 지나 영취산 입구에 이르면 아자따삿뚜가 부왕 빔비사라를 유폐시켜 아사餓死케 했다는 감옥터가 있다. 빔비사라가 비명으로 세상을 떠나자 그의 부인 웨데히도 슬픔을 이기지 못하고 끝내 죽고 말았다. 웨데히가 세상을 떠나자 꼬살라국의 빠세나디는 아버지 마하꼬살라가 웨데히에게 결혼지참금으로 주었던 까시촌을 회수하고자 했다.

"아자따삿뚜는 자기 아버지를 죽였다. 내 누이도 남편의 죽음을 슬퍼하다가 죽었다. 나는 아버지를 죽인 도적놈에게 까시촌을 줄 수 없다."

까시촌의 소유권 문제로 외삼촌인 빠세나디와 생질甥姪인 아자따삿뚜(재위:B.C.494~462) 사이에 몇 번의 전쟁이 일어났다.[16] 그러나 젊고 강한 아자따삿뚜에 비하여 늙고 비대한 빠세나디가 번번이 전쟁에서 패했다.[17] 빠세나디는 대신들과 상의한 끝에 기원정사에 머물고 있는 웃따Utta 장로와 궁술사 출신인 띠싸Tissa 장로에게 의견을 묻기로 하고 사람을 파견하였다. 띠사 장로의 전술로 드디어 빠세나디는 아자따삿뚜를 생포하게 되었다.[18]

그러나 빠세나디는 아자따삿뚜의 군대를 포로로 잡고, 아자따삿뚜에

---

15) 선견율비바사 제2:<24-687상>.
16) 사분율 제39:<22-850상>.
17) 잡아함경 제46:제1236경:<2-338중>S.N.I. p.109.
18) 잡아함경 제46:제1237경:<2-338하> Jt. vol II. p.275에는 웃따(Utta)와 다눗가하띳사(Dhanuggaha tissa)라 했고, Jt. vol. IV. p.216에는 만띠닷따(Mantidatta)와 다눗가하띳사라 하였다. Manti는 주술사란 뜻이고, Dhanuggaha는 궁술사(弓術師)란 의미다.

게 자기 딸 와지라Vajirā를 주어 사위로 삼아 석방했다. 까시촌은 이때 다시 딸의 지참금으로 주었다.[19] 아자따삿뚜와 와지라가 낳은 아들이 우다이밧다(Udāyibhadda:재위:B.C.462~446)이다.[20] 빠세나디가 아자따삿뚜를 처형하지 않고 오히려 딸을 주어 사위로 삼아 방면한 관용적인 조치가 훗날 아들 위두다바에게 자신이 축출되는 계기를 만들었던 것 같다.

2. 데와닷따의 도전

아자따삿뚜는 부왕을 축출하고 왕권을 잡아 목적을 이루었지만 데와닷따는 아직 붓다를 해치지 못한 것이 분하여 아자따삿뚜에게 지원을 요청했다.

"대왕이여, 당신의 희망은 이루어졌으나 내 희망은 아직도 이루어지지 않고 있습니다."

"존자님, 당신의 희망이란 어떤 것입니까?"

"십력존(十力尊:Dasabala)을 죽이고 내가 붓다가 되는 것입니다."

"그렇다면 내가 어떻게 하면 좋겠습니까?"

"궁수弓手를 모아주십시오."

아자따삿뚜는 데와닷따의 청을 받아들여 궁수 5백 명을 모았다. 그 중에서 다시 30명을 선발하여 데와닷따가 시키는 대로 하라고 명령하여 그에게로 보냈다. 데와닷따는 30명의 궁수 중에서도 가장 우수한 사람에게 말했다.

"내 친구여, 사문 고따마가 지금 깃자꾸따에 있는데, 이러이러한 때에

---

19) Jt. vol II. p.275, Jt. vol. IV. p.217.
20) D.N. I. p.68.

휴식을 취하기 위해 도량을 거닐 것이다. 너는 그때에 독을 바른 화살을 쏘아 그를 죽여라. 그리고는 이러이러한 길로 돌아오너라."

데와닷따는 30명의 궁수 중에서 가장 우수한 자를 붓다를 살해할 사람으로 보내고 다시 두 사람의 궁수에게 말했다.

"너희 둘이 여기에 숨어 있으면 반드시 어떤 사내가 올 것이다. 그 자가 오거든 그를 죽이고 이러이러한 길로 오너라."

데와닷따는 다시 그들이 오게 되어있는 길목에 네 사람의 궁수를 세워두고 말했다.

"너희들이 여기에 있으면 두 사람의 사내가 올 것이다. 너희는 그 두 사람을 쏘아 죽이고 이러이러한 길로 오너라."

그리고는 다시 그들이 돌아오게 되어 있는 길목에 여덟 명의 궁수를 세워두었다. 또 다시 여덟 명의 궁수들을 오라고 한 길목에 열여섯 명의 궁수를 배치하였다. 데와닷따 자신이 붓다를 해쳤다는 사실을 감추기 위한 조처措處였다.

한편, 가장 우수한 궁수로 선발된 사람은 예리한 칼을 왼쪽에 차고 화살통을 메고 숫염소 뿔로 만든 활을 들고 붓다가 머무는 곳으로 갔다. 그는 독이 묻은 화살을 겨누고 있다가 붓다가 나타나자 활을 쏘려고 하였다. 그러나 궁수는 갑자기 전신이 굳어지고 두려움이 엄습하여 활을 쏘지 못하고 그대로 서 있었다. 그러한 모습을 본 붓다가 그를 타이르듯 부드러운 목소리로 말했다.

"그대여, 두려워할 것 없으니, 이쪽 길로 돌아가거라."

붓다의 말씀을 들은 궁수는 흉기를 집어던지고 붓다의 발아래 엎드려 고백했다.

"존자님, 제가 죄를 지었습니다. 저는 존자님의 덕을 알지도 못하면서 어리석은 데와닷따의 말만 듣고 존자님의 목숨을 빼앗으려고 왔습니다. 부디 용서해 주십시오."

궁수가 사죄의 말을 올리고 한편에 앉자, 붓다가 그에게 설법을 해주어 진실에 눈을 뜨게 했다. 붓다는 '데와닷따가 말한 길로 가지 말고 다른 길로 가는 것이 좋겠다'고 일러 돌려보냈다. 그리고는 경행經行하는 곳에서 내려와 한 나무 밑에 앉았다.

그때 궁수를 해치려고 아래 길목에서 기다리고 있던 두 사람의 궁수가 기다리다 못해 무슨 일인지를 확인하고자 올라오다가 붓다를 만나게 되었다. 두 사람이 붓다에게 인사를 하고 옆에 앉자 붓다는 그들에게도 설법을 해주었다. 그리고는 앞의 궁수에게 했던 것처럼 데와닷따가 말한 길로 가지 말고 다른 길로 돌아가라고 했다.

붓다에게 활을 쏘기로 되어있던 첫 번째의 궁수가 데와닷따에게 돌아가서 말했다.

"데와닷따 존자님, 나는 등정각자等正覺者를 죽일 수가 없었습니다. 그분은 위대한 분이요, 큰 신통력을 가지고 계셨습니다."

첫 번째 궁수에 이어 되돌아오는 사람들마다 붓다의 덕분으로 목숨을 건질 수 있었다고 입을 모아 말했다. 그 사건이 있은 다음 궁수들은 붓다에게 출가하여 아라한이 되었다.21)

이번에는 데와닷따가 직접 붓다를 해치고자 하였다. 데와닷따는 붓다가 깃자꾸따의 기슭에 거닐고 있는 것을 알고 깃자꾸따의 꼭대기로 올라갔다. 데와닷따는 붓다를 목표로 큰 돌을 굴렸다. 데와닷따가 굴린 바위는 붓다를 빗겨 지나갔다. 그러나 이때 부서진 바위조각 하나가 붓다의 발을 쳐서 피를 흘리게 하였다. 이것이 오역죄五逆罪의 하나인 출불

21) Jt. vol. VI. p.68, 증일아함경 제47:<2-804중>.

신혈出佛身血이다.

붓다는 심한 상처를 입고 제자들에 의해 들것에 실려 맛다꿋치Madda-kucchi공원으로 옮겨졌고, 다시 지와까의 암라원ambavana으로 가서 지와까의 치료를 받았다.[22] 이때 지와까는 붓다의 다친 발을 칼로 째서 나쁜 피를 빼고 군살을 도려냈다고 한다. 그러니까 외과적 수술을 하여 상처를 치료한 것이다. 붓다는 상처가 낫자 아무런 일도 없었다는 듯이 제자들과 다녔다.[23]

아무 일도 없었던 것처럼 행동하는 붓다의 모습을 본 데와닷따는 이렇게 생각했다.

"사문 고따마의 저 뛰어난 위의威儀를 본다면 아무도 그를 해칠 수 없을 것이다. 그러나 왕에게는 날라기리Nalāgiri라는 코끼리가 있다.[24] 그 놈은 잔인하고 사나워 붓다의 위신력 같은 것은 알아보지 못할 것이다. 이런 코끼리라면 붓다를 해칠 수 있을 것이다."

데와닷따가 다시 아자따삿뚜를 찾아가 사정을 말하자, 그는 데와닷따의 말을 듣고 상사象師에게 명령하였다.

"상사야, 내일은 날라기리에게 술을 잔뜩 먹여 취하게 하라. 그리고는 아침 일찍 사문 고따마가 지나가는 거리에 풀어놓아라."

아자따삿뚜가 상사에게 명령을 내리자 북을 울려 시내에 포고하였다.

"내일 아침 날라기리를 취하게 하여 시내에 풀어놓을 것이다. 시민들은 아침 일찍 볼일을 보고 그 뒤에는 거리에 나다니지 마라."

아자따삿뚜가 이런 명령을 내렸음에도 못미더웠던지 데와닷따는 코

22) Jt.vol. IV. p.267, D.P.P.N. II. p.433.
23) Jt. vol. V. p.175.
24) Jt. vol. I. p.57에는 다나 빨라까(Dhana pālaka)라고 했다.

끼리를 먹이는 사람들에게 찾아가 다시 말했다.

"우리가 높은 지위에 있는 이를 낮은 지위로 떨어뜨리는 일쯤은 아무것도 아니다. 만일 너희들이 영예를 얻으려거든 아침 일찍 독한 술 열여섯 항아리를 날라기리에게 먹여라. 그리고 사문 고따마가 올 때가 되거든 몽둥이로 때리거나 창끝으로 찔러 코끼리를 화나게 하여 풀어놓아라. 그리고 반드시 사문 고따마가 지나가는 길에 풀어놓아 코끼리가 사문 고따마를 죽이게 만들어야만 한다."

데와닷따와 아자따삿뚜가 술에 취한 코끼리를 풀어 붓다를 해치우려 한다는 소문이 성안에 퍼졌다. 성안에 살고 있는 우빠사까들이 붓다를 찾아가 그와 같은 사실을 말씀드리고, 내일은 자기들이 음식을 마련하여 정사로 올 터이니 성안으로 걸식하러 들어오지 말라고 사정하였다. 그러나 붓다는 내일도 걸식하러 성안으로 갈 것이라고 하면서 오히려 걱정하고 있는 우빠사까들에게 말했다.

"나는 내일 날라기리를 굴복시키는 신통으로 외도들까지도 꺾어 항복 받을 것이다. 그리고 라자가하에서는 걸식하러 다니지 않고 비구들과 함께 죽림정사로 가리라. 아마도 라자가하 사람들은 많은 음식을 가지고 죽림정사로 올 것이니라. 그러니 내일 정사에는 더 많은 음식이 있게 될 것이다."

붓다는 우빠사까들을 돌려보내고, 여느 날과 마찬가지로 비구들에게 설법도 하고 선정禪定에 들기도 했다. 그리고 아침이 되자 붓다가 아난다에게 말했다.

"아난다야, 라자가하 주위에 있는 18개의 정사精舍에 있는 모든 비구들에게 오늘 나와 함께 라자가하로 들어가자고 전하라."

아난다의 전갈로 18개의 정사에 살고 있는 비구들이 모두 죽림정사로 모였다. 붓다는 제자들을 데리고 성안으로 들어갔다. 한편 성안에서는 아자따삿뚜의 명령대로 상사들이 술에 취한 코끼리를 풀어놓았다. 성안의 많은 사람들이 모여들었는데, 행여 다칠까봐 누각 위나 지붕 위에 올라가 있었다. 그 가운데 붓다를 믿는 사람들은 이렇게 말했다.

"오늘은 부처님이라는 인간 코끼리와 날라기리라는 짐승 코끼리가 한판 싸움을 벌일 것이다. 부처님의 큰 위신력으로 날라기리를 항복 받는 모습을 보자."

한편 붓다를 믿지 않는 사람들은 이렇게 말했다.

"날라기리는 잔인하고 무서운 놈이다. 붓다의 위신력을 알 턱이 없다. 오늘은 저 사문 고따마를 짓밟아 죽여 버릴 것이다. 오늘에야말로 우리들 원수가 비참하게 죽는 꼴을 보게 될 것이다."

코끼리는 붓다와 비구들을 보더니 당장이라도 짓밟아 버릴 듯이 코를 높이 들고 붓다에게 달려들었다. 비구들은 겁에 질려 붓다에게 말씀드렸다.

"부처님, 사람들을 마구 밟아 죽이는 잔인하고 사나운 짐승인 날라기리가 이 길로 달려오고 있습니다. 저 놈은 부처님의 위신력 같은 것을 알지 못하는 짐승입니다. 부처님 제발 돌아가십시다."

"너희는 두려워할 것 없다. 내가 저 놈을 항복 받을 수 있느니라."

그 때 사리뿟따 존자가 붓다에게 간청했다.

"세존이시여, 아버지에게 일어난 사건은 그 장자가 처리하는 것입니다. 제가 저 코끼리를 항복 받겠습니다."

"사리뿟따야, 나 여래의 힘과 제자의 힘은 다르니라. 그대는 여기 가만히 있어라."

80명의 장로들이 앞을 다투어 붓다에게 청했으나 모두 거절했다. 그

때 아난다 존자가 붓다의 앞으로 나서면서 말했다.

"저 코끼리에게 내가 제일 먼저 죽으리라."

아난다가 붓다를 대신하여 먼저 죽겠다고 나섰지만 붓다께서는 아난다를 향해 타일렀다.

"아난다야, 비켜서라. 누구도 내 앞에 나서서는 안 되느니라."

"부처님, 저 코끼리는 잔인하고 사나워 사람을 마구 죽이는 짐승입니다. 저를 먼저 죽이고 나서 부처님께 가게 해 주십시오."

붓다의 만류에도 불구하고 아난다가 세 번씩이나 앞으로 나서려 하자 붓다는 신통의 힘으로 아난다를 밀어내어 비구들 한 가운데 두었다.

그때 한 여인이 어린애를 안고 가다가 갑자기 나타난 성난 코끼리를 보고 겁에 질려 그만 안고 있던 어린애를 붓다와 코끼리 사이에 떨어뜨리고 달아났다. 코끼리는 어린애 곁으로 다가왔고 어린애는 놀라서 큰 소리로 울었다. 붓다가 힘이 있으면서도 청아한 목소리로 코끼리를 불렀다.

> "어이! 날라기리야, 너에게 열여섯 항아리씩이나 독한 술을 먹인 자들은 네가 다른 사람을 덮치라고 한 것이 아니라 바로 나를 덮치라고 한 짓이다. 공연히 너의 강한 다리를 수고롭게 하지 말고 이리 나에게로 오너라."

붓다의 말이 떨어지자마자 코끼리는 갑자기 술기운이 사라진 듯이 쳐들었던 코를 내리깔고 귀를 흔들면서 붓다의 발 앞에 엎드렸다. 붓다가 속삭이듯 코끼리에게 말했다.

> "날라기리야, 너는 짐승의 코끼리요 나는 여래라는 코끼리다. 지금부터는 잔인하거나 난폭하여 사람을 죽여서는 안 된다. 이제부터 자비로운 마음을 길러라."

이 극적인 모습을 본 사람들이 박수갈채를 보냈다. 그리고 저마다 손에 끼고 있던 가락지를 벗어 던졌다. 그렇게 사나웠던 코끼리도 온순해져 붓다의 발에 묻었던 먼지를 코로 닦아내고 고개를 숙인 채 돌아갔다. 붓다는 사람들이 던졌던 가락지들을 각자 찾아가도록 했다.

사람들 앞에서 큰 기적을 보이고 걸식하는 것은 도리에 맞지 않는다고 생각하는 붓다는 비구들을 데리고 정사로 돌아왔다.[25)]

어느 날 붓다가 아난다와 함께 라자가하 안으로 걸식을 하러 나갔다. 붓다는 멀리서 데와닷따가 오는 것을 보고 말없이 돌아서 가버렸다. 이것을 본 아난다가 여쭈었다.

"세존이시여, 어찌하여 돌아가십니까?"

"데와닷따가 저 거리에 있어서 내가 피해버리는 것이다."

"세존이시여, 어찌 데와닷따를 두려워하십니까?"

"아난다야, 내가 데와닷따를 두려워하는 것이 아니다. 다만 악한 사람을 상대하지 않으려는 것이다."

"그러시다면 데와닷따를 라자가하에서 먼 곳으로 보내버리면 되지 않습니까?"

"내가 그럴 마음은 없다. 악행은 데와닷따 자신에게 있는 것이지 장소에 있는 것이 아니다. 그러니 그를 멀리 보낸다고 해서 그가 악행을 안 하겠느냐?"

붓다가 아난다에게 말했다.

"어리석은 사람과 만나지 말라. 어리석은 사람과는 일을 서로 상의하지 말라. 어리석은 사람과 말로써 옳고 그름을 따지지 말라. 어리석은 사람이 하는 일은 하는 것마다 법답지 못하다."[26)]

---

25) Jt. vol. V. p.175, 증일아함경 제9:<2-590상>, 잡보장경 제9:<4-488하>.
26) 증일아함경 제13:<2-613하>.

데와닷따는 붓다를 살해하려는 계획이 모두 실패로 돌아가자, 라자가하에 있는 대중들에게 다음과 같은 다섯 가지 안案을 제시하면서 투표salākā로 결정할 것을 제안했다.

① 일생 동안 임야林野에서 산다.

② 신도의 집에 초대되어 음식을 대접받지 않고 일생 동안 걸식한다.

③ 일생 동안 분소의糞掃衣를 입는다.

④ 일생 동안 옥내屋內에 들어가지 않고 수하좌樹下座의 생활을 계속한다.

⑤ 일생 동안 육류나 생선류를 먹지 않는다.27)

이때 꼬깔리까Kokālika·사뭇다닷따Samuddadatta·까따모라까띳사까Katamorakatissaka 세 명을 포함한 웨살리의 왓지출신 신참비구 5백 명이 데와닷따를 적극 지지하고 나섰다.28) 꼬깔리까(俱伽梨)·까따모라까띳사까(迦留羅提舍)·사뭇다닷따(三聞達多)·칸다데와(Khaṇḍadeva:乾陀驃) 등 네 명이 적극적으로 지지했다고도 한다.29)

---

27) Cullavagga:VII,3,14:<S.B.E. vol. XX. p.252>Vp. vol. I. p.297, Vp. vol. V. p.276 오법(五法)에 대하여 『오분율』제25:<22-164상>에는 '소금을 먹지 말라. 우유를 먹지 말라. 물고기를 먹지 말라. 생선이나 고기를 먹으면 선법(善法)을 일으킬 수 없다. 오직 걸식만 하라. 신도들이 청하는 공양에 참석하는 것은 선법(善法)이 아니다. 봄과 여름 8개월은 집 밖에서만 지내고 겨울 4달만을 초가집에서 머물러라. 재가신도들이 헌납하는 정사(精舍)를 받아들이는 것은 바람직하지 못하다'고 했다. 『십송율』제36:<23-259상>에는 '착납의(著納衣)·걸식법(乞食法)·일식법(一食法)·노지좌법(露地坐法)·단육법(斷肉法)을 받아들여야 한다'고 했으며, 『일체유부비나야파승사』제10:<24-149중>에는 '우유(乳酪)·생선과 고기(魚肉)·소금(鹽)을 먹는 문제, 납의(衲衣)를 받아들이는 문제, 아란야처(住阿蘭若處)에 머무는 문제'를 말하고 있다.

28) Vp. vol. V. p.279.

29) 십송율 제36:<23-259상> 근본설일체유부비나야파승사 제13:<24-169중> *Vp. vol. I. p.296에는 '칸다(Khaṇḍā)의 아들'이라고만 했다.

데와닷따를 지지하고 나선 사람들 가운데는 비구니 툴라난다Thullanandā도 있었다. 그녀는 꼬살라왕 빠세나디가 찾아올 정도로 설법에도 능했다고 한다. 단다빠니Daṇḍapāṇī도 데와닷따를 지지했는데, 그는 붓다의 대고모부大姑母夫인 안자나Añjana의 아들이었다. 그는 붓다가 까삘라왓투의 니그로다 숲에서 설법할 때, 지팡이에 비스듬히 기대앉아 이맛살을 찌푸리고 지껄이면서 고개를 내저었다고 한다.[30)]

5백 명의 신참비구들이 데와닷따를 지지하고 나서자 아난다가 웃따라상가를 한 쪽에 놓으면서, 데와닷따의 주장이 붓다의 가르침에 어긋난다고 생각하는 사람은 웃따라상가를 한 쪽에 놓으라고 했다. 이때 60명의 장로비구長老比丘들만 아난다를 따랐다.[31)]

데와닷따는 자기를 지지하고 나선 5백 명의 비구들을 데리고 가야시사로 가서 별도의 상가saṅgha를 선언했다. 불교교단이 두 개로 갈라진 것이다. 이것이 오역죄五逆罪 가운데 파화합승破和合僧이다.

어떤 비구가 그와 같은 사정을 붓다에게 전하였더니, 붓다가 다음과 같이 말했다.

> "그것은 적당하지 않고, 정직하지 못하고, 어울리지도 않으며, 출가자에게 가치도 없으며, 격에도 맞지 않는다. 저 어리석은 자들이 어찌하여 벌거벗은 외도들처럼 하려고 하는가? 이것은 아직 귀의하지 않은 자들이 귀의하는데 기여하지도 못할 것이다. 너희 비구들은 벌거벗은 외도들의 것을 받아들이지 말라. 그렇게 하는 자는 누구라도 투란죄(偸蘭罪:thullaccaya)를 범할 것이다."[32)]

---

30) Madhupiṇḍikasutta:<M.N. I. p.142>.

31) 사분율 제46:<22-909중>.

32) Mahāvagga:VIII.28.1.<S.E.B. vol. XVII. p.246> Vp. vol. IV. p.436.
툴랄랏짜야(thullaccaya)는 '추악한 죄'란 뜻인데, 빠라지까(pārājika)나 상가디세 붓다는 사리뿟따와 목갈라나에게 데와닷따를 추종하는 5백 명의 비구들을 데려 오라고 분부했다.

"사리뿟따야, 그대의 제자였던 5백 명의 비구는 데와닷따의 그릇된 견해에 찬동하여 그와 함께 떠났다. 이제 그들의 지혜도 원숙해졌다. 그대 두 사람은 많은 비구들과 함께 거기 가서 바른 법을 설하여, 그들에게 도과道果를 바르게 깨닫게 하여 데리고 오라."[33]

사리뿟따와 목갈라나가 자기들이 있는 곳으로 오는 것을 본 데와닷따의 제자 한 사람이 달려가서 말했다.

"지금 사문 고따마의 제일제자第一弟子인 사리뿟따와 목갈라나가 오고 있습니다. 혹시 여기 있는 비구들의 뜻을 깨뜨릴지 모르니 아예 앉지도 못하게 하고, 말하지도 못하게 해야 합니다."

그러나 데와닷따는 자기를 추종하는 사람들이 자기가 선포한 계법戒法을 굳게 지킬 것이므로 사리뿟따와 목갈라나가 설득할 수 없을 것이라 믿었다.

"잘 오셨소. 사리뿟따와 목갈라나여, 여기에 앉으시오. 지난날 우리가 정한 법을 듣지 못했으니 이제 듣게 되면 같이 따르게 될 것이오. 당신들은 이제까지 사문 고따마의 제일제자였으나, 이제 여기에 왔으니 나의 제일제자가 되는 것이 좋지 않겠소?"

사리뿟따와 목갈라나는 아무런 대답도 하지 않고 있었다. 데와닷따는 자기가 새로 정한 다섯 가지의 계법을 말해주고, 사리뿟따와 목갈라나가 자기의 추종자들에게 설법해 줄 것을 부탁했다. 그리고 데와닷따는 잠이 들었다.[34] 그가 잠든 사이에 목갈라나는 신통력을 보이고, 사리뿟

사(saṃghādisesa:僧殘)와 같은 큰 죄를 지을 수 있는 미수죄(未遂罪)를 말한다.

33) Jt. vol. I. p.35.

따는 위의를 갖추어 바른 법을 설했다. 이제까지 데와닷따를 지지했던 비구들이 자신들의 잘못을 깨닫고 붓다가 계신 곳으로 되돌아갔다.

이제까지 데와닷따를 추종하던 비구들이 사리뿟다와 목갈라나를 따라 가야시사의 정사에서 모두 떠나가자, 꼬깔리까가 데와닷따를 깨우며 말했다.

"저 두 장로가 당신의 제자들을 모두 데리고 떠나버려 정사가 텅 비었는데도 당신은 아직도 잠만 자고 있습니까?"

꼬깔리까는 화가 치밀어 데와닷따의 가슴팍을 세게 차버렸다.[35] 그로 인해 데와닷따는 입으로 피를 토하였고, 그 이후로 데와닷따는 심한 고통을 당했다.

한역율장(漢譯律藏)에는 사리뿟따와 목갈라나 두 장로가 데와닷따를 따르던 5백 명의 비구들을 데리고 떠나자 사뭇다닷따가 데와닷따의 발가락을 건드리면서 '데와닷따여, 일어나시오. 사리뿟따와 목갈라나가 비구들을 데려가고 있소"라고 하니, 그는 깜짝 놀라 일어났는데, 입으로 뜨거운 피를 토했다고 한다.[36]

한편 사리뿟따가 5백 명의 비구들을 데리고 죽림정사로 돌아오자 붓다가 물었다.

"사리뿟따야, 그대들이 갔을 때 데와닷따는 어떤 태도를 보이더냐?"

"세존이시여, 데와닷따는 저희들을 보자마자 기뻐하면서 스스로 세존의 위엄을 보이려고 했습니다. 그러나 세존의 흉내를 내려다가 망해 버렸습니다."

---

34) 사분율 제46:<22-909하>.
35) Vp. vol. V. p.281.
36) 사분율 제48:<22-910상>.

붓다가 대중들에게 말했다.

“사악한 사람들과 가까이 하지 말라. 지혜로운 사람과 가까이 해야 한다. 사람이 본래 악한 것은 아니지만 악인을 가까이하면 훗날 그 악명이 천하에 퍼진다.”[37]

한때 붓다가 데와닷따를 따르는 무리들에게 말했다.

“사람의 근성이란 비슷한 이들끼리 어울리는 법이다. 착한 사람은 착한 사람과 어울리기를 좋아하고, 악한 사람은 악한 사람들과 사귀기를 좋아한다. 물과 기름이 엉기지 못하는 것과 같다.”[38]

사리뿟따와 목갈라나가 데와닷따의 추종자들을 이끌고 온 뒤로 꼬깔리까는 사리뿟따와 목갈라나에 대하여 근거 없는 험담을 해댔다. 붓다는 수행 잘하는 사람을 공연히 비방하면 뒤에 고통을 받는다고 꼬깔리까를 타일렀다. 그러나 꼬깔리까는 다른 것은 몰라도 사리뿟따와 목갈라나에 대한 칭찬만은 받아들일 수 없다고 했다. 그래서는 못 쓴다고 붓다가 꼬깔리까를 세 번이나 경고했지만 꼬깔리까는 오히려 붓다에게 불만을 터뜨리며 끝내 자리를 박차고 나가버렸다. 그 후 꼬깔리까는 온몸에 부스럼이 솟더니 피를 흘리고 죽었다. 이러한 사건이 있은 다음 붓다가 제자들에게 말했다.

> “사람이 이 세상에 태어날 때 도끼를 입에 물고 태어나는 것이다. 악한 말로 자기의 몸을 스스로 찍는다. 욕할 사람을 두둔하여 칭찬하고 마땅히 칭찬해야 할 사람을 오히려 헐뜯으니, 그의 죄는 입에서 나오는 것이다. 남을 속여 재물을 얻고, 거짓말로 험담하는 것은 오히려 작은 재앙이지만 바르게 가르치는 성자를 비방

---

37) 증일아함경 제46:<2-796상> 증일아함경 제11:<2-597상> Jt vol I. p.305.
38) 증일아함경 제46:<2-795중>.

하여 당하는 고통은 정말로 크다."[39]

데와닷따는 꼬깔리까의 발에 채인 것이 빌미가 되어 몸조차 제대로 움직일 수 없게 되었다. 그때서야 데와닷따는 자신의 잘못을 후회했다.

"나는 아홉 달 동안 세존에 대해 해로운 일만 생각하고 있었다. 그런데 세존께서는 내게 대한 악의가 없고 80명의 큰 장로들도 내게 대해 악의를 가지지 않았다.

나는 내가 지은 악업 때문에 이제 완전히 의지할 곳이 없어지고 말았다. 세존이나 큰 장로들에게 버림을 받았고, 친족의 어른들이나 샤까족에게도 버림을 받았다. 나는 이제 세존께 가서 사과하리라."

데와닷따는 제 발로 걷지도 못하고 들 것에 실린 채로 꼬살라의 사왓티를 향해 갔다. 그것도 낮에는 움직이지 못하고 밤에만 길을 갔다. 아난다는 데와닷따가 오고 있다는 소식을 붓다에게 말씀드렸다.

"세존이시여, 데와닷따가 세존께 사과하러 오는 도중이라 합니다."

"아난다야, 아마 데와닷따는 나를 만나지 못할 것이다."

데와닷따가 사왓티에 도착하였을 때, 아난다가 다시 붓다에게 데와닷따의 소식을 말씀드렸지만 붓다의 대답은 여전했다. 드디어 데와닷따가 기원정사 문 앞에 있는 연못 가까이 왔을 때, 갑자기 심한 열이 나서 물도 마시고 목욕도 할 겸 들 것을 메고 있는 이들에게 말했다.

"나를 좀 내려놓아라. 물을 마시고 싶다."

데와닷따가 땅에 내려서자 갑자기 대지가 갈라지고 불길이 솟아 그를 휘감았다. 마침내 데와닷따는 오역죄五逆罪를 범한 대가로 아비지옥

---

39) 잡아함경 제48:<2-351중> 별역잡아함경 제5:<2-411중> 성열, 『부처님 말씀』(현암사:2002), p.385 참조.

阿鼻地獄에 떨어졌다.[40]

데와닷따는 지옥에 떨어지면서 이렇게 말했다고 한다.

"백 가지의 길상吉相을 갖추시고, 전지전능하며, 신들보다 더 위대하신 분, 사나운 마음을 길들이시는 분, 저 위대한 분에게 분골쇄신하는 마음으로 붓다에게 귀의합니다."[41]

데와닷따가 불길 속으로 빠져 들어갔다는 소식을 들은 아난다가 눈물을 흘리며 울었다. 붓다는 아난다를 보고 말했다.

"너는 왜 그리 슬피 우느냐?"

"저는 아직도 육친肉親의 정을 다 끊지 못하였기 때문에 눈물이 납니다."

이때 붓다가 아난다에게 설법했다.

> "사람들은 스스로 행동한다. 그러므로 자기의 행동을 잘 관찰해 보아야 한다. 착한 사람은 착한 과보를 누리고, 악한 사람은 재앙을 받는다. 세상 사람들이 악행을 하기 때문에 죽어서 지옥의 고통을 받는 것이다.
>
> 데와닷따는 스스로 악행을 하여 자기 스스로 지옥에 이른 것이지 여래인 내가 그를 원망하여 고통을 당하는 것이 아니니 너는 그렇게 슬퍼하지 마라."[42]

이설異說에는 데와닷따가 붓다에게 참회하기 위해서 찾아갈 때, 열 손가락의 손톱에 독약을 바르고 갔다고 한다. 그것은 붓다에게 달려들어 손톱으로 상처를 내기 위한 것이었다고 한다.[43]

---

40) Jt. vol. V. p.134.
41) Jt. vol. IV. p.99.
42) 증일아함경 제47:<2-804중>.
43) 증일아함경 제47:<2-804상> 근본설일체유부비나야파승사 제10:<24-150상>.

붓다에 대한 데와닷따의 도전은 9개월에 걸쳐 진행되었다고 하니,[44] 데와닷따가 최후를 맞은 것은 붓다가 73세 때의 일이라 생각된다.

3. 아자따삿뚜의 참회

데와닷따가 불길이 솟는 땅속으로 빠져들었다는 소식을 전해들은 아자따삿뚜왕은 자기도 그렇게 되지 않을까 몹시 불안했다. 아자따삿뚜는 잠이 들면 험악한 꿈에 시달리다가 깨곤 하였다. 아자따삿뚜는 자신의 고민을 해결할 수 있는 분은 오직 붓다뿐이라는 것을 알고 있었지만 차마 붓다를 찾아갈 용기가 없었다. 결국 주치의인 지와까Jīvaka의 권유와 안내로 죽림정사에 머물고 있는 붓다를 방문하게 되었다.[45]

아자따삿뚜는 붓다와 여러 문제에 대하여 대화를 나누었다. 아자따삿뚜는 붓다가 뿌라나 깟사빠, 빠꾸다 깟짜야나, 맛칼리 고살라, 아지따 께사깜발라, 산자야 벨랏티뿟따, 니간타 나타뿟따 등 당시 이름을 날리고 있는 다른 스승들과는 전혀 다르다는 것을 알게 되었다. 아자따삿뚜도 마침내 붓다에게 귀의하게 되었다.[46] 이때 아자따삿뚜왕은 붓다에게 참회하였다.

"원컨대 세존이시여, 저의 참회를 받아주소서. 제가 어리석어 독단과 편견 없이 정치를 잘하시는 아버지를 해쳤나이다. 제가 욕심에 눈이 멀어 아버지를 해쳤사오니, 자비를 내리시어 저의 참회를 받아주소서."

"그래, 너는 어리석었다. 이제 와서 스스로 후회하고 있다. 네가 욕심

44) Jt. vol. II. p.165.
45) Jt. vol. I. p.320.
46) 사문과경<1-107상> 증일아함경 제39:<2-762상>.

에 눈이 멀어 아버지를 죽였으나 이제라도 참회하고 있으니 다행이다. 내 너를 불쌍히 여겨 너의 참회를 받아 주노라."

이때 아자따삿뚜왕이 세존께 예배드리고 자리에 앉았다. 붓다가 그를 위하여 법을 설했다. 붓다의 설법이 끝나자 아자따삿뚜가 말했다.

"내 이제 부처님께 귀의합니다.

가르침에 귀의합니다.

스님들께 귀의합니다.

내 이제 정법을 따르는 우빠사까가 되고자 하오니 받아주소서.

오늘 이후로 이 목숨이 다하도록 살생하지 않고, 도둑질하지 않으며, 사음하지 않고, 거짓말하지 않으며, 술에 취하지 않으오리다. 세존과 대중께서는 기꺼이 저의 청을 받아주소서."

붓다는 아무 말 없이 침묵했고, 아자따삿뚜왕은 붓다가 침묵으로 허락한다는 것을 알고, 붓다에게 예를 올리고 돌아갔다. 이때 붓다가 제자들에게 말했다.

"아자따삿뚜왕이 죄의 허물을 점차 벗어나 괴로움을 면할 것이다. 만약 아자따삿뚜왕이 아버지를 죽이지 않았더라면 설법을 듣고 청정한 법안法眼을 얻을 수가 있었을 것이다. 이제라도 참회하였으니 허물을 벗어나 점차 괴로움을 벗어나리라."

아자따삿뚜왕은 궁궐로 돌아가면서 주치의인 지와까에게 말했다.

"참으로 고맙다. 네가 나에게 진실로 좋은 일을 하였구나. 네가 먼저 세존님을 만나 가르침을 받고 나를 세존님께 인도하였구나. 이제야 나 자신에 대하여 눈뜨게 되었으니 너의 깊은 은혜를 끝내 잊지 않을 것이다."

아자따삿뚜는 왕궁에서 큰 잔치를 준비하여 붓다와 1250명 비구들을 공양에 초청했다. 아자따삿뚜는 손수 붓다와 비구들의 바루에 공양을 올렸다. 공양이 끝나자 아자따삿뚜는 붓다에게 정중하게 예를 올리고 자신의 지난날 잘못에 대하여 세 번이나 반복하여 참회했다. 그리고 앞으로는 목숨을 바쳐 귀의할 것을 맹세했다. 그때 붓다가 아자따삿뚜에게 설법했다.

> "왕이여, 이 세상에는 두 종류의 사람이 있소. 일생동안 죄를 짓지 않고 선행만 닦는 사람이 있고, 비록 잘못을 저지르긴 했지만 자기의 잘못을 깊이 깨달아 스스로 뉘우치고 고쳐나가는 사람이 있소. 이런 사람들은 죽은 다음에 천상에 태어나는데 지장이 없소. 극악무도한 잘못을 한 사람이라도 깊이 뉘우치고 고쳐나가되, 하루라도 게을리 하지 않으면 마침내 죄의 뿌리는 뽑아질 것이오.
>
> 왕이여, 정법으로 백성을 다스리고 법답지 못한 짓을 하지 마시오. 정법으로 백성을 다스리면 죽어서 천상에 갈 것이며, 죽은 후에라도 그 칭찬의 소리가 온 세상에 퍼져나갈 것이오. 훗날 많은 사람들이 말하기를 '옛날 우리 임금님이 백성을 괴롭히지 않고 바른 법으로 나라를 바르게 다스렸다'고 칭찬할 것이니, 그 소문이 널리 퍼져나가면 나갈수록 장수의 복을 누릴 것이오."[47]

아자따삿뚜는 이미 저지른 잘못을 깊이 뉘우치고 붓다를 적극 신봉하게 되었다. 아자따삿뚜는 라자가하 성안에 다음과 같은 칙령을 내렸다.

"지금부터는 부처님을 섬기는 집에서는 세금을 받지 말고, 부처님을 섬기는 사람은 마중하고 배웅하라. 부처님을 섬기는 이는 가르침 안에서 모두 다 내 형제이기 때문이다."[48]

---

47) 증일아함경 제39:<2-764상>.

아자따삿뚜의 이야기는 사람은 가르침에 따라 얼마든지 바뀔 수 있다는 것을 실증적으로 보여준다. 그 역시 붓다에 귀의하고 나서 붓다의 적극적인 후원자가 되었다. 아자따삿뚜가 왕권을 쟁취하는 과정은 존속살해라는 반인륜적 범죄를 저질렀지만 마가다국의 정치사政治史로는 그가 통치하던 시기가 국력의 최고 절정기였다. 그는 재위 기간 내내 영토 확장을 위한 침략전쟁을 계속하였다. 그의 이러한 영토 확장정책은 왓지연맹과 꼬살라의 연합을 유발시키기도 했지만 무려 16년간에 걸친 이 전쟁은 결국 아자따삿뚜의 승리로 끝났다. 이제 마가다국은 가장 강력한 세력으로 부상하게 되고, 이제 왐사를 정복한 서쪽의 또 하나의 강대국인 아완띠와 대치하게 된다.[49] 아완띠도 결국 서력기원전 414년에서 396년에 마가다를 통치했던 쉬슈나가Śiśunāga왕에 의해 정복되고 말았다.

그러나 인과응보일까? 하리양까왕조의 역사에는 비극이 끊이지 않았다. 아자따삿뚜는 자신이 아버지를 축출하고 왕권을 잡았기 때문에 아들 우다이밧다가 자기의 전철을 밟지 않을까 염려한 나머지 아들이 출가하기를 바랐지만[50] 불행하게도 아자따삿뚜 역시 32년간의 통치 끝에 서력기원전 462년에 자신의 아들 우다이밧다에 의해 살해되었다. 그리고 우다이밧다 또한 집권한지 16년 만에 아들 아누룻다까Anuruddhaka에게 시해弑害 당했다.

---

48) 증일아함경 제20:<2-649중>.

49) M.N. III. p.58.

50) D.N. I. p.68. 'Would that my son, Udāyibhadda, might have such calm as this assembly of the brethren now has!'..... 'I love the boy, and wish that he, Udāyibhadda, might enjoy such calm as this assembly has.'

4. 데와닷따는 정말로 악인이었을까?

한역불전에서는 데와닷따를 붓다의 숙부인 숫꼬다나Sukkodana의 아들이라 했으니, 아난다의 형제이자 붓다의 사촌이다. 숫도다나가 샤까족 청년들에게 출가명령을 내렸을 때 데와닷따도 출가했다.51) 붓다가 그때 유독 그에게만은 출가하여 사문沙門이 되는 것은 실로 쉬운 일이 아니라고 하면서 차라리 재가자在家者로 있으면서 보시의 공덕이나 짓는 것이 낫겠다고 했다.52) 붓다의 이 말에 반감을 가지게 된 데와닷따는 스스로 삭발하고 수행하다가 다섯 가지 신통을 얻은 수라타修羅陀비구의 가르침을 받았다.

초기경전인 『우다나』에는 데와닷따를 사리뿟따·목갈라나·마하깟사빠·깟짜야나·쭌다·아누룻다·아난다·레와따Revata·꼿티따Koṭṭhita·깝삐나Kappina 등과 함께 불교교단의 유력한 제자로 말하고 있다.53) 그러니까 데와닷따 역시 처음 12년간은 열심히 선정禪定을 닦았다는 것을 알 수 있다.54)

그런데 그가 어찌하여 붓다를 살해하려고 한 극악무도한 악인惡人으로 전락하게 되었을까? 데와닷따가 악인으로 규정되는 결정적 계기는 그가 붓다에게 교단의 개혁을 요구한 사건이 거부되면서부터였다고 하겠는데, 데와닷따의 교단개혁에 대한 요청은 붓다의 말년에 있었던 것으로 전해진다.

---

51) 증일아함경 제15:<2-623하>.
52) 증일아함경 제47:<2-802중>.
53) Udāna. I.V:<Ut. p.4>.
54) 출요경 제14:<4-687중>.

그렇다면 그가 왜 붓다의 말년에 이르러 교단의 개혁을 요구하게 되었을까? 불교초기의 비구들은 나무 밑이나 숲 속, 석굴이나 냇가 또는 묘지 등지에 기거하면서 선정禪定을 닦는 일에 심혈을 기울였다. 그들은 세속의 물질적 욕망을 벗어나 '집 없는 사람', '숲에 거주하는 사람'으로 불리었다.

당시만 해도 비구들의 생활양식은 무소유無所有의 정신을 실천하는 것이었다. 비구들은 남들이 버린 천 조각으로 만든 옷, 즉 분소의糞掃衣를 입어야 했고, 자기가 직접 밥을 짓거나 신도의 집에 식사초대를 받지 않고 걸식乞食해야 했으며, 수하좌樹下坐라 하여 지붕이 있는 곳에서 잠을 자지 않았으며, 소의 오줌을 발효시켜 만든 약, 즉 부란약腐爛藥만을 사용하였다. 이것이 사의법四依法의 삶이었다. 비구가 된다는 것은 이러한 무소유의 삶을 '몸과 목숨이 다하는 날까지' 준수하겠다는 서약이었다.[55]

당시 신도들로부터의 공양도 사사공양四事供養이라 하여 일상생활에 필요한 네 가지 품목에 한정되었다. 즉 음식·의복·침구·약품뿐이었다.[56]

이러한 초기불교의 삶의 원칙이 끝까지 유지되었을까? 왕들이나 장자들이 교단의 후원자가 되어 원림園林이나 정사精舍를 기증하면서부터 수행자들의 생활양식에도 점차 큰 변화가 생겼다. 우기雨期 3개월은 일정한 장소에 거주하는 안거安居제도가 생겼고,[57] 어느 사이 분소의도 사라져갔으며, 정사 안에는 음식물을 저장하는 창고도 생겨나게 되었다.

---

55) 사분율 제35:<22-815하> 사분율 제28:178단제법:<22-758중>如來至眞等正覺說 四依法 比丘 依此得出家 受具足戒 成比丘法..是中盡形壽能持不 答言能.

56) 증일아함경 제13: 지주품1:<2-610중>.

57) 사분율 제37:안거건도:<22-830중>.

그리고 신도 집에 초대되어 식사 대접을 받는 것도 허용되었다. 비구가 한 곳에 오래 머무는 것조차도 다섯 가지 허물이 생긴다고 하여 금기로 여겼지만[58] 이제는 정주定住의 삶으로 바뀌었다.

이러한 변화는 당시 사문沙門의 길에서 벗어나는 것이었으니 붓다와 경쟁관계에 있었던 외도들로부터 비판이 있었을 것이며, 불교교단 내부에서도 어느 정도 반발이 있었을 것이라 짐작된다.

이미 앞에서 살펴보았듯이, 데와닷따가 붓다에게 요청한 다섯 가지 개혁조건改革條件도 사실상 애초에 유지했던 비구들의 삶으로 되돌아가자는 것에 지나지 않는다. 데와닷따의 이와 같은 개혁적 요구에 대하여 붓다는 이렇게 말했다.

> "계율이란 세속의 예사로운 법이요, 삼매의 성취 역시 세속의 예사로운 법이며, 신통으로 날아다니는 것 역시 세속의 예사로운 법이다. 그러나 지혜의 성취야말로 가장 훌륭한 길이다.
> 선禪으로 신통을 얻어 위로 올라간다고 하더라도 끝까지 이르지 못한다. 무위열반에 이르지 못하고서는 다시 오욕五欲에 떨어지고 만다."[59]

데와닷따가 교단개혁의 다섯 가지 조건을 제시한 데에는 당시의 사회적 분위기가 있었을 것이라 생각된다. 당시 붓다와 외도들과의 논쟁 가운데 바라문교도나 자이나교도인 니간타들과 논쟁한 것이 가장 많았다는 사실은 불교가 그들과 긴장관계에 있었다는 것을 말해준다.[60] 붓다

---

58) 증일아함경 제25: 오왕품8:<2-688하>.

59) 증일아함경 제38:<2-759하>戒律之法者世俗常數 三昧成就者亦是世俗常數 神足飛行者亦是世俗常數 智慧成就者此是第一之義　由禪得神足 至上不究竟 不獲無爲際 還墮五欲中.

60) 성열, 『부처님 말씀』(현암사:2002), p.90, p.106, p.154, p.231, p.290, p.625 등 참고

의 첫 설법에서 볼 수 있듯이 불교는 쾌락快樂과 고행苦行을 포기하고 중도中道를 표방하고 나선데 비하여 니간타들은 대서계大誓戒라고 하여 계율의 엄격주의嚴格主義를 표방하고 있었다.

당시 니간타들은 냉수에도 작은 벌레들이 있다고 하여 냉수를 그대로 먹는 것까지도 금했다. 냉수를 그대로 먹는 것은 살생죄를 범한다고 본 것이다. 불교의 비구나 니간타들이 오후에 음식을 먹지 않는다는 점에서는 같았지만 니간타들은 물조차 먹는 것을 금했다. 니간타들의 그런 엄격성을 불교교단에서는 채택하지 않았다. 니간타들의 비판에 맞서 붓다는 중도中道를 선언하고 나섰다.

니간타들은 다른 어떤 종파들보다 금욕을 중시하는 종파라고 자인하였으며, 바로 이러한 입장에서 불교의 귀의자들은 세속적 때가 묻은 자들이라 비판하며 자신들과 대립된다고 느끼고 있었다.[61] 그러니까 불교교단이 정사精舍에 안주해 가는 것을 세차게 비판하고 있었음을 엿볼 수 있다.

붓다가 마하깟사빠에게 이제는 늙었으니 장자들이 주는 음식이나 의복을 받는 것이 좋겠다고 제안하였을 때, 마하깟사빠가 그것을 거절하였는데, 그가 거절한 이유는 훗날의 비구들이 붓다 시대의 비구들도 남의 초대를 받고 옷과 음식을 받았는데 우리라고 못할 것이 무엇이 있느냐고 말할 수 있기 때문이라고 하였다.[62] 붓다는 마하깟사빠의 이런 태도를 칭찬해 마지않으면서, '법이 존재할 때 비구 역시 존재할 수 있고, 법이 소멸하면 비구도 존재할 수 없다'(法存則存 法沒則沒)고 했다.[63] 마

바람.

61) 막스베버/홍윤기 옮김, 『힌두교와 불교』(한국신학연구소:1987), p.280.

62) 성열, 『부처님 말씀』(현암사:2002), p.115.

63) 증일아함경 제35:칠일품5:<2-746상> S.N. II. p.136.

하깟사빠의 견해 역시 당시의 교단이 편안한 삶으로 돌아가는 것을 염려한 것이라 하겠다.

데와닷따는 자신의 요구를 붓다가 거부하자 자신을 중심으로 새로운 교단을 만들었다. 그런데 거기에 동조한 사람들이 무려 5백 명이나 되었다고 하니, 데와닷따의 견해에 입장을 같이한 사람들이 불교교단에 그만큼 많았다는 것을 의미한다. 데와닷따가 만든 새 교단은 사리뿟따와 목갈라나에 의해 와해되었지만 상당한 물의가 있었던 것만은 분명하다.

그런데 데와닷따가 개혁을 앞세워 독립교단을 선언했을 때, 그를 지지하고 나선 5백 명의 비구들은 웨살리 출신의 신참비구들이었다는 것도 우연이라 할 수 없다.

니간타들의 거점 지역이 웨살리 · 날란다Nālandā · 라자가하였고, 니간타 나따뿟따가 임종한 곳 역시 붓다께서 열반에 든 곳에서 그리 멀지 않은 빠와Pāvā였듯이, 붓다의 주활동 지역과 니간타들의 주활동 지역이 같았다. 따라서 니간타들의 거점 지역의 하나였던 웨살리출신의 비구들이 계율엄격주의를 지지하고 나선 것은 니간타들의 영향을 받고 있었음이 분명하다.

어쨌거나 데와닷따가 교단의 분열을 획책하였다는 것 때문에 악인으로 취급받아야 했다면, 그 이전에 왐사의 꼬삼비에서 교단분열의 위기를 맞아 붓다께서 아무 말도 하지 않고 꼬살라의 기원정사로 오셔야 했던 사건은 무엇인가? 왜 그들에 대해서는 악인이란 낙인을 찍지 않고, 초기불교의 정신인 사의법四依法의 삶으로 돌아가자고 주장한 데와닷따만 극악무도한 악인으로 평가하는가?

교단의 분열을 초래한 것이 극악무도한 짓이라면, 붓다가 입멸하고 약 100년 정도 지나 실제로 웨살리에서 교단분열사건이 벌어졌을 때, 교단분열의 원인을 제공한 개혁적인 젊은 비구들에 대해서는 어찌하여 악인으로 규정하고 있지 않은가? 그들의 요구사항이 데와닷따가 요구했던 것과는 정반대의 것들이기 때문일까?

극악무도한 악인으로 낙인찍힌 데와닷따가 『법화경』 제바달다품提婆達多品에서는 오히려 전생에 붓다의 스승이었다고 추켜세우는 일은 무엇인가? 데와닷따에 대한 언급이 초기의 경전들보다는 후기에 속하는 『자따까』에 많은 것은 무엇을 의미하는가? 그것은 정주定住의 안락한 삶을 선택한 다수의 비구들이 애초의 사의법四依法에 의지하는 외롭고 고단한 삶을 고집하는 데와닷따를 축출해 버렸기 때문은 아닐까? 사실 채식주의를 고집할 정도로 계율의 엄격성을 주장했던 데와닷따가 혈육이자 스승을 살해하려 했다는 것은 잘 납득되지 않는다. 권력의 야망에 불탔던 아자따삿뚜가 권력을 장악하고 아버지와 친근했고 상담자였던 붓다를 처치하려고 했다면 오히려 이해할 수 있는 일이라 하겠다.

역사적 사정을 잠시 살펴보자.

399년 중국을 떠나 413년에 귀국한 법현法顯은 여행 중에 사왓띠에 들렀을 때를 이렇게 기록하고 있다.

> 기원정사를 둘러싸고 18개의 절이 있었는데, 한 곳만 비었고 모두 승려들이 거주하고 있었다. 이곳 중인도에는 96종의 외도外道들이 있는데 모두 걸식을 하고 있었다.…
> 데와닷따[調達]의 가르침을 추종하는 무리들도 있었는데, 과거의 세 부처[過去三佛]는 공양하면서도 오직 샤까무니 붓다만은 공양하지 않았다.64)

현장(玄奘:600~664)의 여행기 『대당서역기』에도 데와닷따를 추종하는

64) 고승법현전: <51-861상>.

무리들의 이야기가 나오는데, 현장이 강가강 하류 지역에 있는 까르나수와르나Karṇasuvarṇa에 가니 10개의 절에 2천여 명의 승려들이 정량부正量部의 법을 배우고 있었고, 외도들이 사는 천사天祠도 50여 곳이 있었으며, 따로 3개의 절이 있었는데 우유와 낙酪을 먹지 않고 데와닷따의 가르침을 받들고 있었다고 한다.[65]

또한 의정(義淨:635~713)은 현장보다도 뒤에 인도를 여행하고 돌아와 율장을 번역했는데, 그가 번역한 『근본설일체유부백일갈마』에 데와닷따에 대하여 주석으로 설명하고 있다.

> 지금도 서방에는 곳곳에 데와닷따[天授]의 가르침을 따라 출가하는 자들이 있는데, 대개의 규범(軌儀)은 불교와 같고 오도윤회五道輪廻나 생천해탈生天解脫이나 삼장三藏을 배우는 것은 대체적으로 같았다.
>
> 큰절이 없이 촌락이나 숲 사이에 머물면서 걸식하며 정행淨行을 주로 닦았는데, 옷가지는 오직 두 벌에 우유와 낙酪을 먹지 않았다. 이들은 대개 나란타사那爛陀寺에 있으면서 여러 가지 경전을 들었다.[66]

『고승법현전』·『대당서역기』·의정이 번역한 율장을 통해서 볼 때 7세기 하반기까지 데와닷따를 추종하는 자들이 중인도에 존재했음을 알 수 있다.

데와닷따가 다섯 가지 교단개혁안을 놓고 찬반투표로 결정할 것을 제안했을 때, 데와닷따를 지지한 이들을 신학新學·무지無智한 자들이라고 말하고 있지만 500 대 60으로 데와닷따의 주장을 지지하였으니 당시 라

---

65) 대당서역기 제10:<51-928상>.
66) 근본설일체유부백일갈마 제9:<24-495하>.

자가하에서는 데와닷따를 지지하는 비구들이 다수였다는 것을 알 수 있다. 결국 데와닷따의 주장은 이단異端으로 규정되고 아난다의 편에 섰던 소수의 사람들이 정통파로 역사의 승리를 거두었지만 데와닷따를 지지하는 대중들이 7세기까지 존재했다는 것을 엿볼 수 있다.

5. 샤까족의 멸망

붓다가 성도한 지 얼마 되지 않아 꼬살라국의 빠세나디가 왕위王位에 올랐고, 그는 샤까족에게 사신使臣을 보내면서 말했다.

“너는 까삘라왓투의 샤까족에게 가서 나의 이름으로 전하라. 내가 샤까족 공주를 데려오고 싶은데, 나에게 공주를 보내면 내내 평화를 유지하겠지만 그렇지 않으면 군사를 동원하여 쳐들어가겠다고 전하라.”

샤까족들은 빠세나디가 보낸 사신의 전갈을 받고, ‘샤까족이 빠세나디왕의 권력에 복종해야만 하는 지역에 살고 있으니 그의 요청에 따라야 한다’는 현실론現實論과[67] ‘하지만 샤까족의 공주를 빠세나디에게 보내는 것은 부족의 전통과 자부심을 깨뜨리는 것’인데, ‘어찌 대성大姓인 우리가 무엇 때문에 종년의 자식과 혼인을 맺어야 되느냐’는 명분론名分論으로 나뉘었다.[68] 그때 붓다의 사촌이자 샤까족 마지막 왕이었던 마하나마가 말했다.

“여러분, 분노忿怒만 할 것이 아닙니다. 빠세나디의 포악한 성격으로 보아, 만약 그가 쳐들어온다면 이 나라는 쑥대밭이 되고 말 것입니다.”

마하나마는 자기 집에서 일하는 하녀 나가문다Nāgamuṇḍā의 딸 와사

---

67) Jt. vol. IV. p.92.

68) 증일아함경 第26:등견품 2:<2-690상>.

바캇띠아Vāsabhakhatiyā를 분장하여 샤까족의 처녀처럼 빠세나디왕에게 출가시켰다. 빠세나디와 와사바캇띠아 사이에 태어난 사람이 위두다바Viḍūdabha이다. 산쓰끄리뜨로는 위루다까Virūḍhaka라 하고, 한역에서는 유리琉璃태자라 한다.

빠세나디왕은 위두다바의 나이 8세 되던 해에 외가인 까삘라왓투로 활쏘기를 배우러 보냈다. 마침 까삘라왓투에서는 새로 궁전을 지어 붓다를 모시고 낙성식을 화려하게 할 계획을 가지고 있었다.[69] 그런데 붓다께서 오시기 전에 위두다바가 새로 지은 궁전에 들어가 장난을 하자, 화가 난 샤까족 사람들이 위두다바를 노비의 소생이라 버릇이 없다고 내쫓아 버렸다. 이때서야 자기가 샤까족 노비의 아들이라는 사실을 알게 된 위두다바는 울분을 참으며 꼬살라국으로 돌아갔다. 위두다바는 동행하였던 범지梵志의 아들 호고好苦에게 내가 이다음에 왕위에 오르거든 오늘의 모욕적인 일을 반드시 상기시키라고 일러두었다.[70]

다른 경전에 의하면, 위두다바가 16세 때 까삘라왓투에 갔는데, 그때 와사바캇띠아가 마하나마에게 어떤 비밀도 알게 해서는 안 된다고 편지를 따로 보냈다고 한다. 위두다바가 도착하기 전에 샤까족들은 위두다바와 만나지 않게 하기 위해 아이들을 모두 시골로 보냈다고 한다. 그런데 공회당을 청소하는 한 여인이 위두다바가 앉았던 자리를 보고, '종년 와사바캇띠아의 자식이 앉았던 자리'라고 말하며 우유와 물로 의자를 씻었다. 마침 위두다바를 호위하고 왔던 병사가 자기의 무기를 가지러

69) M.N. II. p.18. Sekhasutta, 잡아함경 제43:1176경:<2-316상>.

70) 『근본설일체유부비나나잡사』<24-236중>에 위두다바가 태어나는 날에 어떤 대신이 아들을 낳았는데, 임신동안과 태어날 때 어미에게 심한 고통을 안겨주었다고 하여 '고모'(苦母)라 이름했는데, 이 사람이 바로 호고(好苦)와 동일 인물로 전하고 있다.

왔다가 그 말을 듣고는 그렇게 말하는 까닭을 물어서 결국 와사바캇띠아가 샤까족 공주가 아니라는 비밀을 알게 되었고, 그 병사가 다른 병사에게 말해 결국 위두다바도 알게 되었다. 이때 위두다바는 '좋다. 저들이 내가 앉았던 자리를 우유와 물로 씻지만, 내가 왕이 되면 저들의 피로 이곳을 씻을 것'이라고 말했다고 한다.[71]

빠세나디왕은 샤까족이 공주가 아닌 하녀를 자기의 아내감으로 보낸 사실을 알고, 샤까족에 대하여 적개심을 갖게 되었다. 그는 이제까지 와사바캇띠아가 누렸던 왕비의 지위를 빼앗고, 그 아들 위두다바에게는 태자의 지위를 박탈하고, 모자母子를 방안에 가두고 노비신분에 어울리는 대우를 하게 되었다.

그와 같은 사건이 있은 얼마 후에 빠세나디왕은 붓다를 만나게 되었고, 빠세나디왕은 노비의 딸을 자신의 아내로 보냈으니 그들에 대한 모든 예우를 취소하고 노비로 취급하고 있다고 말하였다. 그와 같은 사정을 들은 붓다는 빠세나디왕에게 이렇게 말하였다.

> "대왕이여, 샤까족이 한 일은 옳지 않소. 누구인가를 보내려면 마땅히 자기들의 혈족을 보내야만 했소. 그러나 나는 이것을 말하고자 하오.
>
> 와사바캇띠아는 왕족의 딸이니, 그녀는 이미 캇띠아족의 집에서 관정식灌頂式을 했기 때문이요. 또한 위두다바 역시 캇띠아계급 왕의 아들로 태어났소. 옛날부터 현자들이 '어머니의 신분이 무슨 관계있는가. 아버지의 신분이 표준'이라고 말하지 않았소."[72]

붓다가 빠세나디왕에게 나무를 줍는 비천한 여인이 왕의 아내가 되어

---

71) Jt. vol. IV. p.93.
72) Jt. vol. IV. p.93, Jt. vol. I. p.27.

와라나시를 통치하는 훌륭한 아들을 낳았다는 고사古事를 말해주자, 빠세나디왕은 '아버지의 신분이 신분의 척도'라는 말을 듣고서 와사바캇띠아와 위두다바에게 다시 옛날의 대우를 해주었다.

그러나 위두다바는 언제고 이 굴욕적인 일에 앙갚음할 것을 벼르고 있었는데, 빠세나디왕이 세상을 떠나자 꼬살라국의 왕으로 즉위하고는 드디어 상병象兵·전차병戰車兵·기병騎兵·보병步兵 등 사군四軍을 거느리고 샤까족의 정벌에 나섰다.

『증일아함경』에는 '빠세나디는 명대로 세상을 살다가 마침내 목숨을 마쳤고, 위두다바가 바로 왕이 되었다'고 했고,[73] 『의족경』에는 위두다바가 샤까족에게 망신을 당하고 나서 얼마 되지 않아 빠세나디왕이 붕어崩御했고, 대신들이 모여 위두다바를 왕으로 추대했다고 전한다.[74] 그러나 『자따까』에는 아자따사뚜가 빔비사라를 폐위하고 마가다국의 왕이 되어 빠세나디와 전쟁을 치른 지 3년 뒤에 위두다바가 군사령관 까라야나Kārāyaṇa의 도움을 받아 부왕을 축출한 것으로 전하고 있다.[75] 필자의 생각에는 『자따까』 에 전하는 것이 옳은 것 같다.

위두다바는 까시지방의 소유권문제로 마가다의 아자따삿뚜와 여러 차례 전쟁까지 벌이다가 어렵게 생포한 그를 사위로 삼아 풀어주고 마는 아버지의 우유부단한 태도에 큰 불만을 가지고 있었을 것이고 이로 인해 끝내는 찬탈사건이 벌어졌다고 본다.

---

73) 증일아함경 제26:등견품2:<2-690하>波斯匿王 隨壽在世後取命終 便立琉璃太子爲王.

74) 의족경 권하:<4-188상>.

75) Jt. vol. IV. p.96, *M.N. II, p.301에는 '디가 까라야나'(Dīgha Kārāyana)라고 했고, 『법장엄경』<1-795중>에서는 '디가 까라야나'를 '장작'(長作)이라 했고, 『비나야잡사』<24-237상>에는 장행(長行)이라 했다.

『자따까』에 전하는 바에 의하면,76) 빠세나디는 자기와 함께 땃까실라에서 유학했던 말라족 출신 반둘라Bandhula를 군사령관으로 두었는데, 그는 재판관들이 부패하여 공정하게 재판하지 않는다는 사실을 알고 다시 재판을 하여 바로 잡았다. 백성들은 반둘라 장군에게 박수갈채를 보냈고, 빠세나디도 반둘라를 칭찬하며 재판관들을 파면해 버렸다. 파면당한 재판관들이 반둘라를 쫓아내기 위해 그가 왕위를 노리고 있다고 모함했고, 빠세나디는 모함하는 말을 믿고 반둘라와 그의 아들들을 몰살시켰다.

빠세나디는 뒤에 자신의 잘못을 알고 후회하면서 반둘라의 조카 까라야나를 군사령관으로 임명했다. 하지만 까라야나는 삼촌 반둘라가 억울하게 처형되었다는 것을 알고 기회를 엿보고 있었다.

빠세나디가 군사령관 까라야나를 대동하고 샤까족 마을 낭가라까Naṅgaraka에 왔다가 붓다가 3요자나 떨어져 있는 샤까족 마을 울룸빠Uḷumpa에 머물고 있다는 것을 알고 찾아갔다.77) 빠세나디는 정사의 입구에서 왕의 상징인 다섯 가지 물건, 즉 보검寶劍과 터번turban, 부채와 일산日傘 그리고 신발을 벗어서 까라야나에게 맡기고 붓다를 친견코자 혼자 향실香室에 들어갔다. 이때 붓다와 빠세나디가 나눈 대화가 『법장엄경』法莊嚴經 또는 『담마쩨띠야숫따』Dhammacetiya Sutta이다.

붓다와 빠세나디가 대화를 나누고 있을 때, 까라야나는 시녀 한 사람과 말 한 마리만 남겨두고, 왕의 상징물을 가지고 회군하여 위두다바를 왕으로 삼았다.

빠세나디는 위두다바와 까라야나에게 축출 당했다는 것을 알고 생질

76) Jt. vol. IV. p.91.
77) M.N. II. p.302, 이 경에는 Uḷumpa를 '메달룸빠'(Medaḷumpa)라 했다.

甥姪이자 사위인 아자따삿뚜에게 지원을 요청하기 위해 라자가하로 갔다. 그러나 이미 해가 진 뒤라 라자가하의 성문들이 굳게 닫혀 있었다. 빠세나디는 성 밖의 한 공회당(sālā)에서 밤을 보내다가 심신의 피로가 겹쳐 그날 밤 죽고 말았다.

이 사건은 빠세나디의 아버지 마하꼬살라가 마가다왕 빔비사라에게 딸 웨데히Vedhī를 시집보낼 때 지참금으로 주었던 까시지방의 소유권 문제로 빠세나디와 아자따삿뚜가 몇 차례의 공방전 끝에 결국은 빠세나디가 딸 와지라를 아자따삿뚜에게 시집보낸 지 3년 뒤의 일이라고 하고, 붓다나 빠세나디나 '거의 여든에 가까운 나이'라고 말하고 있는 것으로 보아[78] 붓다가 77세나 78세쯤 되던 해였던 것 같다.

붓다는 위두다바가 샤까족을 정벌하기 위하여 출병하였다는 소식을 듣고 꼬살라국 병사들이 오는 길목에 있는 한 고목나무 밑에 결가부좌하고 앉아 있었다. 이러한 모습을 본 위두다바가 붓다에게 물었다.

"세존이시여, 잎이 무성한 나무숲을 놓아두고 어찌하여 말라버린 고목 밑에 계십니까?"

"일가친척의 그늘이 다른 그늘 보다 낫기 때문이요."

'잎과 가지가 있으니까 나무라고 하는 것이지, 잎도 가지도 없으면 결코 나무가 아니라 다만 그루터기일 뿐'이라고 말했다고 전하기도 한다.[79] 또는 '비록 일곱 그루의 무성한 나무그늘이 있다고 해도 무성함이 어찌 영원하겠습니까? 나는 가시나무 밑에 앉아도 편안하기만 하오. 친

78) M.N. II. p.306에 'the Lord is round about eighty years of age, I too am round about eighty years of age.'라고 한 것을 한역『법장엄경』:<1-797중>에 '我年八十 世尊亦八十'라 했다. 'round about'는 Ⓟ parito, Ⓢparitas 인데, 이는 시간이나 수에 대하여 '대체로, 대략'의 뜻이니, '거의 여든이 될 즈음'이라고 보았다.

79) Jt. vol. IV. p.299.

족이 다치는 것이 가엾기 때문'이라 말했다고 한다.[80]

붓다의 말씀을 듣고 위두다바는 물러갔다. 그러나 범지梵志의 아들 호고好苦가 어릴 때 당한 모욕을 잊지 말라는 말을 하자 위두다바는 2차, 3차로 까삘라왓투를 침범해 왔고, 그 때마다 붓다께서 막았으므로 전쟁 없이 물러갔다.

그러나 위두다바가 네 번째로 까삘라왓투의 정벌에 나섰을 때는 속세에 맺어진 원결怨結을 더 이상은 막을 수가 없다고 붓다도 물러났다. 이러한 사정을 알게 된 신통제일의 제자 목갈라나가 자신의 신통력으로 위두다바의 진군을 막으려 하였으나 붓다는 오히려 만류하였다. 눈앞에서 벌어지는 싸움이야 일시적으로 막을 수가 있으나 깊이 맺혀있는 원한 관계는 신통력으로도 막을 수가 없다는 것이다.

붓다는 목갈라나에게 '설사 하늘을 땅으로 만들고 다시 땅을 뒤집어 하늘을 만들 수 있다고 해도 과거생에 꽁꽁 묶인 인연이야 어찌 없앨 수 있겠느냐'고 말했다.[81]

붓다가 더 이상 자신의 진군을 막지 않자 위두다바는 막강한 꼬살라국의 사군四軍을 몰고 까삘라왓투를 침입하였다. 위두다바는 까삘라왓투의 샤까족을 성난 코끼리가 밟아 죽이도록 했다. 이때 위두다바는 9천 9백 9십만 명의 샤까족을 살해하여 피로 냇물을 이루었다고 한다.[82] 그러면서 예쁘고 잘 생긴 샤까족 처녀 5백 명은 죽이지 말고 꼬살라국

---

80) 유리왕경:<14-784중>.

81) 성열, 『부처님 말씀』(현암사:2002), p.291.

82) 증일아함경 제26:<2-692상> 是時琉璃王殺九千九百九十萬人 流血成河
*『석가보』<50-57중>, 『석가씨보』<50-96중>, 『대당서역기』<51-901중>에 9천 9백9십만 인을 죽였다고 했지만 이는 『증일아함경』을 인용한 것이라 보며, 『증일아함경』의 숫자 역시 과장된 것임에 틀림없다. 당시 샤까족 영토 안에 약 1백만 명이 살았다고 한다. <『Buddhist India』 p.18>.

으로 데려가라고 명령하였다. 그 당시 까삘라왓투의 왕이었던 마하나마는 샤까족의 비참한 최후를 차마 볼 수가 없어 위두다바에게 하나의 요구를 간청하였다.

"내가 저 연못의 물속에 들어갔다 나오는 동안만이라도 샤까족이 마음 놓고 피할 수 있도록 해주시오."

위두다바는 마하나마의 그 제의가 참으로 재미있는 일이라 생각하고 그것을 허락했다. 그리고 물속에서 나올 때까지 샤까족을 죽이지 말고 도망하게 하라고 하였다. 그러나 물속에 들어간 마하나마가 시간이 오래 지나도 나오지 않자 이상하게 여긴 위두다바는 군사를 시켜 연못의 물을 퍼내게 하였다. 연못의 물을 퍼내고 보니 마하나마가 머리카락을 나무뿌리에 묶어 물위로 떠오르지 않게 하고 죽어 있었다. 이것을 본 위두다바는 군사를 돌려 본국으로 돌아가게 되었다.

위두다바는 까삘라왓투 밖 니그로다 숲에 이르렀을 때, 포로로 잡아가던 5백 명의 샤까족 처녀 중에 한 사람을 욕보이려 하였다. 그녀는 '내 어찌 노비의 소생과 놀아날 수 있느냐'고 모욕적인 언사를 퍼부으며 완강히 거부하였다. 위두다바는 그 말을 듣고 화가 머리끝까지 올라 그 자리에서 샤까족 처녀 5백 명을 모두 손과 발을 잘라 죽였다.

위두다바가 피로한 몸을 이끌고 꼬살라국의 사왓티로 돌아오니, 왕궁의 한 쪽에서 흥겨운 노랫소리가 들려왔다. 위두다바는 괴이하게 생각하고 신하에게 명령했다.

"저것은 어디에서 나는 노래 소리인지 알아보라."

"제따Jeta왕자의 궁전에서 나오는 소리입니다."

"그 쪽으로 말머리를 돌려라."

위두다바가 접근하여 오자 태자궁의 문지기가 제따왕자에게 알린 다음에 들어가라고 길을 막았다. 위두다바는 화가 나서 그 자리에서 문지기의 목을 쳤다. 제따왕자는 위두다바가 화가 난 채 문밖에 있는 것을 알면서도 노래를 그치지 않다가 두려움에 질린 궁녀들이 모두 빠져나가자 그 때서야 문밖으로 나와 위두다바에게 말했다.

"어서 오시오. 들어와서 잠시 쉬어 가시지요."

"당신은 내가 샤까족과 싸우러 간 것을 모르고 있었소?"

"들어서 알고는 있었지요."

"그렇다면 나의 옆에서 도와주지 않고 어찌하여 궁녀들과 놀이만 하고 있었소?"

"나는 뭇 사람들의 목숨을 빼앗는 짓은 감당할 수가 없었소."

위두다바는 제따왕자의 대답을 듣고 화가 머리끝까지 치밀어 올라 더 이상 참지 못하고 그 자리에서 칼을 뽑아 제따왕자의 목을 쳤다.83) 위두다바가 제따왕자 보다 나이가 적었을 것이 분명하다. 그러므로 동생인 위두다바가 이복형을 처단한 것이다. 빠세다니의 여러 아들 가운데 위두다바가 왕권을 잡았다는 것은 그가 왕자들 가운데 가장 정치적 능력이 뛰어났음을 의미한다.

제따왕자가 위두다바에게 피살되었다는 소식을 전해들은 붓다는 '제따왕자는 기원정사를 지을 때 숲을 헌납하기도 하였을 뿐 아니라 악행을 멀리하고 선행을 쌓은 공덕으로 33천에 태어나게 되었다'고 말했다.

6. 마지막 고향방문

붓다는 위두다바의 군대가 회군한 뒤에 비구들과 함께 샤까족 학살의

83) 증일아함경 제26:<2-692중>.

현장에 갔다. 붓다는 5백 명의 샤까족 처녀들이 살해당한 니그로다 숲에서 비구들에게 말했다.

"너희 비구들아, 모두 와서 까삘라왓투 최후의 모습과 샤까족 여인들이 죽어간 모습을 보아라."

붓다는 억제하기 힘든 감정을 다스리며 여기 저기 버려진 시체들을 덮어주고 샤까족 여인들을 위하여 위로의 법문을 해주었다.

"만난 것은 반드시 헤어지는 법이다. 모든 샤까족 여인들아, 들어라. 이 몸이 있었으므로 이러한 고통을 받는 것이다. 그러므로 다시 윤회하는 몸을 받지 말아야 한다. 태어남이 있어 늙음과 병듦과 죽음이 있고 근심·걱정·번뇌·망상·고통과 괴로움이 있게 되는 것이다. 그러므로 애착을 버리고 윤회를 벗어나라. 그러면 이러한 고통은 다시는 없을 것이다."

붓다가 죽은 샤까족의 여인들에게 인과법문因果法門을 하고 신통력으로 관찰하여 보니 샤까족 여인들이 원망을 버리고 법안法眼을 얻어 천상에 태어났음을 알았다. 붓다가 다시 말했다.

"일체의 모든 존재는 영원하지 못하다. 태어난 것은 반드시 죽는다. 그러므로 태어남이 없으면 괴로운 죽음도 없게 된다. 이것이 최상의 즐거움이다."

[一切行無常 生者必有死 不生則不死 此滅爲最樂]

붓다는 다시 제자들에게 말했다.

"이곳은 내가 법을 설하던 곳이었으나 이제는 사람들이 없어 텅 빈 폐허가 되고 말았으니 다시는 이곳에 오지 않으리라.

비구들아, 앞으로 7일 안에 위두다바와 그를 따른 군사들은 모두 죽을 것이다."[84]

7. 인과응보

위두다바는 자신과 부하들이 7일 안에 죽게 될 것이라고 붓다가 말했다는 소리를 전해 듣고는 걱정이 되었다. 그는 국경의 방비를 철저히 하고 화재나 물난리가 나지 않도록 하라고 온 나라에 경계령을 내렸다.

위두다바는 붓다가 결코 빈말을 하지 않는다는 것을 알고 있었기 때문에 근심과 걱정으로 하루하루를 보냈다. 그런데 아무 일 없이 6일이 지나자 샤까족을 정벌하라고 계속 충동질하였던 호고가 위두다바를 찾아와서 말했다.

"왕이여, 두려워하실 것 없습니다. 벌써 엿새가 지났어도 아무 일도 없었으니, 오늘은 기분을 달래기 위하여 군사와 미녀들을 데리고 아찌라와띠강으로 가서 놀이나 하지요."

위두다바는 호고의 말대로 강가로 나가서 낮 동안을 보내도 아무 일이 없게 되자 그 날 밤 강가에서 야영을 했다. 그러나 한밤중에 갑자기 폭풍이 불어 닥치고 폭우가 쏟아져 위두다바와 그를 따랐던 많은 군사들 대부분이 물에 빠져 죽었다. 그리고 성안의 궁전은 벼락을 맞아 불에 타버렸다.[85] 붓다는 그들의 죽음을 보고 말했다.

"그들의 악행이 너무 심했다. 그 모두가 말과 행동의 과보이다. 금생에 고통을 받고 내생에도 수명이 짧으리라."

그 때 제자들이 샤까족은 무슨 인연을 맺었기에 위두다바에게 비참한 죽음을 당했느냐고 묻자, 그 인연담因緣譚을 말했다.

---

84) 증일아함경 제26:<2-693상>.
85) 증일아함경 제26:<2-693중>.

"옛날 라자가하에 한 어촌이 있었다. 어느 해 흉년이 들어 사람들은 풀뿌리를 먹고 살았는데, 금 한 되로 쌀 한 되를 바꿀 정도로 곡식이 귀하였다. 그곳에 큰 연못이 있었는데 라자가하 사람들은 그 연못의 고기를 잡아먹었다.

거기에는 두 종류의 물고기가 있었는데 구소拘璅와 양설兩舌이었다. 그 물고기는 '우리는 잘못이 없고, 땅에 살지도 않는데 우리를 마구 잡아먹으니 장차 우리가 복을 지으면 원수를 갚자'고 서원 하였다.

그 때 어촌에는 여덟 살짜리 아이가 있었는데, 그는 고기를 잡지도 않고 물고기를 죽이지도 않았다. 그는 언덕 위에서 물고기를 잡고 죽이는 것을 보고 재미있어 하였다.

비구들이여, 그 때 어촌의 사람들이 바로 지금의 샤까족이요, 구소라는 물고기는 지금의 위두다바였고, 양설은 호고 범지였으며, 그 때의 어린애는 바로 나였다. 나는 그 때에 물고기들이 죽어 가는 것을 보고 재미있어 하였기 때문에 지금 샤까족의 비참한 죽음을 보게 되었고 큰 괴로움을 받는다."[86]

빔비사라가 아자따삿뚜에게 폐위당하고 아자따삿뚜와 빠세나디의 전쟁이 있은 지 3년 뒤에 빠세나디 역시 아들 위두다바에게 축출되었으니, 위두다바가 샤까족을 정벌한 것은 붓다가 78세나 79세 되시던 때에 있었던 사건이라 생각된다.

86) 증일아함경:<2-689하>사분율:<22-861상>오분율:<22-141상>Jt. vol. IV. p.91

8. 사리뿟따와 목갈라나의 죽음

붓다는 바라문 셀라Sela로부터 '부처님의 뒤를 이을 사람은 누구냐'는 질문을 받고, '내가 굴린 법륜法輪을 사리뿟따가 굴릴 것'이라고 분명하게 밝혔다.[87] 붓다가 부재중이거나 병환중일 때는 대개 사리뿟따가 붓다를 대신하여 설법하는 것이 보통이었다.

사리뿟따는 목갈라나를 '흰 연꽃처럼 더러움에 물들지 않는 자, 대범천왕처럼 한 순간에 일천세계를 보는 사람'이라 했고, 목갈라나는 사리뿟따를 '마왕을 쳐부순 자, 최상의 복전, 최상의 인간'이라고 서로 칭찬할 정도로[88] 두 사람은 교단내의 누구보다도 친한 사이였다. 두 사람이 얼마나 사이가 좋았던지 그것을 시샘한 자가 이간離間하였지만 오히려 두 사람에게 쫓겨나기만 하였다.[89]

한때 붓다가 사리뿟따와 목갈라나에게 말했다.

"대중 가운데 우두머리는 나와 너희 두 사람뿐이다. 지금부터 그대들은 여러 후배들을 잘 가르쳐 생사에서 벗어나도록 하라. 그들이 중도에 포기하지 않도록 하라.

아홉 가지 조건을 갖춘 자들은 현실적으로 자기 발전이 없다. 나쁜 친구들을 사귀고, 그릇된 일을 익히고, 항상 놀러 다니기 좋아하고, 오랜 투병생활을 하며, 재물을 모으는데 재미를 붙이고, 좋은 옷과 바루를 탐내고, 거짓이 많고 건망증이 심하며, 마음이 안

87) Sn: 557.
88) Thag. p.388.
89) Jt. vol. III. p.126.

정되지 않고 항상 들떠 있으며, 지혜가 없어 사리事理를 분별하지 못하며, 때때로 가르침을 받지 않는 것이다."[90]

사리뿟따와 목갈라나는 붓다의 상수제자로서 막중한 역할을 했다. 그런 두 사람이 붓다를 뒤에 두고 먼저 세상을 떠나게 된다.

목갈라나는 라자가하에 걸식 나갔다가 집장범지執杖梵志들에게 기왓장과 돌로 폭행을 당하고는 간신히 몸을 이끌고 사리뿟따에게 왔다.[91] 다른 전적에 의하면, 니간타들의 사주使嗾를 받은 산적山賊 사마나굿타까가 목갈라나에게 폭행을 가해 뼈를 부수었다고 한다.[92] 목갈라나는 더 이상 고통을 견디기 어려워 열반에 들어야겠다고 사리뿟따에게 말했다. 그러자 사리뿟따는 자기가 먼저 열반에 들겠다고 말하고 붓다에게 허락하실 것을 청하였다. 붓다의 허락을 받은 사리뿟따가 고향 날라까로 향해 갈 때, 여러 비구들이 사리뿟따의 사리를 공양하겠다고 따라 나섰다. 그러나 사리뿟따는 자기가 데리고 있는 쭌다Cunda가 그 일을 할 것이니, 각자 자신들이 해야 할 일이나 하라고 거절하였다. 고향에 도착한 사리뿟따는 병을 앓으면서 쭌다의 수발을 받다가 임종했다. 사리뿟따는 깟띠까(Kattika ⓢKārttika)달 보름날에 임종했다고 한다.[93] 깟띠까달 보름날은 남방력南方曆으로 음력 11월 15일이요, 중국력中國曆으로는 음력 9월 15일이 된다.

쭌다는 스승 사리뿟따를 화장하고 나서, 사리뿟따의 바루와 사리舍利와 가사袈裟를 붓다에게 가져다 바쳤다. 붓다는 사리뿟따의 사리를 받아들고 제자들 앞에서 말했다.

---

90) 증일아함경 제41:<2-771중>.
91) 증일아함경 제18:<2-639중> 비나야 제2:<24-857하>.
92) Jt. vol. V. p.64, 거해스님편역 『법구경』 II. p.408.
93) Jt. vol. I. p.230.

"이것은 사리뿟따의 사리다. 그는 지혜롭고 총명했고 재주도 많았다. 그는 욕심이 적어 만족할 줄 알았고 용기도 많았다.
비구들아, 나는 이제 가지가 없는 큰 고목과 같이 되었다. 사리뿟따가 열반한 것은 나의 큰 나무에서 가지가 없어진 것과 같다. 사리뿟따가 머무는 곳에서는 항상 사람들이 행복하다고 말했었다.
사리뿟따는 외도들과 논쟁하여 그들을 이기지 못하는 일이 없었기 때문이다."

사리뿟따가 열반에 들었다는 소식을 전해들은 목갈라나도 열반에 들겠다고 붓다에게 말씀드리고 라자가하를 떠나 고향 꼴리따가마로 향했다. 고향에 도착한 목갈라나도 병을 앓다가 열반에 들었다. 사리뿟따가 열반에 들고 얼마 지나지 않아서였다. 목갈라나의 임종은 사리뿟다가 죽고 2주일 뒤라고 했다.[94] 그렇다면 남방력으로 음력 11월 그믐날이거나 12월 초하루요, 중국력으로는 9월 그믐이거나 10월 초하루다. 결국 남방력으로 아홉 번째 달인 마가시라Magasira월에 해당한다.[95]

사리뿟따의 뒤를 이어 목갈라나마저 열반에 들자 붓다께서 비구들에게 말했다.

"내가 지금 대중들을 살펴보니 텅 빈 것 같구나. 대중 가운데 사

94) S.N. V. p.144 footnote1. D.P.P.N. vol. II. p.546
95) Jt. vol. I. p.230에는 'Sāriputta died at Varaka in the month of Kattika, when the moon was at the full: and in the selfsame month, when the moon was on the wane, the great Moggallāna died.'라 했고, 『한글대장경』에는 '사리불은 가저가달 보름날에 바라카에서 열반에 들었고, 목건련은 그 가저가달 23일에 열반에 들었다'고 했으나 오역이다. 영역의 'the selfsame month, when the moon was on the wane'은 월력상 사리뿟따가 죽은 깟띠까(Kattika)에 해당하는 하늘의 달이 그믐일 때를 의미하므로 월력상으로는 마가시라(magasira)가 되어야 한다. 인도력은 하늘의 달이 보름이 지난 16일이 그 달의 첫날이라는 것을 착각한 번역이다.

리뿟따와 목갈라나가 없기 때문이다. 그 두 사람과 함께 거닐 때는 쓸쓸하지 않았다. 그들은 항상 외도들을 항복 받을 수 있었기 때문이다."

붓다는 사리뿟따와 목갈라나의 사리탑을 네거리에 세우라고 했다.96) 사리뿟따와 목갈라나가 세상을 떠난 것은 붓다의 나이 78세 또는 79세 때의 일로 판단된다.

또한 비구니 상가를 창설하는데 앞장섰던 마하빠자빠띠 고따미가 세상을 떠난 것도 붓다 79세 때의 일이었던 것 같다.

---

96) 증일아함경 제18. 제19:<2-639~642> S.N. V. p.144, 잡아함경 제24:<2-176하>.

제9장 최후의 유행

붓다는 샤까족의 비참한 최후를 목격하고 나서 다시 꼬살라 사왓티로 가지 않고 마가다에 머물렀다. 어느 날 아자따삿뚜는 총리總理 왓사까라 Vassakāra를 깃자꾸따산으로 보내 왓지연맹의 정벌에 대하여 붓다의 의견을 여쭈었다. 왓사까라는 우사禹舍나 우사雨舍로 한역하였다.

붓다는 한때 웨살리의 샤란다다Sārandada 사당(cetiya)에 머물면서 왓지 사람들에게 나라가 부강해 질 수 있는 일곱 가지 조건들을 가르쳤던 것을 말해 주면서 그들이 일곱 가지 조건을 잘 지키고 있으므로 왓지는 쉽게 정복할 수 있는 나라가 아니라는 것을 왓사까라에게 말했다.[1] 아자따삿뚜의 왓지침공을 간접적으로 반대한 것이다. 아자따삿뚜는 붓다가 살아있는 동안 왓지를 침공하지 않았으나 붓다가 입적한 뒤에 정복하여 속국으로 편입했다.

붓다는 왓사까라가 떠난 뒤 라자가하 근교에 살고 있는 비구들을 강당에 모아놓고 장차 불교가 쇠퇴하지 않고 발전해 갈 수 있는 조건들을 다양한 각도에서 말하였다.[2] 붓다는 교단의 무궁한 발전에 대한 말씀을 마치고 라자가하를 떠난다. 아자따삿뚜가 즉위한 것이 붓다가 72세 때였으니, 왓지연합국의 침공문제로 붓다에게 왓사까라를 보낸 것은 붓다가 임종하기 한 해 전쯤의 일이었을 것이라 생각된다.

붓다는 라자가하를 떠나 암바랏띠까Ambalaṭṭhikā 촌을 거쳐 날란다 Nālandā로 향했다. 붓다는 사리뿟따의 고향 날란다의 빠와리까Pāvārika 망고 나무 동산에 머물렀다가 강가강 남안南岸에 있는 빠딸리Pātali마을로 향했다.

---

1) 성열, 『부처님 말씀』(현암사:2002), p.129.
2) 성열, 『부처님 말씀』(현암사:2002), p.30.

1. 빠딸리

빠딸리는 북쪽의 히말라야산맥에서 남쪽의 초따나그뿌르 고원에 이르는 광대한 지역의 중심지이고, 강가강과 손Son강 그리고 간다끼Gandaki강 세 개의 강이 합류하는 지점이라 교통의 요지였으며 당시 철의 집산지였다.

아자따삿뚜의 뒤를 이은 우다이밧다(Udāyibhadda:재위:B.C.462~446)가 마가다국의 수도를 라자가하에서 빠딸리로 옮기고 빠딸리뿟따Pātaliputta라고 불렀다. 마우리아왕조 때에는 제국의 중심도시였다. 지금은 비하르주州의 수도로 빠뜨나Patna라고 부른다.

아자따삿뚜가 왓사까라와 수니다Sunīdha등 두 명의 대신을 이곳에 보내 요새를 짓고 있었는데, 그것은 강가강의 북쪽에 있는 왓지연맹의 침략을 막기 위한 것이었다. 이 요새는 화재나 홍수, 내부의 반란이 아니면 결코 무너지지 않을 것이라고 붓다가 말했을 정도로 튼튼했다.[3)]

붓다는 빠딸리에서 북쪽으로 강가강을 건넜다. 붓다가 빠딸리에서 나온 성문을 고따마드와라Gotamadvāra,즉 '고따마 문'이라 했고, 강을 건넌 나루를 고따마띳타Gotamatittha, 즉 '고따마 나루'로 부르기로 하였다.

붓다가 강가강에 이르니 마침 강물이 홍수로 범람하였다. 사람들은 강을 건너기 위해 배를 찾고 뗏목을 만들기 시작하였으나 붓다는 신통력으로 제자들과 함께 순식간에 강을 건너버렸다고 한다.[4)]

붓다는 제자들과 강가강을 건넌 다음 꼬띠Koti마을과 나디까Nādika 마

---

3) 성열, 『부처님 말씀』(현암사:2002), p.633, Ut. p.107.
4) 성열, 『부처님 말씀』(현암사:2002), p.681.

을을 지나 웨살리Vesālī로 들어갔다.

2. 웨살리

전에 붓다가 웨살리를 방문하였을 때, 암바빨리도 붓다가 왔다는 소문을 들었다. 그녀는 화려한 옷차림으로 붓다를 방문하였다. 암바빨리는 붓다의 설법을 듣고 자기가 소유하고 있었던 망고 나무 동산을 붓다에게 기증하였었다.[5)]

이제 다시 붓다는 제자들과 그녀가 기증한 망고원에 들렀고, 그녀는 붓다를 공양하기 위해 자기 집으로 초청하였다. 붓다가 그녀의 공양청供養請을 받아들이자 그녀는 기뻐하면서 되돌아가다가 붓다가 오셨다는 소문을 듣고 찾아오는 명문세도가인 릿차위들과 부딪쳤다. 그리고는 암바빨리가 붓다를 공양에 초청하였다는 것을 알고 릿차위족들은 10만금을 줄 터이니 그 공양청을 자신들에게 양보하라고 말하였다. 그러나 암바빨리는 결코 양보할 수 없다고 말하자 그들은 창부에게 패배하였다고 자탄하였다.[6)]

암바빨리가 왕족인 릿차위들에게 공양을 양보하지 않았다는 것은 공덕을 쌓은 행위는 그의 사회적 지위와는 관계하지 않는다는 것을 의미하며, 붓다는 사회적 신분과 관계없이 순서에 따라 공양을 받아들였다는 것을 의미한다.

암바빨리와 마가다의 빔비사라왕 사이에 위말라 꼰단나Vimala Konda-

---

5) 성열, 『부처님 말씀』(현암사:2002), p.14, p.462.
증일아함경:<2-596상> D.N. II. p.102.
6) 성열, 『부처님 말씀』(현암사:2002), p.450.

ñña란 아들이 있었으며,[7] 그는 출가하여 아라한이 되었다. 암바빨리도 훗날 아들 위말라 꼰단나의 인도에 따라 비구니가 되었고, 그녀의 시가 『테리가타』Therīgāthā에 전해지고 있다.[8]

3. 마지막 안거

붓다는 암바빨리의 공양을 받고 나서 대중을 데리고 웨살리 근처의 벨루와Beluva 마을로 향했다. 붓다는 벨루와에 이르기 전에 비구들에게 말했다.

> "비구들아, 웨살리 근처에 각자 머물 곳을 정하자. 자기와 같이 지낼 수 있는 가까운 사람들과 장소를 정하도록 하라. 몇 사람씩 흩어져 이 어려운 우기雨期를 견뎌내도록 하자. 나는 벨루와로 가서 안거安居할 것이다."[9]

붓다가 여름안거 기간인데도 불구하고 비구들을 흩어져서 안거를 보내게 한 것은 그 해에 몹시 흉년이 들었기 때문이다. 비구들은 집단생활을 하게 마련인데 흉년이 들면 자연 걸식을 하기 어렵게 된다. 따라서 걸식을 하기 힘들 정도로 흉년이 들면 상가saṅgha를 해산하였다가 기근饑饉이 해결되고 나서 한 자리에 모이게 된다.

붓다는 벨루와에 계시는 동안 심한 병을 앓았다. 하지만 붓다는 자신의 고통스러움을 아무에게도 내색하지 않고 정진의 힘으로 말없이 견뎌내면서 혼자 생각하였다.

---

7) Thag. p.65. Thig. p.120.
8) Thig. 252~270.
9) S.N.V.p.130. D.N. II. p.106.

"비구들에게 설법하지 않고 나 혼자 침묵으로 시간을 보내는 것은 바람직하지 못하다. 이제 내 강한 의지로 이 병고에서 벗어나 아직 남아 있는 인생을 보내야 되겠다."

붓다는 얼마 되지 않아 병고에서 회복되었다. 붓다는 침묵으로 보내던 거처에서 나와 나무 그늘 아래에 자리를 펴고 앉았다. 그 때 아난다가 붓다의 곁으로 와서 앉았다. 그리고 붓다에게 말씀드렸다.

"저는 부처님의 건강을 지켜보았습니다. 부처님이 얼마나 고통스러워하는지 지켜보았습니다. 부처님의 병환을 보며 제 몸은 기어드는 것 같았고 앞이 깜깜해졌습니다. 내 마음은 더 이상 밝아지지 않았습니다. 하지만 상가에 대하여 어떤 지시를 남기실 때까지는 부처님이 떠나시지 않을 것이라 생각하니 조금 편안하기도 했습니다."

"아난다야, 상가가 나에게 무엇을 기대하느냐? 나는 이미 공개할 것과 공개하지 않을 것의 구분 없이 모든 것을 말해왔다. 나만이 아는 법을 손에 꼭 움켜잡고 너희에게 가르치지 않은 것은 없다. 나 혼자만 가지고 갈 법이란 없다. 결코 나만이 깨달음을 얻는다고 말하지 않는다.

내가 비구들을 이끌고 간다거나 내가 상가를 좌우한다고 생각하지 마라. 상가의 어떤 문제를 가지고 내가 명령을 내린다고 생각하지 마라.

아난다야, 이제 내 나이 80에 접어들었다. 이 몸도 늙을 대로 늙어 내 삶도 거의 끝나가고 있다. 마치 낡은 수레를 가죽 끈으로 얽어매어 지탱하고 있듯이 내 몸도 그와 같다.

내 방편의 힘으로 조금 더 머물며 내 정진의 힘으로 이 고통을 이겨내리라.

아난다야, 다만 밖으로 향하는 모든 생각을 멈추고 무념무상의 삼매[無想定]에 들어갈 때 내 몸은 편안하여 근심도 고통도 모두 없어지는 것이다. 그러므로 아난다야. 너 자신을 등불로 삼고 너 자신에 의지하라. 너 자신 밖의 것에 의지하지 말고 오직 너 자신에 전념하라. 법을 등불로 삼고, 법에 의지하라. 법을 떠나 다른 것에 매달리지 말라.

수행자는 잠시도 쉬지 않고 불굴의 정신으로 자기 몸(色)에 대하여 깊이 관찰하고 정신을 집중함으로써 육신에 대한 갈망과 실의에서 벗어날 수 있다. 감각(受)과 마음(心)과 법(法)에 대해서도 마찬가지이다. 이것은 자기를 등불로 삼고, 법을 등불로 삼으라고 하는 것이요 자기를 의지하고 법을 의지하라고 하는 것이다.

아난다야, 지금이나 내가 떠난 뒤에라도 내가 말한 대로 수행하는 사람이라야 그가 나의 참된 제자요 가장 훌륭하게 배우는 사람이라 할 것이다."[10]

소위 자등명自燈明, 법등명法燈明, 자귀의自歸依, 법귀의法歸依를 설파한 것이다. 붓다는 웨살리로 들어가 걸식을 마치고 아난다와 짜빨라 쩨띠야Cāpāla Cetiya로 갔다. 붓다는 한 나무 아래에 이르러, '아난다야, 자리를 마련해 다오. 내 지금 허리가 아프니, 여기서 좀 쉬어야겠다.'고 말했다. 붓다와 아난다는 쩨띠야 안에 자리를 깔고 앉아 말했다.

"아난다야, 이 웨살리는 참 좋은 곳이 아니냐. 저 우데나 쩨띠야, 고따마까 쩨띠야, 샤란다다 쩨띠야, 짜빨라 쩨디야 등이 얼마나

---

10) D.N. II. p.107~108. S.E.B. vol. XI. p.36~38. 유행경<1-15상~중>.
성열, 『부처님 말씀』(현암사:2002), p.127.

아름다우냐.

누구라도 마음을 자유자재할 수 있는 네 가지 길[四如意足]을 닦고 거기에 머물게 되면 영원의 삶을 살 수 있지 않겠느냐. 그는 마음만 먹는다면 한 겁劫을 살 것이다."

아난다는 붓다의 그 말뜻을 이해할 수가 없었다. 그래서 아난다는 붓다에게 임종에 들지 말고 영원히 머물러 계시라고 간청하지 않았다. 아난다는 그 순간 악마에게 현혹되어 마음을 빼앗기고 있었다고 한다. 붓다가 두 번, 세 번 같은 말씀을 했어도 아난다는 멍하니 침묵하고 있었다. 아난다의 이 침묵은 붓다가 세상을 떠난 후 중요한 문책사항의 하나가 되었다.

"아난다야, 자리를 좀 비켜다오. 잠시 좀 쉬어야겠다."

아난다가 붓다의 곁을 떠나 조금 떨어진 곳의 나무 그늘 아래에 자리를 앉으니, 악마가 붓다에게 접근해서 속삭였다.

"붓다여, 이제 이 세상에서 떠나시지요. 이제 떠나실 때가 되었습니다."

"악마야, 나의 모든 제자들이 내 가르침을 잘 수행할 때까지 나는 죽지 않을 것이다. 나의 제자들에게 더 이상 가르침이 필요 없을 때까지 나는 머무를 것이다."

"붓다여, 이제 저들에게 가르침이 필요하지 않습니다. 이제 떠나야 할 때가 되었습니다."

"악마야, 내가 이 세상에서 완전히 사라지는 것이 그렇게도 좋으냐. 지금부터 석 달 후에 내가 떠날 것이니라."[11)]

붓다가 더 이상 살기를 포기하니, 대지가 진동하고 하늘에서는 천둥

---

11) D.N. II. p.113. S.E.B. vol. XI. p.44.

이 울렸다고 한다. 대지가 요동하고 천둥이 치는 바람에 아난다가 붓다의 옆으로 가서 어찌하여 천지가 진동하느냐고 여쭈었다. 붓다는 천지가 진동하는 까닭을 말해주었다. 그때서야 아난다가 붓다에게 영원히 머무실 것을 두 번, 세 번 거듭 간청하였다. 그러나 붓다의 대답은 간단했다.

"아난다야, 지금 나에게 그렇게 청하지 말라. 어찌하여 귀찮게 두 번 세 번 말하게 하느냐. 내가 전에 마음의 자유자재를 얻은 사람은 한 겁을 살수도 있다고 말하지 않았더냐? 나는 석 달 뒤에 임종할 것이니라.

아난다야, 마하와나Mahāvana의 꾸따가라Kūtāgara강당講堂으로 가자."

붓다는 마하와나의 꾸따가라강당에 도착하여 웨살리 부근의 비구들을 모이게 하였다. 붓다는 비구들에게 37도품道品에 대하여 설법하였다. 붓다는 설법을 마치고 자신의 임종을 선언하였다.[12)]

"세상은 덧없고 무상하다. 나는 석 달 뒤에 임종에 들 것이다. 나도 이제 늙었다. 내 생도 이제 얼마 남지 않았다. 나는 이제 홀로 떠날 것이다. 너희는 자신을 잘 닦도록 하라."[13)]

붓다는 다음날도 평상시처럼 웨살리 성에 들어가 밥을 얻으면서 웨살리 거리 여기저기를 자세히 살펴보았다.

"이제 내가 웨살리를 지켜보는 것도 마지막이다.

아난다야, 어서 반다Bhaṇḍa 마을로 가자."

붓다는 비구들과 함께 반다 마을에서 다시 핫띠Hatthi 마을을 지나 암

---

12) 성열, 『부처님 말씀』(현암사:2002), p.117.
13) D.N. II. p.128.

바Amba 마을과 잠부Jambu 마을을 거쳐서 보가Bhoga시에 도착하여 아난다쩨띠야Ānanda cetiya에 머물렀다. 붓다는 아난다쩨띠야에서 사대교법四大敎法을 설하셨다.

사대교법이란 어떤 비구가 언제, 어디서, 붓다에게 직접 들은 말씀이라고 해도 그것이 경經과 율律에 맞는가를 확인하고 그것이 맞으면 받아들이고 경과 율에 맞지 않으면 배척하라는 것이다. 대중과 장로들에게 들었다고 말하거나 많은 비구들에게 들었다거나 한 사람의 비구에게 들었다고 말하는 경우에도 반드시 경과 율에 맞는가를 확인해야 한다는 것이다.14)

4. 쭌다의 공양

붓다와 일행은 다시 빠와Pāvā로 향했다. 붓다는 빠와에 도착하여 대장장이의 아들 쭌다Cunda의 망고나무 동산에 머물렀다. 붓다는 쭌다의 공양에 초대되었고, 이것이 붓다의 마지막 식사가 되었다. 쭌다를 주나周那나 순타純陀로 한역漢譯하였으며, 한글대장경에는 '춘다'라고 했다.

쭌다가 붓다에게 올린 마지막 식사가 무엇인지에 대하여 두 가지 견해가 있다. 그 날 붓다와 비구들에게 바쳐진 식사는 쌀밥과 과자였고, 붓다에게만 특별히 올려 진 메뉴가 있었는데, 빨리경전에 '수까라 맛다와'Sūkara-maddava라고 전한다.15) 수까라 맛다와는 번역하는 사람에 따라 견해가 다르다.

14) 성열, 『부처님 말씀』(현암사:2002), p.44.
15) 빨리어 'Sūkara-maddava'에서 'sūkara'는 '돼지'(pig) 그 중에서도 특히 '불깐 돼지'(hog)이고<P.E.D. p.721> 'maddava'는 '부드럽다'는 뜻이다.<P.E.D. p.518>.

리스 데이비스(T.W. Rhys Davids),16) 우드워드,17) 뉴만(K.E. Neumann)은 '송로과松露科의 버섯'이라 했고, 불타야사佛陀耶舍와 축불념竺佛念은 '전단나무 버섯'[旃檀樹耳]이라 했다.18) 그런가 하면 리스 데이비스는 다른 번역에서 '말린 돼지고기'(dried boar's flesh),19) '돼지고기'(pork)20), 프랑케Franke는 '부드러운 돼지고기'(soft boar's flesh)라 했으며, 그밖에 올덴베르그Oldenberg, 플릿Fleet 등이 '돼지고기'라 보는 이들이다.

붓다는 쭌다로부터 수까라 맛다와를 받으면서 말했다.

"쭌다야, 그것은 다른 사람에게는 주지 말고 나에게만 주어라. 그리고 먹다 남은 것은 땅을 파고 묻어 버리도록 하라.

나를 제외하고는 이세상의 어떤 마라Māra · 브라흐마Brahma · 사마나Samaṇa · 바라문(Brāhmana:梵志) · 신神들이나 인간도 그것을 먹고 잘 소화시킬 수 있는 이는 없다는 것을 잘 알고 있기 때문이다."21)

쭌다는 붓다의 말씀대로 먹고 남은 수까라 맛다와를 땅에 묻고 나서 붓다에게 절을 하고 앉았다. 붓다는 쭌다에게 설법을 해주어 그를 기쁘게 하고 자리에서 일어났다.22)

붓다는 쭌다의 공양을 받고 이질痢疾의 증상이 나타나서 심한 고통을 느껴 마치 죽을 것만 같았다고 한다.23) 하지만 붓다는 정신력으로 참아

---

16) Mahāparinibbāna Suttanta. ii. 127:<D.N. II. p.137:>.
17) Udāna. VIII. V:<Ut. p.99>.
18) 유행경:<1-18중> *'耳'는 '곡식의 싹'을 말하므로 旃檀樹耳는 전단나무에서 피어나는 싹, 즉 버섯을 뜻한다.
19) Mahāparinibbāna sutta. IV.18.<S.B.E. vol. XI. p.71>.
20) The questions of King Milinda. IV. 3. 22.<S.B.E. vol. XXXV. p.244>.
21) D.N. II. p.138.
22) 성열, 『부처님 말씀』(현암사:2002), p.72, p.220.
23) D.N. II. p.138.

내고 아무런 내색도 하지 않았다. 그리고는 아난다에게 꾸시나라Kusinārā로 가자고 하였다.24) 그러나 빠와에서 꾸시나라까지 29km의 여정은 붓다에게 꽤나 힘들었던 것 같다.

5. 뿟꾸사

붓다는 꾸시나라로 가는 도중에 길옆의 어떤 나무 아래로 가서 아난다에게 말했다.

"아난다야, 가사를 넷으로 접어서 깔아다오. 내가 좀 피곤하니 잠시 쉬어야겠다!"

붓다의 지시대로 아난다가 자리를 마련하자 자리에 앉은 다음 다시 말했다.

"아난다야, 물을 좀 가져오너라. 목이 말라 물이 먹고 싶구나."

"세존이시여, 지금 막 5백 대의 수레가 지나갔기 때문에 물이 뒤집혀 흙탕이 되었습니다. 멀지 않은 곳에 까꿋타Kakuṭṭha 강이 있으니, 그곳에 가시면 맑은 물을 드실 수 있습니다."

붓다는 거듭하여 물을 가져오라고 했지만 아난다는 그 물을 떠올 수가 없었다. 붓다가 세 번째 말씀하시니 더 이상 지체할 수가 없었던 아난다는 바루를 가지고 작은 개울로 내려갔다. 그러나 물을 역시 흙탕이었다. 아난다는 붓다의 신통력으로 물을 맑게 할 수 있을 것이라 생각하고 그 물을 떠다드렸다.

---

24) 꾸시나라(Kusinārā)의 산쓰끄리뜨어는 꾸시나가라(Kusinagara)이고, 현재 고라크뿌르(Gorakhpur)에서 28번 도로를 타고 동쪽으로 50km 정도 지점에 있는 까시아(Kasia)라고 한다.

그 때 마침 말라족 청년 뿟꾸사Pukkusa가 빠와에서 꾸시나라를 향해 가다가 붓다를 만나게 되었다. 그는 복귀福貴라 한역되었으며, 알라라 깔라마의 제자였다.[25] 뿌꾸사는 붓다의 거룩하신 모습을 뵙고 발아래 예배드리고 말씀 올렸다.

"세존이시여, 집을 떠나 수행하시는 사람들은 참으로 기특하더이다. 한때 저의 스승이 길가의 나무 아래에서 명상하고 있을 때, 마침 5백 대의 수레가 그 곁을 지나갔습니다. 그는 깨어있으면서도 수레가 지나가는 소리를 듣지 못했다고 합니다."

붓다는 뿟꾸사의 말을 듣고 그에게 물었다.

"내 이제 너에게 물을 터이니 너의 의견대로 대답하라. 많은 수레가 소리를 내고 지나가는 것을 듣지 못한 것과 천지를 진동하는 우렛소리를 듣지 못하는 것 중에 어떤 것이 더욱 어렵다고 생각하느냐?"

"천만대의 수레가 지나간들 천둥소리와 같을 수가 있겠습니까?"

"내가 한때 아뚜마Ātumā 마을의 어느 초막에서 좌선하고 뜰 안을 거닐고 있었다. 그런데 많은 사람들이 모여 웅성거리고 있었다. 그 중에 한 사람이 나의 초막으로 왔기에 '왜 사람들이 저렇게 모여 있느냐'고 물었다. 그 사람이 나에게 '조금 전에 어디에서 무엇을 하고 있었느냐'고 묻기에 '여기에서 선정禪定에 들어 있었다'고 말하였다. 그랬더니 말하기를 '희유하나이다. 부처님이시여, 조금 전에 천지를 뒤흔드는 뇌성벽력이 울리고 벼락이 쳐서 큰 소 네 마리와 밭을 갈던 형제가 죽었습니다. 홀로 선정에 들어있으면서 그 소리를 듣지 못하셨다니 정말로 놀라운

25) 『유행경』<1-19상>에 '時有阿羅漢弟子 名曰福貴'라 했는데, 아라한(阿羅漢)이 아니라 '아라라'(阿羅羅), 즉 알라라 깔라마(阿羅羅 伽羅摩)의 착오임이 분명하다.

일입니다'라고 하면서 내게 예배 올리고 간 일이 있었느니라."[26)]

뿟꾸사는 선정에 들어 우렛소리마저 듣지 못했다는 말에 놀랐다. 그는 부처님께 예배하고 법문을 들었다. 그리고 삼보에 귀의하고 오계를 받았다. 그가 떠나기에 앞서 금실로 짠 황금색 옷 두 벌을 붓다에게 바치니, 하나는 아난다에게 주라고 하여 그렇게 했다. 뿟꾸사는 이다음에 자기가 살고 있는 성을 지나가실 때는 자기 집에 들러 공양을 받으시라고 청하고 떠났다. 뿟꾸사가 떠난 뒤에 아난다가 붓다에게 황금색 옷을 입혀드리니, 붓다의 모습이 황금색 옷보다도 더 밝게 빛났다고 한다.

붓다는 비구들과 같이 까꿋타강으로 갔다. 붓다는 강물로 들어가 목욕도 하고 물도 마셨다. 이때 한 비구가 붓다에게 여쭈었다.

"붓다는 천상 천하에 존귀하신 분인데 어찌하여 하늘나라의 약을 청하여 병을 치료하려 하시지 않으십니까?"

"사람의 몸은 집과 같아서 오래되면 모두가 허물어져 버린다. 그렇지만 땅은 변함없이 평온하다. 나의 마음도 평온하기가 땅과 같지만 다만 내 몸이 헌집과 같을 뿐이다. 마음에는 병이 없으나 다만 육신에 병이 있을 따름이다."[27)]

붓다는 강의 건너편에 있는 망고 숲으로 갔다. 붓다는 그곳에서 쭌다까Cundaka 장로에게 말했다.

"쭌다까여, 가사를 넷으로 접어서 깔아다오. 피곤해서 누워야겠다."

쭌다까가 붓다의 분부대로 하니 붓다는 누워서 깊은 삼매에 들었다가 깨어났다. 그 때 아난다에게 말했다.

"아까 쭌다가 뉘우치는 빛이 없더냐? 만일 뉘우치는 빛이 있었다면

26) 유행경<1-19상>.
27) 불반니원경 권하:<1-169상>.

왜일까?"

"쭌다는 공양을 올렸지만 아무런 복도 없을 것입니다. 그 집에서 마지막으로 공양을 받으시고 대열반에 드시게 되기 때문입니다."

"그렇게 말하지 마라. 그렇게 말하지 마라. 이제 쭌다는 큰 이익을 얻을 것이다. 내가 처음 도를 이루었을 때 공양을 베푼 사람이나 대열반에 들기 전에 공양을 올린 사람이나 공덕은 다를 것이 없느니라."

붓다는 아난다에게 쭌다가 올린 공양의 과보가 말할 수 없이 크다고 붓다가 말했다는 것을 알리라고 했다.[28] 쭌다가 마지막으로 올린 공양이 공덕이 많다고 알리게 한 것은 후에 혹시라도 쭌다에게 가해질 위협이나 비난을 방지하기 위한 배려였다고 생각된다. 이것이 바로 붓다의 한없는 중생사랑의 모습이라 하겠다.

붓다는 다시 히란냐와띠Hiraññavati강을 건너 꾸시나라의 우빠왓따나Upavattana란 이름의 말라족들의 살라sāla 나무숲으로 갔다. 붓다가 아난다에게 말했다.

"아난다야, 머리를 북쪽으로 둘 수 있도록 살라 나무 사이에 자리를 펴다오. 피곤하여 좀 쉬어야겠다."

붓다가 발을 포개고 오른쪽으로 누워 삼매에 들어갔다. 이때 살라 나무들이 때아니게 꽃이 만발하더니 붓다의 몸 위로 꽃들이 쏟아졌다. 동시에 하늘에서도 만다라와Mandārava 꽃이 비를 내리듯이 쏟아졌다.[29] 그리고 하늘에서 노래 소리가 울려 퍼졌다. 그때 붓다가 말했다.

"아난다야, 살라나무의 신들이 때아닌 꽃으로 내게 공양했다. 그러나 그것은 여래如來를 공양하는 것이 아니다."

---

28) 유행경:<1-18하> D.N. II. p.147.
29) 산쓰끄리뜨로 'Mandāra'이고, '만다라꽃'이라 번역한다.

"그러면 어떤 것을 여래를 공양하는 것이라 합니까?"

"아난다야, 사람들이 스스로 법을 받아 법답게 행동하는 것을 여래를 공양하는 것이라고 한다.

수레바퀴만한 아름다운 꽃을 부처에게 뿌린다고 해도 그것만으로는 공양이라 할 수 없다. 5온・18계・12입처에 '나라는 실체'가 없다는 것을 깨닫는 것이 최상의 공양이다."[30]

6. 신들의 불평

그때 우빠와나Upavāṇa가 붓다 앞에서 부채질을 하고 있었다. 그는 사왓띠의 바라문출신으로 부잣집 아들이었다. 기원정사의 낙성식에서 붓다의 거룩한 모습을 뵙고 출가하여 아라한이 된 사람이다.

그는 아난다가 시자로 지명되기 전에 붓다의 옆에서 시중들었던 사람으로 붓다가 위경련을 앓고 있었을 때, 세속의 친구인 데와히따Devahita의 도움으로 뜨거운 물과 당밀糖蜜을 얻어 가지고 붓다의 병을 낫게 했었다.[31] 그래서 붓다는 그에게 고마움을 말하곤 했었다. 그는 붓다의 측근자 가운데 한 사람이었으며, 80명의 존자 가운데 한 사람으로 선출되기도 했다.

"우빠와나야, 내 앞을 가리지 말고 옆으로 좀 비키거라."

아난다는 붓다가 우빠와나에게 비키라고 하는 말을 듣고서 혹시 전에 측근이었던 그가 싫어져서 그렇게 말씀하시는 것으로 오해하고 붓다에게 여쭈었다.

---

30) 유행경<1-21상> D.N. II. p.150.
31) S.N. I. p.220.

"세존이시여, 제가 25년이나 모셔왔지만 앞을 가로막지 말고 비키라고 하신 일이 없었는데 이게 웬일입니까?"

"아난다야, 온 세상의 신들이 내가 열반에 든다는 말을 듣고 몹시 슬퍼하면서 사방에 가득 서 있는데, 우빠와나 비구가 앞을 가로막고 있어서 나를 볼 수 없다고 불평하기 때문이다."[32)]

7. 성지순례

아난다가 붓다에게 여쭈었다.

"전에는 비구들이 각 지방에서 안거를 마치면 세존을 뵙고 법을 듣기 위해 모여들었습니다. 하지만 이제 세존께서 열반에 드시고 나면 저희들은 더 이상 법을 들을 수 없게 되니, 그것이 몹시 슬픕니다."

"아난다야, 신심이 깊은 사람들이 방문하여 숭배하는 마음을 가져야 할 곳이 넷이 있다. 내가 태어난 곳, 내가 깨달음을 얻은 곳, 내가 처음으로 설법한 곳 그리고 내가 열반에 든 곳이다. 그곳은 신심이 깊은 사람들이 방문하여 경배할 곳이다.
그곳을 순례하고 경배하는 사람은 죽어서 다시 태어날 것이요 하늘의 복을 누릴 것이다.[33)] 그렇지만 도를 얻은 사람은 제외한다."[34)]

불생처佛生處 · 득도처得道處 · 전법륜처轉法輪處 · 반니원처般泥洹處, 다시 말해 룸비니 · 붓다가야 · 와라나시 · 꾸시나라를 4대영장四大靈場으

---

32) 대반열반경권중:<1-199상> D.N. II. p.152.
33) D.N. II. p.153.
34) 유행경:<1-26상>.

로 규정하는 것은 초기불교 시대의 전통이었다.[35] 그러나 후대에는 영장의 수가 늘어 8대영장八大靈場이 보편화되었다.[36]

8대 영장(八大靈場)

	이 름	비 고
1	룸비니	탄생지
2	붓다가야	성도지
3	와라나시	최초 설법지
4	사왓티 기원정사	신통력을 보여준 곳
5	상깟사	도리천에서 하강한 곳
6	라자가하 죽림원	상가의 기초를 다진 곳
7	웨살리 중각강당	열반을 예고한 곳
8	꾸시나라	열반지

8. 붓다의 장례절차

아난다는 붓다가 대열반에 드시면 어떤 절차로 장례를 치러야 할 지 궁금해서 여쭈었다.

"붓다께서 열반에 드신 다음 장례는 어떻게 치러야 합니까?"

"아난다야, 너희들 비구들은 잠자코 너희들의 할 일이나 생각해라. 장례와 같은 일은 신도들이 스스로 잘 알아서 처리할 것이다."

붓다는 자신의 장례를 치르는 일마저 신도들에게 맡겨두고, 비구들은

---

35) 유행경:<1-26상>, 마하빠리닙빠나숫딴따:<D.N. II. p.153>, 마하율지율 제33:<22-498중>, 근본설일체유부비나야잡사 제38:<24-399상>.

36) 근본설일체유부백일갈마 제9:<24-496상>, 근본살바다부율섭 제7:<24-567상>, 팔대영탑명호경:<32-773상>.

비구들이 할 일이나 생각하라고 했는데, 지금 우리들 비구들은 무엇을 하고 있는가? 비구들이 할 일이란 침묵으로 수행하는 것과 법을 전파하는 일 이 두 가지뿐이라고 했는데, 지금 그렇게 하고 있는지 반성해 볼 일이다.

아난다가 세 번이나 같은 질문을 하자 자세히 일러 주셨다.

"전륜성왕을 장례 치르듯이 하라."

"전륜성왕의 장례법은 어떤 것입니까?"

"전륜성왕의 장례는 먼저 향탕香湯으로 몸을 씻고, 무명천을 가지고 5백 겹으로 두루 감아 황금관에 넣은 뒤에 깨기름을 붓는다. 그리고 다시 쇠로 만든 곽에 넣고 전단향나무 장작을 곽의 둘레에 겹겹이 쌓고 갖가지 향으로 두텁게 덮고 화장을 한다."37)

9. 탑을 세워라

붓다는 계속하여 아난다에게 말했다.

"아난다야, 화장을 마친 다음에 사리舍利를 거두어 네거리에 탑을 세워서 오고 가는 사람들이 꽃과 향으로 공양하게 하고, 경배하게 하라.

길을 가는 사람들이 탑을 보고 붓다의 가르침을 깊이 생각하여 살아서 행복을 얻고 죽어서는 하늘에 태어나게 하라.

아난다야, 탑을 세워야 할 사람이 넷이 있다. 붓다는 눈뜬 자요 깨달은 자이니 탑을 세워 경배해야 하고, 홀로 정진하여 깨달은 벽지불辟支佛도 탑을 세워 경배해야 하고, 진심으로 붓다의 법을 들은 성문聲聞도 탑을 세워 경배해야 하며, 전륜성왕轉輪聖王도 탑을 세워 경배해야 한

37) 유행경:<1-20상> D.N. II. p.155.

다."[38]

10. 아난다

아난다는 절의 문기둥에 기대어 서서 '나는 아직 아라한阿羅漢이 되지 못한 자로서 수행해야 할 것이 남았다. 그런데 나의 스승은 돌아가시려 한다. 그렇다면 내가 25년 간 시봉한 것도 결국 헛수고가 될 것'이라고 생각하며 눈물을 흘리고 있었다.[39] 붓다는 한 비구를 불러 아난다를 찾았다.

"아난다는 지금 어디에 있느냐?"

"아난다는 지금 문기둥에 기대어 아직 아라한이 되지 못한 것을 한탄하고 있습니다."

"아난다를 내가 찾는다고 전하라."

그 비구가 아난다에게 붓다가 찾고 있다고 전하자 아난다는 붓다 옆으로 가서 앉았다. 붓다가 아난다에게 말했다.

"아난다야, 슬퍼하지 말고 울음을 그만 멈추어라. 사랑하는 사람도 언제인가 반드시 헤어지기 마련이라고 전부터 말해오지 않았느냐? 태어난 자는 반드시 죽게 마련이다. 이 세상에 그렇지 않은 것이 있을 수 있겠느냐?

아난다야, 너도 네가 할 일을 잘 해왔다. 이 세상에서나 하늘에서나 악마 · 범천 · 바라문 · 사문들도 나를 공양한 일은 있었지만 아무도 너의 공양에는 미치지 못할 것이다. 너도 이제 열심히 정진精進하라. 그러

38) 유행경<1-20중> D.N. II. p.156.
39) Jt. vol. III. p.15.

면 너도 머지않아 무지와 탐욕 그리고 욕망의 굴레에서 해방되고 깨달음을 얻게 될 것이다."

붓다는 비구들에게 아난다만이 가지고 있는 네 가지 법을 말하였다.

"비구들아, 아난다는 총명하고 지혜로운 사람이다. 그는 어떤 사람이 언제 나를 만나야 할지를 잘 알아서 처리하였다.

아난다만이 가지고 있는 네 가지 탁월함이 있다. 만약 비구들이 아난다를 만나면 그를 보는 것만으로도 기쁨이 충만할 것이고, 아난다가 그들을 위하여 법을 설하면 그들은 환희심을 낼 것이다. 비구니나 신심이 돈독한 우빠사까나 우빠시까도 아난다를 보는 것만으로도 기쁨이 충만할 것이고, 아난다가 그들에게 설법하면 모두가 환희심을 낼 것이다."[40]

붓다가 말을 마치자 아난다가 여쭈었다.

"세존이시여, 이 땅은 작은 도시이고, 숲 속에 있는 황량한 도시이며, 변방에 있는 작은 도시입니다. 이곳에서 열반에 드시지 마십시오. 저 짬빠·라자가하·사왓티·사께따·꼬삼비·와라나시와 같은 큰 도시에서 열반에 드십시오. 그곳에는 부처님을 신봉하는 거부장자나 바라문이나 거사들이 많이 있어 부처님을 받들어 모실 것입니다."

"아난다야, 이곳을 작은 도시, 숲 속에 있는 황량한 도시, 변방에 있는 작은 도시라고 부르지 말라. 먼 옛날 마하수닷세나Mahā Sudassana가 이곳에 도읍을 정하고 있었을 때는 이 도시의 크기가 동서로 12유순由旬이요, 남북으로 7유순이나 되는 큰 도시였다. 그 때는 꾸시나라를 꾸사와띠Kusāvatī라고 불렀고, 그 때의 꾸사와띠는 물자가 풍부하였고 사람들도 우글거렸으며 밤낮 쉴 사이 없이 우마차의 오가는 소리로 시끄러울 정도였느니라."[41]

---

40) D.N. II. p.160.

『마하수닷사나 자따까』에 의하면, 아난다가 '이 작은 도시에서 열반에 들지 말아 달라'고 했을 때, 이와 같이 말했다고 한다.

> 내가 기원정사에 머물고 있을 때, 날라Nāla촌에서 태어난 사리뿟따는 와라까Varaka에서 열반에 들었고, 목갈라나도 열반에 들었다. 나의 으뜸가는 제자가 죽었으니, 나 역시 구시나라에서 임종에 들어야겠다.[42]

11. 말라족에게 알려라

붓다가 아난다에게 '오늘밤 안으로 여래가 열반에 든다'는 것을 말라족에게 전하라고 지시했다. 붓다의 지시를 받은 아난다는 꾸시나라 성 안으로 들어갔다. 그 때 마침 꾸시나라의 말라족이 공회당에 모여 회의를 하고 있었다. 아난다는 그들에게 다가가서 말했다.

"와셋따Vāseṭṭha들이여,[43] 부처님을 뵙는 것도 오늘밤이 마지막이 될 것이요. 부처님께서 오늘밤 살라 나무 아래에서 열반에 드실 것이니, 여러분은 가서 의심되는 것이 있으면 직접 물으시오. 그리하여 뒷날 후회하지 않도록 하시오."

말라족들은 가족들과 함께 붓다를 뵈어야겠다고 각자 자기 가족들을 데리고 살라 숲으로 모여들었다. 아난다는 '저렇게 많은 사람들을 한 사

---

41) D.N. II. p.161, *유행경<1-21중>에는 길이가 480리, 넓이가 280리라 했다.
42) Jt. vol. I. p.230.
43) 말라는 부족의 이름이며, 말라족은 빠와와 꾸시나라에 살았기 때문에 빠와의 말라족은 빠웨이야까 말라(Pāveyyaka Malla)라 하고, 꾸시나라의 말라족은 꼬시나라까(Kosinārakā)라 부른다. 그들은 성자 와셋타(Vāseṭṭha)의 후손이란 의미로 '와셋타'라 불렸다.

람씩 뵙게 했다가는 날이 새도 끝나지 않겠다'고 생각하고 가족별로 그룹을 만들어 앞에 세우고 붓다에게 그들을 소개했다.

12. 마지막 교화자

이때 수밧다Subhadda란 이교도paribbājaka가 붓다께서 오늘밤 안에 열반에 드신다는 소식을 듣고 의심나는 것을 물으려고 달려왔다. 그는 이미 120살이나 되었다고 한다. 아난다가 그의 앞을 가로막자 붓다를 꼭 뵐 수 있게 해달라고 간청하였다.

아난다는 붓다가 병환중임을 들어 공연히 붓다를 귀찮게 하지 말라고 세 번이나 거절하였다. 그렇지만 수밧다는 붓다께서 이 세상에 출현하시는 것은 마치 우담바라 꽃이 피는 것을 보기가 어려운 것처럼 힘든 일이니 제발 붓다를 만나게 해달라고 졸랐다. 붓다는 밖에서 두 사람이 실랑이하는 소리를 듣고 아난다에게 말하였다.

"아난다야, 그 사람을 막지 마라. 들어오게 하라. 의심을 풀려는 것이니 조금도 귀찮을 것이 없다. 그도 내 말을 들으면 반드시 깨달음이 있을 것이다."

붓다를 뵙게 된 수밧다는 정중하게 인사를 드리고 여쭈었다.

"세상에는 많은 제자들을 거느리고 있는 사상가들이 많습니다. 뿌라나 깟사빠 · 맛칼리 고살라 · 아지따 께사깜발라 · 빠꾸다 깟짜야나 · 산자야 벨라티뿟따 · 니간타 나따뿟따가 그런 이들이라 하겠습니다. 그런데 그들의 가르침이 모두 다릅니다. 세존께서는 그들의 가르침에 대하여 다 아십니까?"

"수밧다여, 나는 그들의 가르침에 대하여 다 알고 있소. 이제 내 가르침을 들으시오. 모든 가르침 가운데 여덟 가지 바른 길, 다시 말해 팔정도八正道가 없으면 사문沙門의 제1과果・제2과・제3과・제4과와 같은 것은 있을 수가 없소. 나는 여덟 가지 바른 길을 가르치고 있소. 외도들에겐 사문의 과果가 없소."

붓다는 수밧다에게 다시 말했다.

> "내가 29세에 출가하여 어언 51년, 유익함[善]을 찾아 금욕[戒]과
> 명상[定]과 지혜[慧]를 닦으며 조용히 사색해왔소.
> 이제 가르침의 요점을 말했나니, 이 길을 떠나서는 수행자의 삶
> 이란 없소."44)

한역경전에 이렇게 말한다.

"나는 29세에 출가하여 35세까지 외도들 가운데서 도를 배웠다. 그러나 그들 가운데 깨달음을 얻는 자를 보지 못했다. 오직 팔정도를 통해서만 깨달음을 얻을 수 있었다."45)

그래서 『담마빠다』에 '맛가낫탕기꼬 셋토 삿짜낭 짜뚜로 빠다 위라고 셋토 담마낭 디빠다난짜 짯쿠마 에소와 맛고 낫탄노'(Maggān'aṭṭhaṅgikō seṭṭhō, saccānaṁ caturō padā, virāgō seṭṭhō dhammānaṁ, dipadānañca cakkhu-mā. Esō'va maggō natth'aññō)라 했으니, 이 말은 '길은 팔정도가 최고, 진리는 사성제, 욕망을 다스림에 법이 최고, 두 발을 가진 이중엔 눈을 뜬 붓다가 제일이다. 오직 이 길 뿐 다른 길은 없다'는 뜻이다.46)

붓다의 설법을 듣고 난 수밧다는 붓다의 제자가 되어 구족계를 받기를 원했다. 그러나 이교도가 불교 상가에 들어오려면 4개월의 예비기간

---

44) D.N. II. p.167, 유행경<1-25중> 잡아함경 제35:979경:<2-254중>.
45) 증일아함경 제37:<2-752중>.
46) Weragoda Sarada 『Dhammapada』 p.585, 거해스님편역 『법구경』 II. p.169.

이 필요하였다. 그 때 수밧다는 넉 달을 기다렸다가 구족계를 받겠다고 하였다.

"수밧다야, 다른 이의 가르침을 믿고 있던 바라문이 내 법안에서 범행梵行을 닦으려 할 때는 4개월 동안 그 사람의 행동과 마음가짐과 성격을 살펴보아야 한다. 계율을 잘 지키고 어기지 않는 자라야 내 법에서 구족계를 받을 수 있느니라. 하지만 그 사람의 행동거지[行]에 달려 있느니라."

"그렇다면 저는 앞으로 4개월 동안 과정을 갖추어 구족계를 받고자 하나이다."

"수밧다야, 내가 먼저 말하기를 그 사람의 행동거지에 달려 있다고 말하지 않았더냐."

수밧다가 그 날 밤에 구족계를 받으니 붓다에게 개종해온 마지막 직계제자가 되었다.[47] 수밧다는 구족계를 받고 아라한과를 얻은 뒤 붓다가 열반에 들기 전에 먼저 열반에 들었다.[48]

13. 붓다 사후의 스승

붓다가 아난다에게 말했다.

"아난다야, 혹 너희들 중에 '스승은 돌아가셨다. 우리에게는 이제 스승이 없다'고 생각하는 이가 있을 것이다.

아난다야, 그것은 잘못된 생각이다. 내가 떠난 뒤에는 내가 너희들에게 가르친 법과 계율을 스승으로 삼도록 하라."[49]

---

47) 유행경<1-25중>잡아함경 제35:<2-254상>.
48) 잡아함경 제35:<2-254중>.

"또한 날짜 풀이하거나 길흉 점을 보거나 관상을 보는 행위는 나의 제자로서 할 짓이 아니다. 검소하게 살려고 할지언정 사술을 행하여 넉넉히 살려하지 말라."50)

14. 호칭

붓다가 아난다에게 말했다.

"아난다야, 내가 너희들에게 분부하나니, 오늘 이후로 비구들끼리 서로 관직이나 별명으로 부르지 말라. 나이 많은 이는 존자尊者라 부르고, 나이 적은 이는 현자賢者라 불러 형제처럼 화목하도록 하라. 오늘 이후로는 부모가 지어준 세속의 이름으로 부르지 말라."

"지금 이 비구들은 무어라고 불러야 합니까?"

"젊은 비구는 나이 많은 비구를 장로長老라고 부르고, 나이 많은 비구들은 젊은 비구들의 이름을 불러라. 비구들의 이름을 지을 때는 삼보三寶에 근거를 두어야 한다. 이것이 나의 훈계訓戒이다."51)

15. 소소계는 버려라

"아난다야, 오늘 비로소 비구들이 소소계小小戒는 버리도록 허락하니, 위와 아래가 서로 화합하여 예의와 법도를 따라야 할 것이다. 이것이 출가한 사람들이 공경하고 순종해야 할 법이니라."52)

---

49) D.N. II. p.171, 유행경<1-26상>.
50) 불소행찬 제5:대반열반품:<4-48상>.
51) 증일아함경 제37: 팔난품3:<2-752하> D.N. II. p.171.
52) 유행경:<1-26상> 自今日始聽諸比丘 捨小小戒 上下相和 當順禮度.

16. 소소계란 무엇인가?

불타야사佛陀耶舍와 축불염竺佛念에 의해 소소계小小戒로 한역되고, 잡쇄계雜碎戒, 세미계細微戒, 미세계微細戒 등으로 번역된 이 말은 빨리어로 '쿳다 아누쿳다까니 싯카빠다니'khudda anukhuddakāni sikkhāpadāni이다.

리스 데이비드는 '작고 중요하지 않은 규칙'이라고 번역하였다.[53] 그런데 규칙(sikkhā)에서 작은 것(khudda)이 무엇이고, 중요하지 않은 것anukhuddaka이 어떤 것인지를 붓다 자신이 구체적으로 밝힌 바가 없다.

이 문제는 붓다가 열반에 든 직후 경전을 결집할 때에 중요한 사항으로 취급되면서 붓다가 이 말씀을 하실 당시 그것을 구체적으로 여쭙지 않았다는 이유로 아난다는 문책을 당하게 된다.[54] 논쟁의 불씨로 남겨진 이 문제는 붓다열반 약 백년 후에 불교사佛教史의 중대한 사건으로 비화되었다.

동인도의 웨살리 지방에서 일어났던 상좌부上座部와 대중부大衆部로 분열되는 원인이 되었고, 제2결집第二結集이 이루어지는 계기가 되었다.

또한 서력기원전 160~140년경에 카불지방을 통치하고 있었던 그리스인 총독 미린다Milinda와[55] 나가세나Nāgasena 비구 사이의 논쟁에서도 이 문제가 중요 과제의 하나로 언급되고 있다.

D.N. II. p.171, When I am gone, Ananda, let the Order, if it should so wish, abolish all the lesser and minor precepts.

53) Mahāparinibbāna Suttanta:D.ii.154.<D.N. II. p.171>.
The Questions of King Milinda:IV.2.1<S.B.E. vol. XXXV. p.202>.

54) 사분율 제54:법집비니오백인:<22-967중>.

55) 메난드로스(Menandros)라고도 한다.

이때 '소소계란 무엇이냐'는 미린다왕의 물음에 나가세나는 '작은 계율이란 신체적 행동으로 저지르는 작은 잘못에 대한 규정이요, 중요하지 않은 계율이란 언어로 저지르는 작은 잘못에 대한 규정'이라고 말하고 있다.[56] 하지만 나가세나의 이 대답이 소소계에 대한 충분한 대답이 될 수는 없다고 본다.

그런 점에서 생각해 보기로 한다.

붓다가 계율을 설하게 되는 열 가지 동기를 살펴보면,[57] 상가saṅgha의 화합과 평화를 이루려는 것이 중요한 관건이었으며, 또한 신도들이나 이교도들로부터의 비난을 막으려는 것이었다. 사실 붓다 당시 비구들의 조그만 잘못이나 실수에 대해서도 신도들이나 이교도들의 비난이 있게 되면 붓다는 예방적 차원에서 새로운 규칙을 설하곤 하였다. 그런 것들이 쌓여서 250개의 계율 조항이 정해졌다.

하지만 계율의 조항이 많아진다고 해서 상가의 화합과 평화가 이루어지지는 않았다. 오히려 사소한 조항이 원인이 되어 붓다가 살아계실 때에 교단분열의 위기까지 초래되는 사건이 일어났다.[58] 그것이 바로 꼬삼비사건이다.

붓다가 꼬삼비의 고시따 동산에 머물 때 양치한 물그릇을 화장실에 두고 나온 문제로 비구들이 두 파로 갈라져 싸웠고, 붓다가 중재하고 나섰지만 여의치 않자 붓다는 말없이 왐사국 꼬삼비를 떠나 꼬살라국 사

---

56) The Questions of King Milinda. IV. 2.3.<S.B.E. vol. XXXV. p.203>.
The lesser errors in conduct are the lesser precepts. and the lesser errors in speech are the minor precepts.

57) 증일아함경 제42:결금품:<2-775하>.

58) 사분율 제43:<22-879중>Mahāvagga:X,1,10:<S.E.B. XVII. p.285> Jt. vol. III. p.289.

왓티의 기원정사로 와버렸다.

양치한 물그릇을 화장실에 두었느냐와 같은 것은 도덕적인 문제도 아니요 사회로부터 비난의 대상이 될 만한 것도 아니었는데 그것이 원인이 되어 교단이 분쟁을 일으키고 분열의 위기로까지 발전하였다.

붓다가 교단의 화목을 최우선적인 과제로 삼고 있었음에도 가치나 중요성에 있어서 작고 시시한 문제로 화목이 깨지고 분열이 생긴다는 것은 오히려 계율정신에 어긋난다고 볼 수 있다. 그래서 소소계를 버려야 할 중요한 이유가 바로 '위와 아래가 서로 화합'이요, '그것을 위해 반드시 필요하다면'이란 전제가 있는 것이라 생각된다.

한역漢譯에 '오늘 비로소 비구들이 소소계를 버리도록 허락한다'(今日始聽諸比丘 捨小小戒)고 하였는데, 붓다는 이미 그 이전부터 그런 조치를 내리려고 하였지만 그리하지 못하다가 열반을 앞둔 지금에 와서야 '비로소'[始] 그것을 '허락한다'[聽]는 뜻을 내포하고 있는 것이다.

사실 율장을 보면, 네 가지 빠라지까[pārājika:波羅夷]와 같이 도덕적으로나 가치의 면에서 대단히 중요한 것도 있지만 숫다빠찟띠야[suddha pācittiya:Ⓢśuddha prāyaścittika:波逸提]로 분류되는 90가지[比丘] 또는 178가지[比丘尼] 중에는 그렇게 중요하다고 할 수 없는 것들도 있다. 만약 빠찟띠야로 분류되는 문제를 가지고 붓다의 말씀을 앞세워 따지려고 한다면 상가는 분쟁이 멈출 날이 없을 것이다.

따라서 소소계란 말 가운데 '작은 것'이란 의미를 가지고 있는 쿳다khudda는 계율의 도덕적 가치나 중요성에 있어서 원칙의 문제요, '중요하지 않은 것'의 의미를 가지고 있는 아누쿳다까anukhuddaka는 상가의 구성원이 그것을 어떻게 받아들이고 있느냐는 현실의 문제라고 생각된다.

17. 범단벌梵檀罰

아난다가 붓다에게 여쭈었다.

"찬나Channa 비구는 마부출신으로서 옛날의 버릇을 버리지 않고 있는데 세존께서 대열반에 드신 후에는 어떻게 하여야 합니까?"

"아난다야, 내가 열반에 든 후, 저 찬나 비구가 교단의 규칙을 따르지 않고 가르침을 받으려 하지 않으면 너희들은 모두가 함께 범단벌梵檀罰을 내려 그와 말하지 말고, 서로 왕래하거나 가르침의 자리에 참석시키지도 말라.[59]

이 부분에 대하여 빨리경전은 다음과 같이 전한다.

"아난다야, 내가 떠난 뒤에 찬나 비구에게 더 무거운 벌을 주도록 하라."

"더 무거운 벌이란 무엇입니까?"

> "아난다야, 찬나는 제멋대로 말하게 내버려 두어라. 그러나 비구들은 그와 말하지도 말고, 타이르려고 하지도 말고, 꾸짖으려고 하지도 마라."[60]

범단벌은 브라흐마단다Brahma-daṇḍa의 번역으로 '최고의 벌'인데, 내용적으로는 '아무도 상대하지 않는 집단따돌림'을 의미한다.

붓다가 비구들에게 말했다.

> "너희 모든 비구들아, 나와 가르침과 상가에 대하여 의심이 있거든 빨리 물어라. 이때를 놓치고 훗날에 후회하는 일이 없도록 하

---

59) 유행경<1-26상>.
60) D.N. II. p.171.

라. 내가 살아있는 동안 너희들을 위하여 말해 주리라."

붓다가 두 번이나 물었으나 비구들은 침묵을 지키고 있을 뿐이었다.

"너희들 중에 만약 부끄러워서 감히 스스로 묻지 못하겠거든 친구를 통해서라도 빨리 와서 물어라. 그리하여 뒷날 후회 없이 하라."

모든 비구들이 침묵만을 지키자 아난다가 대답하였다.

"저는 여기 있는 모든 대중들이 모두 청정한 믿음을 가지고 있다고 믿습니다. 여기 있는 어느 비구도 부처님과 가르침과 상가에 대하여 의심을 가지고 있는 사람이 없습니다."

"아난다야, 나 또한 여기 있는 비구 가운데 가장 나이 어린 비구라도 모두 도의 자취를 보아 악도에 떨어지지 않을 것이란 것을 알고 있다. 가장 나이 어린 비구라도 일곱 번 오고가면 반드시 괴로움에서 완전히 벗어나리라."

붓다께서는 1200제자들에게 그들이 얻을 도의 결과를 예언하셨다.[61)]

---

61) 유행경<1-26중> D.N. II. p.173.

제10장 붓다의 임종과 경전 결집

1. 임종

붓다는 마지막으로 다음의 말을 남겼다.

"너희들 비구들아, 게으르지 말라. 나는 게으르지 않음으로 스스로 정각正覺을 얻었다. 한량없이 많은 선행善行도 역시 게으르지 않음으로 얻을 수 있다.
일체 만물에 영원히 존재하는 것이란 없다. 이것이 나의 마지막 말이다."[1)]

붓다의 마지막 말씀을 이렇게 전하는 곳도 있다.

"자! 비구들아, 잘 들어라. 내 너희에게 간곡히 말해둔다.
인연 따라 생기는 이 세상 모든 것들은 예외 없이 무너지게 마련이다. 부디 게으르지 말고 스스로 노력하여 너희 자신을 구하도록 하라."[2)]

이때 붓다는 상가띠Saṅghāṭī라 불리는 큰 가사를 네 단으로 접어 오른쪽 옆구리를 고이고 마치 사자처럼 다리를 포개고 누웠다. 얼굴은 서쪽을 향하고 머리를 북쪽으로 두었다고 한다.[3)]

2. 임종시의 선정

붓다가 대열반, 즉 임종에 들어갈 때를 살펴보면, 초선정初禪定에 들어

---

1) 유행경<1-26중>.
2) DN. II. p.173.
3) 유행경:<1-21상>.

갔다가 제2선에 들어가기 위해 초선정에서 깨어났다. 이렇게 하여 제2선・제3선・제4선・공무변처정・식무변처정・무소유처정・비상비비상처정에 들어갔다. 붓다는 비상비비상처의 선정에서 깨어나 멸수상정滅受想定에 들어갔다. 멸수상의 선정은 붓다가 보리수나무 아래에서 깨달음을 얻을 때 들어갔던 선정, 즉 삼매이다.

붓다의 이 모습을 옆에서 지켜보던 아난다가 아누룻다에게 말했다.

"아누룻다여, 우리 세존님은 이제 돌아가셨다."

"아난다여, 세존님은 아직 돌아가신 것이 아니요. 세존님은 지금 감각[受]과 지각[想]이 완전히 소멸한 상태인 멸수상정에 들었소. 내가 옛날에 부처님께 듣기로는 제4선에서 일어나 열반에 드신다고 했소이다."

그 때 붓다는 그 상태에서 깨어나 비상비비상처정을 거쳐 무소유처정에 들어갔다. 이렇게 무소유처정에서 식무변처・공무변처정・제4선・제3선・제2선・제1선에 들어갔다.

제1선정에서 깨어난 붓다는 다시 제2선을 거쳐 제3선으로 들어갔고, 다시 제3선에서 깨어나 제4선에 들어갔다. 제4선에서 깨어난 즉시 붓다는 이 세상을 완전히 떠나셨다. 이때 대지가 크게 진동하였고, 신들과 사람들은 모두 크게 놀랐다고 한다.4)

그 때 비구들 중에 아직 번뇌를 해탈하지 못한 이들은 '붓다는 가셨다. 이제 세상의 빛은 사라졌다'고 하면서 두 팔을 뻗고 슬피 울면서 땅 위에 이리저리 뒹굴었다고 한다. 그러나 이미 번뇌로부터 해탈한 아라한들은 '인연으로 이루어진 모든 것은 무상하거늘 해탈하지 못한 자가 어쩌리요'라고 생각하면서 슬픔을 거두었다고 한다.5)

---

4) 유행경 <1-26하>.
5) D.N. II. p.177.

붓다의 임종을 입적入寂이라고 말하듯, 붓다는 더 이상 그 무엇에도 흔들리지 않는 대적정大寂靜의 고요한 세계로 돌아가셨다. 붓다의 연세 만 80세, 서력 기원전 486년의 일이다. 인류 역사상 가장 위대한 인물이 세상을 떠났다. 그는 마치 혁명이라도 일어날 것만 같았던 격변의 시대에 태어난 사상가思想家요, 철학자哲學者로 당시 사회가 안고 있는 모순과 불합리를 개선하고자 노력했던 사회개혁자社會改革者였으며, 누구보다도 인간에 대하여 깊이 이해하고 인간심성을 꿰뚫어 통찰했던 심리학자心理學者였으며, 급변하는 시대에 새로운 삶의 가치를 눈뜨게 해준 문화창조자文化創造者였으며, 인간의 역사가 어떠한 동력에 의해 전개되고 있으며, 현실의 인간사회는 어떤 구조로 형성되는가를 사실대로 직시한 역사의 통찰자洞察者였다. 붓다는 자신을 '따타가또 아나누웻자'Tathāgato ananuvejja라고 했듯이,6) '무한하여 자취를 온전하게 추적할 수 없는' 그런 분이 바로 붓다였다. 그 분을 어떤 사람이라고 한 마디로 규정할 수 없다는 뜻이다. 생동하는 삶을 통째로 이해하고 그 삶을 헤쳐 나가는 지혜만을 역설한 분이다.

붓다가 입적한 날을 우리나라에서는 음력 2월 보름날이라 보고, 이날을 열반재일涅槃齋日로 기념하고 있다.

그러나 현장의 『대당서역기』에는 이렇게 기록하고 있다.

> 붓다는 80이 되어서 와이샤까(ⓢVaiśākha)월 후반後半 15일에 대열반에 드셨다고 한다. 이는 당唐의 3월 15일에 해당한다.
> 설일체유부說一切有部에서는 까르띠까(ⓢKārttika)월의 후반 8일에 대열반에 드셨다고 하는데, 이는 당의 9월 8일에 해당한다.7)

---

6) M.N. I. p.179, *Dhammapada 179: 'Buddhaṃ anatagōcaraṁ'[붓다는 자취가 없다]
7) 대당서역기 제6:<51-903중>.

남방에서는 웨사카Vesākha월 보름날 새벽에 임종하셨다고 하는데,[8] 이는 『대당서역기』에 말한 와이샤까월 후반 15일로 인도력으로는 음력 5월 보름에 해당한다. 한마디로 붓다가 세상을 떠난 날도 명확하지 않은 셈이다.

3. 붓다의 장례

붓다가 임종하던 그날 밤, 아누룻다와 아난다는 밤새도록 붓다가 설했던 법에 대한 이야기를 나누었다. 아침이 되자 아누룻다가 아난다에게 말했다.

"아난다여, 꾸시나라로 가서 꾸시나라의 말라족에게 세존이 돌아가셨다고 전해 주시오."

아난다는 한 사람의 비구와 함께 꾸시나라로 갔다. 그 때 마침 꾸시나라의 말라족이 공회당에 모여 회의를 하고 있어서 그들에게 말했다.

"와셋타들이여! 세존께서 돌아가셨습니다."

가족들과 함께 회의에 참석하고 있었던 그 자리의 말라족은 모두 슬퍼하며 말했다.

"부처님께서 너무 일찍 돌아가셨다!
행복한 분께서 너무 일찍 돌아가셨다.
세상의 빛이 너무 빨리 사라졌다!"

꾸시나라의 말라족은 하인들에게 말했다.

"향과 꽃을 모으고 악기를 모두 모아라."

한역漢譯 경전에는 이렇게 말했다고 한다.[9]

---

8) 각묵스님 옮김, 『디가니까야』 제3권, p.549.

"우리 모두 각각 돌아가서 향과 꽃과 풍악을 마련하여 빨리 쌍수로 가서 사리舍利를 공양하자."

사리舍利는 사리라sarīra를 음역하여 줄인 말로 원래 신체身體를 의미하지만 이 말의 복수형은 유골遺骨을 의미한다. 특히 붓다의 사리는 보통사람과는 다르다는 관념에서 불사리(佛舍利:bhagavato sarīra)라고 불렀다.

말라족은 향과 꽃, 악기와 5백 벌의 옷감을 준비해 가지고 붓다의 사리가 있는 살라나무 숲으로 갔다. 그들은 붓다의 사리 앞에 향과 꽃을 바치고 하루 종일 풍악을 울리면서 공양했다. 그들은 날이 늦어 화장을 할 수 없으니 내일 하겠다고 하면서 6일 동안이나 풍악을 울렸다. 말라족은 7일째가 되어서야 붓다의 사리를 화장하겠다고 시市 외각의 남쪽으로 사리를 옮기려 하였다. 말라족 촌장 여덟 명이 목욕을 하고 사리를 옮기려고 했다. 그러나 붓다의 사리를 들 수가 없었다. 그들은 아누룻다에게 물었다.

"무슨 까닭으로 여덟 명이나 되는 저희들이 사리를 들 수가 없습니까?"

"와셋타들이여, 당신들의 뜻과 신들의 뜻이 다르기 때문이요."

"신들의 뜻이란 무엇입니까?"

"당신들은 남쪽으로 가서 화장하려고 하지만 신들은 시의 북쪽 외곽으로 모시고 가려고 합니다.

신들은 시의 북문北門으로 들어가서 시의 한복판으로 간 다음에, 다시 동문으로 나와 세존의 사리 앞에 공양하고, 시의 동쪽에 있는 마꾸따반다나Makuṭbandhana 쩨띠야에서 화장을 하려고 합니다."10)

9) 유행경:<1-27하>.

"신들의 뜻에 따르겠으니 그렇게 하십시오."

그 때 갑자기 꾸시나라 전체가 온통 하늘에서 쏟아지는 만다라와 Mandārava 꽃들로 무릎까지 뒤덮였다. 말라족과 하늘의 신들은 붓다의 사리 앞에 예를 올리고 붓다의 사리를 시의 동쪽에 있는 말라족의 마꾸다반다나 사당으로 옮겼다. 그리고 아난다에게 물었다.

"붓다의 사리를 어떻게 해야 합니까?"

"전륜성왕을 장례 하듯이 세존의 사리도 그렇게 해야 합니다."

아난다는 화장한 다음 네거리에 탑을 세워야 한다는 것까지 붓다로부터 들은 대로 말라족에게 전했다. 말라족은 붓다의 사리를 깨끗한 천으로 감싸고 나서 솜을 채운 뒤 다시 천으로 사리를 감쌌다. 이렇게 하기를 5백 번이나 하고 관棺에 넣고 다시 기름이 든 철곽鐵槨에 안치하고 뚜껑을 닫았다. 그들은 향나무 장작을 쌓고서 붓다의 사리가 안치된 철곽을 그 위에 모셨다.

4. 마하깟사빠를 기다리다

그때 로이路夷라는 말라족 대신이 횃불을 들어 장작에 불을 붙이려 하였으나 불이 붙지 않았다. 또 다른 말라족 대표가 불을 붙이려 했지만 역시 불이 붙지를 않았다. 이를 보고 있던 아누룻다가 말했다.

"그만들 두시오. 당신들이 할 수 있는 일이 아닙니다. 불이 붙지 않는

---

10) D.N. II. p.182 *유행경<1-28상>에는 말라족이 하루 동안 부처님사리(佛舍利)에 공양하고 동문(東門)으로 들어가 모든 거리를 둘러 백성들이 공양하게 하고 그 다음에 서문(西門)으로 나가 화장하려 했지만 신들은 7일간 공양하고 동문(東門)으로 들어가 모든 거리를 돌아 백성들이 공양하게 한 다음에 북문(北門)으로 나가 희련선강(熙連禪河)을 건너 천관사(天冠寺)에서 화장하려 했다고 전한다.

것은 신들의 뜻입니다."

"어찌하여 신들이 불이 붙지 못하게 합니까?"

"지금 마하깟사빠가 5백 명의 비구들을 거느리고 지금 빠와Pāvā에서 이곳으로 오는 길입니다. 아직 화장하기 전에 세존의 몸을 뵙고자 하므로 하늘이 그 뜻을 알고 불이 붙지 못하게 하는 것입니다."[11]

마하깟사빠는 비구들과 길을 가다가 만다라와꽃을 들고 오는 사람을 만났는데. 그는 꾸시나라에서 오는 중이라 했다.

이때 만난 사람이 누구인가에 대하여 한역경전에서는 니건자尼乾子라고 하거나[12] 이교도 우위優爲라 했는데,[13] 빨리경전에는 아지와까Ajivaka라고 했다.[14] 니건자는 니간타Nigantha로 자이나교도를 말하고, 아지와까라고 하면 흔히 사명외도邪命外道라고 번역되는 이들로 육사외도 중에 맛칼리 고살라Makkhali Gosāla의 제자를 말한다. 마하깟사빠가 그에게 물었다.

"그대는 어디서 오고 있습니까?"

"꾸시나라 성에서 오고 있습니다."

"그렇다면 우리 스승을 알고 있겠군요?"

"잘 알고 있지요."

"우리 스승님의 안부는 어떠하시던가요?"

"사마나 고따마가 세상을 떠난 지 이미 7일이나 되었소. 이 만다라와꽃은 그 곳에서 얻은 것이오."

마하깟사빠를 비롯한 비구들 모두가 슬픔에 빠져 울고 있었다. 그런

---

11) 유행경:<1-28하> 사분율 제54:<22-966상>D.N. II. p.185.
12) 유행경:<1-28하>, 사분율 제54:<22-966중>.
13) 불반니원경 권하:<1-173하>異學者 名優爲.
14) D.N. II. p.183 note.

데 한 비구만은 전혀 슬퍼하지 않은 채 대중을 향하여 말했다. 그 비구를 한역漢譯경전에는 '석가족 출신 발난타跋難陀'라고 했으나[15] 빨리경전에서는 '아뚜마Ātumā의 이발사 출신 수밧다'Subhadda라고 했다.[16] 때로는 '붓다빱바지따'buḍḍhapabbajita 수밧다라고 하는데,[17] 이는 '나이가 들어buḍḍha 출가한 사람pabbajita'이란 뜻이니 늦깎이란 의미이다.

> "비구들이여, 슬퍼하지 마시요. 세존이 계실 때는 법과 계율이 엄중하여 '이것은 법이 아니다. 이것은 옳지 않다. 이렇게 해야 한다. 그렇게 해서는 안 된다'고 항상 잔소리가 많았지만 이제 그 늙은이가 가셨으니 우리는 자유를 얻게 되었으므로 기쁘지 않소? 이제부터 나는 내가 하고 싶은 대로 할 것이오."[18]

이에 대하여 『사분율』에는 이렇게 전한다.

> "장로들이여, 그만 그치시오. 너무 걱정하지 말고 울지도 마시오. 우리들은 저 늙은이에게 자유를 얻었소. 그가 살았을 때 수시로 '이것은 된다. 이것은 안 된다. 이렇게 해야만 한다. 이렇게 해선 안 된다'고 잔소리했었소. 우리는 이제 우리가 하고 싶은 것을 하고, 하기 싫은 것을 하지 않아도 되게 되었소."

마하깟사빠는 수밧다의 말에 깜짝 놀랐으나 더 이상 지체하지 않고 대중과 함께 급히 꾸시나라의 사라 숲으로 달려갔다. 마하깟사빠가 아난다에게 붓다의 사리를 볼 수 있느냐고 물었으나 아난다는 화장할 준비를 모두 마쳤다는 이유로 거절하였다. 이때 마하깟사빠가 화장준비가 되어 있는 곳으로 다가가니, 갑자기 관棺과 곽槨이 저절로 열리면서 붓

---

15) 유행경:<1-28하> 사분율 제54:<22-966중>.
16) Vp. vol. V. p.394 footnote1.
17) D.N.II. p.184.
18) 유행경<1-28하> 불반니원경 권하:<1-173하> D.N. II. p.184.

다의 두 발이 밖으로 나왔다.[19] 관棺은 시신을 담는 속 널이고 곽槨은 관棺을 넣는 겉 널을 말한다. 이것을 '곽시쌍부槨示雙趺'라 하여 훗날 선가禪家에서는 삼처전심三處傳心의 하나로 들고 있다.

이때 마하깟사빠는 붓다의 발바닥의 윤상輪相이 더럽혀졌음을 보고 물었다.

"세존의 용안은 단정하고 몸의 빛은 금빛인데 누가 발바닥의 윤상을 더럽혔는가?"

"마하깟사빠여, 전에 여인들이 세존님께 예를 올리면서 눈물을 흘리고 손으로 만져서 세존의 발이 더럽혀졌소."

마하깟사빠는 이 말을 듣고 불쾌하게 여기면서 붓다의 발아래에 예배하니, 그 자리에 모였던 모든 사부대중四部大衆과 하늘의 신들까지도 붓다의 사리 앞에 예배했다. 이때 붓다의 발이 다시 관속으로 들어가고 저절로 불이 붙었다. 그렇게도 불을 붙일 수가 없었던 나무가 오히려 너무 강하게 타올라 걱정이 될 정도였다.[20]

중국선종에서 말하는 삼처전심三處傳心이란 석가모니 붓다가 마하깟사빠에게 말없이 법을 전했다는 세 가지 사건을 말하는데, 영취산에서 염화미소拈華微笑,[21] 기원정사에서의 반분좌半分座,[22] 그리고 꾸시나라

---

19) 유행경<1-28하>에는 '於時佛身從重槨內 雙出兩足'<그 때에 부처님 몸이 겹으로 된 곽(槨) 속에서 나란히 두 발을 내밀었다>고 하였고, D.N. II. p.185에는 '마하깟사빠가 경건하게 화장하려고 쌓은 장작더미 주위를 세 번 돌자. 바로 그 때 붓다의 발이 드러나니 그는 붓다의 발에 공손하게 절했다'고 하였다.

20) 사분율 제54:<22-966하>.

21) 대범천왕문불결의경: 염화품제2:<卍 속장경: 87-977하> *이 경은 선종의 전통을 강화하기 위하여 중국에서 제작된 것으로 알려지고 있다.

22) 잡아함경 제41:1142:<2-302상>, 증일아함경 제1:<2-549중~하>, 중본기경 권하:대가섭시래품:<4-161상>.

에서의 곽시쌍부槨示雙趺를 두고 하는 말이다.

5. 사리의 분배

붓다의 육신을 화장하니 이제 붓다께서는 유골遺骨, 즉 사리만을 뒤에 남기게 되었다. 꾸시나라의 말라족은 붓다의 유골을 공회당에 모셔놓고 7일간 공양을 올렸다.

마가다국의 아자따삿뚜는 붓다가 꾸시나라에서 열반하셨다는 소식을 전해 듣고, 말라족에게 사신을 보내 다음과 같이 전했다.

"부처님도 캇띠아요, 나 역시 캇띠아다. 나도 부처님의 사리 일부를 받을 자격이 있다. 나는 사리탑을 세우고 공양을 올릴 것이다."

웨살리의 릿차위들도 소식을 듣고 사신을 꾸시나라로 보내 자기들도 캇띠아 출신이니 사리를 분배받을 자격이 있다고 했다.

까삘라왓투의 샤까족도 사신을 보내 다음과 같이 말했다.

"부처님은 우리 부족의 자랑이었다. 우리는 부처님의 사리를 분배받을 자격이 있다. 사리탑을 세우고 공양을 올릴 것이다."

알라깝빠Allakappa의 불리Bulī족도 전갈을 보냈다.

"부처님은 캇띠아였고, 우리 역시 캇띠아다. 우리는 부처님의 사리 일부를 분배받을 자격이 있다. 우리는 사리탑을 세우고 공양을 올릴 것이다."

라마촌의 꼴리아족도 같은 전갈을 보냈다.

웨타디빠Veṭhadīpa의 바라문들도 이렇게 전갈을 보냈다.

"부처님은 캇띠아였고, 우리는 바라문이다. 우리도 부처님의 사리 일부를 분배받을 자격이 있다. 우리는 사리탑을 세우고 공양을 올릴 것이다."

빠와의 말라족[pāveyyaka-Mallā]도 소식을 듣고 전갈을 보냈다.

"부처님은 캇띠아였다. 우리도 캇띠아다. 우리는 부처님의 사리 일부를 분배받을 자격이 있다. 우리도 사리탑을 세우고 공양할 것이다."

꾸시나라의 말라족[Kosināraka]은 각 부족의 전갈을 받고 회의를 열고 말했다.

"부처님은 우리가 사는 마을에서 돌아가셨다. 우리는 부처님의 사리를 누구에게도 나누어줄 수가 없다."

그 때 바라문 도나Doṇa가 회의에 모인 꼬시나라까들에게 말했다.

> "자애로운 여러분, 내 말 한마디 들으시오. 우리 세존께서는 늘 관용을 말씀하셨소. 그 거룩한 분의 사리를 분배하는 일을 가지고 싸움을 일으키고 사람을 다치게 하며 전쟁이나 한다면 참으로 꼴사납지 않소.
> 우리 모두 우정어린 화목으로 하나가 되어 부처님의 사리를 여덟 등분으로 나누어 온 세상에 사리탑을 세웁시다. 그리하여 인류 모두가 세상의 빛인 부처님을 믿게 합시다."

회의에 모였던 꼬시나라까들이 말했다.

"바라문이여, 당신이 부처님의 사리를 공평하게 여덟 부분으로 나누시오."

"예, 그렇게 하지요."

도나는 회의에 모인 비구들의 동의를 얻어 붓다의 사리를 공평하게 여덟 등분으로 나누었다. 그리고는 사람들에게 말했다.

"여러분, 사리를 담았던 용기容器는 나에게 주시오. 그러면 나도 사리탑을 세우고 공양을 올리겠습니다."

그들은 바라문 도나에게 사리를 담았던 용기를 가지게 하였다. 붓다가 임종하신지 21일이 지나 젯타Jeṭṭha월 백분白分 5일째 날에 사리를 분배했다고 하였으니,[23] 인도력으로 음력 6월 5일에 사리를 분배한 셈이다. 2월 보름에 임종했다고 보면 3개월 20일 만에 사리를 분배한 것이 되고, 웨사카월 보름날에 임종하셨다고 보면 20일 만에 사리를 분배한 것이 된다.

도나가 붓다의 사리를 분배하고 난 뒤에 다시 삡팔리와나Pipphalivana의 모리야Moriya족이 꾸시나라에서 붓다가 돌아가셨다는 소식을 듣고 사신을 보내왔다.

"부처님은 캇띠아였고 우리 역시 캇띠아다. 그러니 우리도 부처님의 사리를 분배받을 자격이 있소. 우리도 사리탑을 세우고 공양을 올릴 것이오."

그 말을 듣고 사람들이 말했다.

"부처님의 사리가 남아 있는 것이 없소. 부처님의 사리는 이미 분배가 끝났소."

결국 모리야족은 타고남은 재를 가지고 돌아갔다.[24] 이렇게 하여 여덟 개의 사리탑舍利塔과 도나가 세운 사리용기를 모신 탑과 모리야족의 화장터의 재를 모신 탑 등 10개의 탑이 세상에 남게 되었다.

이상은 빨리경전의 내용이고, 한역漢譯인 『유행경』에는 조금 다르게 전하고 있다. 빠와의 말라족이 붓다의 사리를 모셔다가 자기들 땅에 탑을 세우고 공양해야 한다고 군사와 사신을 보내어 꾸시나라 성주에게 말했다.

---

23) 각묵스님의 앞의 책 p.550.
24) D.N. II. pp.187~190.

"거룩하신 부처님께서 이곳에 오셔서 대열반에 드셨다고 들었다. 그분은 우리들의 스승이셨다. 존경하고 사모하는 마음으로 여기 와서 그 사리의 분배를 요구하니 우리 본국에도 탑을 세울 수 있게 하시오."

그러나 꾸시나라 성주는 이를 거절하였다.

"진실로 당신들의 말은 옳다. 그러나 부처님은 이 땅에 오셔서 대열반에 드셨다. 그러므로 이 땅의 백성들이 마땅히 공양 올려야 할 것이다. 멀리서 오느라 수고하였으나 사리의 분배는 할 수가 없다."

빠와의 말라족 다음에 알라깝빠의 불리족·라마촌의 꼴리아족·웨타디빠의 바라문·까삘라왓투의 사캬족·웨살리의 릿차위족·마가다국의 아자따삿뚜의 순으로 군대와 사신을 파견한 것으로 기록하고 있다.

특히 마가다국의 아자따삿뚜왕은 바라문 도나를 통하여 말을 전했다.

"우리는 이웃나라에 있으면서 의리를 지키고 서로 화목하여 아직 다툰 일이 없었다. 우리는 부처님께서 그대의 나라에서 열반에 드셨다는 소식을 들었다. 오직 위없이 높으신 어른은 우리가 하늘처럼 받드는 어른이셨다. 그러므로 멀리 와서 사리의 분배를 요청하는 것은 나의 나라에도 탑을 세워 공양하고자 함이다. 그렇게 하면 그대 나라와 보물을 같이 나누리라."

꾸시나라성의 말라족은 도나에게 거절의 뜻을 밝혔다. 이때 각 부족의 왕은 여러 대신들과 모여서 의논하였다.

"우리들은 멀리서 와 머리를 숙여 절하면서 겸손한 말로 분배를 청했는데, 만일 그렇게 할 수 없다고 한다면 군사가 여기 있으니 몸과 마음을 아끼지 않으리라. 만약 의롭게 얻지 못한다면 힘으로 빼앗을 수밖에 없다."

그러나 꾸시나라성에서도 회의를 하고 대답하였다.

"그대들이 수고롭게 멀리서 와 욕되게 머리 숙여 예배하며 말하지만 부처님께서 남기신 사리는 감히 허락할 수 없다. 당신들이 군사를 동원한다면 우리 또한 군사가 있으므로 목숨 다해 싸울 것이니 두려울 것이 없다."

이제 붓다의 사리를 놓고 부족 간에 곧 전쟁이라도 일어날 상황이었다. 붓다의 사리를 얻기 위하여 피를 흘리는 전쟁을 벌인다는 것은 있을 수가 없는 일이었으므로 바라문 도나가 그들 모두에게 말했다.

"여러분, 우리가 오랫동안 세존의 가르침을 받아왔고 입으로 가르침을 외우며 마음으로 자비로운 가르침에 감복하는 이유는 세존께서 모든 중생들을 항상 안락하게 하시려 하였기 때문입니다. 어찌 세존의 사리를 얻기 위하여 전쟁을 벌여 서로 죽일 수가 있겠습니까?"

붓다께서 사리를 남기심도 널리 이익 되게 하고자 하심이니 사리를 있는 대로 나누어 가져야 한다는 제의에 따라 사리를 골고루 여덟 등분으로 나누기로 합의하였다. 그리고 그 일을 바라문 도나가 맡았다.[25]

붓다의 사리를 소유하는 문제를 가지고 분쟁이 발생했을 때, 그 중재와 사리의 분배와 같은 중대한 문제를 비구들이 앞장서서 하지 않고 바라문이 했다는 것은 좀 이상하다. 사리숭배는 세속적 차원의 일이라 보았기 때문일까?

어쨌든 바라문 도나의 중재로 여덟 나라가 사리를 분배하여 갔고, 바라문 도나는 사리를 담았던 항아리를 가지고 갔으며, 뻽팔리와나Pippha-

---

25) 유행경<1-29중~하>.

livana의 모리야Moriya족은 화장터의 잿더미를 가지고 갔고, 붓다 생존시의 머리털을 가지고 탑을 세우기도 하였다. 그러니까 사리탑 여덟 개와 병탑甁塔 · 탄탑炭塔 · 발탑髮塔이 각 한 개씩 모두 열한 개의 탑이 세워지게 되었다고 한다.[26] 발탑은 붓다가 깨달음을 얻고 부다가야에서 휴식을 취하고 있을 때, 웃깔라Ukkalā에서 온 상인商人 따뿟사Tapussa와 발리까Bhallika에게 공양을 받고 기념으로 뽑아준 머리털을 가지고 고향에 세운 탑을 말한다.

붓다의 사리를 모셨던 여덟 곳 가운데 현재까지 두 곳이 확인되었다. 하나는 1898년 1월 인도에 주재하던 영국인 윌리엄 펩페(W.C. Peppe)가 인도 · 네팔 국경에서 1km 정도 인도 영내에 있는 삐뿌라와Piprava에서 발굴한 사리용기이다. 이 용기에는 아쇼까왕 시대의 문자인 브라흐미Brāhmī문자로 글이 쓰여 있는데, '이것은 샤까족의 붓다인 세존의 유골용기로서 명예로운 형제 · 자매 · 처자들이 모신 것이다'라고 판독되었다고 한다. 그러니까 샤까족이 분배받았던 사리를 담았던 용기인 것이다.

또 하나는 웨살리의 아비세카 푸스카루니 연못 근처에 있는 탑의 터이다. 1957년 알떼까르A. Altekar 박사에 의해 발견된 사리용기로서 여기에는 새겨진 글은 없으나 출토상황과 탑의 구조로 미루어보아 붓다의 사리를 담았던 용기로 인정받고 있다.

그런데 현장의 『대당서역기』에는 붓다의 사리 가운데 1/3만이 지상의 인간에게 분배되고, 1/3은 하늘의 신들에게 분배했고, 1/3은 용왕에게 분배되었다고 기록하고 있다.[27] 도나가 여덟 등분을 하려고 할 때, 하늘의 신들 왕인 제석천과 용왕들이 '힘을 믿고 까불지 말라. 힘으로 말하

---

26) 유행경<1-30상>.
27) 대당서역기 제6:<51-904하>.

자면 너희들은 우리와 적수가 될 수 없다. 그러니 사리를 분배할 때 우리를 무시하지 말라'고 하여 결국 붓다의 사리는 3등분되어 하늘의 신들과 용왕과 인간에게 공평하게 나누었다는 것이다.

6. 경전 결집

붓다의 장례를 마친 비구들은 다시 정신을 차리고 경전편찬작업에 들어갔다. 이 작업은 마하깟사빠가 주도하였다. 그가 경전결집을 서두른 이유는 붓다가 열반하셨다는 소식을 접했을 때 샤까족 출신의 비구 발난타 또는 늦깎이 수밧다가 보여주었던 충격적인 태도를 목격한 때문이기도 하지만 '내가 설한 모든 법이 너희들의 스승이니 높이 떠받들어 잘 보호하여 잊지 않도록 하라'는 당부에 따른 것이기도 하다.[28)]

일찍이 꼬삼비에서 일어났던 경비구와 율비구 사이의 논쟁이나 붓다의 만년에 데와닷다가 획책하였던 상가의 분열사건은 상가의 중심이었던 붓다의 사망으로 얼마든지 재현할 수 있는 일이었고, 깟짜나의 아완띠전도에서 볼 수 있는 것처럼 새로운 상황에서 상가를 유지시켜 나가는 문제도 정해진 원칙이 있을 필요가 있었기 때문에 붓다의 언행과 상가의 규율을 하나로 묶어 정리할 필요성이 대두되었다고 본다.

보수적이고 엄격주의자였던 마하깟사빠가 결집結集에 참가할 인원을 선발하게 되었는데, 당시 추천 받을 수 있는 조건은 '붓다의 설법을 많이 듣고, 지혜가 있으며, 아라한이 된 사람' 가운데서 추천하도록 하였다. 이때 비구들에 의해 추천된 사람이 499명이었다.

---

28) 대반열반경 상:<1-193상>我所說諸法 則是汝等師 頂戴加守護 修習勿廢忘.

여러 비구들이 아난다를 추천하여 5백 명을 채우자고 하였으나 마하깟사빠는 그가 아직 '사랑하는 마음(愛) · 미워하는 마음(恚) · 두려워하는 마음(怖) · 어리석음(癡)이 남아 있다'는 이유로 아난다의 추천을 반대하고 나섰다. 그러나 다른 비구들은 '그가 세존을 시봉한 사람이요, 세존을 항상 따라다녔으며, 가까이서 세존의 가르침을 받았으며, 그때그때마다 의심나는 것을 물었을 것이 분명하다'는 이유를 들어 아난다를 적극적으로 추천하였기 때문에 5백 번째로 결집에 참가하는 비구가 되었다.

경전 결집에 참가할 비구의 인선을 마치고 결집할 장소를 물색하게 되었다. 적어도 5백 명이 여러 달에 걸쳐 작업을 하자면 그에 적합한 장소와 경제적인 후원자가 반드시 필요했기 때문이다. 비구들이 토론한 결과 마가다국의 라자가하로 결정되었다. 당시 대국의 왕이자 상가saṅgha의 적극적인 후원자인 아자따삿뚜가 그것을 할 수 있다고 판단했기 때문이다.[29]

경전 결집에 참가할 5백 명의 비구들은 꾸시나라를 떠나 웨살리를 거쳐 40일 뒤, 그러니까 아살하Āsāḷha월 보름날에 라자가하에 모이기로 했다. 아난다는 웨살리에서 발사자跋闍子 비구의 도움을 받아 완전히 번뇌를 벗어나 해탈을 얻게 된다.[30] 밤새도록 잠을 자지 않고 정진하다가 새벽 먼동이 틀 무렵에 너무 피곤하여 누우려 하는 순간이었다. 그때 아난다는 그 심경을 이렇게 노래했다.

---

29) 마하승지율 제32:<22-490중>에 사왓티로 가자는 사람, 사기(沙祇)로 가자는 사람, 짬빠로 가자는 사람, 웨살리로 가자는 사람, 까삘라왓투로 가자는 사람들이 있었지만 마하깟사빠가 아자따삿뚜가 있는 라자가하가 좋겠다고 하여 그곳으로 정했다고 한다.

30) 사분율에는 '발사자'(跋闍子)의 도움으로 아라한이 되었다고 했으나, 시자경<1-474하>에는 '금강자'(金剛子)의 도움으로 아라한이 되었다고 한다.

"갖가지 설법을 많이 들었고
항상 세존을 공양했는데
이제야 생사를 끊었으니
고따마는 이제야 누우려 한다."
[多聞種種說 常供養世尊 已斷於生死 瞿曇今欲臥]

여기서 고따마는 아난다 자신을 말한다. 그 역시 성이 고따마였다. 아난다도 아라한이 되었던 것이다.

라자가하에 도착한 비구들은 먼저 방사와 침구를 정리하고, 한 자리에 모여 회의한 결과, 타헤라가섭陀醯羅迦葉을 첫째 상좌로 삼고, 파바나婆波那를 두 번째 상좌, 마하깟사빠를 세 번째 상좌, 대주나大周那를 네 번째 상좌로 결정하였다. 마하깟사빠는 사무를 관장하는 승사僧事를 맡았다.31)

이와 달리 꼰단냐가 제1상좌, 뿌라나가 제2상좌, 담미曇彌가 제3상좌, 타바가섭陀婆迦葉이 제4상좌, 발타가섭跋陀迦葉이 제5상좌, 마하깟사빠가 제6상좌, 우빨리가 제7상좌, 아누룻다가 제8상좌였다고 전하는 곳도 있다.32)

마하깟사빠의 제의로 법의 토론에 들어갔다. 그 때 아난다가 붓다가 소소계小小戒를 버리게 하였다고 말하자, 마하깟사빠는 붓다께 소소계가 어떤 것인지를 여쭈었느냐고 물었다. 그것을 여쭙지 못했다고 아난다가 말하자 비구들 간에 소소계에 대한 의견이 분분하였다. 그 때 마하깟사빠는 여러 비구들에게 말했다.

"여러 장로들이여, 이제 여러 사람들의 말이 각각 다르니 어느

---

31) 사분율 제54:<22-967중>.
32) 오분율 제30:<22-192상>.

것이 소소계인지 모르겠소. 지금부터 원칙을 세우되 세존께서 정하지 않은 것은 우리도 정하지 말고, 세존께서 이미 정하신 것은 우리도 버리지 맙시다. 당연히 세존이 정하신 것을 따라 배워야 할 것입니다."

이와 같은 결론을 내리고 마하깟사빠는 아난다가 붓다의 시자로 있으면서 문제가 되었다고 생각하는 점을 지적하고 참회하라고 하였다. 붓다의 최측근이었던 아난다를 마하깟사빠가 앞장서서 탄핵한 것이다. 이때 마하깟사빠가 지적한 탄핵의 요건은 다음과 같다.

㉮ 불법佛法 안에 처음으로 여자를 출가시키도록 권하였다.

㉯ 붓다가 세 번이나 시자를 하라고 했는데도 하지 않겠다고 거부하였다.

㉰ 붓다의 가사를 꿰맬 때 발로 밟고 꿰매었다.

㉱ 붓다께서 열반에 드실 뜻을 세 차례나 말했는데도 붓다께 오래 사시도록 청하지 않았다.

㉲ 붓다께서 목이 말라 물을 떠오라고 세 번이나 말했는데도 물을 떠다드리지 않았다.

㉳ 붓다에게 소소계가 무엇인지를 묻지 않았다.

㉴ 붓다의 시신을 어떤 여자가 더럽히는 것을 막지 않았다.[33)]

마하깟사빠는 아난다의 참회를 받고 경전결집에 들어갔다. 먼저 우빨리가 율을 암송하고, 아난다가 경을 암송하는 형식으로 결집하였다. 이것이 최초의 경전편찬이며 5백 명이 참가한 결집이라 하여 오백결집五百結集이라 부른다. 마가다국의 아자따삿뚜왕의 도움을 받아 죽림정사에서 멀지 않은 웨바라산의 삿따빵니구하Sattapaṇṇiguhā, 즉 칠엽굴七葉窟에

---

33) 사분율 제54:<22-967중>.

서 일곱 달 동안에 걸쳐 제1결집이 이루어졌다.[34)]

이때는 문자로 기록한 것이 아니라 상기띠sangīti라 하여 노래의 형식으로 합송合誦하는 구전口傳이었다. 이것이 서력 기원전 35년에서 32년 사이 스리랑카의 알로까위하라Ālokavihāra에서 처음 문자로 기록되었는데, 이때가 왓따가마니Vaṭṭagāmaṇi왕이 지배하던 시대였다고 한다.[35)] 붓다의 말씀이 구전에서 문자화되기까지 대략 450년이 걸린 셈이다.

처음으로 결집된 경전을 흔히 아함경阿含經이라 한다. 아함이란 아가마Āgama의 음역으로 '전통의 교의'敎義 또는 '가까이 다가가는 것'이란 의미를 가지고 있다. 즉 붓다의 본래 가르침에 가장 가까운 교의를 뜻한다. 붓다의 가르침을 가장 원형적인 모습으로 전해주고 있는 이들 경전에 대하여 살펴보면 다음과 같다.

남방불교에서는 '부처님과 제자들의 언행을 모은 긴 경전'으로 장부長部라 번역하는 『디가니까야』에 34경, 중부中部라 번역하는 '중간 정도로 긴 경전'으로 152경으로 이루어진 『맛지마니까야』, 상응부相應部라 번역하는 '내용에 따라 분류하였으나 길이로는 짧은 경전'으로 2,875경으로 이루어진 『상윳따니까야』, 증지부增支部라 번역하는 '교법의 수數에 따라 1법法에서 11법에 이르기까지 분류하여 모은 경전'으로 2,198경으로 이루어진 『앙굿따라니까야』, 그리고 앞의 4부에 빠진 15경을 모은 『쿳다까니까야』 등 5부部로 분류하고 있다. 특히 『쿳다까 니까야』에는 『담마빠다』·『숫따니빠따』·『자따까』·『우다나』·『테라가타』·『테리가타』 등이 포함되어 있다.[36)]

---

34) 대반열반경 권하:<1-207하>.
35) Etienne Lamotte, 『History of Indian Buddhism』 p.642.
36) 정승석 편, 『불전해설사전』 p.22,
　*호르너(I. B. Horner)는 맛지마니까야의 번역자서문에서 Digha에 34개의 경이

율장은 우빨리의 제자들이 전승케 하고, 『디가니까야』는 아난다의 제자들이 전승케 하였고, 『맛지마니까야』는 사리뿟따의 제자들이 전승케 하였으며, 『상윳따니까야』는 마하깟사빠의 제자들이 전승케 하였고, 『앙굿따라니까야』는 아누룻다의 제자들이 전승토록 하였다고 한다.[37]

북방에서는 『장아함경』長阿含經 22권(30경) · 『중아함경』中阿含經 60권(222경) · 『잡아함경』雜阿含經50권(1,362경) · 『증일아함경』增一阿含經 51권(472경)으로 한역하였으나 남방에 전해지는 경전과 그 내용이 반드시 일치하지는 않는다.

그리고 『잡아함경』의 별역본別譯本 16권(364경)이 전해지고 있다. 특히 『숫따니빠따』 · 『자따까』 · 『우다나』 · 『테라가타』 · 『테리가타』 등은 북방에서 한역漢譯되지 않았다.

결집을 마친 대중들은 아난다에게 꼬삼비로 가서 찬나에게 '범단벌이 내려졌다'는 것을 알려주는 임무를 맡도록 했다. '사납고 난폭한 그에게 어떻게 그것을 전하겠느냐'고 아난다가 말하자 5백여 명의 비구들과 함께 가도록 했다. 찬나는 아난다가 전하는 충격적인 말을 듣고 '이 어찌 나를 죽이는 것이 아니냐'며 기절을 했으나 끝내는 아난다의 설법으로 법안정法眼淨을 얻었다.[38]

또한 삿따빵니구하에서 마하깟사빠 등 5백 명의 비구들이 결집을 마쳤을 때, 닷키나기리에서 5백여 명의 비구들과 전도하던 뿌라나(ⓢ Purāṇa)가 그들과 같이 라자가하에 도착하여 경과 율이 이미 결집되었다는 것을 알고, 자기는 자신이 직접 붓다에게 들은 대로 간직하겠다고 말

있고, Majjhima에 152개의 경, Saṃyutta에 7,762개의 경, Anguttara에 9,557개의 경전이 있다고 했다.<M.N. vol. I. p.x>.

37) 각묵스님 앞의 책, p.564.

38) 오분율 제30:<22-192상>.

했다.[39] 이는 경과 율에 대한 이견이 처음부터 있었음을 시사하고 있다.

마하깟사빠는 경전결집이 끝나고 얼마 지나지 않아 꿋꾸따기리Kukkuṭagiri산에서 죽은 것 같고, 아난다는 아자따삿뚜가 죽기 전 해인 서력 기원전 463년에 죽었다.[40]

7. 신격화되는 붓다

고따마 붓다를 직접 만난 사람들에게는 고따마가 존재의 실상을 깨달은 각자覺者로서 위대한 스승이요, 출가한 이들의 단체인 상가Saṅgha의 창설자요, 상가의 후원자들인 우빠사까와 우빠시까를 조직한 지도자였다. 당시의 불교도에게는 우상숭배도 없었고, 출가자에게는 사제司祭의 역할도 없었다. 붓다는 선각자로서 '길을 가리키는 사람일 뿐' 신이 아니었다.

라자가하에서는 시자 우빠와나에게 '내가 지금 풍으로 척추가 아프니, 너는 지금 성으로 들어가 따뜻한 꿀물을 조금 구해오라'고 했고,[41] 아난다에게 '지금 나는 늙어빠진 노인이라 머지않아 갈 것이다. 나는 인생행로의 끝에 도착했고, 생의 한계를 맞고 있다. 내 나이 벌써 80을 넘지 않았느냐. 나는 이제 쉬고 싶을 뿐'이라 했듯이,[42] 붓다는 너무나도 인간적이었다.

제자 왓깔리가 '나는 오랫동안 부처님을 가까이서 뵙고 싶었는데 몸에 병이 들어 그럴 수가 없을 것 같다'고 말하자, '나의 이 보잘것없는

39) Vp. vol. V. p.402, 오분율 제30:<22-191하>, 비니모경 제4:<24-819상>.
40) Etienne Lamotte, 『History of Indian Buddhism』 p.93, D.P.P.N. vol. II. p.482.
41) 증일아함경 제27:<2-699하>.
42) 성열, 『부처님 말씀』(현암사:2002), p.128.

육신을 보아서 무엇 하겠느냐? 법을 보는 자는 나를 볼 것이요, 나를 보는 자는 법을 볼 것'이라 하여 오직 붓다가 깨달은 법을 터득하는 것이 붓다를 만나는 유일한 길임을 밝히고 있다.43)

그렇지만 당시에도 붓다를 신처럼 보려는 사람들이 전혀 없었던 것도 아니다. 인도 대륙 남쪽 앗싸까국에서 멀리 마가다의 라자가하까지 찾아왔던 16명의 수행자들이 '저 분은 혹시 신이 아닐까'라고 의심했었고,44) 꼬살라국의 웃깟타에서 세따비아로 가는 길에 만났던 바라문 도나Doṇa도 '당신은 신이 되셨느냐'고 물은 적이 있었다. 하지만 붓다는 '나는 신이 아니다'라고 분명하게 밝혔다.45)

꼬살라의 빠세나디왕이 '붓다는 금강신金剛身이라 하던데 늙고 병드는 일이 있느냐'고 물었을 때, '진리의 체현자인 나에게도 늙고 병들며 죽는 일이 있기는 마찬가지다. 지금 나 역시 사람일 뿐이다. 아버지는 숫도다나요, 어머니는 마야시며, 캇띠아 계급으로 태어난 사람일 뿐'이라 했다.46)

이처럼 붓다에 대한 신격화의 길이 진행되면 될수록 그것을 거부하는 면도 강하게 나타났다. 숫도다나의 아들로 이 세상에 출현한 이는 인간이 아니라 신성神性의 변화로 나타나는 화신化身으로 보려는 견해에 대하여 다음과 같이 말했다.

> "여래이며 세존인 나에게 정말로 부모가 있으니, 아버지 이름은 숫도다나요, 어머니 이름은 마야이다. 그런데 사람들이 마치 나를 환상처럼 말하고 있다. 만약 내가 환상적 존재[化生身]라면 어

43) 성열, 『부처님 말씀』(현암사:2002), p.112.
44) 성열, 『부처님 말씀』(현암사:2002), p.10.
45) 성열, 『부처님 말씀』(현암사:2002), p.11.
46) 성열, 『부처님 말씀』(현암사:2002), p.268.

떻게 이 육신을 받았겠는가? 만약 내가 환상적 존재라면 어떻게 죽어서 유골[碎身舍利]을 남길 수 있겠는가?"[47]

붓다가 어머니 마야부인을 제도하기 위해 33천에 올라갔을 때에는 제석천왕帝釋天王이 붓다에게 '이제 음식을 올려야하겠는데, 인간의 음식과 천상의 음식 중에 어느 것으로 올려야 하느냐'고 묻자, '인간의 음식으로 하라. 왜냐하면 나는 인간세상에서 태어났고, 인간세계에서 자랐으며, 인간세상에서 부처가 되었기 때문'이라고 했다.[48] 물론 이 이야기는 꾸며진 것이겠지만 붓다가 인간이기를 원했다는 것을 말해주고 있다.

붓다 그분을 신처럼 볼 것인가, 그렇지 않으면 붓다 자신이 말했듯이 인간일 뿐이라고 볼 것인가. 붓다는 존재의 실상에 대한 깨달음을 통해 더 이상 번민하지 않으면서 대자유의 삶을 누리는 지혜를 성취한 인간이기를 원했지만 그를 바라보는 중생들의 마음은 지상의 인간이 아닌 신神으로 그리려고 했다. 붓다에 대한 존경심이 그려내는 아름다움이겠지만 붓다에 대한 실체적 접근에는 큰 장벽이 된다.

대승불교운동을 전개했던 사람들은 자기들이 주장하는 불교적 견해를 경經이란 이름으로 유통시켰는데, 그들은 붓다의 권위를 빌려 자기들의 주장을 유통시키면서 붓다를 신격화하는 것을 주저하지 않았다. 대승불교도들은 무한한 상상력을 동원하여 지상의 붓다를 천상의 붓다로, 생멸生滅의 붓다를 불멸不滅의 붓다로 그려냈다. 한마디로 대승경전은

---

47) 대반열반경 제30: 사자후보살품:<12-806상>如來世尊有眞父母 父名淨飯 母名摩耶而諸衆生猶言是化 云何當受化生身耶 若受化身 云何得有碎身舍利 如來爲益衆生福德故碎其身而令供養 是故如來不受化身.

48) 증일아함경 제28:<2-705하>爾時釋帝桓因白佛言 我今當以何食 飯如來乎 爲用人間之食 爲用自然天食 世尊告曰 可用人間之食 用食如來 所以然者 我身生於人間 長於人間 於人間得佛.

문학적 픽션이다.

『유마경』에서는 '세존의 몸에 병이 났는데 우유가 필요해서 왔다'고 말하는 아난다에게 '여래의 몸은 금강신인데, 어떻게 병이 나고 어찌 괴로움이 있다는 말이냐'고 유마거사가 질타했고,49) 『대반열반경』에서는 재가신도인 쭌다가 문수사리에게 '만약 여래도 늙음과 죽음이 있는 존재라고 생각한다면 이런 놈은 지옥에 들어가기를 마치 자기 집에 가듯이 할 것'이라고까지 말한다.50)

『화엄경』에서는 천상과 지상을 오가면서 설법하는 모습으로 붓다를 그렸으며, 『법화경』에서는 석가모니 부처님이 숫도다나의 아들로 태어난 금생에 깨달음을 얻은 것이 아니라 이미 헤아릴 수 없이 오랜 과거에 깨달으신 분이므로 부처님은 영원한 존재라고 말한다. 대승불교로 갈수록 붓다는 더욱더 신神이 되어갔다. 대승불교도들은 자신들이 그려낸 붓다를 추켜세우느라 역사적 존재였던 고따마 붓다를 뒤로 숨겨버렸다. 신앙이란 이름으로 실상實像을 허상虛像에 묻어버린 것이다. 붓다 시대의 비구들에게는 스승이 필요했는데 반해 훗날의 재가자들은 믿고 의지할 신이 필요했던 것이다.

불신佛身의 숭배는 불상의 제작에 따른 것이라 볼 수 있다. 최초의 불상이 출현한 것은 수닷따 장자의 요청에 의한 것이라거나51) 마가다국의 빔비사라왕의 요청에 따른 것이라거나52) 붓다가 마야부인을 제도하

---

49) 유마힐소설경 권상:<14-542상>居士 世尊身小有疾 當用牛乳故來至此 維摩詰言 止止阿難 莫作是語 如來身者金剛之體 諸惡已斷 衆善普會 當有何疾 當有何惱 默往阿難 勿謗如來 莫使異人聞此麤言.

50) 대반열반경 제2:순타품:<12-614상>若言如來是有爲者 卽是妄語 當知是人 死入地獄 如人自處於己舍宅.

51) 근본설일체유부비나야 :<23-782중>근본설일체유부니다나:<24-434중>.

52) 근본설일체유부비나야 제45:<23-874상>.

기 위해 삼십삼천에 올라갔을 때 꼬살라왕 빠세나디와 왐사왕 우데나가 붓다를 친견하지 못하게 되어 병이 생기자 신하들이 왕의 병을 낳게 하기 위하여 불상을 제작하였다고 말하지만[53] 이러한 설은 역사적 사실이라 할 수 없다.

붓다가 임종하고 218년 뒤에 마우리아왕조의 제3대왕으로 아쇼까가 등극하고, 한때 사랑을 나누었던 여인을 위해 그녀의 고향인 산찌에 사리탑을 세웠는데, 탑의 동・서・남・북에 문이 있고, 문기둥의 네 면마다 붓다의 일생에 관계되는 이야기가 섬세하게 조각되어 있지만 여기에는 아직 붓다의 모습이 조각되어 있지 않다. 이 탑에 조각된 붓다의 탄생도誕生圖・성불도成佛圖・설법도說法圖 등에는 당연히 붓다의 모습이 있어야 하는 데에도 막상 붓다가 조각되어 있어야 할 자리에 법륜法輪, 보리수(菩提樹), 불족적佛足跡, 탑塔, 산개傘蓋 등이 대신 조각되어 있다. 그러니까 아쇼까왕 시대까지 불상이 조성 되는 것을 꺼려했다는 것을 말해준다. 붓다에 대한 우상화를 경계하고 있었다는 것을 의미한다.

붓다의 신격화는 신심信心이란 이름으로 더욱 심해졌고, 불교의 신학화神學化는 기도祈禱라는 이름을 빌려 더욱더 심각해졌다. 붓다의 신격화는 빗나간 믿음을 낳게 되었고, 불교의 신학화神學化는 지금 이 지상에서의 종교를 죽음 저 너머의 종교로 왜곡하고 말았다.

붓다는 세계 역사에 빛나는 위대한 종교가였음에 틀림없다. 그러나 붓다는 영적인 구원이나 사후의 행복만을 가르치는 그런 종교가는 아니었다. 붓다가 살았던 시대나 그 자신이 태어난 환경이 그런 종교가를 요구하지 않았다.

붓다는 인간 개개인이 안고 있는 심리적 한계와 모순을 파헤쳤을 뿐

---

53) 증일아함경 제28:<2-706상> 성열, 『부처님 말씀』(현암사:2002), p.38.

아니라 당시 인도사회가 안고 있는 구조적인 모순을 비판하고 나섰으며 민중들의 아픔을 대변하는 일에도 깊은 관심을 보였다. 그것은 붓다로서 시대의 요청에 부응하는 길이었다.

붓다의 가르침은 상대방에 따라 세계와 인생의 밑바닥에 깃들어 있는 이치를 통찰하는 철학자의 모습, 사회의 구조적인 모순을 혁파하는 개혁자의 모습, 무지한 대중을 지혜의 길로 이끄는 교육자의 모습, 인간의 마음에 도사리고 있는 모순을 꿰뚫어 통찰하는 심리학자의 모습, 민생고에 시달리는 민중들을 빈곤으로부터 해방시키는 경제학자의 모습, 도덕적으로 타락해 가는 이들을 경계하는 윤리학자의 모습을 잘 보여주고 있다.

우리는 바른 신심으로 중생의 현실을 떠나 피안에 안주하는 신격화된 붓다로 접근할 것이 아니라 붓다가 살았던 시대의 선각자로서 시대의 아픔을 고민하고 해결하고자 나섰던 고따마 붓다의 참모습을 통찰할 수 있어야 한다.

제11장 그 밖의 이야기들

1. 붓다의 신통교화

붓다의 교화방법은 크게 세 가지로 나눌 수 있다. 신통을 보여 따르게 하거나 상대방의 마음을 살펴서 그에 적절하게 가르치거나 교훈적인 이야기로 가르쳤다.[1] 붓다 설법의 대부분은 질문자의 이해의 정도에 따라 가르치는 대기설법對機說法이었다. 가야시사에서 1천여 명의 비구들에게 '온 세상이 불타고 있다'는 가르침은 교훈적인 가르침의 대표적인 예라 하겠다.

우루웰라 깟사빠의 교화, 샤까족들의 교화, 술 취한 꼬끼리의 조복, 로히니 강변에서의 신통 등 붓다는 필요할 때마다 기적을 보여 교화했다.

1) 사왓티 성문 앞에서

붓다가 41세 때였다. 삔돌라 바라드와자가 어떤 셋티의 제안으로 대나무장대 위에 걸어놓은 목바루[木鉢]를 가질 욕심으로 신통(iddhi)을 보였던 사건이 있었다.[2] 붓다는 그 사건을 아시고 비구들이 신통을 보이는 것을 금지시켰다.

붓다가 비구들에게 신통을 보이는 것을 금지시켰다는 말을 듣고 외도들이 떠들어댔다.

"나무꼭대기에 있는 밥그릇 하나 내려오는 것이 뭐 그리 대단한가? 고따마의 제자들은 한낱 밥그릇 하나가 탐이 나서 신통을 보

1) 증일아함경 제15:<2-622중>.
2) 성열, 『부처님 말씀』(현암사:2002), p.549.

> 였지만 우리는 그런 것에 욕심을 내지 않는다. 우리의 신통은 그 스승인 고따마와 겨루어도 문제없다."

비구들은 외도들의 도전적인 제안을 붓다에게 말씀드렸더니, 이렇게 말했다.

"그래 그들도 신통을 보일 수 있겠지. 하지만 나도 얼마든지 신통을 보일 수 있다."

빔비사라는 붓다가 얼마든지 신통을 보일 수 있다는 말을 전해 듣고 붓다의 신통을 보고 싶다고 말했다. 하지만 '신통은 금지된 것이 아니냐'고 빔비사라가 물으니 붓다가 말했다.

> "그렇소. 하지만 제자들에게 금지된 것뿐이지 여래인 나에게도 금지된 것은 아니요. 왕의 동산에 있는 과일을 아무나 따먹을 수 없지만 왕에게는 해당되지 않잖소."3)

빔비사라는 붓다에게 '신통을 어디에서 보이겠느냐'고 여쭈었다. 붓다는 꼬살라의 사왓티 성문 앞 간다Gaṇḍa 망고나무 아래에서 야마까빠띠하리아yamakapāṭihāriya신통을 보일 것이라 말하고 사왓티로 향해 떠났다. 붓다가 사왓티로 장소를 정한 것은 당시 사왓티가 니간타들이나 아지위까들과 같은 외도들의 활동무대였기 때문인 듯하다.

붓다가 사왓티에서 신통을 보이신다는 소문을 듣고 많은 사람들이 붓다를 따라 나섰다. 그때 라자가하의 외도들도 붓다와 한번 겨루어보자면서 무리를 이끌고 사왓티로 향했다.

꼬살라의 빠세나디는 '언제쯤 신통을 보이겠느냐'고 붓다에게 여쭈었다. 그러니까 마가다국의 빔비사라는 장소를 물었고, 꼬살라의 빠세나디는 날짜를 물었다. 앞으로 7일 후인 아살하Āsāḷha월月 보름날에 간다

---

3) 성열, 『부처님 말씀』(현암사:2002), p.550.

망고나무 아래에서 신통을 보이겠다고 붓다가 빠세나디에게 말했다. 아살하월은 인도력印度曆으로 네 번째 달이고, 음력 6월 16일부터 7월 15일까지이다. 따라서 붓다가 신통을 보인 날은 7월 15일이다.

빠세나디는 붓다가 아살하월 보름에 간다 망고나무 아래에서 신통을 행한다는 사실을 포고하였다. 외도들은 사재私財를 들여 사왓티 부근의 망고나무를 모두 베어버렸다. 붓다가 약속을 지킬 수 없도록 하기 위해서였다.

빠세다니의 포고로 성안의 사람들이 성문 앞에 구름처럼 모여들었다. 붓다는 그 날 아침 걸식하기 위해 성안으로 들어가다가 왕의 동산지기 간다Gaṇḍa를 만났는데, 그는 마침 크고 잘 익은 망고열매를 왕궁으로 가져가는 길이었다. 간다는 가지고 있던 망고열매를 붓다에게 드렸다. 붓다는 그 자리에서 망고를 드시고, 그 씨를 아난다에게 주면서 말했다.

"아난다야, 이 씨를 동산지기에게 주어 이 자리에 심게 하라. 그러면 망고나무가 될 것이다."

아난다가 씨를 받아 동산지기 간다에게 넘겨주니, 그는 바로 땅을 파고 묻었다. 그러자 이내 씨가 껍질을 깨고 뿌리를 내려 싹이 트더니 많은 사람들이 보고 있는 가운데 100척尺이나 되는 큰 나무로 자랐다. 그리고는 꽃이 피고 잘 익은 망고열매가 주렁주렁 열렸다.[4)]

붓다는 사왓티 성문 앞에서, 발에서 물을 뿜고 어깨에서 불을 뿜는 야마까빠띠하리아 신통을 보이시고, 그 해의 안거를 망꿀라Maṅkula산에서 보냈다. 붓다가 망꿀라산에 머물 때, 라다Rādha가 시자로 있었으며 이때의 설법은 주로 라다의 물음에 대한 답변으로 이루어졌다.[5)]

---

4) Jt. vol. IV. p.166.
5) 잡아함경 제6:제111~129경:<2-37하~41상> 성열, 『부처님 말씀』(현암사:2002),

2) 도리천에서 하강

붓다께서 망꿀라산에서 여섯 번째 안거를 마치고 기원정사에 계실 때, 어느 날 이렇게 생각했다.

> 이들 사부대중四部大衆은 모두가 게을러서 법을 들으려하지 않고, 방편을 찾아 몸으로 증득하려고 하지도 않으며, 배워서 터득하지 못한 것을 배워서 터득하려고 하지 않고, 아직 얻지 못한 것을 얻으려 하지도 않는다. 내가 이제 사부대중이 법을 간절히 떠받들도록 하리라.[6]

붓다는 누구에게도 알리지 않고, 시자도 없이 어머니 마야부인에게 아비담마Abhidhamma를 설법해주기 위해서 혼자서 제석천帝釋天이 거느리고 있는 하늘나라 33천天으로 올라갔다. 붓다가 42세 되던 해요, 일곱 번째 안거를 맞는 해이다.

33천天의 선법강당善法講堂에서 제석천과 마야부인 그리고 천녀天女들에게 보시와 계율과 천상에 태어나는 공덕에 대한 설법을 하고, 욕망은 청정하지 못한 생각이요, 음란淫亂은 사악하므로 그것을 벗어나는 것이 즐거움이라 말했다. 천인들의 마음이 열리고 의심을 가졌던 것이 풀렸다는 것을 보고 늘 설하였던 것처럼 사성제四聖諦를 설하였다.[7] 붓다의 설법을 들은 모든 이들이 법안정法眼淨을 얻었다.

그 때 제석천이 붓다에게 여쭈었다.

---

p.188, p.310 참고.

6) 증일아함경 제28:<2-705중>此四部之衆多有懈怠 皆不聽法 亦不求方便 使身作證復不求未獲者獲未得者得 我今宜可使四部之衆渴仰於法.

7) 증일아함경 제28:<2-705하>.

"제가 지금 여래님께 음식을 올려야 하겠는데, 인간의 음식으로 할까요, 저절로 되는 천상의 음식으로 할까요?"

"인간의 음식으로 하라. 왜냐하면 나는 인간세상에서 태어났고, 인간세상에서 자랐으며, 인간세상에서 부처가 되었기 때문이다."

"천상의 시간으로 할까요, 인간의 시간으로 할까요?"

"인간의 시간으로 하라."

제석천이 인간의 음식과 인간의 시간으로 공양을 올리니, 하늘나라 사람들이 '우리들은 이제 여래께서 온 종일 공양하는 것을 보겠구나'[我等今見如來竟日飯食]라고 저희들끼리 수군거렸다고 한다.

붓다께서 하늘나라에서 석 달을 보내시니, 사왓티의 사부대중이 아누룻다에게 붓다의 행방을 물었다. 아누룻다는 가부좌하고 앉아 삼매 속에서 천안天眼으로 살피더니, 삼매에서 일어나 '부처님은 지금 하늘나라에서 어머님을 위해 설법하고 있다'고 말했다. 아누룻다의 말을 들은 사부대중은 목갈라나에게 '붓다가 계신 하늘나라로 올라가 인간세계로 하강해 주실 것'을 청하도록 했다. 목갈라나가 붓다를 찾아 뵙고, 사부대중의 뜻을 말씀드리니, 붓다가 물었다.

> "사부대중이 수행에 게으르지 않도록 하라. 목갈라나야, 사부대중을 교화하기에 힘들지 않더냐? 서로 싸우지는 않더냐? 외도들이 시끄럽게 굴지는 않더냐?"[8)]

붓다께서 다시 물으셨다.

"사리뿟따는 지금 어디에 있느냐?"

"세존이시여, 사리뿟따는 세존께서 전에 간다 망고나무 아래에서

---

8) 증일아함경 제28:<2-707상>使四部之衆進業無惓 云何目連 四部之衆遊化勞乎 無鬪訟耶 外道異學無觸嬈乎.

보이신 신통을 보고 신심을 일으켜 출가한 5백 명의 신학新學비구들과 함께 상깟사Saṅkassa성城 안에서 안거하고 있습니다."[9]

"너는 돌아가 남섬부주 사람들에게 지금부터 이레 뒤에 상깟사성城 문밖으로 돌아가겠다고 전해라. 나를 보고 싶은 사람들은 그곳으로 모이면 될 것이다."

이레가 되자 제석천(帝釋天:Indra)이 건축을 담당하는 신 윗사깜마Vissakamma에게 붓다께서 신통을 부리지 않고 인간세계로 내려가시려고 하니 하늘나라[三十三天]에서 인간세계로 내려갈 길을 만들라고 했다. 윗사깜마는 수미산꼭대기에서 상깟사성문까지 닿는 보석·금·은으로 된 세 개의 계단을 만들었다.

붓다가 상깟사성으로 내려올 때, 제석천은 가사袈裟와 바루를 들고, 야마천夜摩天의 수야마Suyāma는 불자拂子를 들고, 범천[Brahmā]은 일산日傘을 들고 붓다의 뒤를 따랐으며, 1만 세계의 신들이 천상의 향과 꽃으로 공양했다고 한다.[10]

붓다가 하늘나라에서 일곱 번째 안거를 마치고 상깟사로 하강하였을 때, 많은 사람들 가운데서 사리뿟따가 가장 먼저 예배하고 그 다음에 다른 사람들이 예배드렸다.[11] 이때 연화색(Uppalavaṇṇā)비구니는 전륜성왕으로 변장하고 앞장서서 붓다를 친견했다고 한다.[12]

---

9) Jt. vol. IV. p.168.

10) Jt. vol. IV. p.168.

*『증일아함경』에는 윗사깜마가 금으로 된 길[金道], 은으로 된 길[銀道], 수정으로 된 길[水精道] 등 세 개의 길을 만들었는데, 붓다는 중앙의 금도, 범천은 붓다의 오른쪽에 있는 은도, 제석천은 붓다의 왼쪽에 있는 수정도를 따라 내려왔다고 했다.<증일아함경 제28: 2-707중하>.

11) 성열, 『부처님 말씀』(현암사:2002), p.552.

12) 잡아함경 제23:<2-169하>.

그 때 붓다는 목갈라나는 신통으로 이름났고, 우빨리는 계율로 이름이 났지만 사리뿟따의 지혜를 아는 사람이 없다는 것을 알고 대중 앞에서 사리뿟다의 지혜가 가장 뛰어나다는 것을 말했다. 붓다는 상깟사에 도착하여 그곳에 모인 사람들에게 설법하고 사왓티로 왔다.[13]

붓다가 33천, 즉 도리천忉利天에 올라갔다가 상깟사성으로 하강했다는 전설적인 이야기는 『잡아함경』·『증일아함경』·『찬집백연경』·『의족경』·『대승조상공덕경』·『분별공덕론』·『대지도론』 등 대소승경전과 논서에 고루 언급되고 있고,[14] 이 기적을 묘사한 부조浮彫는 산찌대탑, 아잔따석굴, 사르나트박물관 등에서 쉽게 볼 수 있을 정도로 성화聖化된 전설로 불교예술과 문학의 자료가 되고 있다.

3) 웨살리의 전염병 퇴치

붓다가 아자따삿뚜의 청을 받고 라자가하에서 여름안거를 보낼 계획이었다. 그때 왓지의 웨살리에는 전염병이 나돌아 많은 사람들이 죽어나갔던 모양이다. 사람들을 죽음으로 몰아넣는 병이 귀신의 소행이라 여겼던 웨살리 사람들은 라자가하에 머물고 있는 붓다를 초청하여 귀신을 쫓아내려고 했지만 아자따삿뚜의 청으로 마가다국에 머물고 있다는 것이 문제였다.

마할리Mahāli장자가 웨살리 사람들을 대표하여 라자가하로 붓다를 찾아가서 말했다.

---

13) Jt. vol. I. p.73, 거해스님편역『법구경』II, p.15.

14) 잡아함경 제23:<2-169하> 찬집백연경 제9:<4-247상>, 의족경 하:<4-185하>, 대승조상공덕경 상:<16-792하>, 분별공덕론 제3:<25-37하>, 대지도론 제11:<25-137상>.

"웨살리 사람들이 재앙을 만나 수없이 죽어가고 있습니다. 여래께서 자비로 웨살리 사람들을 돌보아 주십시오."

"나는 이미 아자따삿뚜의 청을 받아 이곳에 머물고 있으니, 만약 아자따삿뚜가 양해한다면 그곳으로 갈 수 있을 것이오. 내가 두 말을 할 수는 없지 않겠소."

"참으로 어려운 일입니다. 아자따삿뚜왕은 허락하지 않을 것입니다. 아자따삿뚜왕은 우리 왓지국 사람들에 대해 좋은 감정을 가지고 있지 않습니다. 그는 어떤 수단을 써서라도 왓지국을 해치려고 합니다. 그는 나를 보면 죽이려 할 것입니다. 그는 우리 왓지국 사람들이 재난을 당한다는 것을 알면 오히려 기뻐할 것입니다."

"마할리여, 그런 걱정하지 말고 아자따삿뚜왕에게 가서 이야기해 보시오."

마할리장자는 겁이 났지만 붓다만 믿고 아자따삿뚜를 방문했다. 아자따삿뚜의 신하들은 마할리장자를 '잡아 두 동강을 내야 한다'거나 '목을 베어 나뭇가지에 걸어야 한다'고 하자 아자따삿뚜는 '빨리 처단하여 나를 보지 못하도록 하라'고 했다. 마할리장자는 아자따삿뚜의 궁궐 앞에서 '나는 부처님의 심부름꾼'이라고 큰 소리로 외쳤다.

아자따삿뚜는 그가 붓다의 심부름으로 왔다는 말에 친절하게 맞아들였다. 그는 붓다가 시키는 대로 말했다.

"세존께서 말씀하셨소. 마가다왕이 부왕을 죽이는 몹쓸 짓을 했지만 이제 참회하여 새사람이 되었으니, 천상과 인간을 윤회하다가 먼 훗날 벽지불이 될 것이라 말씀하셨소."

아자따삿뚜는 붓다가 그런 말씀을 하셨다는 소리를 듣고 기분이 좋았다.

“그대는 무엇을 원하는지 말해보라. 모두 들어 줄 것이다.”

“웨살리 사람들이 포악한 나찰귀신의 해침을 받아 매일 수없이 많은 사람들이 죽고 있습니다. 세존께서 그곳으로 가시어 재앙을 물리치게 허락하소서. 저희들은 세존께서 가시는 곳은 귀신들이 더 이상 머물지 못한다고 들었습니다.”

“그것은 참 곤란한 문제로구나. 성이나 촌락, 재물이나 처녀들을 요구했더라면 아까와 하지 않겠는데, 네가 그렇게 청할 줄은 미처 몰랐었다. 그러나 이미 약속을 했으니 그렇게 하라.”

붓다가 죽림정사를 떠나 웨살리를 향해 가는 것을 보고, 아자따삿뚜가 말했다.

“우리가 저 장자에게 속았다. 저들을 살리기 위해 세존을 그곳으로 가시게 하였구나.”

붓다가 웨살리 성문 앞에 이르러 말했다.

“나 여래가 왔으니 웨살리에 재앙이 없어져라. 두 발을 가진 사람들도 편안하고, 네 발 달린 짐승들 역시 편안하라. 길 떠나는 사람들도 행복하고, 이곳으로 오는 이들도 행복하라.”

붓다가 그곳에 가신 뒤로 웨살리 사람들은 더 이상 병고에 시달리지 않았다고 한다.[15] 붓다가 전염병을 퇴치하기 위해 웨살리에 갔다는 이야기가 빔비사라왕 때에 있었던 일이라고 전하는 곳도 있다.[16]

---

15) 증일아함경 제32:<2-725중~727하>.
16) D.P.P.N. vol. II. p.941.

2. 붓다의 외호자들

붓다는 당시의 불평등한 사회제도나 정통사상인 신학에 대하여 비판적이었다. 하지만 당시 사회상층부를 형성하고 있는 바라문계급을 비판하는 것임에도 불구하고 정치적으로 억압을 받지 않을 수 있었던 것은 당시 실질적 권력을 쥐고 있으면서 제2의 계급에 속했던 왕들과 경제적 실력자이면서 제3계급에 속했던 셋티, 즉 장자長者들의 적극적인 지지와 후원이 있었기 때문이다.

붓다에게 전법의 기지이자 세력 확산의 터전인 정사精舍를 건립하여 헌납한 것도 주로 왕들이나 셋티들이었다. 라자가하의 한 셋티는 60개의 별방別房을 지어 붓다에게 기증하였다고 한다.[17)]

바라문들의 전통에서는 계급순서가 바라문・캇띠아・왯사・숫다이지만 불교경전에서는 '지금은 캇띠아가 지배적인 시대'라거나[18)] '캇띠아가 제일'이라고 말하고 있다.[19)] 그러니까 붓다는 명목상의 권위만 겨우 지탱하고 있는 바라문들의 전통을 거부하고 실질적인 힘을 가지고 있는 왕들의 권위를 인정하고 있었다.

붓다에게 정사를 헌납했던 기증자를 살펴보면 아래의 도표와 같다.

정사이름	소재지	헌납자	신분
웰루와나라마	마가다 라자가하	빔비사라	마가다왕
지와까암바와나	마가다 라자가하	지와까	의사
제따와나라마	꼬살라 사왓티	수닷따	셋티

17) Vp. vol. V. p.205, 사분율 제50:방사건도:<22-937상>.
18) B.B.S. p.61.The Kshatriya caste is now predominant.
19) 세기경:<1-149하>,D.N. III. p.94, S.N. I. p.192, S.N. II. p.194, A.N. V. p.208.

뿝바라마	꼬살라 사왓티	위사카	셋티의 딸
라자까라마	꼬살라 사왓티	빠세나디	꼬살라왕
고시따라마	왐사 꼬삼비	고시따	셋티
꿋꾸따라마	왐사 꼬삼비	꿋꾸다	셋티
빠와리까라마	왐사 꼬삼비	빠와리까	셋티
암바빨리와나	왓지 웨살리	암바빨리	가니까(창부)
암바따까라마	맛치까상다	찟따	셋티

1) 빔비사라와 빠세나디

붓다는 왕권과 경제적 실력자들의 후원을 받고 있으면서도 한편으로는 그들과 일정한 거리를 두려고 했다. 한때 죽림정사의 비구들이 마가다국의 빔비사라왕과 꼬살라국의 빠세나디왕 가운데 누가 더 강력한 세력을 가지고 있는가를 가지고 토론하고 있었는데, 붓다는 그런 이야기는 수행자로서 아무런 도움도 되지 않는 것이라고 금지시켰다.[20] 나아가 왕권에 관한 일(王事)·도둑질에 관계되는 일(賊事)·전쟁에 관한 일(鬪戰事)·재산을 모으는 일(錢財事)·의복에 관한 일(衣被事)·먹을거리에 관한 일(飮食事)·남녀관계에 관한 일(男女事)·세속적인 언사에 관한 것(世間言語事)·사업에 관한 일(事業事) 등을 놓고 비구들이 토론하는 것마저 삼가게 하였다.[21]

불교초기에는 일반상인들보다도 비구들이 세관을 통과하는 일이 더 까다로웠던 모양이다. 비구들은 세관에 이르면 동행하던 대상인隊商人들에게 소지한 물건을 의탁했다가 세관을 통과한 뒤에 되돌려 받는 일도 있었다. 그러다가 붓다가 마가다의 빔비사라影勝王와 꼬살라의 빠세나디

20) 잡아함경 제16:413경:<2-110상>.
21) 잡아함경 제16:411경:<2-109하> S.N. V. p.355.

勝光王를 교화하여 그들이 신도가 된 뒤 사정이 달라졌다. 이들 두 나라의 왕들이 '자국내의 비구들은 왕태자와 같이 직세直稅를 면제하고, 비구니들은 후궁인後宮人과 마찬가지로 면세한다'는 명령을 내리고 나서 비구나 비구니들은 면세대상이 되었다.[22]

붓다의 제자인 비구·비구니들만 면세대상이 되었던 것은 아니다. 당시 출가자면 누구라도 소지품에 면세혜택을 받았다. 그러나 소지품을 매매할 때에는 세금이 부과되었다.[23] 이때에 부과되는 세금을 세분제稅分齊라고 했다.

비구들이 면세의 혜택을 받게 되자 상인들이 세관을 통과할 때 비구들에게 고가의 물건들을 의탁하면서 비구들이 탈세와 연관되는 사건도 발생하게 되었다.[24] 이런 사건이 발생하자 붓다는 비구들이 상인들의 물건을 갖고 세관을 통과하는 것을 금지시켰다.

빔비사라는 마가다국민이면 누구라도 출가를 원하면 할 수 있다는 칙령을 내렸지만 노예들의 출가로 비난이 들끓게 되자 노예들의 출가를 억제하기에 이르렀다.[25]

빔비사라왕의 신하인 금관禁官이 왕의 신하가 사사로이 출가한 것을 발견하고 그를 체포하여 단사관斷事官에게 보냈다. 단사관이 판결하기를, '화상和尙을 체포하여 갈비뼈 세 개를 부러뜨리고, 계사戒師를 체포하여 혀를 뽑고, 십중十衆은 각기 여덟 대 씩을 때리고, 계를 받은 자는 극법極法으로 죄를 다스리라'고 했다. 관련자 모두가 체포되어 성城 밖의

22) 근본설일체유부비나야 제3:<23-641상~중>於我國中所有苾芻 同王太子放免稅直 諸苾芻尼 同後宮人 亦免稅事.
23) 마하승지율 제3:<22-253상>.
24) 마하승지율 제3:<22-252중> 우바새오계상경:<24-942중>.
25) 사분율 제34:<22-807중>.

형장으로 끌려가는 것을 빔비사라가 목격하고 크게 진노했다. 빔비사라는 비구들을 모두 현장에서 방면放免하고, 그런 판결을 내린 단사관의 직위를 박탈하고 재산을 관고官庫로 몰수했으며, 사관司官들도 마찬가지로 직위를 박탈하고 재산을 몰수하여 관고에 넣었다고 한다.[26]

빔비사라는 범죄를 저질렀던 사람이라도 이미 출가했다면 그에게 세속의 법으로 어떻게 할 수 없다고 하여 상가의 치외법권적 지위治外法權的 地位를 인정했는데,[27] 꼬살라국의 빠세나디도 마찬가지였다.[28] 빔비사라는 자국 안에서 비구나 비구니를 상처를 입히거나 욕보이는 자는 중죄를 내린다고 했고,[29] 사문沙門이 강을 건널 때 뱃삯을 받지 말라는 칙명을 내리기도 했다.[30]

꼬살라의 빠세나디도 자국自國에서 붓다의 제자를 업신여기는 자는 중벌重罰로 다스리겠다고 했다.[31]

캇띠아(刹利)신분의 어떤 여인이 죄를 짓고 비구니가 되었다. 캇띠아들이 그녀를 비구니정사에서 끌어내어 처단하려고 했다. 빠세나디는 '캇띠아족의 그녀가 이미 출가했다면 그것은 다시 태어난 것[更生]이니 캇띠아의 부인이 아니다'라고 말했다.[32] 이런 일들로 사회적 물의를 일으키게 되자 붓다는 노예나 부채를 지고 있는 사람 또는 도둑질을 한 사람의 입문을 금지시키게 되었지만[33] 당시의 상가가 치외법권治外法權에

---

26) 마하승지율 제24:<22-419하~420상>.
27) 사분율 제22:<22-719중>.
28) 오분율 제11:<22-79중>.
29) 오분율 제17:<22-115중>.
30) 방광대장엄경 제11:<3-606상>.
31) 오분율 제10:<22-71하>.
32) 십송율 제43:<23-310상>.
33) 사분율 제34:<22-807하>.

있었음을 엿볼 수 있다.

세속의 왕들은 상가의 자치권을 존중했으며 상가 역시 세속의 법률이 아닌 상가 자체의 계율로 상가를 통제할 수 있었음을 알 수 있다. 붓다나 비구들은 세속의 명예나 이익을 멀리하고 있었으므로 세속의 권력과 충돌할 필요가 없었다. 상가는 영리를 추구하는 사업을 하지 않았으므로 세금의 징수대상이 되지 않았다. 상가가 세속인들보다 도덕적으로 우위를 유지할 수 있었으므로 공경과 존중의 대상일 뿐 다스림의 대상이 되지 않았다. 상가는 살인, 도둑질, 간음, 사기와 같은 것을 계율로 엄격하게 규정하였으므로 세속의 형법에 저촉될 위험이 없었다.

빔비사라나 빠세나디는 불교교단이 사회적 기반을 다지고, 교세를 확장하는데 크게 기여했다. 붓다는 우빠사까 가운데 기쁨으로 베푸는 제1인자는 빔비사라왕이요, 선본善本을 건립하는 제1인자는 빠세나디라고 말했다.[34] 붓다 시대에 가장 강력한 정치권력이었던 빔비사라와 빠세나디의 적극적인 지지와 후원으로 불교는 바라문교의 오랜 전통을 넘을 수 있었다.

2) 지와까

지와까는 라자가하의 창부 살라와띠Salavatī의 사생아로 태어났다.[35] 그는 태어나자마자 바구니에 넣어져 쓰레기장에 버려졌다. 그가 빔비사라의 아들 아바야Abhaya 왕자에 의해 발견되었을 때, 사람들이 '아직 살

34) 증일아함경 제3:<2-560상>.
35) 근본설일체유부비나야잡사 제21:<24-301하>에는 '라자가하 빔비사라왕의 아들 지와까가 대의왕(大醫王)으로 알려졌다'고 했으나 『Mahavagga』에는 '살라와띠의 사생아'라고 하였다.

아 있다'Jīvati고 말했다고 하여 어릴 때 지와까Jīvaka라 불렸다. 한역 율장에서는 활동자活童子라 했다.36) 그는 아바야 왕자에 의해 키워졌다고 하여 지와까 꼬마라밧짜Jīvaka Komārabhacca라고 불리기도 했다.37)

그는 16세가 되었을 때, 자신의 출생에 대한 비밀을 알고 아바야에게 알리지도 않고 간다라의 땃까실라로 가서 7년간 의술을 공부했다. 그의 스승은 약간의 돈을 주어서 의술을 실습하도록 보냈는데, 첫 번째 환자가 사께따에 사는 부상富商의 아내였다. 그녀는 7년 동안 앓고 있던 병이 낫게 되자 그녀와 아들, 며느리가 각각 4천 까하빠나를 주었고, 그녀의 남편은 4천 까하빠나와 남녀노비와 마차를 주었다. 지와까는 1만 6천 까하빠나와 남녀노비를 데리고 라자가하로 돌아왔다.

지와까는 자기를 키워준데 대한 감사의 뜻으로 1만 6천 까하빠나와 남녀노비 등을 아바야왕자에게 바치니 왕자는 받기를 거절하고 자신의 정원안에 지와까의 집을 따로 지어주었다.38) 10까하빠나가 젖소 한 마리 가격이었다고 하니 지와까가 치료대가로 받은 것이 얼마나 컸는지 알 수 있다.

그는 빔비사라의 치질을 치료해 주고 왕으로부터 5백 명의 궁녀를 하사 받았으나 지와까는 궁녀들 대신 일을 달라고 청하여, 빔비사라왕 부부와 붓다 그리고 상가의 주치의로 임명되었다.

라자가하의 거상을 치료해 주었을 때는 그가 전 재산을 지와까에게 주고 종이 되겠다고 하였으나 지와까는 그것을 거절하였다. 지와까는 치료의 대가로 1만 까하빠나를 빔비사라왕에게 바치고 1만 까하빠나만

36) 선견율비바사 제17:<24-793하>.
37) 'Komāra'는 '젊은, 어린, 소년'이란 말이고, 'Bhacca'는 '키워졌다'는 의미이다.
38) Mahāvagga:VIII,1,13:<S.B.E. vol. XVII. p.179> Vp. vol. IV. p.385.

자기에게 달라고 했다. 와라나시의 상인의 아들을 치료해 주고 1만 6천 까하빠나를 가지고 라자가하로 돌아오기도 했다.[39]

아완띠국의 빳조따왕의 요청으로 웃제니에 파견되어 그의 황달병을 치료해 주었다.[40] 빳조따왕은 치료해준 대가로 최고급의 시위Sivi산의 비단을 보내왔다. 지와까는 이런 고급비단은 마가다국왕 빔비사라나 붓다와 같은 이들이나 입을 수 있는 것이라고 하여 붓다에게 헌납하며 붓다와 비구들이 신도들이 보시하는 옷을 입을 수 있도록 허락해 달라고 청했고, 붓다는 지와까의 요청을 허락했다.[41] 그 소식을 전해들은 라자가하의 사람들이 옷을 보시하여 공덕을 쌓을 수 있게 되었다고 기뻐했다. 까시의 왕이 까시산의 모직물을 보내왔는데 그것 역시 붓다에게 헌납했다.[42] 이때부터 비구들의 옷감으로 아마포, 면직물, 견직물, 모직물, 거친 대마 천, 두툼한 무명천 등 여섯 가지가 허용되었다.

그는 붓다의 풍병, 아누룻다의 눈병, 아난다의 창병을 치료하기도 했으며, 그의 소유였던 구舊 라자가하 동쪽 찻타 언덕 기슭에 있는 망고나무 과수원(Jīvakāmbavana)을 붓다에게 기증하였다.

아자따삿뚜가 부왕 빔비사라를 살해하고 왕권을 쥐었으나 인간적 번민으로 시달릴 때, 지와까는 아자따삿뚜를 붓다에게 인도했다. 아자따삿뚜는 자기의 잘못을 붓다에게 참회하고 붓다에게 귀의하였다. 이때 설한 경전이 유명한 『사문과경』(沙門果經:Sāmaññaphala Sutta)이다. 붓다는 지와까를 신도 가운데 사람들로부터 가장 사랑받는 사람이라 했다.[43]

---

39) Vp. vol. IV. pp.386~390.
40) 근본설일체유부비나야잡사 제21:<24-301하> M.N. III. p.58. footnote.
41) Vp. vol. IV. p.396.
42) Vp. vol. IV. p.398.
43) A.N. I. p.24.

3) 시하장군

시하는 웨살리의 릿차위족 장군이었으며, 그는 원래 날란다Nālandā의 우빨리가하빠띠Upāligahapati, 까삘라왓투의 샤까족 왑빠Vappa 등과 함께 니간타의 열렬한 후원자였다.

붓다께서 웨살리성에서 설법회를 열게 되었을 때 성안의 사람들이 모여들었다. 그때 마침 니간타와 그의 제자인 시하장군도 웨살리성에 있었는데, 많은 사람들이 붓다의 설법회로 가는 것을 본 시하장군은 '붓다야말로 아라한이요, 정각을 이루신 분이로구나. 나도 그곳에 가서 설법을 들어야겠다'고 생각하고 스승에게 말했다.

"스승님, 저도 사문 고따마를 가서 뵙고자 합니다."

"시하장군이여, 어찌하여 업을 믿는 사람이 무위無爲를 주장하는 사문 고따마를 보러 간다는 말이요? 사문 고따마는 무위법無爲法으로 제자들을 가르치고 있소이다."

이미 붓다에게 마음이 기운 시하장군은 니간타의 만류에도 불구하고 붓다를 만나 뵙고 말했다.

"사문 고따마는 무위법으로 제자들을 가르친다고 제가 들었습니다. 저는 세존에 대하여 그들이 하는 말이 거짓말이라 생각합니다. 저는 고따마님을 비난할 뜻은 없습니다."

> "시하장군이여, 내가 무위법을 가르친다고 말하는 이도 있고, 내가 업을 가르친다고 말하는 이도 있으며, 나를 허무주의자라고 말하는 이도 있고, 내가 증오를 가르친다고 말하는 이도 있고, 나를 폐지론자라는 이도 있고, 나를 금욕주의자라는 이도 있고, 내

가 윤회를 막는다고 말하는 이도 있고, 내가 마음의 평온을 가르친다고 말하는 이도 있소이다. 어떤 사람의 말이 맞는다고 생각하시오?

나는 행동과 말과 생각이 빗나간 이들에게 그런 업을 짓지 말라고 하고, 행동과 말과 생각이 착한 이들에게 바른 업을 말하지요. 나는 탐욕과 분노와 미혹의 허무함을 말하고, 악과 죄를 미워하고, 악과 죄를 없애는 법을 말하고, 악과 죄는 억제되어야 한다고 말하고, 방탕한 사람에게 윤회에서 벗어나는 것을 말하며, 마음의 평온을 얻었기 때문에 마음의 평온을 가르칩니다."

붓다가 말을 마치자 시하장군이 말했다.

"거룩하십니다. 세존이시여, 오늘부터 죽을 때까지 세존을 따르는 신도로 저를 받아주소서."

"시하장군이여, 당신이 하는 행동을 잘 생각해 보시오. 당신같이 많이 알려진 사람은 신중하게 행동하는 것이 좋소."

"세존이시여, 세존의 그 말씀이 저를 더욱 감명 깊게 합니다. 다른 사람 같으면 저를 제자로 얻게 된다면 깃발을 높이 들고 저 웨살리성 거리를 돌면서 '시하장군이 우리 신도가 되었다'고 외치고 다녔을 것입니다. 그런데도 세존께서는 저보고 신중하게 행동하는 것이 좋다고 하십니다. 세존이시여 평생토록 저를 신도로 받아주소서."

"시하장군이여, 그대의 집은 오랫동안 니간타들의 우물이었소. 그러니 그들이 찾아오면 그들에게 보시하는 것이 옳다고 생각하오."

"세존이시여, 저는 세존님의 마지막 말씀에 더욱 감명을 받았습니다. 사문 고따마는 '나와 나의 제자에게만 시주하라. 다른 이와 그 제자들에게는 시주하지 마라. 오직 나와 나의 제자들에게 시주한 것만이 복을 가져오고 다른 이들에게 시주한 것은 복을 가져오지 않는다'고 말씀하신다고 들었는데, 지금 세존께서는 니간타들에게도 시주하라고 권하십니다."

붓다가 시하장군에게 법을 설하자 그의 마음도 새롭게 열렸다. 시하장군은 기쁨에 넘쳐, '세존이시여, 제자들과 함께 내일 저의 공양을 받아주소서'라고 하자 붓다가 침묵으로 허락했다.

시하장군은 붓다에게 인사를 드리고 자리에서 물러났다. 그리고 시하장군은 자기 집 하인들에게 말했다.

"빨리 가서 신선한 고기를 사와라."

시하장군의 집에서는 그 날 밤이 새도록 많은 음식을 만들었다. 그리고 이튿날 붓다에게 사람을 보내 공양시간이 되었음을 알렸다. 붓다와 비구들은 정장을 하고 시하장군의 집에 도착하여 준비된 자리에 앉았다.

시하장군이 붓다와 비구들에게 공양을 올린다는 소문을 들은 니간타들은 웨살리성 거리에서 팔을 휘젓고 다니면서, '오늘 시하장군이 사문 고따마가 먹을 음식을 준비하기 위해 큰 짐승을 잡았다. 그리고 사문 고따마는 고기를 먹으러 갔다. 고따마를 위해 계획된 것이요, 고따마 때문에 저질러진 업임을 알라'고 떠들고 다녔다.

어떤 사람이 시하장군에게 니간타들이 거리를 활보하면서 붓다를 비난하는 소리를 퍼붓고 있다고 귀띔해 주자, 시하장군은 말했다.

"꽤나 오랫동안 부처님과 가르침과 제자들을 험담하겠구나. 그렇지만 그의 사악하고 진실하지 못한 말로 부처님을 상처 입히지는 못하리라."[44)]

시하 장군이 붓다에게 귀의하고 자기 집으로 붓다를 초청하고, 고기를 곁들인 음식을 내놓았다. 니건타들이 '고따마는 자기를 위해 준비한 것이라는 것을 잘 알면서 고기를 먹었다'고 비난했다는 것을 볼 때[45] 붓다 시대에는 채식주의를 고집하지 않았음을 알 수 있다. 이미 앞에서 말했듯이 삼정육三淨肉이란 조건에서 육식이 허용되었다.

4) 위사카Visākhā

마가다의 빔비사라가 꼬살라의 빠세나디의 요청으로 앙가땅 밧디아Bhaddiya에 살고 있는 억만장자 멘다까의 아들 다난자야를 가족과 함께 꼬살라국의 사께따로 이주해 살게 했다는 것은 이미 말했었다.

다난자야의 딸이 위사카인데, 그녀가 일곱 살 때, 할아버지 멘다까는 밧디아를 방문한 붓다를 집으로 초청하는 심부름으로 위사카를 보냈다. 그러니까 위사카가 붓다를 처음 뵌 것은 그녀의 나이 일곱 살 때였다. 그 후 위사카는 아버지 다난자야를 따라 사께따로 옮겨와서 살게 되었다. 그녀가 열여섯 살이 되었을 때, 사왓티의 백만장자 미가라Migara가 심부름꾼을 다난자야의 집에 보냈는데, 그가 위사카의 아름다운 자태를 보고 돌아가서 주인에게 말했다.

미가라에게 아들 뿐나왓다나Puṇṇavaḍḍhana가 있었는데, 다난자야의 딸 위사카와 결혼시켰다. 다난자야는 딸의 지참금으로 5백 수레분의 보배를 주었고, 남 앞에서 남편과 시부모를 험담하지 않아야 한다는 등 아내가 지켜야 할 열 가지 덕목을 일러주었다.[46]

---

44) A.N. IV. p.124.
45) Jt. vol. II. p.182.

니간타들을 따랐던 미가라는 며느리 위사카에게 자기들의 스승인 니간타들을 친견토록 하였지만 위사카는 니간타들이 벌거벗었다는 이유로 거부하였다. 결국 위사카의 안내로 미가라와 그 가족들이 붓다의 설법을 듣고 소따빤나[須陀洹]가 되었다. 그래서 위사카는 종교적으로 미가라의 어머니라는 뜻에서 미가라마따Migāramātā로 불렸다.

그녀는 붓다 앞에서 여덟 가지를 반드시 성취하겠다고 서원했는데, 비구승단에 ① 장마철의 비옷, ② 멀리서 오는 비구의 음식, ③ 멀리 떠나는 비구의 음식, ④ 병자의 음식, ⑤ 간병인의 음식, ⑥ 병자의 약, ⑦ 평상시의 죽粥을 일생동안 비구승단에 공급하고, ⑧ 비구니 승단에는 일생동안 목욕할 때 입는 옷을 보시하겠다는 것이다.[47]

위사카가 막대한 자금을 들여 제따라마 동쪽에 정사를 건립하여 기증하였는데, 그것이 바로 뿝바라마이다.[48] 흔히 녹자모강당鹿子母講堂이나 사왓티의 동쪽 성문밖에 있다고 하여 동원정사東園精舍라고도 부른다. 위사카는 동원정사를 짓고 4개월 동안 낙성식을 치렀다고 한다.[49]

아나타삔디까는 비구들에게 아버지 같은 입장이고, 위사카는 어머니 같은 입장이라고 했는가 하면[50] 위사카는 우빠시까 중에서 출가자들을 가장 장 보살펴 준 사람이라 했다.[51] 위사카의 아들 미가잘라Migajāla도 출가하여 아라한이 되었다.[52]

---

46) Siridhamma, 『The Life of the Buddha』 part two, p.10.

47) Jt.vol. IV.p.198, Mahāvagga.VIII. 15:<S.E.B. vol. XVII. p.220>Vp. vol. IV. p.416

48) pubba는 '앞쪽의, 동쪽의'란 뜻이다. 인도에서는 동서남북 사방을 가리킬 때 동쪽을 바라보고 말하기 때문에 동쪽을 앞쪽이라 말한다. 그러니까 남쪽은 '오른쪽'이고, 서쪽은 '뒤쪽'이 되고, 북쪽은 '왼쪽'이라 하지 않고 '위쪽'이라 하는데, 히말라야산맥이 평지보다 높기 때문에 높은 곳을 북쪽이라 말하는 것이다.

49) B.B.S. p.132.

50) Jt. vol. III. p.78.

51) A.N. I. p.24.

3. 붓다의 시련

붓다가 위대하다는 것은 누구도 부정할 수 없는 사실이다. 붓다의 위대함은 오히려 붓다에 대한 시기질투를 초래하는 계기가 되기도 했다. 붓다에 대한 시기질투는 붓다를 모함하고 살해하려는 사악한 행위까지 불러왔다. 붓다에 대한 반대세력의 모함은 붓다가 겪게 되는 아픈 시련이었는데, 사람들은 붓다와 같이 위대한 인물도 보통 사람들과 다를 바 없이 혹독한 시련을 겪는다는데 의아해하지 않을 수 없었다.

붓다가 정말로 위대한 존재인가라는 의구심을 가져볼 수도 있지만 그의 삶을 지켜보면 붓다의 위대성에 더 이상 의심의 눈초리를 가질 수는 없었다. 그래서 아무리 위대한 인간이라도 업보業報 자체를 거역할 수는 없는 노릇이라 생각하기에 이르렀다. 다시 말해 깨달음을 성취한 붓다라 할지라도 인과因果의 이치를 초월할 수는 없다고 보았다. 붓다와 같이 위대한 인물도 자신이 행한 업에 대한 대가를 벗어날 수 없다고 말함으로써 인과의 필연성必然性을 강조하게 되었다. 인과응보因果應報를 강조함으로써 어떤 사람도 자신의 행위에 대하여 책임을 회피할 수는 없다고 말하게 된다.

용수龍樹는 붓다가 인과의 굴레를 넘지 못하고 겪어야만했던 고통스러웠던 일 아홉 가지를 들고 있는데,[53] 순다리의 변사사건, 찐짜마나위까의 거짓 임신사건, 데와닷따에 의해 발에 상처받은 사건, 걸식하다가 나뭇가지에 발을 찔린 사건,[54] 위두다바의 샤까족 몰살사건, 웨

52) Thag. p.216, S.N. IV. p.16. 잡아함경 제13:309경:<2-88하>.
53) 대지도론 제9:<25-121하>.

란자에서 말먹이를 먹어야 했던 일, 찬바람으로 척추를 앓았던 일,[55] 성도전成道前의 6년 고행, 빤짜살라 마을에서 걸식하지 못한 일,[56] 웨살리의 고따마까Gotamaka 쩨띠야에서 동지冬至 전후 8일 밤을 세벌의 가사[三衣]로 추위를 견뎠던 일 등을 말한다.[57] 8일은 마가Magha월이 끝나는 4일간과 팟구나Phagguṇa월이 시작하는 4일간을 말한다.

『엄계숙연경』嚴誡宿緣經이라 부르기도 하는 한역 『흥기행경』興起行經에는 붓다가 지난날 업의 인연으로 받게 되는 10가지 사건을 열거하고 있으나 내용은 용수가 말한 아홉 가지와 대동소이하다.

1) 말먹이를 먹다

붓다의 열두 번째 안거는 슈라세나의 마두라Madhurā에서 간다라의 땃까실라로 가는 도중의 웨란자Verañjā 지역에서 이루어졌다. 웨란자는 붓다 자신이 밟았던 가장 먼 서쪽 지역일 것이라 판단된다. 한역율장에는 웨란자[毘蘭若]읍은 꼬살라국 빠세나디왕이 바라문 웨란자Verañja에게 봉토로 준 마을이라고 했으나[58] 꼬살라국에서 훨씬 서쪽에 있었던 같다.

바라문 웨란자Verañja가 사업관계로 사왓티에 왔다. 웨란자를 앗기닷따(Aggidatta:阿祇達)라 하기도 하고,[59] 원래의 이름이 우다야Udaya라 한 곳도 있다.[60] 그는 '샤까족 출신의 사문 고따마가 기원정사祇園精舍에 머

---

54) 잡아함경:제1289경:<2-355상> 별역잡아함경:제287경:<2-473하>, SN. I. p.38.
55) 증일아함경 제27:<2-699하>, 십송율 제37:<23-265중>.
56) 성열, 『부처님 말씀』(현암사:2002), p.398.
57) 십송율 제27:<23-195상> Vp. vol. IV. p.410.
58) 오분율 제1:<22-1상>.
59) 중본기경 권하:佛食馬麥品:<4-162하>, 십송율 제14:<23-98하>.
60) D.P.P.N. vol. II. p.928.

묻고 있는데, 진리를 깨달은 붓다로 뭇사람들의 높은 존경을 받고 있다'는 말을 듣고 붓다를 방문했다. 그는 붓다에게 귀의하고 자기 고향에 와서 안거해 달라고 청을 드렸다. 붓다는 그의 청을 받아들여 5백 명의 비구들과 웨란자Verañjā로 갔다. 붓다가 47세 되던 해이다.

바라문 웨란자는 붓다와 비구들을 초청해 놓고 먹을 것을 제공하지 않았다. 천마天魔에 홀려 석 달 동안 누구와도 만나지 않겠다고 문지기에게 말했다거나[61] 여름 넉 달 동안 외부의 손님들과 관계를 끊고 편안하게 쾌락을 즐길 것이니 좋은 일이건 나쁜 일이건 외부의 일은 알리지 말라고 했다고 한다.[62] 더군다나 당시 웨란자 지역은 몹시 심한 기근이 들어 비구들은 마을에서 밥을 얻을 수가 없게 되었다.

비구들은 웃따라빠타Uttarāpatha를 통해서 온 5백 명의 말장수들이 있는 곳으로 걸식을 갔다. 붓다와 비구들은 말먹이를 조금씩 얻어다가 돌에 갈고 빻아 먹을 수밖에 없었다. 목갈라나가 신통력으로 비구들과 웃따라꾸루Uttarakuru로 가서 밥을 얻어오겠다고 제안하였지만 붓다는 그것을 거절했다.

붓다와 비구들이 안거를 마치고 나서 웨란자를 떠나려고 할 때, 바라문 웨란자는 그때서야 자기가 붓다를 초청하고서도 공양을 올리지 않았다는 것을 후회하며 공양을 올릴 수 있게 7일만 더 머물러달라고 간청했다. 붓다는 그의 간청대로 7일을 더 머물렀다. 붓다가 웨란자를 떠나자 7일간 공양하고 남은 것들을 붓다가 가는 길에 뿌려놓고 그것을 밟고 지나가라고 했다. 붓다는 '사람이 먹을 수 있는 곡식을 땅에 뿌려 놓고 밟고 가게 하는 것은 옳지 못한 일'이라고 꾸짖었다.[63]

---

61) 중본기경 권하:<4-163상>.
62) 십송율 제14:<23-98하>.

붓다가 웨란자에 머물 때 설하신 경이 『황로원경』黃蘆園經이다.[64] 붓다가 웨란자에서 말먹이로 한 철을 살아야 했던 사건을 붓다가 일생에 겪어야 했던 아홉 가지 재난[九難]의 하나라고 말한다.[65]

붓다는 비구들과 소레이야Soreyya・상깟사Saṅkassa・깐나꿋자Kaṇṇakujja를 거쳐 현재의 알라하바드인 빠야가빠띳타나Payāgapatiṭṭhāna로 왔고, 그곳에서 강가강을 건너 와라나시에 머물다가 다시 웨살리로 향했다.[66]

마두라와 웨란자 사이의 길은 당시 많은 사람들이 오갔던 큰길이었고,[67] 웨란자에서 빠야가빠띳타나에 이르는 길은 당시 대상로隊商路였으며, 빠야가빠띳타나에서 와라나시까지는 강가강의 뱃길이었으니 붓다 역시 그것을 이용했을 것이라 본다.

2) 시리굿따의 독살음모

라자가하에 사는 외도들은 붓다에 대한 존경과 믿음이 성안 사람들에게 날이 갈수록 더욱더 확산되는 것이 불만이었다. 그때 라자가하에 시리굿따Sirigutta라는 거부장자가 있었는데, 그는 왕을 비롯하여 고관대작들과 친밀했을 뿐 아니라 니간타들에 대해서 깊은 신뢰감을 가지고 있었다. 반면에 붓다에게만은 적대적이었다. 외도들은 바로 이 시리굿따를 이용하여 붓다를 제거할 음모를 꾸몄다.

---

63) 중본기경 권하:<4-163중>.
64) 성열, 『부처님 말씀』(현암사:2002), p.48.
65) 대지도론 제9:<25-121하>.
66) Vp. vol. I. pp.1~21, Jt. vol. III. p.294.
67) A.N. II. p.66.

"장자는 알아두시오. 당신은 신을 믿는 사람으로 그 동안 우리들을 적극적으로 후원해 주었소. 이제 우리와 함께 힘을 합해 고따마를 없애버려야 되겠소. 고따마와 그 제자들을 당신 집에 청하여 공양을 올리시오. 그가 집에 들어오는 문에 함정을 파고, 그들이 먹어야 할 음식에는 독을 넣으시오. 만약 그가 정말로 모든 것을 안다면 청을 거절하겠지만 그렇지 못하면 당신의 청을 받아들일 것이오."

시리굿따는 그들의 말대로 붓다를 집으로 초청했다. 붓다는 그들의 속셈을 알면서도 기꺼이 청을 받아들였다. 붓다가 초청에 응하는 것을 보고 시리굿따는 자기가 믿고 있는 스승들이야말로 누구보다 뛰어나다고 생각했다.

시리굿따는 하인들을 시켜 문 안에 함정을 파고 음식에는 독을 넣었다. 시리굿따는 약속한 날짜가 되었음을 붓다에게 알렸다. 붓다는 제자들에 둘러싸여 시리굿따 장자의 집으로 가면서 제자들에게 단단히 일렀다.

"너희들은 절대로 나보다 앞서 가서는 안 된다. 그리고 음식을 먹을 때에도 나보다 먼저 먹어서는 안 된다."

성안의 사람들이 시리굿따의 집에 가서는 안 된다고 붓다를 말리자 그들에게 말했다.

"여러분들은 걱정하지 마시오. 여래가 남에게 해를 당하는 일은 없소. 설사 온 세상이 불길에 휩싸여도 나를 어쩌지 못할 것인데 함정의 작은 불로 나 여래를 해칠 수 있겠소?"

붓다는 다시 한 번 비구들에게 당부하고 제일 먼저 시리굿따의 집에 들어섰다. 발을 들어 문턱을 넘어서자 함정의 불구덩이는 연못으로 변하고 커다란 연꽃이 피어올랐다. 붓다가 비구들에게 다시 말했다.

"너희들은 모두 연꽃을 밟고 오라. 그리고 자리에 앉을 때는 먼 저 손으로 자리를 집어보고 앉아라. 이는 나의 분부니라."

붓다와 비구들이 함정에 빠지지 않고 들어오는 것을 본 외도들은 놀라움을 금치 못했다. 시리굿따는 그때서야 외도들의 꼬임에 속은 것을 알고, 붓다 앞에 엎드려 사실대로 고백하고 용서를 빌었다. 붓다가 시리굿따에게 말했다.

"장자여, 나 여래를 죽이려고 한 잘못을 이제 알았구려. 나의 법은 참으로 넓고 크다오. 당신의 참회를 받아들여 우리의 법에 따라 용서하겠소. 나는 지금 당신의 참회를 받아주니, 다시는 그런 잘못을 저지르지 마시오."

한편 아자따삿뚜는 시리굿따가 붓다를 해치려고 외도들과 음모를 꾸몄다는 소문을 듣고 진노하며 신하들에게 명령했다.

"만약 세존에게 조금이라도 해를 끼쳤다면 이 세상에 시리굿따라는 이름을 가진 놈들은 내가 모두 처단할 것이다. 세존과 비구들이 함정에 빠져 불에 타죽는 것을 막지 못했다면 내가 살아 무엇 하겠는가. 그대들은 빨리 장자의 집에 가서 세존을 돌보라."

지와까가 아자따삿뚜에게 말했다.

"대왕이시여, 근심하지 마시고, 그런 나쁜 생각도 하지 마소서. 세존은 결코 해침을 당하시지 않을 것입니다. 오히려 그 장자가 세존의 제자가 될 것입니다."

아자따삿뚜가 급히 달려와 보고, "세존은 언제나 마군들을 이기시는구나"라며 기뻐했다. 그때 시리굿따가 붓다에게 말했다.

"차려진 음식에 독이 들어 있사오니 잠시만 기다려 주십시오. 다시 음식을 만들겠습니다."

"장자여, 나 여래와 제자들은 결코 해침을 당하지 않을 것이니, 이미 차려진 음식을 때맞추어 차려주시오."

붓다께서 먼저 음식을 들고 그 다음에 비구들이 먹었다. 시리굿따가 앞으로는 외도들에게 절대로 먹을 것을 주지 않겠다고 말하자, 붓다가 그에게 말했다.

"장자여, 그렇게 해서는 안 되오. 당신은 전과 변함없이 저들에게 공양하시오. 짐승에게 먹을 것을 주어도 복이 되거늘 하물며 사람에게 베푸는 공덕을 말해 무엇 하겠소."

붓다는 자신의 제자가 되더라도 외도들에게 옛날처럼 공양하는 사람이 되라고 당부하였다.[68] 자신을 독살하려고 했던 사람들까지 용서하고 자비로 감싸는 것이 바로 붓다의 자비요, 사랑이라는 것을 보여준다. 그래서 자비무적慈悲無敵이라 했던가?

3) 찐짜의 거짓 임신사건

붓다가 삼십삼천에서 상깟사성으로 내려와 사왓티의 제따와나라마에 머물렀다. 이때 붓다에 대한 사람들의 인기가 나날이 높아지자 외도들은 붓다를 시기하다 못해 거리에 나가 떠들어댔다.

"여러분, 사문 고따마가 고행을 통해 깨달음을 얻었다면 우리도 고행을 했으니 고따마처럼 붓다가 아니겠는가? 그런데 어떻게 사문 고따마에게만 보시하면 큰 과보가 있다고 하겠는가? 우리에게 보시하는 자들도 큰 과보를 받을 것이니 우리에게 보시하시오."

68) 증일아함경 제43:<2-773하 이하>.

외도들이 아무리 떠들어대도 사람들이 관심조차 두지 않자 어떻게 하면 붓다의 명성에 오점을 남길 것인가를 궁리하였다. 그들은 사왓티의 젊고 아름다운 바라문 소녀 찐짜Ciñca를 시켜 붓다를 음해陰害하였다.[69]

찐짜가 평소 자기가 다니던 사원에 가서 그들에게 아무리 인사를 해도 그들은 아는 체도 하지 않았다. 이상하게 생각한 찐짜가 외도들에게 물었다.

"저에게 무슨 잘못이 있는 것입니까? 제가 세 번씩이나 인사를 해도 말씀조차 않으시니 저에게 무슨 잘못이 있단 말입니까?"

"누이여, 사문 고따마 때문에 우리들에 대한 사람들의 관심이 없어져 가는 것을 아시는가?"

"저는 모르는 일입니다. 그러나 혹시 제가 할 수 있는 일이라도 있습니까?"

"누이여, 만일 그대가 우리들의 편안한 삶을 바란다면 그대의 힘으로 저 사문 고따마를 모함하여 그의 명성을 떨어뜨렸으면 좋겠소."

"여러분, 좋습니다. 그것은 제가 할 수 있는 일이니 걱정하지 마십시오."

찐짜는 사람들이 붓다의 설법을 듣고 절에서 나올 때마다 화장을 곱게 하고 화려한 옷차림으로 향과 꽃다발을 가지고 기원정사로 향해 갔다. 사람들은 그녀를 보고 물었다.

"지금 늦게 어디로 갑니까?"

"내가 어디로 가든 당신들이 그것을 알아 무엇 하겠습니까?"

---

69) 그 여자의 이름을 'Ciñcamāṇavikā'라 하였으나 '마나위까'(māṇavikā)는 '바라문 소녀'(Brahmin girl)란 뜻이니, 그녀의 신분을 의미한다.

기원정사로 가는 길을 가다가 사람들이 보이지 않으면 외도들의 절에 가서 잤다. 그리고는 이른 아침 신도들이 기원정사로 문안을 갈 때쯤 되면 그녀는 마치 기원정사에서 자고 오는 것처럼 길을 나왔다. 사람들은 이상하게 생각하고 물었다.

"어디서 자고 이른 아침에 옵니까?"

"나야 어디서 잤던 당신들이 알아서 무얼 합니까?"

이렇게 하여 1개월쯤 지난 뒤에 사람들이 물으면 이렇게 대답했다.

"기원정사에서 사문 고따마와 함께 향실香室에서 잤습니다."

사람들이 의심하기 시작하자 3개월이 지난 뒤에는 베 조각으로 배를 동여매어 마치 임신한 여자처럼 보이도록 하였다. 그리고는 사람들 앞에서 자랑스럽게 말했다.

"여러분, 나는 사문 고따마의 애를 가졌습니다."

어느덧 8~9개월이 지나자 배에다 둥그스름한 나무판자를 대고 그 위에 붉은 옷을 입고, 손발을 문질러 마치 부은 것처럼 하고, 붓다가 설법하는 법당 앞에 서서 말했다.

"큰 사문님, 당신은 많은 사람들 앞에서 설법하고 있습니다. 그러나 당신이 속삭이는 그 소리는 참으로 아름다웠고 당신의 입술 촉감은 얼마나 부드러웠는지 모릅니다. 나는 당신의 아이를 배어 이제 달이 찼습니다. 그런데 당신은 내가 누워야 할 방이나 먹을 음식을 주지 않습니다. 만일 당신이 할 수 없다면 시자侍者나 국왕이나 수닷따 장자나 여신도인 위사카에게 부탁하여 저를 돌봐줄 수도 있었지만 그것도 없습니다. 당신은 쾌락을 즐길 줄만 알았지 뱃속의 아이는 조금도 돌보지 않습니다."

그녀는 많은 제자들 앞에서 붓다를 큰 소리로 비난하였다. 붓다는 설법을 중단하고, 찐짜에게 말했다.

"여인이여, 그대가 한 말이 진실인지 혹은 거짓인지는 오직 그대와 나만이 아는 일이다."

"그렇고말고요. 고따마님, 오직 당신과 나만이 아는 일이기 때문에 이렇게 되지 않았습니까?"

그 때 마침 배를 동여매었던 끈이 풀어지면서 임신을 가장했던 나무 판자가 발등 위에 떨어지고 말았다. 사람들은 그것을 보자 큰 소리로 꾸짖었다.

"이 나쁜 년, 감히 세존을 모함하다니."

그녀를 괘씸하게 생각한 사람들이 그녀에게 침을 뱉고 흙덩이와 몽둥이로 그녀를 절 밖으로 쫓아냈다. 찐짜는 결국 몇 발자국 가지 못하고 땅이 갈라지면서 치솟은 불길에 휩싸였다고 한다. 이 사건으로 외도들은 사람들로부터 비난을 받았고 붓다를 공경하는 마음은 오히려 더욱 높아지게 되었다.70)

4) 순다리의 변사사건

찐짜의 거짓 임신사건이 붓다를 모함하려는 의도에서 빚어졌다는 것이 밝혀지자 붓다에 대한 인기가 날로 더해졌다. 이로 인해 위기의식을 느낀 외도들은 붓다를 매장시킬 음모를 꾸미게 되었다. 그 결과 순다리 Sundarī라는 절세미인의 변사사건이 발생했다.

순다리는 사람들이 붓다의 설법을 듣고 집으로 돌아갈 해질 무렵이면

---

70) Jt. vol. Ⅳ. p.116, Weragoda Sarada, 『Dhammapada』 p.377, 거해스님 편역 『법구경』Ⅰ, p.510.

향수를 몸에 바르고 기원정사를 향해 들어갔다. 사람들이 지금 어디를 가느냐고 물으면 자랑스럽게 떠벌렸다.

"나는 사문 고따마님께 갑니다. 나는 향기로운 그 방에서 하룻밤을 새웁니다."

순다리는 기원정사가 아닌 외도들의 선림仙林에서 밤을 새우고 아침이면 기원정사로 가는 길로 돌아 마을로 내려오곤 하였다. 이른 아침에 기원정사에서 내려오는 순다리를 보고 "어디 갔다 오느냐"고 사람들이 묻기라도 하면 큰 소리로 대답했다.

"나는 사문 고따마님의 향기로운 방에서 함께 밤을 새우면서 사랑을 나누고 오는 길입니다."

이런 일을 여러 차례 반복한 뒤에 외도들은 순다리를 살해하고자 폭력배를 매수하였다.

"자아. 너희들은 가서 순다리를 죽여 사문 고따마의 향실香室 곁에 있는 쓰레기통 속에 버리고 가라."

폭력배들이 외도들의 지시대로 일을 처리하자 외도들은 기원정사로 간 순다리가 보이지 않는다고 왕에게 고발하였다. 그러자 왕은 그들에게 물었다.

"너희들은 의심하는 곳이 있느냐?"

왕의 물음에 외도들이 대답했다.

"그녀는 2, 3일 전에 기원정사로 간 듯한데 그 뒤에 보이지 않습니다."

"그러면 너희들이 직접 기원정사로 가서 찾아보라."

왕명을 받은 외도들은 기원정사를 수색하여 쓰레기통에서 순다리의 시체를 확인하고는 그 시신을 거리로 끌고 나와 왕에게 말했다.

"사문 고따마의 제자들이 그 스승의 악행을 숨기려고 순다리를 죽여 쓰레기통에 버렸습니다."

왕은 외도들에게 이렇게 말했다.

"그게 사실이면 너희들은 거리를 돌아다니면서 그 사실을 널리 선전하라."

외도들은 거리를 다니면서 큰 소리로 '석자釋子 사문들의 소행을 보라'고 하면서 붓다를 비난했다. 한편 왕은 순다리의 시체를 누각 위에 안치하고 보초병을 두었다.

이 사건으로 거리의 모든 사람들이 비구들을 비난하고 나서자 비구들은 그 사건을 붓다에게 말씀드렸다. 붓다는 다음과 같은 말로 외도들을 비난하라고 하였다.

"거짓을 말하는 자 지옥에 떨어질 것이요. 거짓말을 하고서도 하지 않았다는 자 또한 그렇다. 나쁜 일을 저지른 그들 모두 죽어서 지옥에 가리라."

결국 국왕은 순다리를 죽인 범인이 따로 있는 것은 아닌지 조사케 하였다. 그런데 외도들의 사주로 순다리를 죽인 폭력배들이 받은 돈으로 술을 마시다가 자기들끼리 싸우게 되었다. 그러다가 그 중의 한 사람이 순다리를 살해한 일을 발설하게 되었다. 그는 체포되어 왕 앞에서 사건에 대한 진상을 밝혔다. 외도들의 음모를 알게 된 국왕은 외도들에게 명령하였다.

"너희들은 순다리의 시체를 둘러메고 '이 순다리는 우리가 사문 고따마를 골탕 먹이려고 죽였다. 사문 고따마에게는 죄가 없다. 죄는 우리들에게 있다'고 외치면서 거리를 돌고 오라."

외도들은 왕의 명령대로 하였고, 사람들은 진실을 알고 난 뒤에 붓다에 대한 존경심이 더욱 깊어졌고 외도들은 살인죄로 체포되었다.[71]

4. 비구들의 불교전파

붓다의 발길이 직접 닿았던 땅을 맛지마데사Majjhimadesa라 하여 불교의 중심 지역이라 보았다. 바라문 문화가 꽃을 피었던 꾸루・맛차・빤짤라・슈라세나 지역을 바라문 중국이라 한데 비하여 불교가 꽃을 피운 지역을 말한다. 불교의 중심 지역은 동쪽으로는 까장갈라Kajaṅgala의 마하살라Mahāsālā마을까지, 남동쪽은 살라와띠Sallavatī강까지, 남쪽은 세따깡니까Setakaṇṇika마을까지, 서쪽은 투나Thūna의 바라문 마을까지, 북쪽은 우시랏다자Usīraddhaja 산山까지를 말한다.[72] 그러나 이들 지역이 구체적으로 현재 어디인지 명확하지는 않지만 마가다・꼬살라・웨살리・꼬삼비・까삘라왓투를 중심한 지역임에는 의심의 여지가 없다.

불교의 중심 지역을 넘어선 지역의 불교전파는 몇몇 비구들에 의해 이루어졌으며, 특히 바라문중국이라 불린 지역의 불교전파는 엄청난 저항과 박해를 각오한 것이었다. 붓다의 발길이 닿지 않았던 땅에 불법의 씨앗을 내리게 했던 몇몇 비구에 대하여 간단히 살펴본다.

1) 깟짜나의 아완띠전도

깟짜나는 아완띠국의 웃제니Ujjenī출신으로 흑인이었다.[73] 아완띠국 빳조따(Pajjota ⓈPradyota)왕 뿌로히따의 아들이었다는데, 아버지가 죽자

---

71) Jt. vol.II. p.283, Udāna:IV-viii.<Ut. p.52>.
Weragoda Sarada, 『Dhammapada』 p.655, 거해스님 편역 『법구경』 II, p.235.
72) Vp. IV. p.266, Mahāvagga:V,13,12:<S.B.E. vol. XVII. p.38>.
73) 잡아함경 제9:255경:<2-63중> S.N. IV. p.73.

뿌로히따의 자리를 이어받았다고 한다.74) 아자따사뚜의 신하인 왓사까라Vassakāra가 깃자꾸따산에서 마하깟짜나를 만났을 때 '원숭이 같다'고 말했다는 것으로 보아 그의 외형이 그리 잘나지는 못했던 것 같다.75)

그는 웃제니를 방문해 달라는 빳조따왕의 요청을 전달하기 위하여 7 사람과 함께 사왓티의 붓다를 방문하였다. 그러나 깟짜나와 동료들은 붓다의 설법을 듣고 출가하여 아라한이 되었다. 그는 붓다에게 빳조따왕의 요청을 전달하였지만 "네가 가도 충분하다"는 붓다의 말씀을 듣고 스스로 웃제니로 돌아왔다.

그가 웃제니의 왕의 공원에 머물면서 많은 사람들에게 설법하여 귀의시켰기 때문에 웃제니시가 오렌지색의 가사로 넘쳤다고 한다. 그는 아완띠에 불교를 전파하는데 크게 기여하였다. 그 후에 한 번 더 붓다를 방문한 것으로 알려져 있으며, 그와 빳조따왕과의 대화가 전해진다.76)

아완띠의 웃제니 이외에 맛까라까따Makkarakaṭa와77) 꾸라라가라Kur-araghara에서도 전도했다.78)

율장에 때와 장소의 형편에 따라 적절한 규정을 가감加減하여 계율을 융통성 있게 적용하는 수방비니隨方毘尼도 깟짜나의 청으로 이루어졌다. 정식으로 구족계를 주려면 3사師 7증證이라 하여 10사람의 비구가 필요했는데, 깟짜나가 있던 아완띠 남부 지역에서는 10사람의 비구를 모을 수가 없어 소나 꾸띠깐나Soṇa kuṭikaṇṇa가 출가자가 되고 싶어 했지만 그에게 정식으로 구족계를 줄 수가 없게 되자, 그를 사왓티의 제타라마

74) D.P.P.N. vol. II. p.468.
75) D.P.P.N. vol. II. p.470.
76) Thag. p.239, 성열, 『부처님 말씀』(현암사:2002), p.678.
77) S.N. IV. p.73.
78) A.N. V. p.31.

에 계신 붓다에게 보내 아완띠의 사정을 말하여 비구 10사람이 되지 않아도 3사師 2증證만으로 구족계를 줄 수 있다는 예외규정을 정하게 되었고, 이어 아완띠의 토질이 검고 딱딱하므로 두꺼운 신발을 신어야겠다는 것, 보름에 한 번하는 정기적인 목욕보다 자주 해야겠다는 것, 그리고 양이나 염소나 사슴 등의 가죽으로 만든 이불을 사용해야겠다는 것 등을 허락받았다.[79)]

깟짜나는 슈라세나의 수도 마두라Madhurā에도 갔다. 그곳에서 바라문 깐다라야나Kaṇḍarāyana를 귀의시켰고,[80)] 마두라의 왕 아완띠뿟따Avantiputta와 계급제도에 대하여 토론한 것으로 전해진다. 아완띠뿟따가 바라문들이 가르치는 종성제도種姓制度에 대하여 묻자, 깟짜나는 모든 사람은 오직 자기 자신의 행위(業)에 따라 귀천이 있는 것이지 모든 사람이 평등하게 태어나는 것이라는 설법을 한 것은 유명하다.[81)] 무디Muddy 연못가의 와라나Varaṇā에서는 바라문 아라마단다Ārāmadaṇḍa와도 계급제도에 대하여 토론하여 그를 설득시켜 귀의시켰다.[82)]

깟짜야나Kaccāna는 붓다의 간략한 설법을 해석하는 사람으로 제일인 자이다.[83)] 흔히 논의제일論議第一이라 불린다.

넷띱빠까라나Nettippakaraṇa라는 빨리문법책이 그의 이름으로 저술되었다고 전해지는데, 그것은 깟짜나가 머물렀던 아완띠가 문법학이 발달했었다는 것을 말해줄 뿐 마하깟짜나가 직접 지었다기보다 그의 추종자들이 저술한 것이라 보는 것이 옳을 것 같다.

---

79) Vp. vol. IV. p.263.
80) A.N. I. p.62.
81) 잡아함경 제20:548경:<2-142상> M.N. II. p.273.
82) A.N. I. p.61.
83) A.N. I. p.17, 한역에서 가전연(迦旃延)이라 한 것은 깟짜야나(Kaccāyana)라고도 불렸기 때문이다.

후대의 기록이긴 하지만 다음과 같은 이야기가 전해진다.

깟짜나가 왕궁을 방문하였을 때, 빳조따는 깟짜나를 처형하려고 했다.

"제가 무슨 잘못이 있어서 죽이려고 합니까?"

"너는 삭발한 사람이다. 나는 삭발한 사람을 보면 재수가 없어 죽이려 한다."

"지금 재수가 없는 것은 저이지 임금님이 아닙니다. 왜냐하면 임금님이 비록 저를 보았으나 임금에게는 전혀 손해난 것이 없습니다. 하지만 저는 임금님을 뵙자마자 저를 죽이려 하시니 재수가 없는 것은 오히려 제가 아닙니까?"

빳조따는 성격은 난폭하였지만 총명한 사람이라 깟짜나를 죽이지 않고 살려 보냈다. 그리고 깟짜나가 눈치 채지 못하게 두 사람을 깟짜나와 같이 지내게 하고 그의 생활을 보고하게 하였다. 두 사람이 깟짜나를 살펴보니, 걸식을 하면서도 전혀 음식타령을 하지 않았고 오히려 그것을 기쁨으로 생각할 뿐만 아니라 같이 있는 사람들과 나누어 먹기도 하였다. 그런 사실을 보고 받은 빳조따는 깟짜나를 시험하고자 했다.

빳조따는 깟짜나를 초청하고서 먹기 어려울 정도로 거친 음식을 주고 한 사람을 시켜 그가 어떤 태도를 보이는지 살피게 하였다.

"지금 이 음식이 입에 맞습니까?"

"음식을 먹는 것은 굶주린 배를 채우기 위함일 뿐입니다."

빳조따는 다시 맛있고 기름진 음식을 보내고 물었으나 깟짜나의 대답은 마찬가지였다. 깟짜나의 태도에 감동한 빳조따는 자기가 평소 떠받들던 바라문을 시험해 보았다. 그러나 바라문은 형편없는 음식을 보내자 화를 내며 욕을 하다가도 맛있는 음식을 보내주면 좋아하며 왕을 칭찬한다는 보고를 듣고서는 바라문을 멀리하고 반대로 깟짜나에 대한 존

경심이 깊어졌다.[84)]

2) 설법 제일의 존자 뿐나의 서역전도

붓다가 와라나시에서 60명의 비구들에게 전도의 선언을 하자, 꼰단냐는 까삘라왓투근처에 있는 고향이자 바라문 마을인 도나왓투Doṇavatthu로 가서 찻단따Chaddanta 숲에 있는 만다끼니Mandākini 호수 근처에 머물렀다.

꼰단냐는 고향에 머무는 동안, 훗날 십대 제자 가운데 포교제일의 존자로 불린 뿐나(Puṇṇa: ⓈPūrṇa)를 귀의시켰다. 뿐나를 만따니의 아들 뿐나[Puṇṇa-Mantānīputta]라고 했는데, 그의 어머니 만따니Mantānī는 꼰단냐의 여동생이다.[85)] 그러니까 꼰단냐는 뿐나의 외삼촌이다.

뿐나의 아버지는 숫도다나의 뿌로히따였고, 그의 집은 화려하기가 궁궐과 다름없을 정도로 부자였으며, 뿐나 역시 지혜롭고 총명하여 모든 베다와 베다의 해석서들을 암송할 정도로 박식했다고 한다.[86)]

꼰단냐가 라자가하로 붓다를 친견하러 갈 때에도 뿐나는 동행하지 않고 찻단따 숲에 머물면서 열심히 정진하여 머지않아 아라한이 되었다. 뿐나는 도나왓투에서 5백 명의 청년들을 출가시켰고, 그들에게 자신이 연구한 '토론의 열 가지 기본주제'(dasa kathāvatthūni)를 가르쳐서 모두 아라한이 되게 했다. 그들 5백 명이 붓다를 친견하기 원했을 때도 뿐나는 그들만 라자가하로 보내 안부를 전하게 했다.

---

84) 잡보장경 제9:<4-489중>.
85) D.P.P.N. vol. II. p.222.
86) 불본행집경 제37:부루나출가품:<3-824상>.

붓다가 라자가하에서 사왓티로 왔을 때에 뿐나는 비로소 붓다를 찾아 뵙고, 붓다의 거실인 간다꾸띠(Gandhakuṭi:香室)에서 설법을 들었다. 사리뿟다는 뿐나의 명성을 듣고 그를 만나고자 안다Andha 숲으로 찾아가서 마음의 청정을 통해 열반에 이르는 일곱 가지 길에 대하여 문답했다.[87] 붓다는 교단 제일의 법사는 만따니의 아들 뿐나라고 선언했다.[88]

한역『잡아함경』제311경은 붓다가 사왓티에 머물 때, 부루나富樓那로 한역되는 뿐나가 서방西方의 수로나輸盧那로 법을 전하러 가겠다고 붓다에게 허락을 요청하는 내용이 전해지고 있다.

"세존이시여, 저는 서방 수로나로 전법을 떠나겠습니다."

"부루나야, 서방 수로나 사람들은 성질이 사납고 거칠다. 만약 그 사람들이 업신여기고 욕하면 어쩌겠느냐?"

"세존이시여, 만약 수로나 사람들이 면전에서 헐뜯고 욕하더라도 저는 고맙다고 생각할 것입니다. 그래도 그 사람들은 착해서 돌을 던지거나 몽둥이로 저를 때리지는 않는다고 생각할 것입니다."

"만약 수로나 사람들이 돌을 던지고 몽둥이로 때린다면 어떻게 하겠느냐?"

"세존이시여, 수로나 사람들이 비록 돌을 던지고 몽둥이질을 하지마는 그래도 착한 데가 있어 칼로 찌르지는 않는다고 생각할 것입니다."

"만약 칼로 찌른다면 어떻게 하겠느냐?"

"비록 칼로 찌르기는 하지만 그래도 착한 데가 있어 저를 죽이지는 않으니 고맙다고 생각할 것입니다."

"부루나야, 만약 그들이 너를 죽인다면 어떻게 하겠느냐?"

---

87) 증일아함경 제33:<2-734하>, 칠거경:<1-431중>, M.N. I. p.187.
88) A.N. I. p.17.

"세존의 제자들 가운데는 육신을 가벼이 여겨 칼로 자살하는 사람도 있고, 약을 먹거나 목을 매거나 절벽에서 뛰어내리는 사람도 있는데 이 수로나 사람들은 그래도 착한 데가 있어 저의 수고를 덜어주기 위하여 저를 죽여준다고 생각할 것입니다."

"착하구나. 부루나야, 너는 인욕을 성취하였으니 수로나의 난폭한 사람들 속에서도 머물 수가 있겠구나. 너는 수로나로 가서 제도 받지 못한 자를 제도하고, 근심과 걱정으로 불안을 느끼는 사람들을 평안하게 하며, 열반을 얻지 못한 사람을 열반하게 하라."

부루나 존자는 수로나에 가서 5백 명의 우빠사까를 얻고, 5백 개의 승원僧園을 세웠다. 그리고 부루나 존자는 끝내 수로나에서 열반에 들었다.[89]

여기서 말하는 부루나는 설법제일의 제자 만따니의 아들 뿐나이다. 빨리경전에 언급되는 뿐나가 몇 명이 있는데, 수나빠란따Sunāparata의 항구도시 숫빠라까Suppāraka 출신의 뿐나,[90] 꼴리아족 출신으로 소처럼 행동하는 사람(Govatika)이라 불렸던 나체수행자(Acela) 뿐나,[91] 도나왓투 출신으로 만따니의 아들 뿐나가 있다.[92] 이들 세 사람 가운데 설법제일의 제자로 전해지는 사람은 만따니의 아들 뿐나이다.[93]

그리고 서방西方 수로나輸盧那는 슈라세나Sūrasenā의 음역이라 본다.[94] 슈라세나는 『마누법전』에서 꾸루・맛차・빤짤라 지역과 함께 바라문선인仙人들의 나라로 불렸던 곳으로[95] 힌두중국에 속한 땅이다. 전통적으

89) 잡아함경 제13:311경:<2-89중>, 성열, 『부처님 말씀』(현암사:2002), p.145.
90) M.N. III. p.319.
91) M.N. II. p.54.
92) M.N. I. p.188.
93) A.N. I. p.17.
94) 성열, 『부처님 말씀』(현암사:2002), p.146 주석을 참고 바람.

로 바라문교가 지배적인 곳이었기 때문에 불교와 같은 반바라문사상에 대하여 배타적이었다. 라모뜨(E. Lamotte)박사는 바라문 중국 지역에 불교가 전파되기 어려웠던 점을 이렇게 말하고 있다.

> "베다 성전聖典과 그 전통에 완강하게 집착하면서, 바라문 신분을 자랑스럽게 여기고 자신들의 신들에게 충실하고, 짐승들을 제물로 바치고, 소마Soma술이 흘러넘치는 제사를 어김없이 지내는 사람들에게 붓다의 가르침은 영향을 미치지 못했다."[96]

붓다가 슈라세나의 수도 마두라Madhurā를 방문하였지만 오래가지 않았다. 붓다는 마두라에 5가지 위험이 있다고 했는데, 땅이 고르지 못하고, 먼지가 많고, 사나운 개들이 많고, 흉포한 야차가 있고, 걸식하기가 어려웠다고 한다.[97] 이러한 악조건 때문에 붓다의 방문이 오래가지 않았던 것 같다. 훗날 아쇼까왕은 붓다의 훌륭한 제자들을 기념하기 위해 3개의 수뚜빠를 세웠다고 했다. 그 훌륭한 제자란 사리뿟따, 목갈라나, 만따니의 아들 뿐나, 우빨리, 아난다, 라훌라를 말한다.[98] 뿐나가 바로 이곳과 깊은 인연관계가 있었기 때문이 아니었을까?

아완띠에 전도한 깟짜나와 슈라세나에 전도한 뿐나는 붓다의 10대 제자로 추앙받는 인물들이다. 그들이 붓다의 제자 중에 추앙받는 인물이 된 것은 역경과 시련을 극복하고 붓다가 부여한 비구의 사명을 잘 수행했기 때문이라 생각된다.

---

95) the Law of Manu:II,19:<S.B.E. vol. XXV. p.32>
96) 에띠엔 라모뜨 지음/호진 옮김, 『인도불교사I』 p.652,
Etienne Lamotte, 『History of Indian Buddhism』 p.338.
97) A.N. III. p.188.
98) 대당서역기 제4:<51-890중>.

3) 상인 뿐나의 서남 해안 지역 전도

숩빠라까출신의 뿐나Puṇṇa가 인도 서남해안 지역인 수나빠란따에서 전도 활동을 했다. 수나빠란따는 현재 문바이Munbai 근처 탄하Thāna지방의 소빠라Sopāra를 말한다. 숩빠라까출신의 뿐나는 거상巨商으로 대상隊商을 이끌고 사왓티에 왔다가 붓다의 설법을 듣고 출가했다. 그리고 고향 수나빠란따로 돌아가 법을 전했다.99)

그가 수나빠란따에서 전단향(旃檀香Candana)나무로 붓다의 거실(香室)을 짓고 개막식에 붓다를 초청하여 499명의 아라한과 함께 초대에 응했다고 하지만100) 이는 역사적 사실과 맞지 않는 것 같다. 붓다가 아완띠Avantī에 간 적도 없는데 그 보다 더 남쪽 지역을 방문했다는 것은 이치에 맞지 않는다. 붓다는 생전에 인도대륙의 남부를 동서로 가로지르는 윈디아Vindhya산맥 남쪽으로 간 적이 없다.

그리고 수나빠란따에 전도한 뿐나를 붓다의 10대 제자 가운데 설법제일의 존자 뿐나로 보는 것 역시 잘못이다.

4) 삥기야의 남인도 전도

바라문 바와리Bāvarī가 꼬살라의 사왓티에서 닷키나빠타[南路]를 타고 앗사까국國의 알라까로 내려왔다. 그는 뿐나까Puṇṇaka · 또데이야Todey-ya · 삥기야Piṅgiya 등 16명의 제자들을 마가다국의 라자가하로 보내 붓다를 친견하게 하였다.101) 붓다의 설법을 듣고 아나가미[阿那含]가 된 바

99) Thag. p.70.
100) 전재성 역주, 『쌍윳따 니까야』 제6권 p.254, <한국빨리성전협회:2001>.

와리의 조카 삥기야가 다시 바와리가 있는 고다와리강 유역으로 돌아왔다. 그가 고향으로 온 것으로 보아 지금의 오랑가바드Aurangābād 남쪽의 빠이탄Paithan 부근까지 불교가 전파되었다고 볼 수 있다.

5) 그 밖의 이야기들

붓다가 간다라[揵陀羅國]에서 아파라용阿婆羅龍을 제도했다고 하고,102) 남천축의 억이거사億耳居士의 집에 날라 갔다거나 북천축의 월씨국月氏國에 잠시 갔다는 이야기나,103) 스리랑카에서 『능가경』을 설했다는 이야기도 있다.104)

이러한 이야기들은 역사적 사실이 아니라 꾸며진 이야기임에 틀림없다. 역사적으로 볼 때 까슈미르 지역에 불교를 전파한 것은 아쇼까왕 시대 설일체유부출신의 고승 맛잔띠까Majjhantika이다. 따라서 붓다가 인도의 서북 지역인 까슈미르에 갔다는 이야기는 설일체유부說一切有部에서 만들어낸 이야기이다.

스리랑카 역시 아쇼까의 아들 마힌다Mahinda에 의해 불교가 전파되었다. 따라서 『능가경』이 스리랑카의 고승들에 의해 편찬되었는지는 모르지만 고따마 붓다가 스리랑카에서 설법했다는 말은 거짓임이 분명하다.

서북인도인 간다라나 뻰잡, 남인도 지역이나 서부해안의 수나빠란따가 불교중국에 내포되지 않는 것만은 분명하다. 더구나 바다 건너에 있는 스리랑카는 더 더욱 아니다.

---

101) Sn. 976・977・1013, 성열, 『부처님 말씀』(현암사:2002), p.10.
102) 불소행찬 제4:<4-40하>.
103) 대지도론 제9:<25-126중>.
104) 능가아발타라보경 제1:<16-480상>.

5. 붓다의 시자들

붓다가 정각正覺을 얻으시고 처음 20년간은 그 때의 사정에 따라서 시자를 두었다. 샤까족 왕자출신인 나가사말라Nāgasamāla가 시자를 했고,[105] 나기따Nāgita는 꼬살라국의 바라문 마을 잇차낭갈라에 머물 때 시자가 되었다.[106]

릿차위족의 왕자출신인 수낙캇따Sunakkhatta는 한때 붓다의 시자로 있다가 웨살리에서 가사와 바루를 반납하고 외도 꼬랏캇띠야Korakkhatt-iya의 제자로 개종해 갔다.[107] 그가 바로 선성善星이라 한역되는 사람인데, 붓다가 신통을 가르쳐주지 않고, 세상의 기원起源과 같은 형이상학적인 문제에 침묵하고 있다는 이유로 붓다를 비난하고 떠난 사람이다.[108] 그는 '수행자 고따마는 인간의 경지를 넘어서지 못했고, 거룩한 수행자가 갖추어야 할 특출한 지견知見이 없다. 수행자 고따마는 논리적 추리와 탁월한 말재주로 법을 말할 뿐'이라고 했다. 붓다는 우리가 오관을 통해 경험할 수 있는 범위를 넘어선 문제는 판단하지 않고 침묵으로 일관했을 뿐이다. 그러니까 우리가 경험할 수 있는 영역을 넘어선 문제를 판단하고 언급하는 것은 붓다의 깨달음과는 거리가 멀다는 것을 알 수 있다.

사리뿟따의 동생 쭌다Cunda가 시자를 했는가 하면[109] 라자가하의 짓

---

105) Ut. p.110.

106) A.N. III. p.22 A.N. III. p.241, A.N. IV. p.223.

107) D.N. III. p.11, * sunakha란 개라는 뜻이고, Korakhattiya란 '안짱다리 캇띠아'란 별명이고, 원 이름은 밧가와(Bhaggava)라고 했다. 밧가와는 붓다가 출가하여 처음 만나 고행주의자이다.

108) Jt. vol. I. p.229, *수낫캇따의 개종에 대하여는 디가니까야의 『빠띠까경』과 『마할리경』을 읽기 바람.

자꾸따산에 계실 때는 사가따Sāgata가 시자를 했다.[110] 붓다가 망꿀라산에 있을 때는 라다Rādha가 시자를 했는데,[111] 나이가 많다는 이유로 비구들이 그의 출가를 거부했으나 붓다의 허락으로 사리뿟따의 제자가 되었다. 그는 빠띠바니야 테라Paṭibhāṇiya thera, 다시 말해 즉석연설의 일인자로 전해진다.[112] 붓다와 라다의 대화는 주로 마라, 즉 악마의 문제에 집중되어 있다.[113]

짤리까 산에서 안거할 때는 메기아Meghiya가 시자를 했고,[114] 우빠와나Upavāṇa는 사왓티에서 시자를 했는데, 그는 붓다가 위경련을 일으켰을 때 데와히따Devahita의 집에 가서 따뜻한 물과 꿀을 얻어다 통증을 가라앉히기도 했다.[115] 우빠와나는 아난다가 시자가 되기 전까지 붓다의 시자였다. 그러니까 아난다가 시자가 되기 전에 8명의 비구들이 붓다의 시자를 했다.

붓다가 55살 되던 해, 20번째 안거를 맞으면서 아난다를 평생의 시자侍者로 삼았는데, 아난다는 붓다의 시자로 추천되자 8가지 조건을 제시하고 그것을 붓다가 수락하시면 시자를 하겠다고 하였다. 아난다가 제시한 조건은 다음과 같다.

㉮ 붓다가 보시 받은 옷을 나에게 주지 말 것.

㉯ 붓다가 바루에 공양 받은 음식을 나에게 주지 말 것.

㉰ 붓다가 거주하는 향실에 나를 있게 하지 말 것.

---

109) S.N. V. p.140 note 2.
110) Vp. vol. IV. p.236, Mahāvagga:v,1,3:<S.B.E. vol. XVII. p.2>.
111) 잡아함경 제6:제111~129경:<2-37하~41상>.
112) A.N. I. p.21.
113) S.N. III. p.155~163, 성열, 『부처님 말씀』(현암사:2002), p.406.
114) A.N. IV. p.234. Ut. p.40.
115) S.N. I. p.220 .

㉣ 붓다가 초대받은 자리에 나를 데리고 가지 말 것.

㉤ 내가 초대받은 자리에 붓다가 동행해 줄 것.

㉥ 외국이나 먼 지방에서 손님이 왔을 때 청을 드리면 언제라도 만나주실 것.

㉦ 나에게 의심이 있을 때는 언제라도 질문할 수 있도록 할 것.

㉧ 내가 없을 때 설법하신 것은 내가 돌아왔을 때 그것을 말씀해 주실 것 등이다.[116]

한역경전에는 이와 조금 달리 전한다.

㉮ 새것이든 헌것이든 붓다의 옷을 입지 않겠다.

㉯ 특별히 붓다에게 올리려고 한 음식을 먹지 않겠다.

㉰ 정해진 시간이 아니면 붓다를 뵙지 않겠다.[117]

8가지가 되었던 3가지가 되었던 아난다는 붓다를 시봉하기에 앞서 조건을 제시했고, 붓다가 아난다의 청을 허락하자 아난다는 붓다가 열반에 드실 때까지 25년 동안 그림자처럼 따라다니면서 신변의 모든 일을 뒷바라지했다. 붓다는 열반에 드시기 전에 아난다만이 가지고 있는 4가지 미증유의 법[四奇特之法]이 있다고 말했다.[118]

4가지 미증유의 법은 첫째는 아난다가 침묵하고 있어도 그를 본 비구들은 기쁘고, 둘째는 아난다가 설법을 하면 비구들은 설법을 듣고 기뻐한다. 셋째 아난다가 침묵하고 있어도 비구니・우빠사까・우빠시까들이 그를 보고 기뻐하고, 넷째 아난다가 설법을 하면 비구니・우빠사까・우빠시까들이 듣고 기뻐한다는 것인데, 25년 동안 변함없는 마음으

116) Jt. vol. IV. p.61.
117) 시자경:<1-472하>.
118) 시자경:<1-474하>, 유행경:<1-25하>, D.N. II. p.160.

로 봉사한 그를 칭찬한 것이라 본다.

아난다가 붓다와 한 날 태어났고,[119] 성도 후 2년에 밧디야, 아누룻다, 바구, 낌빌라, 데와닷따와 함께 출가했으며, 아자따삿뚜가 아들 우다이밧다Udāyibhadda에게 시해당하기 한 해전인 서력 기원전 463년에 열반에 들었다고 한다.[120] 그렇게 되면 103살을 산 셈이지만 120살까지 장수했다고 하는 곳도 있다.[121]

그런데 『시자경』侍者經에는 꼰단야, 앗사지, 밧디야, 마하나마, 왑빠, 야사, 뿐나지, 위말라, 가왕빠띠, 수바후, 사리뿟따, 아누룻다, 난다, 깝삐나, 레와따, 목갈라나, 마하깟사빠, 마하꼿티따, 마하쭌다, 마하깟짜야나 등 초기 시대의 많은 제자들과 함께 시자를 선정할 때의 이야기가 전한다.

이때 꼰단냐나 야사가 시자를 하겠다고 자청하고 나서자 '너 자신도 늙어 몸은 날로 쇠하고 목숨마저 끝나려 하니, 너 역시 보살피는 사람이 필요한 판'이라고 거부했다.[122] 그 자리에 있었던 다른 비구들이 차례로 나섰지만 붓다의 대답은 마찬가지였다. 그렇다면 아난다 역시 나이가 많아 시자로서 적절하지 않았을 터인데 거부하지 않은 것은 왜일까?

이런 모순을 미즈노고겐(水野弘元)은 아난다가 출가한 것은 성도 후 2년째가 아니라 까삘라왓투에서 15번째 안거를 할 때, 20세의 나이로 출가했고, 붓다가 열반에 드실 때는 아난다가 50세였다고 보고 있다.[123] 붓다의 생애를 정리하는 과정에서 만나게 되는 혼란스러운 일 중의 하나라 하겠다.

---

119) D.P.P.N. vol. I. p.249.
120) Etienne Lamotte, 『History of Indian Buddhism』 p.93.
121) D.P.P.N. vol. I. p.263, note 93.
122) 시자경:<1-472상>.
123) 水野弘元著 『釋尊の生涯』(增補版)(春秋社:1979) p.205.

후기

고따마 붓다의 80평생을 간단히 말하면 깨달음을 얻기 전의 구도의 과정과 깨달음을 얻은 후의 자비실천의 과정으로 나눌 수 있다. 우리는 무엇보다도 먼저 붓다가 되기까지의 삶, 즉 구도의 삶을 본받아야 한다. 숫도다나의 아들로 태어나 화려하고 사치스러운 삶을 누리다가 29살에 출가하여 상상할 수 없을 정도의 각고의 노력 끝에 존재의 실상을 눈뜨기까지의 삶은 그가 얼마나 열정적으로 구도의 길에 나섰는가를 말해준다. 그것은 심리적으로 볼 때, '엄연한 사실을 있는 그대로 직관하기 위하여 욕망을 떨쳐내는 과정'이었으니, 자기 자신과의 투쟁이었고, 지혜를 완성하는 길이었다. 한마디로 욕망에 가득 찬 기대감을 떨쳐버리는 비움의 과정이다.

깨달음을 얻어 붓다가 된 다음의 삶은 이제까지와는 전혀 다른 차원의 삶이다. 구도의 길에 들어선 싯닷타의 삶이 천둥번개가 치고 폭포수가 내리쏟는듯한 치열한 투쟁의 삶이었다면 정각한 후의 붓다의 삶은 잔잔하고 평온한 자애가 흘러넘치는 성자의 삶이었다. 전반부는 오직 지혜를 완성하는 길이었다면 후반부는 성자의 잔잔하면서도 그칠 줄 모르는 사랑의 실천과정이다.

성자로서 붓다의 삶은 자비심에 충만한 인간애人間愛의 분출噴出이었다. 그의 인간애는 이 세상에 태어나기 전부터 준비된 것이라고 말하기도 하지만 사실은 깨달음을 얻은 이의 양심의 발로發露이자 새로운 시대적 사명에 눈뜬 것이다. 붓다로서의 그의 삶은 무지無知와 맹목盲目의 굴레에 갇혀 고통 받고 있는 이들에 대한 동정심同情心의 발로였으며, 그들을 고통에서 벗어나게 하는 길은 오직 지적성숙知的成熟뿐임을 알아 그칠 줄 모르는 가르침으로 나타났다.

여든이 넘은 노구老軀를 이끌고 임종의 날을 향해 천리千里 길을 걸으면서 자비에 가득 찬 말씀을 나누었고, 마지막 숨을 거두기 직전까지 자신을 뵙고자 하는 이면 그가 누구이던 가리지 않고 가르침을 주었다.

고따마 붓다가 이 세상에서 최후를 마친 것은 서력 기원전 486년의 일이다. 그것은 역사적 사건일 뿐이고, 그 분의 역사적 존재의미는 서력 기원전 486년의 사건과는 관계없다. 오늘의 불교도들의 마음에 고따마 붓다의 가르침이 생생하게 살아 있으면 고따마 붓다는 우리 앞에 여전히 살아 있는 것이지만 불교도들이 고따마 붓다의 정신을 외면하고 있다면 그 분은 벌써 죽어버린 것이다.

불교도는 붓다의 부활復活을 희구하지 않는다. 붓다의 가르침을 온몸으로 구현具現하기를 바랄 뿐이다. 고따마 붓다가 중생의 현실에 살아 있느냐 죽어버렸느냐는 서력 기원전 486년의 사건에 달린 것이 아니라 현재의 불교도들의 마음자세에 전적全的으로 달려 있다. 고따마 붓다가 오늘의 불교도들의 가슴속에 살아 있으려면 그 분의 삶을 생생하게 조명照明하고, 그 분의 삶이 오늘의 우리에게 무엇을 일깨우고 있는가를 늘 관심關心을 가지고 읽어야만 한다.

우리가 알아야 할 붓다는 역사적 존재로서의 고따마 붓다이다. 고따마 붓다는 자신의 시대가 안고 있는 온갖 모순과 불합리를 깊이 통찰하고 그것을 일깨우고 개선하는데 앞장섰던 역사내적 존재歷史內的 存在였다. 교리적으로 말하는 붓다는 초역사적 존재超歷史的 存在에 지나지 않는다. 초역사적인 존재로서 붓다에게는 생로병사生老病死도 없고 깨달음의 극적인 순간도 없다. 불교를 공부하는 사람이 초역사적 존재로서 붓다를 생각한다면 그의 불교는 이미 역사를 벗어나게 된다. 역사를 벗어난 불교는 신학화神學化된 불교에 지나지 않는다. 신학화된 불교에서는 승려는 고따마 붓다의 뒤를 잇는 수행자가 아니라 사제司祭로 전락하고 만다. 사실 오늘 이 땅의 많은 출가자들이 사제의 역할에 매달려 있을 뿐 붓다의 정신으로 살려는 몸짓은 적어 보인다. 바로 이것이 한국불교의 위기危機이다.

사찰의 수가 적고 규모가 작아서 불교가 중흥되지 않는 것이 아니다. 아무리 사찰이 허름하고 작더라도 그 안에 살고 있는 출가자의 정신이 살아 있다면 불교는 얼마든지 발전할 수 있다. 사찰의 규모는 거창하고 화려한데 그곳에 살고 있는 출가자들의 정신이 죽어버렸기 때문에 그렇게 존경해 마지않는 고따마 붓다 역시 죽어버린 존재에 지나지 않는 것이다. 이제 불교를 중생의 역사에서 생동하는 삶의 가치로 되살려내려면 신학화된 불타관佛陀觀에서 벗어나 인간 고따마 붓다의 진면목眞面目을 읽어내야만 한다.

우리가 찾는 붓다는 우람한 불전佛殿에 안치된 불상佛像도 아니요, 우상화되고 신격화된 붓다도 아니다. 자신의 시대를 온몸으로 살았던 인간 고따마 붓다이다. 고따마 붓다의 삶은 붓다 자신의 존재의 표현일 뿐이었다. 그래서 고따마 붓다의 삶은 고따마 붓다가 살았던 구체적인 역사상황을 통해서 읽어야 한다. 다시 말해 고따마 붓다와 오늘 우리의 만남은 항상 새롭고 신선미가 넘치는 현재진행형現在進行形이어야 하고, 글과 머리로 만나는 건조함이 아니라 삶과 가슴으로 만나는 온전함이어야 한다.

어느 누구의 삶도 그가 놓인 구체적 상황에서 전개되는 활동일 뿐 정형화된 어떤 패턴이나 모델이 있을 수 없다. 어떤 패턴을 짜놓고 거기에 맞추려고 한다면 역동적인 생생한 삶이 아니라 관념화觀念化되고 박제화剝製化된 죽은 삶이 되고 만다. 이 책은 고따마 붓다의 삶을 생생하게 읽어내고, 그를 본받고자 하는 우리가 지금 어떻게 사는 것이 불자다운 삶인가를 모색하려는 시도試圖이다.

끝으로 아홉 해 전, 출입에 제한이 많았던 필자에게 언제 어디라도 내 마음대로 오갈 수 있는 편의를 제공해 주신 진산眞山 차송대 거사님께 늦었지만 진심으로 감사드린다.

그리고 이 책이 나올 때까지 원고를 교정해 준 보경寶鏡 김종환 거사, 성불행成佛行 신난숙 보살, 상적행常寂行 하경희 보살의 노고에 감사드리며, 이 책을 간행해 주신 도서출판 문화문고 대표 고진숙님께도 감사드린다.

저자: 성 열

강남포교원장

저자의 다른 책들: 『부처님 말씀』(현암사), 『자유인 임제』(현암사),
『산쓰끄리뜨문 금강경공부』(현암사)

고따마 붓다 : 역사와 설화

제1판 1쇄 발행일 2008년 3월 25일

제1판 2쇄 발행일 2008년 7월 20일

제1판 3쇄 발행일 2010년 3월 25일

지은이 성 열

펴낸이 고진숙

펴낸곳 도서출판 문화문고

110-816 서울시 종로구 부암동 울트라타임730 오피스텔 612호

전화 02-379-8883 팩스 02-379-8874

전자메일 mbook2004@naver.com

편집디자인 모시는사람들(02-735-7173)

출 력 소망・콤(02-362-7254)

인쇄・제본 (주)상지사피앤비(031-955-3636)

값은 뒤표지에 있습니다

ISBN 978-89-7744-025-8